U0651235

华夏文明与传播学本土化研究

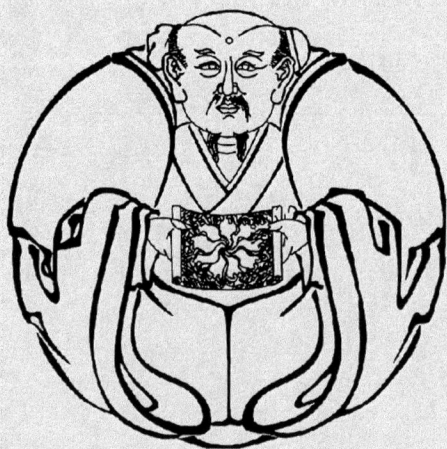

谢清果 编著

九州出版社 | 全国百佳图书出版单位

图书在版编目（CIP）数据

华夏文明与传播学本土化研究 / 谢清果编著. -- 北
京：九州出版社，2016.11
ISBN 978-7-5108-4849-0

Ⅰ.①华… Ⅱ.①谢… Ⅲ.①中华文化－研究 Ⅳ.
①K203

中国版本图书馆CIP数据核字(2016)第308109号

华夏文明与传播学本土化研究

作　　者	谢清果　编著
出版发行	九州出版社
地　　址	北京市西城区阜外大街甲 35 号（100037）
发行电话	(010)68992190/3/5/6
网　　址	www.jiuzhoupress.com
电子信箱	jiuzhou@jiuzhoupress.com
印　　刷	北京九州迅驰传媒文化有限公司
开　　本	720 毫米 ×1020 毫米　16 开
印　　张	20.5
字　　数	357 千字
版　　次	2016 年 12 月第 1 版
印　　次	2016 年 12 月第 1 次印刷
书　　号	ISBN 978-7-5108-4849-0
定　　价	60.00 元

★版权所有　侵权必究★

2016 年福建省本科高校教育教学改革研究项目"华夏文明与传播学中国化研究"（教材建设类）成果

2015 年福建省高校新世纪优秀人才支持计划项目"华夏文明与闽台传媒特区研究"成果

厦门大学传播研究所成果
厦门大学华夏文明传播研究中心成果
厦门大学老子道学传播与研究中心成果

厦门大学

哲学社会科学繁荣计划

2011—2021

华夏文明传播研究文库

顾问

黄星民（厦门大学新闻传播学院教授，博导）

詹石窗（四川大学老子研究院院长，博导）

学术委员会

主　任：孙旭培（中国社会科学院）

委　员（以姓氏笔画为序）：

马成龙（香港浸会大学传理学院）

尹韵公（中国社会科学院新闻与传播所）

吕　行（美国迪堡大学）

庄鸿明（厦门大学新闻传播学院）

孙　玮（复旦大学新闻学院）

李　彬（清华大学新闻传播学院）

肖小穗（香港浸会大学传理学院）

肖东发（北京大学新闻与传播学院）

吴　飞（浙江大学传媒与国际文化学院）

吴予敏（深圳大学传播学院）

吴廷俊（华中科技大学新闻与信息传播学院）

汪　琪（台湾政治大学传播学院）

邵培仁（浙江大学传播研究系）

陈国明（美国罗德岛大学传播研究系）

陈韬文（香港中文大学新闻与传播学院）

陈嬿如（厦门大学新闻传播学院）

张惠晶（美国伊利诺大学芝加哥分校）

张铭清（厦门大学新闻传播学院）

林升栋（厦门大学新闻传播学院）

罗　萍（厦门大学新闻传播学院）

岳　淼（厦门大学新闻传播学院）

居延安（美国康涅狄格州州立大学）

单　波（武汉大学新闻与传播学院）

（新加坡）卓南生（北京大学新闻学研究会）

宫承波（中国传媒大学电视与新闻学院）

赵月枝（加拿大西门菲莎大学传播学院）

赵振祥（厦门理工学院）

赵晶晶（浙江大学传媒与国际文化学院）

郝　雨（上海大学影视学院）

郭肖华（厦门理工学院数字创意与传播学院）

郭金彬（厦门大学人文学院）

阎立峰（厦门大学新闻传播学院）

黄　旦（复旦大学新闻学院）

黄合水（厦门大学新闻传播学院）

黄鸣奋（厦门大学人文学院）

程曼丽（北京大学新闻与传播学院）

谭华孚（福建师范大学传播学院）

戴元光（上海政法学院）

编辑委员会

王乃考	刘海龙	李　漫	连水兴
邹　洁	张毓强	陈　娜	洪长晖
胡翼青	曾一果	戴美玲	林　啸
林俊雄	姚锦云	潘祥辉	史冬冬

"华夏文明传播研究文库"总序

一、文明传播：文明的传播与传播的文明

"文明传播"概念的提出与理论阐释已经成为中国传播学界一个别样的探索方向。从"文明传播"的视角来审视人类文明的发展规律以及背后的传播机制是人类自我反省的必然要求，而文明传播研究的成果从根本上具有指导人类文明航向的意义。

"文明传播"问题的提出源于 20 世纪 90 年代中国社会科学院新闻与传播研究所的几位传播学研究者与《北京日报》《人民日报》《光明日报》、中央电视台首都新闻共同发起的声势浩大的"文明工程"运动。得益于"文明工程"运动实施引发了"文明传播"问题的思考，于 2006 年 12 月在北京召开的中国首届"文明论坛"上提出建构"文明传播学"的观点。2007 年 8 月"文明传播的跨学科研究与学科创建"课题作为中国社会科学院资助重点课题获得立项，主要参与者有季燕京、毛峰、王怡红、杨瑞明、张丹、胡河宁、胡翼青、刘明等人。季燕京、毛峰于 2007 年的《中国社会科学院院报》上发表《以文明传播思想为核心的传播哲学》一文，文章认为："以文明传播思想为核心的传播哲学认为，信息传播最深刻的起源应当在人类的社会实践—认识结构之中，其最核心的基础和根本问题是社会认识的主体性起源。同时，任何社会认识的主体性都应当是基于社会实践主体性之上的。也就是说，社会实践中的各种利益关系、组织方式以及不同主体所处的社会历史地位，这是社会认识中主客体关系的基础或依据。因此，真正了解社会传播的主客体关系及其主体性问题，包括起源和形成，都应当从社会的利益关系、组织关系、

物质条件以及相应的认知模式中寻求答案。"总而言之，文明传播追求的是自觉审视社会整合中的通过社会组织方式而实现的利益交换整合和通过社会传播结构而实现的信息交换的整合，从而形成与当代和谐社会理念相配合的传播文明视域。毛峰则是较早关注文明传播且富有成就的学者，他从研究《帝国与传播》《传播的偏向》入手，提示出伊尼斯的文明传播观："文明在确立、生长、扩张与绵延的过程中会不断遭遇传播问题：政治权力与经济利益是否合理流动分配、文化价值是否被大多数社会成员共享共信，是这一文明能否实现内部整合的基础；而在外部扩张上，文明对自然的开发是否超过自然所能忍受并自我修复的限度、文明是否能合理对待其他文明中的社区与人群，更成为文明生死存亡的关键。文明在传播过程中时常出现的'偏向'与失衡，往往致文明以死地。文明传播的悖论在于：文明在物质、技术以及媒介层面的进步，常常打乱了固有的文明传播秩序，尤其是文化信息的骤然增加与分歧杂乱，使原本共享共信的文明价值被怀疑并否弃，最终使文明成为传播的牺牲品，文明由于传播的偏向而堕入战乱、崩溃等非文明的野蛮状态。"① 如此看来，文明传播研究的价值与意义在于自觉维护人类文明永续发展，促进和保障人类生活和谐。毛峰从中国的《论语》中找到防止文明传播异化的指导思想，他认为："孔子提出的救济传播的偏向、失衡与异化的原则是对文明传播活动施以道德指引，使文明传播活动回归其逐渐偏离的自然秩序（道）与社会秩序（德），赋予文明传播牢不可破的道德基础，使文明永葆活力、持久与和谐。"② 中华文明上下五千年的智慧蕴藏着丰富的文明传播理念。毛峰认为"文明传播的法则是自然生态与人类活动的良性平衡"，中华文明在漫长的历史长河中养成中国的"文明模式"；"以儒家思想为中心，辅以道家等先秦思想而形成的中国世界观，确保了中华文明在绵延五千年的悠久岁月中取得独步世界的辉煌成就，其尊崇爱护自然、力行道德教化、追求精神提升、万物和谐的文明模式，在世界其他文明盛衰不定的历史急流中，保障了中华民族的长期统一、稳定、繁荣、与他民族和谐共存等高度可持续性。"③

2012 年 11 月，《文明传播的哲学视野》一书作为"文明传播的跨学科研

---

① 毛峰：《文明传播的偏向与当代文明的危机——伊尼斯传播哲学中的历史智慧》，《史学理论研究》，2005 年第 2 期。

② 毛峰：《回归道德主义：孔子文明传播思想论析》，《南开学报》（哲学社会科学版），2005 年第 3 期。

③ 毛峰：《文明传播的秩序——中国人的智慧》，中国传媒大学出版社，2005 年版，第 13 页、前言第 4 页。

究与学科创建"的结项成果正式出版,"文明传播"理论得以完整呈现。该书分"关于文明传播的基本认识""传播学的反思与中国学派的传播哲学""中华文明传播的原理探索""中华商业文明及其传播机制的历史反思""文明的转型与发展传播理论的反思""文明跃迁进程中的组织变革与战略理性"6篇共34章。该书的问题意识在于"中华文明何以传播承续至今而不中断""现代传播学为什么不能解释中国历史和现实社会的重大和基础性问题""文明转型过程中涉及什么样的传播思想、传播结构、重大社会理论和组织方式问题",而"文明传播"概念的基础内涵在于人类在克服人与自然、人与社会、人与自身之间重重矛盾的努力中所达到的历史进度和高度。显然,"文明传播"的目标是和谐,实现和谐传播的方法和途径是对话和反思。其中,"文明传播"作为概念,是"文明的传播"与"传播的文明"的统一。前者强调的是"文明"在传播中生成和发展;后者强调"传播"亦是在"文明"的关照下进行的,传播活动本身也进行着"文明"的洗礼。正所谓"文明通过传播,走向对话语境,达到和谐。传播是表明文明的手段,是显露文明的平台,传播的对话方式是实现和谐社会的有效途径"。①

二、华夏文明传播:华夏传播学的理论特质

"华夏传播"的提法,最早出现在《华夏传播论》一书中。然而书中却未对这一概念作说明。《华夏传播论》最初拟名"中国古代文化传播概论"或"中国传统文化中的传播",最后正式出版时改为现名。可见,当时"华夏传播"仅作为书名的缩写形式出现,还没有鲜明的概念意识。真正将其作为概念提出的是黄星民教授,他发表《华夏传播研究刍议》一文,清晰地勾勒出"华夏传播"一词使用的脉络,进而分析"华夏"一词的文化意涵——华夏特指古代中国,且内含地理中国和文化中国的褒义。他这样界定"华夏传播研究":"华夏传播研究是对中国传统社会中的传播活动和传播观念的发掘、整理、研究和扬弃。"这个定义包括三个层面的含义:其一,指出中国传统社会是该研究的范围,即大抵指涉五四运动以前的中国社会。其二,指出"传播活动与传播观念"是该研究的对象。"传播活动"包括传播媒介、传播人物、

① 杨瑞明、张丹、季燕京、毛峰主编:《文明传播的哲学视野》,中国社会科学出版社2012年版,第35页。

传播事件、传播制度等以及它们的沿革流变、经验教训和基本规律："传播观念"指的是关于传播的言论、观点，学说、思想，甚至传播哲学等等。重点在华夏传播思想与传播制度。其三，指出"发掘、整理、研究和扬弃"是该研究的基本指导思想。"发掘、整理"是研究者对华夏传播活动进行客观的描述，是基础。"研究、扬弃"是研究者在发掘、整理的基础上，运用传播学等当代社会科学的研究方法加以验证或阐释，力争从其中找出带规律性的东西，从而把它们提炼成科学的传播理论，用来指导今天的传播实践，丰富和发展世界传播学理论。"研究、扬弃"也可以从批判角度入手，告诫我们如何去避免过去的失误。这样的"华夏传播研究"的价值与意义就十分明显了：学术意义，即熔铸西方传播科学理论和华夏传播学说精华于一炉，共同解释、指导和总结今天中国的传播实践，形成我国特色的理论范式，形成传播学中国学派；发扬时代色彩，华夏传播研究在华夏文化与信息传播两方面保持着灵动的张力，如此既有助于发扬中华文化的魅力，又有助于培育、探索适合中国国情，能够阐释中国实践的信息传播学说；提供世界启示，华夏技术与传播道德的结合，是中华文明延续的内在原理，这对于世界传播事业的健康发展具有一定启迪意义。①

　　"华夏传播研究"作为领域已然形成，正像传播学可分为经济传播学等方向，华夏传播研讨华夏传统文化中的传播活动与现象，自然也可以称之为"华夏传播学"。当然，"学"通常被解读为"学说""理论"，亦有"学科"之意。笔者认为，"华夏传播学"的前提假设是承载五千年文明的中华文化虽然没有用现代传播学话语表达的传播学理论，但是已然存在直接或间接用中国话语（无论是文言文，还是白话文）表达的传播学理论却是无疑的。如《鬼谷子》的论辩说服理论和张仪、苏秦的说服实践，《韩非子》中的《说难》篇、《吕氏春秋》中的《察传》篇对口语传播的理论提炼，这样的情况不胜枚举。当然，这不是"西学中源"的自吹自擂，而是强调立足中华传统，根植于中国几千年的生活生产实践，延续、传承、创新我们中国传播理论，借助西方的传播学说和方法，重塑可与西方对话，阐释中国实践的华夏传播学。因此，华夏传播学是华夏传播研究的终极指向。我们可以这样表述："华夏传播学是在对中国传统社会中的传播活动和传播观念进行发掘、整理、研究和扬弃的基础上，建构起来的能够阐释和推进中华文明可持续发展的传播机制、机理

---

① 黄星民：《华夏传播研究刍议》，《新闻与传播研究》，2002 年第 4 期。

和思想方法的学说。"这里包含三个含义：其一，以史鉴今，通过开展华夏传播研究，提炼华夏独特的传播理念、传播技艺；其二，华夏传播研究的目标在于既能解释中国传统社会的传播现象与活动，又能推导中国当代社会实践，实现传播理论的当代创新；其三，着力点在于将复杂的传播现象、传播制度、传播理念通过"由表及里，去粗取精，去伪存真"的功夫，形成一套能够保持自然生态和谐、社会关系和顺、政治运作高效廉洁、民众生活有序安宁、国际关系和平互助的传播思想、传播制度，以指导当下的传播活动，实现与社会组织方式的紧密配合。换句话说，既保证了社会制度安排必需的公平正义，又在合理的传播秩序中保障权力运作过程的公平正义。用今天的话来说，保障公民的"知情权、参与权、表达权、监督权"，需要作为社会公器的传播媒介确切发挥功能，不沦为只当政府的耳目喉舌，而首先充当公民的耳目喉舌。

我们知道中国传统社会中的传播活动、传播制度、传播理念并不是完美无缺的，甚至有时显得有些反动，但从理论上讲，这是实然与应然的矛盾。拿古代士人传承的传播观念来说，其中就有如史家的秉笔直书传统，但在制度化为传播管理控制时，产生了偏差，出现了所谓"刑不上大夫，礼不下庶人"的情景，再等而下之，具体的传播活动和事件上是往往沦为人治，而不是注重法治。华夏传播学的起点在于客观地把握中国传统社会中传播实际（理论与实践两方面），归宿点则在于拨乱反正，将先贤对实现大同世界的诸多构想和探索，经过与世界文明的对话，以中华传统价值观为内核综合创新成适应社会主义实践的传播观念、传播制度和传播活动。这样的学说，才是"秀外慧中"的。

周伟业将华夏传播理论称为东方范式，他以汉语成语、谚语、俗语为例，认为华夏传播理论蕴含着行胜于言的传播取向、一诺千金的传播伦理、"信言不美，美言不信"的语言理论、"防民之口，甚于防川"的舆论警示，表现出以人际传播为核心、既重视语言又怀疑语言、聚合中华文化基因等特征。相对于欧美传播理论，华夏传播理论在文化根源、价值取向和思维方式上具有自己的文化特性：

1. 文化根源

华夏传播学体现以儒家的中庸太和，道家的无为自然和禅宗的缘起性空为核心精神的华夏文化；而经验学派源于实用主义哲学，讲究通过媒介控制，达到社会行为调控的效果，批判学派源于法兰克福学派，侧重于对社会、文化、传播现状的反思和批判。

2. 价值取向

华夏传播学的主旋律是和谐，力求通过传播活动构建内心和谐、人际和睦、天人合一的和谐人生、和谐社会、和谐宇宙。经验学派的价值取向改良社会，关注的是如何和多大程度上调整传播活动以改善当前的社会统治。批判学派价值在于变革社会，着力点在于反思传播过程中的控制合法和合理问题，进而促进传播控制的合法合理。可见，"经验学派和批判学派的总体取向是通过媒介生态的改造来改良社会生态、文化生态；华夏传播理论的总体取向是通过人际关系的协调来实现社会关系的优化"①。

3. 思维方法

华夏传播学以"中庸"（或称为中和、中道）为核心的思维方法是对历史与现实生活智慧不断进行理论提升的结晶，因此，其运思过程就是生活智慧的不断积淀和升华，是经验思维（实用理性）取向。经验学派则讲究科学实证，要求运用问卷调查、社会实验等方式来进行数据分析，因此是科学思维取向。批判学派则是理论反思与现实批判，注重通过人文精神的重塑来实现社会公平正义，因此是批判思维取向。

4. 表达方式和适用范围

华夏传播学的表达方式往往是经验性的话语，如格言警句、成语，适用广泛，不仅适用于古代，也适用于现代，这体现出华夏传播学较擅长解释人际传播现象。经验学派和批判学派的表述方式是学术话语，以概念和理论的形式出现，更适用于大众传播时代，因此能较好地解释现代社会的媒介传播、组织传播。

总而言之，华夏传播学"是一种历史沉淀、文化积累。它不同于为政府、公司提供咨询、服务的实证研究，也不同于批判现代社会弊病、文化工业问题的理论研究，是一种扎根于中华文化的东方范式的传播学理论。它是汉语文化对人类传播规律的深刻领悟，也是华夏文明对世界传播所做出的独特贡献"②。

综上所述，华夏传播学是贯通古今，以传统为主，以现实为辅；以现实

① 周伟业：《东方范式：华夏传播理论的内涵、特征与价值——以汉语成语、谚语、俗语为中心的思考》，《南京政治学院学报》，2010年第5期。
② 周伟业：《东方范式：华夏传播理论的内涵、特征与价值——以汉语成语、谚语、俗语为中心的思考》，《南京政治学院学报》，2010年第5期。

为导向，以传统为着力点；试图通过对华夏传播史与华夏传播理论的双重观照，寻找传统与现实的逻辑起点，以社会运作与信息传播的互动为主线，夯实中华民族圆"中国梦"的基础。

在此基础上，我们进一步提出"华夏文明传播"观念，不是将文明传播的视野局限于中国，而是要聚焦于中国优秀文化传统（即华夏文明），着力挖掘华夏文明中的传播智慧，当然也追求依托华夏文明来与西方传播实践与理论展开对话，鲜明地传播中国好声音，讲好中国好故事，用我们的中庸、天下、和谐、礼乐等观念来阐述华夏传播理论，来解释中国当代社会交往与国际传播背后的理念，从而为中华民族的伟大复兴建构起自己的传播话语体系，让世界理解华夏文明是以追求"天下太平"为己任，她奉行"和而不同"的交流观念，具有极大包容性、开放性和开拓性的优秀品质，世界的和平发展需要华夏文明贡献智慧，华夏文明也乐于与世界分享中国智慧。

"华夏文明传播研究文库"将以研究与传播中华优秀传统文化为宗旨，一方面注重传播华夏文明，从多个维度研究中华文化传统，以增强民族的文化自信与文化自觉，使华夏文明能够薪火相传；另一方面积极阐扬华夏文明的传播智慧，立足中国，放眼世界，以他者为镜鉴，建构华夏文明传播的思想体系，提供可以与西方传播理论对话的中国文本。

主编 谢清果

2016 年 2 月 26 日

目　录

绪　论

近四十年华夏传播研究回顾与传播学本土化思考

20 世纪 70 年代末开始，华夏传播研究开始兴起，虽然取得了相当进展，但当时西方传播理论在中国依然大行其道，而华夏传播理论却未能得到应有的重视。进入 21 世纪以来，人本主义的兴起呼唤华夏传播理论的发展，同时，华夏传播研究的主体性问题也日益成为热门话题。基于此情况，我们对 20 世纪 70 年代以来华夏传播的相关研究成果进行系统的梳理总结，力求全面把握华夏传播研究的发展脉络，以便从整体上把握华夏传播理论，并为日后华夏传播的相关研究提供参考与借鉴，进而更好地促进我们继承中华民族的优秀文化遗产，建立起有中国特色的传播学理论体系。

厦门大学的黄星民教授在《华夏传播研究刍议》一文中，将"华夏传播研究"界定为：对中国传统社会中的传播活动和传播观念的发掘、整理、研究和扬弃。这个定义有多层内涵，首先，"中国传统社会"，从时间上规定了"华夏传播研究"的范围，这个时间范围跨过了 1840 年的鸦片战争，进入了历史学意义上的"近代"。其次，"传播活动"包括传播媒介、传播人物、传播事件、传播制度等以及它们的沿革流变、经验教训和基本规律等等；"传播观念"则指的是关于传播的言论、观点、学说、思想，甚至传播哲学等等，它不仅涵括了诗书礼乐、歌舞戏剧、典册报刊，甚至还包括故垒夕照、旧巷归燕、文物器具、民俗风情等。第三层含义是"发掘、整理、研究和扬弃"[①]。

经过近四十年的发展，华夏传播研究的意涵当有新的提升，我们在黄星民的定义基础上，将其内涵重新界定为：在系统整理中国传统社会的传播活

[①]　黄星民：《华夏传播研究刍议》，《新闻与传播研究》2002 年第 4 期。

动，传播观念，与传播有关的现象、制度等方面的基础上，站在古今文化传统赓续的立场上，对中华优秀文化进行传播学意义上的发掘、整理、研究和扬弃，以期形成一套具有中国特色的华夏传播学话语体系等诸多活动的总称。

为了进一步推动华夏传播研究，传播学界当回顾历史，把握现实，放眼未来，深入把握研究现状，合理评价现实，进而展望未来发展方向。[①]

一、研究问题源起：人本主义兴起，呼唤华夏传播理论

现今西方传播思想大行其道，并被广泛应用于我们的日常生活与社会实践活动。但是以中国悠久文明为背景的华夏传播理论却不被广大受众认可与重视，甚至有部分文化虚无主义者认为华夏传播理论都是封建残余的过时理论，全盘否定中国古老传统文化的历史传承与当代价值。

一百年前的西方传播学的确是极重科学精神与方法，即"理剖万物"，也借此取得了许多理论成果。但是到了21世纪，传播不应该再是冷冰冰的信息传递抑或硬性的说服研究，另一方面，现今社会除了注重大众传播的娱乐功能之外，更应该有价值与道德判断，即"心传天下"，华夏传播理论以仁兼济天下，我们应该以华夏传播理论为依撑，为传播学增添一些人文精神。许多学者在研究实践中越发体会到，传播学研究不能只依赖于西方人总结出的理论与方法，这些理论固然有其科学性与指导性，但是可能不完全适用于中国的传播实践。而在中国自身五千年的文明发展史中，有大量先人总结的传播观点和原理，亦有不计其数的传播事件和现象，这些丰富而极具价值的宝藏等待着我们去发掘、整理和提炼，并结合当今世界实践加以综合创新，打造富有中国气派的华夏传播理论。

近些年来，传播学科的主体性意识日强，中国传播学人一直在追问如何在传播学科中体现中国人在传播理论与传播实践中的立场、观点与方法，以改变传播研究亦步亦趋、唯人马首是瞻的总体格局。在此进程中，除了要立足于百年来中国道路的探索与实践，来探讨马克思主义的传播、新文化新思想的深入人心、无产阶级文化领导权的兴衰起落、党性人民性的现代传播意识等之外，中国数千年悠远的文化传统，从诸子百家的传播思想，到因人而

[①] 因作者编著的《华夏传播学引论》一书的绪论部分侧重评述了近四十年华夏传播研究的著作方面成就，故本绪论侧重论文方面。

异、因地制宜等传播习俗，都需要我们去发掘自己的一切优秀基因，当然目的在于发展繁荣现代中国的传播文化，而非陶醉于先人的荣光。不过值得注意的是，不要落入传播学中国化的话语陷阱，我们不但需要而且应该学习一切先进的传播理论与实践，不管是哪个国家的，只要有益于我们的自主创新，都只管拿来，为我所用。只不过，关键在于以我为主，也只能以我为主，不能也不可能以古人为主，以外人为主。因此，李彬先生认为重思传播学当关注城市与农村、内地与边疆、古代与现代、中国与世界的四大关系①。与此相呼应的是《重构中国传播学》一文，该文以沙垚博士访谈赵月枝老师的形式呈现，文章特色在于从城乡关系切入来关注农民的主体性，来反射出传播学者研究的主体自觉。两位作者力求摆脱传播研究的城市中心主义和西方中心主义的渊薮，希望通过重构传播学，颠覆传播学的传统路径与视解，在中国批判传播学、传播政治经济学的视角下，关注"城乡关系视野下的文化、传播与乡村转型"问题，这也正是 2015 年在浙江缙云县举办的一场贯彻"城乡关系传播"取向的学术会议的主题②。这或许正是"礼失求诸野"的时代。现代化的城市似乎挤压了传统文化的生长空间，失去生活化的传统文化传播是没有灵魂的。相反，与现代化相对有着时间隔离的乡村相对而言，似乎还能将传统文化在日常生活中持续下去，虽然在现代化的冲击下，如何让传统文化有"尊严"地实现当代转型，这是中国传播学应当介入研究的现实课题。

诚然如斯，中国传播学应当观照中国的现实关系，进而不仅能够解释从古至今中国社会与文化变迁，而且能够从全球视角回应中国当代的问题，进而提出解决中国问题的传播学路径。在此期许下，华夏传播研究就合理性地成为中国传播学不可替代的一个研究视角。因此，西方传播学毕竟是根植于西方情境的本地化理论，虽然它们有领先中国的优势；然而，五千年的中华文明自然也有丰富的本地化的沟通智慧，这些都是西方不可替代的。中国传播学不是为了印证西方传播学而产生，而是为了中国因应全球化，建构中国话语以与西方对话的需要。所以，"传播学中国化"必然有两个基本路径，其一是在西方传播学的启发下研究中国文化传统与社会，力求归纳总结出传播观念、规律甚至理论，例如黄星民的"风草论"和"礼乐传播论"。其二，注重研究现当代中国社会的传播活动，如为中国对外传播、跨文化传播、孔子

---

① 李彬：《重思中国传播学》，《现代传播》2015 年第 4 期。
② 沙垚：《重构中国传播学——传播政治经济学者赵月枝教授专访》，《新闻记者》2015 年第 1 期。

学院发展等问题提供传播策略，解决传播问题，并在此过程中探索新的传播理论。如此不难发现，中国传播学的发展过程中其实亦是秉持"师夷长技以制夷"思想，西方传播学始终是触发我们研究中国传播学的诱因，同时，也是中国传播学发展的参照系与对话对象，正是文化的他者，才显现自我。总之，作为中国传播学的有机组成部分的华夏传播研究，应自觉置身于全球知识生产的场域中，首先借鉴和入乎西方理论之内，以研究中国特色的在地经验，彰显其理论的特殊性一面，进而超越和出乎西方理论之外，在全球视野中互映中西方传播理论，在对话融通中提升中国传播理论的普遍性一面，最终实现理论特殊性与普遍性辩证统一的全球在地化。我们认为，在信息传播特征明显变化的当代社会，华夏传播理论的这些独有特征与智慧更加应当加以发扬。我们需要结合中国的国情，对华夏传播理论加以继承与发扬，从而更好地指导中国的传播实践。

二、研究意义追问

其一，理论意义。从理论建设方面来说，华夏传播理论出现的时间较晚，且相关研究较少，理论与现实基础不够，在理论研究方面还存在很大的提升空间。我们认为可以通过对儒道佛几大学派与中华传统文化的分析，总结出华夏传播特有的传播价值，使华夏传播的研究向前推进一步，让华夏传播研究具有更充分的理论支持。

其二，现实意义。我们可从华夏传播"心传天下"的特征入手，对儒道佛三家的主要理论与其他中华传统文化，进行现代传播学意义上的解读，从而对整个华夏传播理论作出传播方面的拓展与延伸，最后提出相关建议与对策，促进华夏传播理论的大发展，使华夏传播理论更加适用于现代社会。

三、近四十年来华夏传播研究的历史丰碑

华夏传播这一古老文化体系与传播理论其实早已存在，但是真正提出这一概念并逐步发展其内涵则是起于上个世纪。"华夏传播研究"缘起于上世纪70 年代末，1977 年美国传播学者施拉姆访问香港，此后香港中文大学余也鲁、台湾政治大学的徐佳士、厦门大学的郑学檬等人提倡发掘中国传统文化中的传播文化遗产，从此大陆与港台的华夏传播研究逐渐兴起①。总体上，大

_____

① 黄星民：《华夏传播研究刍议》，《新闻与传播研究》2002 年第 4 期。

陆这项研究比台湾迟开展，直至 1985 年上海第一届传播学国际学术研讨会出现了两篇华夏传播研究论文。后来，在厦门大学传播研究所作为组织机构的协调下，孙旭培先生主编的《华夏传播论》一书 1997 年由人民出版社正式出版，进而 2002 年，厦门大学又推出《华夏传播研究丛书》首批成果。丛书沿用了"华夏传播"一词，使该词进一步盛行①。此时关于此论题的相关文献还较少，但这一概念的提出也引起了许多国内外学者的关注，从 2010 年开始，相关研究开始增多，尤其是到了 2014 年，相关研究文献数量到达高峰，呈现井喷趋势。其中，2012 年中国社会科学院推出的《文明传播的哲学视野》一书，是 21 世纪华夏传播研究概论性研究中具有纲领性的研究成果。2016 年厦门大学传播研究所又倾力推出"华夏文明传播研究文库"，力争凸显华夏文明在传播智慧方面的贡献，建构出华夏文明传播的话语体系。

目前国内关于华夏传播的研究主要集中在以下几个方面：

（一）研究早期属起步学习期，除了华夏传播的整体概述外，研究领域主要集中于儒、道、佛等几大学派。其中又尤以儒家为研究热点，侧重从这几个领域出发，对华夏传播的主要内容与传播机制进行分析，还有部分文献集中于儒道佛三家的比较分析。

1. 华夏传播研究的整体概述

在关于华夏传播的诸多文献中，首先即是关于华夏传播整体思想的系统概述及与其相关梳理的研究，如吴予敏 1988 年的论著《无形的网络》，即属于早期华夏传播研究中的代表作之一。在本书中，他从古代社会的传播媒介、传播方式和政治传播入手，对我国古代社会的传统文化心理与文化传统进行了深入探讨与分析，进而对儒、道、法、墨四家的传播思想进行了梳理总结，最后对中国社会的传播结构与文化模式的互动进行了新的总结与分析，并且建构了独具中国文化特色的同心圆式的"生活—传播结构"，枝杆型的"社会—传播结构"、偏心圆型的"历史—传播结构"②。又如金冠军主编的《中国传播思想史》，本书则是从纵向的时间维度出发，驻足于中国文化的现代语境，将中国的传播思想史分为古代、近代、现当代等四卷，全方位地对中国几千年的传播思想与理念进行了一次系统而完整的梳理与总结。本书不仅从

---

① 黄星民：《华夏传播研究刍议》，《新闻与传播研究》2002 年第 4 期。

② 吴予敏：《无形的网络》，国际文化出版公司，1988 年。

多学科的视野出发，站在中国文化与现代传播理论的交叉点上，对古代的传播理论进行全面的筛选与深刻的解析，立体地表现中国古代传播思想的丰富内涵，并且还以大众传播为入口，对几千年来的传播思想进行梳理，重构了现代传播观念①；还有陈国明主编的《中华传播理论与原则》，本书首先对华人传播研究的过去与现状进行了总结，并对其未来进行展望，探究以文化特殊性建立传播理论的可行性；然后对中华文化的不同面向进行探讨，分别分析其对传播的不同层面所可能产生的影响；最后从行为层次，对属于中国人的一些重要的文化概念进行详细分析，如：面子、气、报、风水等与传播的关系。总的来说，本书从中华文化的角度出发，对中华的传播形态与传播行为进行了全面深入的探讨，并以此与其他文化的传播形态加以区别，描绘出了一个具有中华文化特色的传播理论与原则②。

近几年对华夏传播进行系统整理的代表作当属冯骥才的《符号中国》，这本书独创一格，以新颖的图片形式对整个中国的传统文化进行了全面的归纳与整理。本书主要由数千张上自远古、下至当下，并且具有公认的中华文化基因意义的"文化符号"的高清图片组成。这些图片的范围十分广阔且覆盖全面，涵盖中国物质与非物质文化遗产、自然遗产、历史遗产等诸方面，从器具到食物、从风俗到礼仪、从人物到景观的方方面面。这些图片生动形象地全景式展现了中国的整体传统文化风貌，并且由专家用文字和图片的形式逐一进行权威解读，向世界解读及传播中华文化的精髓③。传播不是一种独立的文化现象，根据此类书籍对我国的民族文化传统与文化心理进行深刻探究，有利于促进我们对华夏传播的更深刻理解。此外，中国传媒大学的隋岩教授出版了《符号中国》一书。其中，作者梳理了不同语境中象征中国的历史符号的变迁，深刻探究鸦片、"东亚病夫"、缠足等负面符号背后的传播机制，探索如何以强符号传播中国，如何提炼和打造代表中国传播中国的强符号。

除了专著书籍外，还有许多关于华夏传播的相关论文研究，在这方面邵培仁与姚锦云的研究成果较为丰硕，故选取其中较有代表性的几篇进行针对性评述。

如邵培仁、姚锦云在《传播理论的胚胎：华夏传播十大观念》中，明确提出中国传统思想中虽然没有现代社会科学意义上的"理论"，但却有着

---

① 金冠军：《中国传播思想史》，上海交通大学出版社，2005 年。

② 陈国明：《中华传播理论与原则》，台北：五南图书出版股份有限公司，2004 年。

③ 冯骥才：《符号中国》，译林出版社，2008 年。

足以发展成理论的"胚胎"，并将这十大观念总结概括为："阴-阳""和-合""交-通""感-应""中-正""时-位""名-实""言-行""心-受""易-简"，促进华夏传播理论的成型与发展[①]；邵培仁、姚锦云在《为历史辩护：华夏传播研究的知识逻辑》中，分别从自然科学和社会科学的历史视野对华夏传播进行历史语境的考察，并且还从历史经验的视角出发，提出一切现实经验都渗透着历史经验，中国人的"释义系统"尤其具有历史传承性等相关主张，最终达到为历史正名，为现实寻根的目标[②]。

2. 儒家

（1）中庸研究成为重要研究领域

因为"中庸"本身在儒家学派中的重要地位，且"中庸"作为一个对人内传播、人际传播甚至组织传播皆普遍适用的方法论，具有较强的现实意义与当代价值，所以中庸成为儒家研究的重要领域与研究热点。

中庸主张适度、中正中和、和谐的方法论对于构建和谐的人际关系有重要意义，所以关于中庸与人际传播的文献数量相对较多。如彭文会、黄希庭在《基于中庸—和谐的人际幸福感》一文中，从情绪的平和感、认知上的中正感两个维度出发，又从自我修养的自制性、待人的包容性及结构的平衡性等层面构建了基于中庸—和谐的人际幸福感的靶网络模型，最后从中庸的角度，为促进和谐的人际关系，提高人际幸福感提供方法与对策[③]；高敏在《论〈论语〉交往艺术的中庸之美》中，从以"礼"为核心的君臣关系、以"情"为核心的孝悌理念、以"诚"为核心的师生关系、以"信"为核心的交友理念四个主要层面出发，试图建立和谐的人际关系模式，缓解现今人际交往经济化、功利化的问题[④]；蒋曼在《论中庸之道在现代社会人际交往中的应用》中，从中庸的含义解读、中庸关于人际关系的主要主张等角度出发，力求运用中庸之道，达到恰当地处理好人与自然、人与社会、人与人之间的关系的最终目的[⑤]；而沈毅在《人缘取向：中庸之道的人际实践——对中国人社会行

①　邵培仁，姚锦云：《传播理论的胚胎：华夏传播十大观念》，《浙江学刊》2016年第1期。

②　邵培仁，姚锦云：《为历史辩护：华夏传播研究的知识逻辑》，《社会科学战线》2016年第3期。

③　彭文会，黄希庭：《基于中庸—和谐的人际幸福感》，《西南大学学报（社会科学版）》2015年第2期。

④　高敏：《论〈论语〉交往艺术的中庸之美》，曲阜师范大学学位论文，2013年。

⑤　蒋曼：《论中庸之道在现代社会人际交往中的应用》，《经营管理者》，2010年第14期。

为取向模式的再探讨》一文中①，则从中国社会的独有特征——"人缘"圈子出发，对中庸之道与良好"人缘"取向之间的关系进行了深刻的探讨，最后指明：中庸之道的人际实践本质上是一种阴阳思维的实践方式，"不争""忍让"即是一种以长远利益为目标的"争"的方式，长期压缩、隐藏自我的方式本质上也是一种保护自我、赢得资源的策略，为中庸与人际传播的关系探讨提供了新思路。

而近些年来，中庸蕴含的组织传播智慧日益被挖掘，关于中庸的管理学探析成为新的研究热点。如邵爱国在《中庸之道的管理智慧及其现代价值》一文中，从适度、整体、权变与和谐四大原则出发，将中庸式管理总结为：顺道的管理、和谐的管理、整体的管理、适度的管理和权变的管理，通过员工行为与组织效能各因子的相关与回归分析，对企业管理与中庸的组织传播之道进行了梳理总结②；高力在《孔子中庸管理思想的当代启示》中，也从文化心理、思维模式、价值取向、行为方式等层面出发，对中庸的管理之道与组织传播智慧进行了深层次的挖掘和整合，试图建构一套与传统文化相结合，并且适合中国人自己的组织管理理论和体制③。

（2）以儒家经典为引进行深层研究

儒家学说中有许多经典论著，最具代表性的即是《论语》。同时，儒家学派还有许多著名的思想主张，有些主张到现在仍然为人熟知，如三纲五常、修身治国、慎言思想等，所以儒家的许多相关研究都是以这些儒家的经典作为例子进行深层次的剖析与解读。

如张景云在《"五常"与儒家"慎言"传播思想》④一文中，分别从"仁""义""礼""智""信"与"言论"之间的关系入手，探索"五常"与"慎言"的内在联系，最终总结出："慎言"的实质是通过"五常"伦理制约传播，维护社会秩序，并且点明了"慎言"传播思想对现代传播独有的借鉴价值；阳海洪在《"仁礼同构"："5W"模式下儒家传播思想的问题意识》⑤一文中，从西方传播学经典的"5W"模式对儒家思想的五要素进行了重新解

---

① 沈毅：《人缘取向：中庸之道的人际实践——对中国人社会行为取向模式的再探讨》，《南京大学学报（哲学人文科学·社会科学版）》2005 年第 5 期。
② 邵爱国：《中庸之道的管理智慧及其现代价值》，苏州大学学位论文，2003 年。
③ 高力：《孔子中庸管理思想的当代启示》，《辽宁教育行政学院学报》2010 年第 5 期。
④ 张景云：《"五常"与儒家"慎言"传播思想》，《国际新闻界》2007 年第 2 期。
⑤ 阳海洪：《"仁礼同构"："5W"模式下儒家传播思想的问题意识》，《湘潭大学学报》2012 年第 3 期。

读，并且重新总结了儒家思想的正面与负面价值，在强调儒家思想的理性精神，人道色彩和传播的终极关怀的同时，也点出儒家传播思想缺乏平等的传播权利，以及过于注重社会哲学视角，只是"求善"，而非"求真"的缺点；阳海洪、阳海燕在《泛组织传播：对"孔孟"为中心的儒家传播思想考察》①中，从"齐家与治国""性善论""礼治""天子与庶人""礼与仁""言传与身教""文与情""教与化"等方面对儒家思想进行分析，将传者和受众、传播内容、传播媒介、传播技巧、传播效果等都纳入到"家国"秩序中来思考；王仙子、周之涵在《孔子及〈论语〉传播学研究之回顾与前瞻》②中，以1992、2002年为两个转折节点，将此研究分为起步学习期、探索发展期和走向深化期三个阶段，并从三个主要层面——孔子及《论语》传播史实研究，传播思想研究，当代新闻传播事业语境下的价值转换研究，从经、纬两个维度对儒家研究进行了全面考察和立体透视；邵培仁、姚锦云在《传播模式论：〈论语〉的核心传播模式与儒家传播思维》一文中，将儒家文化总结为四种基本模式，包括价值传播的"内化"模式、道德传播的"情感"模式、人际传播的"外推"模式、知识传播的"情境"模式，促进中国传统传播思想的创造性转化③。

3. 道家

（1）语言传播与非语言传播成为研究重点

由于道家学说本身对于语言传播功能的独特主张，所以后世对道家传播的许多研究集中于语言传播与非语言传播领域。

如常启云在《道家语言传播思想探析》④中，从言与义、言与辞、言与果的关系三方面对道家的传播内容、传播技巧、传播效果进行诠释，最后提出：道家以不同于常人的视角及思想表述方式对语言媒介进行了深入骨髓的洞察；谢清果在《道家语言传播效果的求美旨趣》一文中，通过"言"（"名"）与实，"言"（"名"）与"意"（"道"）关系的新阐释，从真、善、美三个向度对道家语言传播做出了全新的解读，并且以传播学框架对道家语言传播进行剖

---

① 阳海洪，阳海燕：《泛组织传播：对"孔孟"为中心的儒家传播思想考察》，《温州大学学报（社会科学版）》2007年第5期。

② 王仙子，周之涵：《孔子及〈论语〉传播学研究之回顾与前瞻》，《孔子研究》2014年第1期。

③ 邵培仁，姚锦云：《传播模式论：〈论语〉的核心传播模式与儒家传播思维》，《浙江大学学报（人文社会科学版）》2014年第4期。

④ 常启云：《道家语言传播思想探析》，《新闻爱好者》2009年第16期。

析，最后提出真是传播的出发点，善是传播过程中的法宝，美是传播效果的评判原则 [1]；谢清果在《道家语言传播主体的求真意向》中，从正言、贵言、信言三个层面为语言传播主体语言的正确、正当、正直提出了相关解决措施，将其语言传播技巧总结为以法天贵真的自然情怀与返朴归真的道德追求 [2]；余晓莉在《反传播还是愚民政策———试论道家的传播观》中，肯定了道家对非语言传播以及语言符号的暧昧性、多义性的认识，以及其对于传播技巧的贡献，提出道家思想对于人际平行的传播以及内向传播是极具积极意义的 [3]。

（2）内向传播是重要研究领域

由于道家学派在传播中十分注重自修、自我超越与升华等方法论，所以在道家学派的研究中，内向传播是一个重要的研究领域。

如谢清果在《内向传播的视阈下老子的自我观探析》中，从老子思想内向传播的旨趣、自我与他人的关系、自我互动与自我内省等维度出发，强调道家内向传播中一定要消融社会性对自我超越的干扰，注重自我向"道"的复归而实现自我升华 [4]；谢清果、周亚情在《无：道家内向传播的独特操作范式》一文中，以老子首创的"无"范畴为切入点与内向传播的核心着力点，从批判社会、人道落实天道、自我超越等多个层面对"无"的内涵进行了深层次的解析，最后对"无"的内向传播基本模式、实现路径和终极目标进行了总结与阐释 [5]；谢清果还在《内向传播视域下的庄子"吾丧我"思想探析》中，以"丧"作为内向传播的基本途径、以"真"作为内向传播的最终指向，对庄子"吾丧我"思想进行了深刻剖析，并对此命题呈现的主我与客我的关系，个人与社会的关系进行了新解读 [6]。

（3）人际传播也是重要组成部分

人际传播作为传播中的一大领域，道家思想也有所涉及，而且许多适用于内向传播的核心准则与思想观念也是奠定良好人际关系的基础与前提，所以在道家思想的研究中，关于人际传播的研究也是一个重要的组成部分。

---

[1] 谢清果：《道家语言传播效果的求美旨趣》，《哲学动态》2008 年第 3 期。

[2] 谢清果：《道家语言传播主体的求真意向》，《民办高等教育研究》2008 年第 3 期。

[3] 余晓莉：《反传播还是愚民政策——试论道家的传播观》，《阜阳师范学院学报（社会科学版）》，2004 年第 2 期。

[4] 谢清果：《内向传播的视阈下老子的自我观探析》，《国际新闻界》2011 年第 6 期。

[5] 谢清果，周亚情：《无：道家内向传播的独特操作范式》，《老子学刊》2015 年总第 6 辑。

[6] 谢清果：《内向传播视域下的〈庄子〉"吾丧我"思想新探》，《诸子学刊》2014 年第 1 期（总第 10 辑）。

如谢清果在《和老子学传播：老子的沟通智慧》一书中，首次从传播学的视角系统地研究老子思想，并从传播动机、传播策略以及传播效果三个方面剖析了老子传播思想的总纲——"以正治国，以奇用兵，以无事取天下"，进而探讨老子在语言传播、人际传播、人内传播、具象传播等方面的思想，初步展示了老子与现代公关、传媒历史乃至西方传播思想等方面的貌离神合，从而多维度管窥了深刻隽永的老子传播思想①；谢清果、曹艳辉在《架构"交流的无奈"通向"人际的和谐"桥梁——论老子人际沟通的逆向思维》中，则针对当今媒介技术迅速发展而产生的一系列沟通问题，从人际交往中的自我定位、沟通动机、人际期望方面，提出了柔弱处下、见素抱朴、知足不辱等解决措施②。

（4）组织传播方面的独特智慧

以老子的思想为例，"无为无不为"主张的提出，说明道家在国家治理与人民安居方面颇有自己的独特见解，所以道家在组织传播方面的独特智慧值得挖掘。如谢清果、郭汉文在《和老子学管理——老子的组织传播智慧》一书中，吸取组织传播学的理念，对老子管理思想的基本特点进行了归纳总结，然后从自我管理、国家管理、家庭管理、企业管理等角度对老子的管理思想进行了系统梳理，最后立足当代管理实践，深入剖析老子管理智慧对组织战略抉择、战术运用、人才选任以及管理者素质养成等的积极意义③。

4.佛家

佛家作为一个宗教教派，现今也有众多教众与支持者，所以近几年有相当一部分文献集中于佛家特有的传播智慧与其现代价值的挖掘。

如张梦飞、钟志东在《传统佛家的宽容思想及其现代性转型》中对佛家尊重异己、众生平等的宽容思想进行了重新解读，并且结合现代社会平等、民主、自由、博爱、公平、公正的特征，对佛家思想进行了创造性的改造：即由出世向入世，由虚妄向现实，由信仰向世俗道德转化④；王国庆在《佛教传播系统研究》中，突出强调了佛家传播"由繁到简，追求实用"的传播理念，"处变不惊，以柔克刚"的策略在权衡社会关系方面，"应病与药，随机

---

① 谢清果：《和老子学传播：老子的沟通智慧》，宗教文化出版社，2010年。

② 谢清果，曹艳辉：《架构"交流的无奈"通向"人际的和谐"桥梁——论老子人际沟通的逆向思维》，《周口师范学院学报》2012年第1期。

③ 谢清果，郭汉文：《和老子学管理：老子的组织传播智慧》，宗教文化出版社，2011年。

④ 张梦飞，钟志东：《传统佛家的宽容思想及其现代性转型》，《湖南科技学院学报》2012年第3期。

设教"的传播技巧在消解传播隔阂方面的作用，并对网络时代佛教传播面临的机遇与挑战重新进行了梳理总结，并提出了相关对策①；周含华在《论佛家智慧对大学生心理建构的意义》一文中，从大学生的心理失衡问题切入，对佛家物我平等、与人为善、积极改变认知、适应现实等多方面的人际传播智慧进行了深入挖掘②；刘衍永在《论传统佛家文化的当代价值》一文中，从佛家传播的重"和"思想、以人为本、众生平等、克己淡欲、觉人利他等几个主要层面，对佛家的思想精髓进行了系统梳理与总结，并对其当代价值进行了新解读，如有利于社会稳定的重"和"思想，有助于科学、可持续发展的佛家财富观，有利于推进社会主义精神文明建设的克己淡欲，觉人利他的观念③。谢清果、季程的《内向传播视域中的佛教心性论》一文认为禅宗的身、心、禅充溢着内向传播智慧，并以弗洛伊德的人格理论为依据指出佛教心性论正是通过本我、自我、超我三者相互沟通与协调来呈现其内向传播观念。

5. 儒道佛三家的比较分析

前面集中于儒、道、佛某个学派的专门研究数量都比较多，但是与此同时也有一些研究集中于儒道佛三家的比较分析并进行新解读的。

如张文勋在《儒、道、佛的自我超越哲学——孔子的"四毋"、庄子的"三无"和佛家的"破二执"之比较》一文中，通过对儒道佛三家思想的比较分析，对传播学的理想境界——自我超越哲学进行了总结与升华，强调人的道德修养，强调修身正己，强调人格自律，强调净化心灵，消除私欲，达到无欲、无私、无我、无畏的境界，最后达到社会和谐、治国平天下的目的④；漆侠在《儒家的中庸之道与佛家的中道义———兼评释智圆有关中庸中道义的论点》一文中，通过儒家中庸与佛家中道两者的比较，强调传播过程中要突破传播主体意识中的种种迷妄，并对传播学适度、中度的辩证法思想进行了更具体深刻的阐释与分析⑤；邵培仁，姚锦云在《传播受体论：庄子、慧能与王阳明的"接受主体性"》中，以人类传播的三大问题——思想交流、宗教

① 王国庆：《佛教传播系统研究》，吉林大学学位论文，2015 年。

② 周含华：《论佛家智慧对大学生心理建构的意义》，《湖南师范大学教育科学学报》2008 年第 2 期。

③ 刘衍永：《论传统佛家文化的当代价值》，《求索》，2011 年第 10 期。

④ 张文勋：《儒、道、佛的自我超越哲学——孔子的"四毋"、庄子的"三无"和佛家的"破二执"之比较》，《中国文化研究》2006 年第 4 期。

⑤ 漆侠：《儒家的中庸之道与佛家的中道义——兼评释智圆有关中庸中道义的论点》，《北京大学学报（哲学社会科学版）》1999 年第 3 期。

观念传递和道德传承为切入点，对道、释、儒的三个代表人物——庄子、慧能和王阳明进行了比较分析，提出传播的成败不在于"传"，而在于"受"，注重传播思维的"接受主体性"，对其进行了重新思考：即传播中的人如何建构一个丰富的精神世界，而不只是作为传递信息的导管，从而带来了传播研究的视角转换与范式转移①。

综合分析这方面的已有成果，我们发现大多数研究多集中于儒、道、佛其中的某一流派，而从整体上进行把握分析的相对较少。

另一方面，相关研究大多集中于儒家文化，而道家、佛家的研究相对较少。

（二）关于华夏传播的相关研究已经跳脱了狭窄的传播领域，广告与新闻事业也是其重要研究方向。

在梳理华夏传播的相关研究文献时，我们可以发现，除了狭义上传播领域的诸多相关研究，还有许多研究集中于新闻事业的发展与广告领域。如陈正辉2004年的《根植于民族土壤的广告文化》，胡晓云的《中国广告：回归东方的理由》，八卷俊雄的《东方智慧与广告文化》，李思屈的《寻找"直指本心"的广告》，这些都是从广告的视角对华夏传播与传统文化的当代价值进行挖掘；金定海的《汉字的广告可能：关于华文广告智慧发生学的思考》则将广告传播与中国独特的传播符号——汉字联系起来；而丁建辉与何镇飚的《广告传播与佛家"五蕴"》则是别出心裁地将广告传播与佛家学派联系起来，以佛家为切入点，对我国的广告传播进行研究。

另一方面，以中国新闻事业的发展为引对华夏传播进行探索的文献也相对较多，如魏海岩的《中国最早的新闻月刊——进奏院月报》，何扬鸣的《试论南宋临安的新闻事业》都是以中国古代的新闻事业为切入点，对华夏传播进行研究；又如刘大明、徐艳的《宋代邸报的新闻活动探析——围绕政治信息传递相关问题而展开》，孔正毅的《再谈元代的"邸报"、"朝报"及"除目"问题——兼答李漫博士》等文章，则是将研究目标具体锁定为我国古代最具代表性的官方报纸——邸报，并以此为切入点，对我国古代的诸多传播现象进行挖掘；刘建明的《中国古代官报的媒介批评》，王润泽的《中国古代新闻业的价值取向》，赵尚的《论"报"的中国文化背景——我国古代信息传

---

① 邵培仁、姚锦云：《传播受体论：庄子、慧能与王阳明的"接受主体性"》，《新闻与传播研究》2014年第10期。

播意义上的"保"、"报"关系考》等文章，则跳脱了某个具体的朝代或媒介载体，以中国古代整体的新闻事业为脉络，对华夏传播进行全面且深刻的探析；陈建新的《百年沧桑载沉浮：新记〈大公报〉研究述评》，李彬、杨芳的《试论新中国史研究的范式演变——以〈大公报〉研究为例》，则是以近现代的报刊为研究对象，对华夏传播中的新闻史范式进行详细研究。

（三）在时间上，对华夏传播理论的研究主要以先秦和汉代为主，且集中于军事传播、政治传播、舆论等研究领域。另一方面，相关研究注重挖掘中国独特的传播文化，如礼文化、周易文化、茶文化、器物文化、五行文化等等。

1. 先秦与汉代的华夏传播研究居多

经过我们对华夏传播相关文献的整体梳理总结，我们发现在时间方面，对华夏传播理论的研究多集中于先秦与汉代，尤其是先秦作为众多学派兴起的源头，成为华夏传播的研究热点。

如张翅、闻娱的《春秋战国传播活动初探》，马银琴的《战国时代"诗"的传播与特点》，刘毓庆、郭万金的《战国"诗"学传播中心的转移与汉四家"诗"的形成》，胡百精的《先秦修辞思想与中国古代公共关系史》等文章，都是以春秋战国时期的诸多传播活动作为主要研究对象，对华夏传播进行解读与剖析；廖声武的《论先秦时期儒家的传播思想》，刘光胜的《战国时期儒学传播研究》则是具体地以先秦儒家作为切入点，对华夏传播进行探索；如孙铭悦在《先秦儒家思想的人际传播》[①]一文中，从儒家思想传播的动机与内容、传播方式、传播责任等角度出发，以"三纲五常"作为主要切入点，对儒家思想人际传播的相关理论进行了系统分析；于倩在《传播学中国化研究的新探索——从先秦诸子看中国古代的传播思想》[②]一文中，以春秋战国时代为背景，从先秦诸子思想切入，对我国古代的传播思想进行发掘与新的传播学阐释，从而找到古今中外传播思想的契合点，最终为华夏传播理论奠定基础。

而在学术论著方面，以巫称喜先生的《殷商文化传播史稿》[③]为范例。该

① 孙铭悦：《先秦儒家思想的人际传播》，《新闻世界》2010 年第 4 期。
② 于倩：《传播学中国化研究的新探索——从先秦诸子看中国古代的传播思想》，四川社会科学院，2010 年。
③ 巫称喜：《殷商文化传播史稿》，中国暨南大学出版社，2015 年。

书以殷商时期的信息采集与传播制度为例，并且提出了许多令人耳目一新的创见。作者首先提出甲骨卜辞命辞是个有信息属性的载体，进而指出商代占卜制度是为了保证占卜预测与信息采集、采信、宣示、传播顺利进行，为治国理政提供决策依据，最终根据这种种传播现象归纳出商代传播制度与传播模式等等。

除了先秦与汉代，也有一些学术论著集中于其他朝代的新闻传播活动，如《唐代文明与新闻传播》《宋代新闻史》《明代新闻传播史》《元代传播考》等。以《唐代文明与新闻传播》[①] 为例，这是现今以来第一部论述唐代新闻传播的学术专著。本书以极具生机的繁华年代——唐朝为例，选取唐朝的新闻传播为典型范例，从唐朝的传播机构、传播方式、传播思想等维度入手，以士人传播为主要研究对象，对唐代及隋朝、五代的新闻传播活动及其社会文化背景进行了系统论述，对唐代的新闻传播进行了详细深入的阐发和探讨，填补了中国古代新闻传播史研究中的空白，而且不乏创见。

2.政治传播与军事传播成为研究热点

另一方面，在华夏传播的研究方面，除了传统的儒道佛三家与人际传播、组织传播、内向传播等研究领域，政治传播与军事传播成为较具华夏特色的研究热点。如黄春平的《汉代军事信息的传播——檄文》，任中峰的《〈孙子兵法〉中的战时传播思想》，孟庆鸿的《从唐诗看唐代军事传播》都对我国古代的军事传播与战时传播思想进行了新的解读与剖析。

而在政治传播方面，如孙健的《〈管子〉的政治传播观念研究》，汤景泰、刘海贵的《皇权专制与政治传播——以清朝前中期为例》，吴宗杰、张崇的《从〈史记〉的文化书写探讨"中国故事"的讲述》等文章，都是以具体的政治传播范例作为切入点，对华夏传播进行探索；陈谦的《传播、政治传播与中国古代政治传播制度体系》，陈谦的《中国古代政治传播思想及制度概说》，白文刚的《政治传播在中国古代政治中的地位与作用》，谢贵安的《古代政治民谣及其社会舆论功能》则是以中国古代整体的政治传播作为脉络，对其进行全面的探索分析；又如潘祥辉先生在官僚科层制与政治传播的关系方面进行了卓有成效的研究，他在《官僚科层制与秦汉帝国的政治传播》中，以秦汉的官僚科层制为例，对传播系统进行了深层次的研究，通过官僚科层制下政治信息的传播和管理，政治传播的扭曲与失真，"反信息歪曲"诸措施三个

---

① 李彬：《唐代文明与新闻传播》，中国人民大学出版社，2014年。

主要层面，对秦汉帝国的组织结构进行深层分析，并且试图揭示官僚科层制与政治传播之间的内在关联①；潘祥辉还在《秦汉帝国的政治传播与官僚制悖论》中，提出官僚政治在某种程度上造成了政治传播的扭曲，如对政治信息的垄断，"效率低下"，"欺上瞒下"等，并且提出了相关解决措施②。陈谦的新作《中国古代王朝政治传播制度》③是该领域的代表作。

3. 注重挖掘极具华夏特色的传播文化

在华夏传播的研究中，我们不难发现，有许多文献是以中国特有的某种媒介或符号为例进行研究分析的，其中较具代表性的有汉字文化、礼文化、周易文化、茶文化、器物文化、五行文化等等。

如林培丰的《汉字，视觉传播的创意宝藏》，赵丽明的《汉字在传播中的变异研究》，郑立的《唐代汉字传播的途径及其影响》都是以汉字为切入点，对华夏传播问题进行探索研究。

而张自慧的《礼文化的人文精神与价值研究》，盛邦和的《"礼记"与中国礼文化》，邵文东的《论儒家礼文化的特点及内涵》，刘宏丽的《中国传统礼文化与敬谦语传播关系研究》都是以礼文化为切入点，对华夏传播进行探索研究；而董梅的《中国礼文化"和"观念探析》，张自慧的《中国礼文化之和谐观探析》则是将礼文化与中国传统文化的核心"和谐"联系起来，对华夏传播进行另一个层面的解读；冯海荣的《客气与华人沟通行为》则更具体地将中国社会的一个独特特征——"客气"提取出来，将其与人际传播结合起来，作出新解读。

另一方面，还有许多文献是以周易为切入点，发展出周易独有的传播文化。如陈国明的《关于〈易经〉传播模式》，陈国明的《易经八卦的人际关系发展模式》，玛丽·冯的《通过〈易经〉的精神智慧发展自我和促进沟通》，萧小穗的《易经的叙事模式》，袁宏禹、曹卫玲的《试析〈周易·震卦〉的传播观》，王莹的《先秦〈周易〉传播特征考论》，田宇的《〈周易〉的传播心理效应解析》，这诸多文献都是着力于挖掘中国独特的周易文化，从人际传播、传播心理、传播模式等层面对周易文化进行不同层面的解析。

器物文化也是极具中国特色的另一个研究方向，如邱戈的《物的符号化：东方器物文化和现代广告传播》即是以器物文化为切入点，对华夏传播进行

① 潘祥辉：《官僚科层制与秦汉帝国的政治传播》，《社会科学论坛》2010 年第 21 期。

② 潘祥辉：《秦汉帝国的政治传播与官僚制悖论》，《中国社会科学报》2010 年 8 月 12 日。

③ 陈谦：《中国古代王朝政治传播制度》，中国社会科学出版社 2016 年。

广告方面的新探索；又如潘祥辉在《传播史上的青铜时代：殷周青铜器的文化与政治传播功能考》一文中，别出心裁地将青铜器与中国的政治传播联系起来，将其功能概括为：沟通人与神的媒介，调整社会关系的重要象征物，政治治理的工具，记功叙事的书写媒介，并对其文化传播功能与政治传播功能进行了详细解析，最后提出青铜器深刻地影响了中国的政治运作和文化传承，并且标志着一个新的媒介域的形成，它既属于中国，也属于世界 [①]。

郭锋的《谈中国古代五行灾异符应说物象传媒体系的建构》，闫祥岭的《礼记·月令》中的五行学说研究》，李铁华的《阴阳五行与四大五蕴比较研究》，皆是以阴阳五行学说为切入点，对华夏传播理论进行探析。

又如宋时磊的《唐代茶文化问题研究》，张琳洁的《现代茶文化现象研究》，欧阳晗萌的《"茶文化"与人际传播研究》，李晓雪的《中日茶文化之比较研究》，景庆虹的《论中国茶文化海外传播》，则是以茶文化为引，对华夏传播事项进行研究与探索。

（四）近几年相关研究开始深化，发展趋势是将华夏传播与现实结合进行解析，包括人际传播、对外传播等方面，分析华夏传播在传播现状中存在的问题，并为其提出建议与对策。

黄瑛于 2012 年在《百年中国儒家文化的传播与现代转型》[②]中，以儒家文化为切入点，对其主要发展阶段与变化进行梳理总结，提出新儒家文化的传承与发扬，并从电子传播、大众传播、国际传播等方面提出建议；黄海、刘吉发在《儒家传播功能论的当代价值定位》[③]中，把儒家的主要传播思想概括为：传播指向的民本观、传播效应的双面性、传播过程的控制论三方面，提出须重新审视华夏传播的不同价值，取精华、弃糟粕，在不断扬弃中塑造有中国特色的传播功能论；周晓在《全球化视域下儒家文明的对外传播困境》中，从文明内在差异、翻译障碍、文化帝国主义等方面对其困境原因进行解

①　潘祥辉：《传播史上的青铜时代：殷周青铜器的文化与政治传播功能考》，《新闻与传播研究》2015 年第 2 期。

②　黄瑛：《百年中国儒家文化的传播与现代转型》，《湖南科技大学学报（社会科学版）》2012 年第 6 期。

③　黄海、刘吉发：《儒家传播功能论的当代价值定位》，《西安文理学院学报（社会科学版）》2005 年第 3 期。

读，并提出批判继承，充分发扬儒家文化的个性与优势等相关建议 [①]；楚天舒在《儒家文化传播与和谐文化的构建》[②] 中，从儒家的和谐内涵与和谐文化之间的关系入手，通过现状分析、内容分析以及策略分析对其进行深入解读，最终提出文化产业传播、普及传播、教育传播等建议；吕丽在《媒体融合视域下儒家文化传播方式的转型策略》中，从媒介、受众环境两方面出发，提出现今儒家文化应兼顾全球化及本土化的学术视野，在彰显民族文化特质的同时，依托全媒体传播方式进行多维度传播 [③]。

综合分析以上研究成果，我们发现将华夏传播与现实结合进行研究时，大多数研究注重人际传播与对外传播方面，而忽视了人内传播与组织传播。因此将来我们可从人内传播、人际传播、组织传播几个主要维度对华夏传播研究进行全面分析。

（五）中西两方传播思想的碰撞与交流同样是一个重要的研究视角，并且多与对外传播、跨文化传播结合起来。

如李卓在《对"文明的冲突"的一种传播学阐释》[④] 一文中，从跨文化传播的角度对华夏传播与西方传播进行对比分析，分别以《论语》和《费德若篇》为例，将孔子与苏格拉底的传播思想进行比较，运用文化间性理论与互惠式相互依赖关系与共文化理论，最后提出基于文化共性、文化精神、文化反省等维度的跨文化传播等相关建议与对策；又如李茂政的《新闻价值观建构与中国"义利之辨"的传统思想——中西不同义理的一项哲学诠释学对话》，郑智斌的《物与心：嫁接西方人文和东方智慧》，唐佳梅的《中西比较视域下的环境新闻传播研究——基于对 CNKI 和 EBSCO-CMCC 文献的分析》，张莉的《文化视域下的中西新闻传播》，谢进川、孔祺蕾的《中西政治传播活动差异的比较分析》，吴廷俊、章晓芳的《传者本位与受众本位——解读中西新闻传播运行机制》，高欣的《结构功能主义视角下的中西新闻传播功能比较》，这些文献都是以中西传播思想的对比分析为切入点，对华夏传播进行别样研究。

理查德·霍尔特、张惠晶的《〈易经〉的启示：于变化之概念重构跨文化

---

① 周晓：《全球化视域下儒家文明的对外传播困境》，《中共济南市委党校学报》2015 年第 1 期。

② 楚天舒：《儒家文化传播与和谐文化的构建》，吉林：东北师范大学，2009 年。

③ 吕丽：《媒体融合视域下儒家文化传播方式的转型策略》，《传媒观察》2015 年第 8 期。

④ 李卓：《对"文明的冲突"的一种传播学阐释》，复旦大学学位论文，2012 年。

传播》，陶喜红、李春燕的《中华民族形象对外传播的文化路径转型》，王丽雅的《中国文化符号在海外传播现状初探》，冯尚钺的《从跨文化传播看传播学的跨文化——对于"传播学中国化"困境的文化差异的思考》，陈国明的《有助于跨文化理解的中国传播和谐理论》等则是从跨文化传播视角对华夏传播问题进行解读。

（六）生态传播、健康传播是近几年新兴起的研究方向。

如李琳在《佛家环境伦理与生态智慧》一文中，将佛家的环境伦理总结为慈悲众生、平等无差、依正不二、圆融无碍，从人性、伦理（平等地位）、责任、处事方式四个维度，为当代人类调整人与社会、人与自然以及人类主体自身的关系提供理论支持，从佛家学派切入对生态传播进行新探索①。

由于近几年健康传播的兴起与发展，关于华夏传播与健康传播的关系探索与研究越来越多，如张自力的《论我国古代的健康传播》，原所贤、暴连英的《古代文学家与健康传播》，黄民杰的《试论中国古代文学家的健康传播方式》，薛子文的《健康传播视域下的中医知识网络传播研究》都是将华夏传播与健康传播联系起来，进行新探索的典型范例。

还有一些学者更是以健康传播为主题，对华夏传播研究进行了系列的全面探索，如谢清果、郭汉文在《和老子学养生——老子的健康传播智慧》中，首次运用健康传播学的理论审视老子的养生思想，从十大方面多维度纵深地展示老子的健康传播理念：以"尊道贵德"为养生之本；以"道法自然"为养生之法；以"专气致柔"为运动养生之要；以"病病不病"为养生防病理念；以"死而不亡"为养生长生的终极关怀，以"见素抱朴"为精神养生的要诀；以"味无味"为饮食养生的要领；以"复归其明"为性爱养生的法则；以"功遂身退"为行政养生的范式；以"修之于天下"为社会养生的圭臬②。

综上所述，我们可得出以下结论：

其一，从宏观层面来看，华夏传播研究还是取得了很大的成果，不管是儒、道、佛三家的专门研究，还是针对人际传播、人内传播抑或组织传播某一具体维度的诸多探索，但是从微观层面而言，这些研究大多是从某一个方面着手，较零散、细碎，缺乏整体性。

---

① 李琳：《佛家环境伦理与生态智慧》，《东岳论丛》2010年第7期。
② 谢清果，郭汉文：《和老子学养生：老子的健康传播智慧》，北京：宗教文化出版社，2010年。

其二，关于华夏传播的大多数研究都只是从浅层次入手，研究深度不够，总体上华夏传播研究还处在初期阶段。

其三，从跨文化传播视角对中西文化进行比较的文章虽然有一些，但是着力于中西传播体系的对比分析与华夏传播思想的文章数量相对较少，研究深度不够。

其四，对华夏传播理论体系整体的认识不够全面深入，缺乏一些对华夏传播进行系统整理与思想升华的代表大作。

因此，我们认为可以从以下两方面加深对华夏传播理论的研究：一方面以"华夏传播理论的基本框架、特征及其发展策略"为题，基于华夏传播整体理论与现状，整合前人对华夏传播的相关研究，以儒家、道家、佛家三个主要学派为切入点，并从内向传播、人际传播与组织传播等维度进行分析，全面分析总结华夏传播理论的模式与作用机制。另一方面则可运用比较方法，发现西方传播理论具有"理剖万物"的特性，而华夏传播理论具有"心传天下"的特质。循此以进，帮助我们把握中西传播理论差异的同时，进一步促进我们对华夏传播理论的深入理解。（详见第一章）

四、传播学本土化研究回顾

20 世纪 50 年代起，西方现代传播相关研究理念开始被引介入中国大陆，由于传播学与当时特殊的政治环境和学术氛围不相吻合，传播学研究在我国经历了一段"休眠"时期。直至 1978 年，中国实行改革开放，传播学开始大规模地进入中国学界，中国传播学建设开始步入正轨，焕然新生。传播学本土化的问题也随之倏地横亘在中国传播学者面前，作为西方"舶来品"的传播学该如何与中国本土社会环境结合，传播研究本土化提法是否合理，何种传播本土化路径可行，本土化的理论构建对中国传播学的发展又有何意义。这些都是中国传播学者们所关心的议题。

（一）传播学本土化在中国大陆发展历程

20 世纪 80 年代通常被视为传播学研究本土化的开端，刘海龙将这一时期视为"传播研究本土化问题的第一阶段"[①]。这一时期，三个标志性事件值得关注。

---

① 刘海龙：《传播研究本土化的两个维度》，《现代传播：中国传媒大学学报》2011 年第 9 期。

1982年，时任美国夏威夷大学东西方中心传播学研究所主任的威尔伯·施拉姆在其弟子余也鲁的陪同下访华讲学，他们在与中国新闻传播学研究者的交流中，多次提到中国传播研究本土化的可能性。余也鲁在座谈中发表名为《在中国进行传播学研究的可能性》的讲话，旁征博引，提出"中国的文化遗产里面有相当丰富的知识的积累……中国传播学的研究应该是非常有意义的，是我们的力量能够做的，而外国人不能做"。① 从中国文化遗产多样性和学者能力两个维度明示了传播学本土化在中国大陆的可行性。同年11月，第一次全国传播学研讨会提出"系统了解、分析研究、批判吸收、自主创造"的十六字方针。这是中国学界提出的首个具有本土意义的"研究规范"，在学术立场上强调传播学研究的自主性。1986年，第二次全国传播学研讨会议上，学者们又明确提出了"建立有中国特色的传播学"的目标，为传播学研究本土化指明了内容和方向②。但这时期中国传播学者对于传播学本土化的理解大多仅停留在字面的意思上，本土化研究尚未有实质性的进展。

20世纪90年代，传播研究逐渐从1989年政治风波后的被批判和停滞中复苏③。这一时期，海外传播学者对中国化（本土化）的推动影响至大陆，传播本土化问题开始受到大陆学者重视和思考。大陆学者的关注点开始转向中国经典古籍，试图对西方传播理论加以"东方式"的诠释与思考。

20世纪90年代，多次与传播研究本土化相关的学术研讨会议先后在厦门大学召开，厦门大学俨然成为这一时期大陆传播学本土化的学术重镇。1993年5月，在余也鲁、徐佳士等港台学者的推动下，首届"海峡两岸中国传统文化中传的探索"座谈会召开，海峡两岸三地学者聚首厦门大学，怀着"将中国历史和传统中所出现的传的现象、事件、思想进行分析，在共性中寻求特殊性，并提炼出来，作成规律、原则，甚至理论……从而丰富世界的传播研究"④的学术愿景，力图从中国传统文化中探索传的本土化理论。一年后，座谈研究成果《从零开始：首届海峡两岸中国传统文化中传的探索座

---

① 陈力丹：《不能忘却的1978—1985年我国新闻传播学过刊》，人民日报出版社2009年，第166页。

② 戴元光：《20世纪中国新闻学与传播学（传播学卷）》，复旦大学出版社2001年，第109—110页。

③ 刘海龙：《传播研究本土化的两个维度》，《现代传播：中国传媒大学学报》2011年第9期。

④ 余也鲁，郑学檬：《从零开始：首届海峡两岸中国传统文化中传的探索座谈会论文集》，厦门大学出版社1994年，第289页。

谈会论文集》一书出版，这是中国大陆出版最早的具有本土文化视角的传播研究文集①。值得一提的是，此次座谈还设定了"政治传通的结构与途径""说服的理论和实际""传与创新""传与革命""环境与传播"② 等 12 个传播本土化的探索方向。1997 年，由孙旭培主编的《华夏传播论——中国传统文化中的传播》出版，可谓这一时期传播研究本土化的标志性成果。孙旭培在《华夏传播论》中开篇明义，指出"传播学研究在经过必要的引进介绍以后，不能只依赖于西方人总结出的原理和方法。中国学者要做出自己的特殊贡献，就必须研究中国的传播实践"③。同年，在厦门大学召开的"中国传播研讨会"上，与会学者们认为该书"当时较完整地反映了'中国传统文化与传播学'这一研究领域的概貌"④，是中国大陆首部专门论述传播学本土化问题的专著。2001 年，郑学檬主编的"华夏传播研究丛书"首批成果，即《说服君主——中国古代的讽谏传播》《传在史中——中国传统社会传播史料初编》《汉字解析和信息传播》问世，这些成果的问世给传播本土化带来些许生机，可谓"堂堂溪水出前村"⑤。

纵观 20 世纪 90 年代的传播研究本土化历程，我们不难发现，这一时期本土化研究基本取向为：致力从中国固有的传统文化中提取发掘出中国特色的传播学的观点，张国良谓之"回到过去"研究取向。这种"回到过去"研究取向显现出了中国传播学者欲以传播学"东方视野"与现在其"西方偏向"主导进行博弈的期许和努力，但其"最大的难点在于过于零碎，难以抽象成完整的理论"。⑥

直至世纪之交，"回到过去"暂告一段落，"走这条路的人越来越少，感觉越走越艰难"⑦。与此同时，另一种研究取向却愈渐明晰，张国良谓之"拿来主义"取向，其"借鉴世界前沿的传播学理论和方法，在此基础上，努力

---

① 王怡红，胡翼青：《中国传播学 30 年（1978—2008）》，中国大百科全书出版社 2010年，第 103 页。

② 余也鲁，郑学檬：《从零开始：首届海峡两岸中国传统文化中传的探索座谈会论文集》，厦门大学出版社 1994 年，第 8 页。

③ 孙旭培：《华夏传播论：中国传统文化中的传播》，人民出版社 1997 年，第 1 页。

④ 王怡红，胡翼青：《中国传播学 30 年（1978—2008）》，中国大百科全书出版社 2010年，第 134 页。

⑤ 许清茂：《海峡两岸文化与传播研究》，厦门大学出版社 2005 年，第 4 页。

⑥ 张国良：《社会转型与媒介生态实证研究》，上海交通大学出版社 2007 年，第 318 页。

⑦ 胡翼青：《传播研究本土化路径的迷失——对"西方理论，中国经验"二元框架的历史反思》，《现代传播：中国传媒大学学报》2011 年第 4 期。

摸索本土传播学研究的特色"①。具体而言,"拿来主义"取向在是研究者在中国语境下对"使用与满足""议程设置""知沟""沉默的螺旋""涵化"等前沿理论进行实证研究,以期对这些西方经典传播理论进行中国本土化的验证。

"回到过去"和"拿来主义"两种取向虽然在研究对象时空定位和具体操作方式不尽相同,但两者都难以走出"西方理论,中国经验"思维框架(亦被称为"中西二元框架")。从认识论层面上看,这种"西方理论,中国经验"本土化路径都陷入了西方理论和中国经验二元对立的迷思,胡翼青指出了这种二元对立论的危害:"用西方的理论为标准去解释中国的经验,不但不能创造出中国的传播学,倒是更有可能是用中国的经验去丰富了西方理论的案例库,拓展和强化西方理论的话语霸权。"②其在方法论上也都秉持着"中国经验"验证"西方理论"的研究路径,即"以中国的例子来验证西方的理论,运用的是把西方理论放在中国经验中加以验证的演绎逻辑"③。以黄旦为代表的学者对"西方理论,中国经验"传播本土化研究路径提出了批判。黄旦认为,"西方理论,中国经验"本土化路径会威胁到中国学术的自主性,"西方理论,中国经验"本土化路径的提倡者们不自觉地为西方学术霸权开道,成为"谋杀"中国学术自主创新的"合谋"。④这一观点颇具启示性,运用后殖民主义文化批判思维,尖锐地指出"西方理论,中国经验"本土化路径中的"殖民性"和"霸权性"。

然而,面对这样的反思和批判,李智认为,任何问题总是在既定的框架与视角下呈现,研究者们"不可能不带任何框架地去发现或研究问题"。他指出,批判者不应该因对本土化的误读而否定研究者们三十多年本土化的学术努力,这"显然缺乏对'西方理论,中国经验'二元框架应有的理解和'同情',同时也多少暴露出他们傲视传播学术本土化发展历程的历史虚无主义态度"⑤。

那么,什么样的传播本土化路径才能保持中国学术的自主性并实现学术

①　张国良:《社会转型与媒介生态实证研究》,上海交通大学出版社2007年,第318页。

②　胡翼青:《传播研究本土化路径的迷失——对"西方理论,中国经验"二元框架的历史反思》,《现代传播:中国传媒大学学报》2011年第4期。

③　李智:《在"理论"与"经验"之间——对中国传播研究二元路径的再思考》,《国际新闻界》,2011年第9期。

④　黄旦,沈国麟:《理论与经验:中国传播研究的问题及路径》,复旦大学出版社2013年,第35页。

⑤　李智:《在"理论"与"经验"之间——对中国传播研究二元路径的再思考》,《国际新闻界》2011年第9期。

创新呢？近年来，两岸及香港传播学界就这一点已经初步达成共识。

内地学者方面，胡翼青提出，当前本土化研究进程似乎操之过急，学界应把既有的西方传播理论作为研究客体，并将其放置于相应的社会语境中考察。只有深入认识和理解西方学术中已有的传播理论方法以及其所蕴含的文化背景与框架定位，我们才能从中获取研究问题的经验教训，这也是"本土化研究不可或缺的基础阶段"①。李智也对"本土化"的内涵进行了深刻反思，他认为，本土化的关键在于"化"而非"本土"，本土化研究不应该仅仅以西方或世界作为参照，而是应"以本土为本位，调整和改变西方现成的传播研究视角、取向、范式或框架"，中国传播研究应该遵循"西方理论—中国经验—中国理论—世界经验—世界理论"的学术运作逻辑，这一学术运作逻辑超越了既有的"中西二元对立"路径，实现了"西方理论"和"中国经验"的统一②。厘清了传播本土化的内涵与方向，本土化理论建构的具体操作却又成为新的问题。在这一点上，刘海龙的"四种中国传播研究本土化类型和行动路径模型"似乎为学界提供了建设性的解决思路。他从学术层面上描绘出中国传播研究本土化背后的两大维度，即"理论与应用"和"特殊与普遍"，并将其放置于同一二维坐标系内，总结出四种"中国传播研究本土化的类型和行动路径"③，认为中国传播本土化研究应在这四种类型和行动路径中综合发展。

港台学者则致力于一条传播本土化的新路径，"该路径与其说是传播研究本土化，不如说是传播研究的本地化"④。台湾学者汪琪认为，"本土化"这一提法本身就有问题，其终究不过是"为他人作嫁衣"。在她看来，"发展本土学术"比"本土化"的提法更为贴切，"发展本土学术"路径的终极目标在于让西方传播理论更适应本土需求，发展华人自己的学术理论，比"本土化"更能体现出华人学术自主创新的愿景⑤。香港学者陈韬文则进一步提出了传播理论本土化的三层意义。第一层意义是简单移植，用外来理路在本土社会进

① 胡翼青：《传播研究本土化路径的迷失——对"西方理论，中国经验"二元框架的历史反思》，《现代传播：中国传媒大学学报》2011 年第 4 期。

② 李智：《在"理论"与"经验"之间——对中国传播研究二元路径的再思考》，《国际新闻界》2011 年第 9 期。

③ 刘海龙：《传播研究本土化的两个维度》，《现代传播：中国传媒大学学报》2011 年第 9 期。

④ 胡翼青：《传播研究本土化路径的迷失——对"西方理论，中国经验"二元框架的历史反思》，《现代传播：中国传媒大学学报》2011 年第 4 期。

⑤ 萧小穗：《本土传播研究的下一步》，《传播与社会学刊》2014 年第 29 期。

行直接运用，虽然这一层面的本土缺乏创新，却是传播理论本土的必经过程，"是学术本土化的初级阶段"；第二层意义是从本土社会的特殊性出发，对西方理论作出补充、修订或否定，这一本土化路径带有自主创新的意味；第三层意义则是基于本土社会而作出原创的理论，这是"学者梦寐以求的理想，不但是理论的开拓，也会为本土研究社群带来最大的认同"①。

纵观近 40 年传播本土化研究历程，不禁让人联想到汪琪 2010 年那掷地有声的五大疑问：我们传播研究社群，究竟为华人传播学界做出了什么贡献？我们发展出新的概念、理论、研究方法或典范了吗？开拓了新研究领域或学派吗？或者提出新的观察分析角度？还是一直在帮西方前辈或同行检测现有理论？②显然，当前传播本土化研究成果在其提出的目标面前显得并不如意。所幸，诚如汪琪、沈清松、罗文辉等学者所述，他们对传播本土化研究路径仍怀抱希望，虽然中国文化传统中并不存在符合西方科学研究定义的现成理论，但是"我们所有的，是足以发展为理论的'胚胎'"③。黄星民在礼乐传播效果中所提炼出的"风草说"，以及邵培仁、姚锦云从日常生活中时刻影响着中国人的中国传统思想观念中，提炼出"阴—阳""交—通""和—合""中—正""感—应""名—实""心—受""言—行""时—位""易—简"等"华夏传播十大观念"④。这些传播观念正与汪琪等学者述及的理论"相对应"，它们有些已被深入研究，提炼为概念，有待实证验证；有些则仍未被开发，尚待学者研究，进一步概念化。

（二）传播学本土化的论争

纵观传播本土化在中国大陆近四十年的风雨历程，我们不难发现，自"传播本土化"这一设想提出以来，一路上对它的质疑、讨论便伴随其左右。李彬、刘海龙总结了在"何为传播本土化、如何本土化"这一问题上，学界普遍存在的三类争议。

第一类，肯定派（又称传统派）。这一派别始终承认本土化相关问题的正当性，认为传播研究的本土化是理所应当的，但是在"如何本土化"这一问

---

① 陈国明：《中华传播理论与原则》，（台北）五南图书出版股份有限公司 2004 年。

② 传播研究简讯编辑部：《欧洲中心主义及传播研究本土化——汪琪专题演讲纪要》，《传播研究简讯》2010 年第 62 期。

③ 汪琪，沈清松，罗文辉：《华人传播理论：从头打造或逐步融合》，（台湾）《新闻学研究，2002 年第 70 期。

④ 邵培仁，姚锦云：《传播理论的胚胎：华夏传播十大观念》，《浙江学刊》2016 年第 1 期。

题上，肯定派内部出现分歧，提出了不同的方案。

其一，从华人传统文化中提炼出理论"胚胎"，待实证检验和科学建构后，东西融合，进而提出具有普遍性的理论；其二，立足本土，广泛搜索国际学术界的知识巨库，从中严选直接相关而又能够操作化的概念、命题或框架，并以此为基础发展出能解释中国的整合性理论；[①] 其三，参照国人生存的场域，从中提出有意义的问题，"再按照社会科学的研究规则逐步抽象化、理论化"，提炼出足以与西方分庭抗礼的解释、视野或理论，以平等的姿态与西方主流学术进行沟通与对话；[②] 其四，不承认西方理论的普遍性，强调文化的独特性，认为所有知识也都是地方性的，本土化应从地方的语境和经验出发，构建本地独特的研究视野或理论，将本土放在"世界的里面"呈现出来，与世界主流学术进行理性对话、竞争、互补和融合。

第二类，取消派。该派别认为传播本土化是伪命题或无意义的问题。该派别质疑"传播本土化"这一提法的合理性，认为"传播本土化"的提法无形中在"西方理论"和"东方经验"间划清了界限，表现出排外的民族主义情绪。

第三类，知识社会学视角。这一视角把本土化作为一种社会现象来考察，认为"传播学本土化是一个自然发生而非人为规划的过程，由此探究外来观念与接受者的互动与协商"[③]。

（三）华夏传播研究已进入探索发展期

当前研究视角方面，主要是与传播学本土化相结合，探索华夏传播在现今中国社会的发展现状，并且注重挖掘传统文化及其传播思想的当代价值与转型之道。

1. 传播学本土化的相关研究

如邵培仁在《传播学本土化研究的回顾与前瞻》[④] 中，回顾总结了 20 年来两岸传播学本土化研究的缘起、历程和实绩，分析和描述了传播本土化研究

①　祝建华：《中文传播研究之理论化与本土化：以受众及媒介效果的整合理论为例》，（台湾）《新闻学研究》，2001 年第 68 期。

②　李金铨：《视点与沟通：中国传媒研究与西方主流学术的对话》，（台湾）《新闻学研究》2003 年第 77 期。

③　李彬，刘海龙：《20 世纪以来中国传播学发展历程回顾》，《现代传播：中国传媒大学学报》2016 年第 1 期。

④　邵培仁：《传播学本土化研究的回顾与前瞻》，《杭州师范学院学报》，1999 年第 4 期。

的目的、问题、特色、发展趋势；陈月明在《传播学研究本土化再认识》^①中，提出我们要坚持立足本土的现象和问题，一手伸向外国理论，一手伸向传统思想，在研究和借鉴外国的传播理论和概念时，要关注外国学者是为什么以及如何提出这些概念和理论的，研究其生产过程，考量其解释力的强弱，从而对华夏传播理论进行升华和创新；邵培仁、姚锦云在《返本开新：从 20 世纪中西学术交流看传播学本土化》中，试图跳出传播学的视角，在更大的时空及学科层面探讨"传播学的本土化"问题，努力将"返本"与"开新"结合起来，将本土化与多元化、全球化的矛盾关系置于一种互动互助、共进共演、和谐协调、恰到好处的张力状态^②。

2. 华夏传播本土理论的构建

上文提到的文献主要是致力于传播学本土化的相关探讨，但是也有相当部分研究集中于华夏传播的本土理论建构，在这一研究领域，邵培仁与姚锦云的理论成果较为丰硕，故选取了部分文献作为代表进行分析评述。

如邵培仁、姚锦云在《寻根主义：华人本土传播理论的建构》中，明确指出影响中国传播的文化"基因"主要包括传播思想（阴阳和合的传播哲学）、传播原则（情理交融的传播伦理："仁—礼""言—行""名—实"）、传播观念（物我融通的传播意识）三个层次，并对这些理论进行了详细的诠释与解读^③；谢清果、陈昱成在《"风草论"：建构中国本土化传播理论的尝试》^④中，结合华夏文明与古老中国的社会文化，从政治传播、社会机制等角度，强调其传播过程的风化功能与受众主体性，对"风吹草偃"这一中国特色观念的传播理论意蕴进行了重新阐释；邵培仁、姚锦云在《从思想到理论：论本土传播理论建构的可能性路径》一文中，从社会科学理论"双重解释"的视角出发，提出在中国传统思想中，从"思想"到"理论"的间接转化是可行之法，并且提出中国的传统思想与实际、常识之间有更密切的联系，即"道在人伦日用中"，要理解中国人的社会互动，就必须理解中国人赖以调用的传统

---

① 陈月明：《传播学研究本土化再认识》，《东南传播》，2009 年第 9 期。

② 邵培仁，姚锦云：《返本开新：从 20 世纪中西学术交流看传播学本土化》，《广州大学学报（社会科学版）》2016 年第 5 期。

③ 邵培仁，姚锦云：《寻根主义：华人本土传播理论的建构》，《新疆师范大学学报（哲学社会科学版）》，2013 年第 4 期。

④ 谢清果，陈昱成：《"风草论"：建构中国本土化传播理论的尝试》，《现代传播（中国传媒大学学报）》，2015 年第 9 期。

思想资源 ①。

3. 华夏传播当代价值的挖掘

在促进传播理论本土化与构建华夏传播理论的同时，还有相当部分的研究集中于对华夏传播理论当代价值的挖掘与其新时期的转型之道。如邵培仁、姚锦云在《传播辩证论：先秦辩证传播思想及其现代理论转化》一文中，围绕先秦思想中的两个传播范畴——符号和意义的关系，以及交流如何进行的问题，即"名实"和"言意"之辩，"是非"与"辩讷"之争，详细阐释了中国独特的辩证思维，并提出这种辩证思维对帮助我们更好地理解传播，启发性地看待传播现象，具有重要意义 ②；邵培仁、姚锦云在《和而不同交而遂通：中华优秀传统文化的当代价值》一文中，提出中华文化传承与发展的原因即是"和而不同，交而遂通"，即多元、共存、接纳、欣赏，既要消解本土与全球之间的差距，又要保持核心内容的独特性 ③；张丽平在《论华夏文明的网络传播》 ④ 一文中，指出网络为华夏文明传播创造了诸多有利条件，如提高效率，降低成本，超文本的文本形式与多媒体的传播方式，便利的交互性与超时空性等等，并且对华夏文明的网络传播现状进行了评析与探讨，最后为华夏文明的网络传播提供了新的对策。2016 年谢清果与王昀、曹艳辉合作先后发表了《华夏公共传播的概念、历史及其模式考索》《华夏舆论传播的概念、历史形态及特征探析》《华夏媒介批评的概念、思想流变及其价值取向》《华夏传播研究的前史、外史及其开端》等系列文章，试图建构起"华夏传播学"。

综合分析以上的研究成果，我们发现许多学者容易将华夏传播研究与传播学本土化研究混为一谈，并未对两种概念做出明确区分。其实，从狭义上讲，华夏传播研究只是传播学本土化研究的一个取向，即着重是从中国传统文化中去找寻，进而以中国的话语如修身、中庸、关系、面子等来建构华夏传播学。从广义上讲，华夏传播研究是立足中国社会现实，针对中国社会问题，从传播学视角加以思考，进而得出因应时代的思想观点。不仅仅是从传统文化，而且也包括近现代文化，只不过，问题的场域是中国的，是根植于

---

① 邵培仁，姚锦云：《从思想到理论：论本土传播理论建构的可能性路径》，《浙江社会科学》2016 年第 1 期。

② 邵培仁，姚锦云：《传播辩证论：先秦辩证传播思想及其现代理论转化》，《杭州师范大学学报（社会科学版）》2014 年第 2 期。

③ 邵培仁，姚锦云：《和而不同交而遂通：中华优秀传统文化的当代价值》，《新疆师范大学学报（哲学社会科学版）》，2015 年第 6 期。

④ 张丽平：《论华夏文明的网络传播》，华中科技大学硕士学位论文，2005 年。

中国五千年文明所形塑的中国传播环境、传播制度、传播观念、传播心理等，而不一味运用西方传播理论来分析中国社会，从而失去自己的思想原创力，丧失话语权，也无法解决中国问题。本书的华夏文明传播，是以狭义华夏传播为主要研究对象，同时也力争用当代的视角与胸怀加以关照。

（谢清果　祁菲菲　陈昱成）

第一章　心传天下：华夏文明的传播理论特质

　　20 世纪 70 年代末开始，华夏传播研究开始兴起，也取得了相当进展。在当代反思传播主体性的思潮下，有必要对中西传播理论的差异进行深入剖析，我们认为西方传播学重科学精神与方法，具有"理剖万物"的特质，但其经验学派研究重点侧重大众传播效果研究，缺乏价值与道德判断，而批判学派侧重文化研究，却解构有余，建构不足。华夏传播理论则以仁兼济天下，具有"心传天下"的理论特质，为世界传播学增添一缕人文精神。为此，本章将从发展背景、思维方法、表达方式、研究重点、价值取向等各方面对中西传播理论进行对比研究，以期彰显华夏传播观念的中国风格。

　　一百年前的西方传播学极重科学精神与方法，"理剖万物"，但到了 21 世纪，传播不应再是冷冰冰的信息传递抑或硬性的说服研究。华夏传播理论以仁兼济天下，所以我们更应充分发挥其"心传天下"的理论特质，为传播学增添一些人文精神。

　　基于此情况，本章由西方传播与华夏传播的对比引出华夏传播"心传天下"的特征，先从儒道佛三大学派与传统文化中的成语入手，然后从内部传播、人际传播、组织传播几个维度出发，对华夏传播的主要内容进行解析，并作出现代传播学意义上的解读与延伸。进而，总结出华夏传播理论的主要特征，提出促进其发展的相关建议与对策。

　　现今西方传播思想大行其道，并被广泛应用于我们的日常生活与社会实践活动。但是以中国悠久文明为背景的华夏传播理论却远未被广大受众认可与重视，甚至有部分文化虚无主义者认为华夏传播理论都是封建残余的过时理论，全盘否定中国古老传统文化的历史传承与当代价值。

　　许多学者在研究实践中越发体会到，传播学研究不能只依赖于西方人总结出的理论与方法。这些理论固然有其科学性与指导性，但是可能不完全适用于中国的传播实践。而在中国自身五千年的文明发展史中，有大量先人总结的传播观点和原理，亦有不计其数的传播事件和现象，这些丰富而极具价值的宝藏等待着我们去发掘、整理和提炼，并结合当今世界实践加以综合创新，打造富有中国气派的华夏传播理论。例如，儒家关于传播与政治、伦理、人际关系，传播的内容与形式及其相互关系，传者的修养，传播与反馈，传者与受传者等诸多方面的观点与论述。例如，"辩而不争、知言知默、与人善言、贵其所贵、接人用抴"[1]等体现出对传播原则与技巧的探索。而道家的传播思想，富有传播辩证论色彩，从老子中的"道可道，非常道；名可名，非常名"[2]到庄子的"大道不称，大辩不言；言者在意，得意忘言"[3]，都对传播符号与意义的关系进行了探索。

　　扩而言之，政治传播方面呈现出从朴素的民意观到"民本"思想的发展；传播伦理方面讲究"信言不美，美言不信"[4]，对信息的真实性与受传者心理感受的关系作出了探索；"道听而途说，德之弃也"[5]，对谣言与公共舆论的传播机制进行考量；"挟贵而问，挟贤而问，挟长而问，挟有勋劳而问，挟故而问，皆所不答也"[6]，对传播秩序与人格平等问题有了新思考；人际传播方面有对"三纲""五达道"等与和谐、诚信、平等传播的探索；内向传播方面关注"克己复礼""以仁、义、礼、智、信为核心的五常""中庸之道""化性起伪"等思想；组织传播方面表现出对"仁而有序，仁礼同构""仁者爱人"等对和谐有序组织传播的新探索；"慎言""善言"等体现出对传播责任的强调；"众星拱辰""风行草偃"为内容的"风草论"等思想正是对受众的深层次认识；儒家讲究"以仁释礼，情在理中"，强调"我欲仁，斯仁至矣"[7]，实际上提出了价值传播的"内化"模式；荀子又将人的认知活动分为两个阶段——"天官意物"和"心有征知"[8]，将人类传播与动物的体内传播加以区分，奠定

---

① 《荀子·非相》
② 《道德经·第一章》
③ 《庄子·外物》
④ 《老子·第八十一章》
⑤ 《论语·阳货》
⑥ 《孟子·尽心上》
⑦ 《论语·述而》
⑧ 《荀子·解蔽》

了传播活动中"人"的主体地位。

经研究，我们认为西方传播学确有重视科学方法和实证主义传统，故有"理剖万物"的特征；而中国传播观念则重人文主义，讲究仁义道德至上，故有"心传天下"的特征。现详细分析如下：

第一节 中西传播理论特质比较研究

一、理剖万物：西方传播理论的特质

以大众传播效果理论为代表的西方传播理论，主要兴起于工业革命之后，是现代工业社会发展的成果，18 世纪开始繁荣发展，19、20 世纪更是结出累累理论硕果。尤其是第三次科技革命，这次革命给传播学的研究带来了翻天覆地的变化与源源不断的新血液。

西方传播学中最经典的几大传播理论，主要有起源于 20 世纪 40 年代的经典受众行为理论"使用与满足"，20 世纪六七十年代对大众传播潜移默化的效果进行研究的"培养"理论，20 世纪 70 年代对大众传播与现实建构进行新探索的"框架"理论，20 世纪 70 年代关于研究大众传播与信息社会中阶层分化之间关系的理论"知沟"理论，提出于 20 世纪 70 年代，试图探索大众传播与环境认知间关系的"议程设置"理论，20 世纪 80 年代关于大众传播影响力认知倾向的理论"第三人效果"，以及对大众传播传播功能与效果进行新探索的"沉默的螺旋"。

从以上这些理论中，我们可以发现几个特点：第一，这些理论大部分诞生于第三次科技革命之后，以新科技带来的传播方式的变化与影响作为主要方向。第二，这些理论的探索过程与研究方式，大部分都极具实证性，采用科学的实验或方法对问题进行验证考察，且对象明确，目的性极强。第三，研究对象方面，以大众传播的影响及其与社会、受众的互动为主，注重探究媒介与人和社会的关系。

在西方传播学界，除了传统的实证主义学派，起源于欧洲，萌芽于 20 世纪 60 年代，80 年代成为传播学主流之一的批判学派同样不可忽视。这种学派不同于美国的实证分析与经验研究的派别立场，坚持以批判观和方法进行研究。批判学派又主要分为几大流派，分别是集中于对商业化体制下文化工业及大众文化的批评，剖析和批判西方传播媒介的垄断化和"霸权主义"本

质的法兰克福学派，着重分析西方垄断传播体制的经济结构和市场经济运行过程的政治经济学派，着力研究意识形态表达方式的意识形态学派，着重研究大众传播在社会及文化过程中所扮演的角色的社会文化学派，着重研究男性统治束缚对女性传播的方式，女性传播形式的力量的女权主义学派。

批判学派与经验主义传播学派确实存在一些不同之处，除了方法上侧重面不同外，在研究视角上也存在较多的差异。经验主义传播学较多地是从具体问题出发，较为微观地分析各种因素如何构成某种结果，而批判学派则一般是从宏观、中观角度分析问题。但是双方不论在方法还是角度上，仍然是互通的。英国不少传播学者，观点上属于批判学派，研究方法上则采用了相当多的经验主义的做法；美国当代传播学研究中，也越来越多地渗入了批判学派的研究方法。

所以从某种程度上来说，现今的西方传播是经验学派与批判学派相互渗透，共同作用的，但是诸多西方经典传播理论仍是在 20 世纪中期兴起并迅速发展的实证主义理论，可见实证主义仍是西方传播最显著的特征。经验学派确有重视科学方法和实证主义的传统，而批判学派侧重文化研究，解构有余，建构不足，但总而言之，都彰显理性精神，所以在此篇文章中，本文将西方传播理论的特征简要地概括为"理剖万物"，即用科学、实证性的方法探索传播、社会与人的互动与规律。

（一）"理"：西方传播理论的科学追问

1. 思维方法：注重科学实证与理论反思

西方传播理论主要分为经验学派、批判学派两大学派，在思维与研究方法方面，经验学派在方法上坚持经验性的实证研究立场，在方向上坚持实用主义的研究目的，该学派多从行为主义角度进行研究，在研究中注重经验材料和实证考察，重视问卷调查、数字分析、试验对比与控制，总体上倾向于科学实证。而批判学派一般是从宏观、中观角度分析问题，主要针对资本主义传播业中的缺陷，提出深刻和尖锐的批判，注重理论反思与现实批判，倾向于人文学科。

2. 理性至上：注重科学与实践性

与西方盛行的理性主义、经验主义思潮相对应，在科学研究与日常生活中，西方普遍认为人的理性可以作为知识来源的理论基础，且高于并独立于感官感知。理性能够识别、判断、评估实际理由以及使人的行为符合特定目的，另一方面，理性更可以通过论点与具有说服力的论据发现真理，通过符合逻辑的推理而非依靠表象而获得结论。

所以西方传播理论的研究，大部分都是基于以上两个思潮与根本立场，十分注重实践性，且每个研究都带有明确的目的，强调从认知、态度到行为的层层推进，注重细节与层次。

3.研究重点：重视传播效果与传播技巧

在北美人的生活与思维习惯中，他们重视交流结果，强调直接交流，以传者为中心、语言编码区别不大[①]。与西方固定的思维习惯相对应，所以在西方传播理论的研究中，一直非常重视传播效果与传播技巧方面的研究，如以沉默的螺旋、议程设置、拟态环境、培养、第三人效果、知沟等为代表的大众传播效果理论。且研究前期一度强调以传者为中心，包括应用甚广的使用与满足理论，甚至有一些过于偏激的传播效果理论，如魔弹论等。

（二）"剖"：西方传播理论的问题意识

1.注重探索规律

有关西方传播理论的大部分研究多为有明确目的、针对性的研究，注重探索媒介与人和社会之间关系的本质规律。尤其是后期的主流传播学派，它们多对传播进行多种定义与研究，不仅仅把其看作信息传输和交换的过程，同时也看作人类的一种社会实践活动，从而使相关传播学研究具有了更广泛的社会意义。

传播政治经济学的创始人斯迈思认为，应该关注宏观的传播与社会的关系即关注传播作为一种经济力量对社会的影响，以及社会政治、经济权力机构对传活动的作用，强调以一种"历史的""制度的"方法来研究传播现象，探索其中最本质的现象与规律[②]。

2.研究方法多为科学实证方法

西方传播研究大多运用数学、心理学、社会学等多种学科与研究方法，包括测量、统计、心理测验、社会实验、民意测验等多种方法皆被运用到其研究当中。如20世纪70年代总统选举期间，为了说明媒介在建构公众话题

---

① 周伟业：《东方范式：华夏传播理论的内涵、特征与价值》，《南京政治学院学报》2010年第5期。

② 刘晓红：《西方传播政治经济学的发展》，《当代传播》2004年第1期。

方面的作用，传播学家就媒介的选举报道对选民的影响做了一项社会调查，最终调查结果的总结与提升，即成为经典大众传播理论——议程设置理论，这就是社会学学科相关理论与方法在传播领域成功的一个案例。

3. 表达方式多为学术性的理论与模式

与西方追求简约的生活与思维习惯相对应，西方传播理论最终成果的表达方式大多为学术化的书面形式，最终概括为一个个基本概念和理论命题，大多为标准的理论与模式[①]。以传播模式为例，传播模式即是指研究传播过程、性质、效果的公式。模式研究在传播学领域中占有重要的地位。专家学者们的研究活动，往往都是在传播模式的基础上展开。这些模式，既是对复杂的传播现象、过程和环节的高度概括和抽象，也给予了人们了解、认识，进而深入研究传播学以极大的启迪。传播学研究中使用模式方法建构的传播模式，实际上就是科学地、抽象地在理论上把握传播的基本结构与过程，描述其中的要素、环节及相关变量的关系。

20 世纪 20 年代以来，西方传播学研究中出现了反映不同观点和不同研究方法的多种模式，但没有一个被普遍接受的模式。早期多为单向线性模式，50 年代以来普遍强调传播是双向循环过程。具有代表性的传播模式有："5W"模式、香农·韦弗模式、两级传播模式、施拉姆模式、德弗勒模式、韦斯特利·麦克莱恩式、波纹中心模式等[②]。

（三）"万物"：注重传播效果的控制

西方传播理论在价值取向方面，注重研究媒介与人及社会的关系。一般而言，北美人之间的交往大多遵循客观交往原则，人际传播之间的差异性、区别性相对弱一些。所以西方传播理论在价值取向方面，更侧重于研究媒介与人及社会的关系，强调它们之间的良性互动，总体取向是通过媒介生态的改造来改良社会生态、文化生态。

西方传播学的两大学派在研究重点方面都是侧重媒介与社会的关系。经验学派受到实用主义哲学影响，希望发挥媒介正面效果，避免媒介负面影响，通过管理、控制媒介达到调控社会、引导人们行为的目的，而关于媒介与社

---

① 周伟业：《东方范式：华夏传播理论的内涵、特征与价值》，《南京政治学院学报》2010年第 5 期。

② 参阅［英］麦奎尔（Mcquail, D.）、［瑞典］温德尔（Windahl, S.）著：《大众传播模式论》，祝建华、武伟译，上海译文出版社，1987 年版。

会的传播控制问题，经验学派关注的核心是如何控制、在多大程度上控制[①]。与经验学派不同，批判学派注重对社会现状的理论反思与剖析，总体上否认社会的合理性，着重于彻底的革命，在媒介与社会的控制问题方面，批判学派更关注谁在控制、为什么存在控制、为了谁的利益控制等问题[②]。

（四）主要适用于媒介社会

西方传播思想的两大学派，经验学派和批判学派的崛起都与大众传媒兴起密切相连，我们甚至可以说，没有大众传媒的兴起与发展，媒介效果研究、媒介控制研究、媒介批判研究等相关研究就没有用武之地。所以西方传播理论主要是工业社会与媒介发展的成果，其理论与模式也主要适用于现代媒介社会，对现代社会的媒介传播、组织传播具有较好的解释力。

二、心传天下：华夏传播理论的特质

综合以上的研究，我们可以发现，以实证主义为代表的西方传播学派侧重大众传播效果研究，缺乏价值与道德判断，而批判学派侧重文化研究的同时，却解构有余，建构不足，所以我们亟须发扬华夏传播理论的精华与智慧，促进极具人文精神的华夏传播理论的发展。

而以儒道佛学说为核心内容的华夏传播理论主要是诞生于我国几千年封建社会的背景下，它聚合了源远流长的中华文化基因，拥有复杂又独特的汉文化传播语境，并且随着我国封建社会数千年的发展，而不断丰富完善。

华夏传播理论是与西方以实证主义、理性思维为主导的系统性的传播理论完全不同的另外一种体系。这个体系带有浓重的中华色彩，"天下"这个特有字眼，说明其具有强烈的中国独有特色。另一方面，它非常注重传播各个环节的和谐共通，注重受众的心灵共鸣。

简而言之，这个体系不像西方学术性的传播理论体系那样，具有极强的系统性与实践性。该传播理论是看似零散却又自成体系、看似虚无却又无处不在、看似晦涩却又适用于各种日常实践、看似简单却又博大精深的一种非常精妙的理论。以下我们就对华夏传播理论"心传天下"这一理论内核进行

---

① 周伟业：《东方范式：华夏传播理论的内涵、特征与价值》，《南京政治学院学报》2010年第 5 期。

② 周伟业：《东方范式：华夏传播理论的内涵、特征与价值》，《南京政治学院学报》2010年第 5 期。

详细分析。

（一）"心"：华夏传播理论的人文气质

1.思维与研究方法方面，多为生活经验升华的哲理反思

华夏传播理论更多的是在总结人们生活经验的基础上产生的一种哲理反思。如我国的成语、谚语及相关理论，许多都是广大民众在日常生活中总结出的结论与升华。与西方传播理论不同，华夏传播理论的成果既不是来源于严谨的科学实证与数据分析，也不是来源于社会实验与民意测验等，更不是来源于对社会文化的批判，而是在总结人们生活经验的基础上升华的一种哲学思考[①]。

如果说经验学派是科学思维的典范，批判学派是批判思维的代表，那么华夏传播理论就是社会生活智慧的结晶。如许多有关传播的成语、谚语都是民间集体创造、广为口传、言简意赅并较为定型的艺术语句，其反映的内容涉及传播领域的各个方面，是民众丰富智慧和普遍经验的规律性总结。

2.强调和谐传播，引起受众的心灵共鸣

华夏传播理论的核心即是强调和谐传播，提出了一系列和谐传播的理念，包括人与自身的内部身心和谐（"三省吾身求心和"）、人与人的和谐（"为仁由己"）、人与社会的和谐（"克己复礼"）、国家与国家的和谐（"协和万邦"）、人与自然的和谐（"天人合一"）等多种层次。"和谐"这一字眼体现了中国传统文化的内在精神和显著特征，也由此成为中国传统文化核心的概念之一，更成为传播、交流的终极目标[②]。

此外，华夏传播理论对受众与传播内容之间的关系与互动尤为重视，注重通过传播手段与内容的调整引起受众的心灵共鸣，达到一种共鸣共通、天人合一的理想境界，如儒家的"内圣外王""修身齐家治国平天下"等理论都是在内外结合、层层推进等情况下促进受众理想状态的实现。

3.重视传播过程

从东亚的整个社会环境与生活习惯来看，另一方面，也与中国几千年封建社会的历史背景相对应，与西方人重视传播结果恰好相反，东亚人则更加重视交流过程，在传播过程中强调间接交流，许多相关传播理论皆是以受者

---

① 周伟业：《东方范式：华夏传播理论的内涵、特征与价值》，《南京政治学院学报》2010年第5期。

② 陈雪军：《论儒家的和谐传播理论》，《浙江传媒学院学报》2013年第1期。

为中心，并且依据对象使用不同的语言编码①。

与之相对应，华夏传播理论在研究方向上，侧重于对传播过程的探索，如儒、道、法几大学派都极重视传播技巧的使用与分析。另一方面，华夏传播理论的总体取向是通过人际关系的协调来实现社会关系的优化。如儒家的核心思想即是通过人际传播与人内传播、组织传播的相互协调，最终达到"天人合一"的"太平和合"境界。

（二）"传"：注重传播过程的生活化

1. 并非刻意探索规律，而是随着历史变迁演化而成

华夏传播理论大多为宏观视角的研究，通过对各种名人事迹与时代大事发展历程的探索，相关理论在多年历史文化进程与社会发展中慢慢演化，反映了不同朝代的政治、历史、文化特征与发展趋势。

另一方面，与西方传播理论的目的性研究不同，华夏传播理论中的许多核心成果都不是刻意地对传播领域进行探索，而是一些文学或哲学领域的大家在国家、人民的日常生活及运作方面，进行文化、道德及更高层面的探索与研究的成果总结。这些理论在诸多领域对人与人之间的伦理关系作出总结与提升，并将之运用到政治实践中，而这些智慧结晶经历数千年的丰富与完善，到了现代社会即被延伸为众多经典传播理论。

2. 表达方式多为经验式的总结，便于传播

在最终理论成果的表达方面，华夏传播理论更多地表现为一种经验式的总结，最终凝聚为含蓄优美的语词、文章与格言式的谚语、俗语等，如儒家理论精华凝结而成的十三经——《论语》《孟子》《诗经》《尚书》《仪礼》《乐经》《周易》《春秋》《周礼》《礼记》《春秋公羊传》《春秋谷梁传》《尔雅》，文辞优美而又饱富内涵，且相关文献书籍资料保存较好，利于向后世传播。

而另一种表达方式——成语、谚语，则生动而鲜明，简练形象，多数反映了劳动人民的生活实践经验，而且一般都是经过口头传下来的，口语性强，通俗易懂，便于传播。另一方面，这些成语、谚语一般都表达一个完整的意思，信息量大，更加利于传播。

---

① 周伟业：《东方范式：华夏传播理论的内涵、特征与价值》，《南京政治学院学报》2010年第5期。

（三）"天下"：华夏传播理论的价值追求

如果说西方传播理论的主要研究对象是"万物"，那么，我们的华夏传播理论则是侧重于研究"天下"，"天下"有以下四个层面的含义：

第一，天下是由人构成的。

第二，天下是整个中国层面的统治。

第三，中国人自古以来一向崇尚"天下"观念，甚至超过"国家"这一概念。

第四，新时期我们更需要将华夏传播理论发扬光大，推向世界。

1. 价值取向方面，注重研究人际关系

华夏传播理论侧重于人际关系的研究，如在儒家、道家、佛家几大学派的理论体系中，人际传播都是非常重要的一大部分。这也许与我们的文化根源有关，西方人注重个人与个性，而东亚人注重人际关系与社会关系。

且华夏传播理论强调个人传播、人际传播与组织传播的关系与演进。在儒家文化影响下，华夏传播理论特别重视人际传播，儒家思想的核心价值———仁、义、礼、智、信等伦理原则既是个人修身的纲领，也是人际传播、人际交往的原则。而且儒家文化还将人际传播的原则推广、扩大到组织传播领域。在中国人眼里，国就是家，家就是国，适用于人际传播的理论同样适用于国家内部管理与国家之间的交往。如三纲五常、五达道、仁礼同构等核心原则都是适用于人际传播与组织传播多方面的。将组织视为家庭，将组织传播人际化、亲情化，也成为华夏传播理论的一个重要特征①。

2. 研究的最终目的是天下"大同"，达到和谐

西方传播理论的研究重点主要是媒介与社会的关系，最终目的也是通过媒介生态的改造来改良社会生态、文化生态。而华夏传播理论则侧重于研究人际关系，以儒家为代表，其追求的是融"成己成人成物"为一体的德性价值，注重的是个人对于他人的道德义务以及个人与国家整体价值的共同实现。总之，华夏传播理论的总体取向是通过人际关系的协调来实现社会关系的优化，最终通过传播活动构建一个内心和谐、人际和睦、天人合一的和谐人生、和谐社会、和谐宇宙。

所以从某种程度上说，华夏传播理论所追求的"天下"是一个与人际传

---

① 周伟业：《东方范式：华夏传播理论的内涵、特征与价值》，《南京政治学院学报》2010年第5期。

播、组织传播、国际传播都完全不同的层次，它超越了个人、社会甚至国别，试图达到一个理想中的宇宙和谐状态。

3."天下"情怀是维护社会治理、安定天下的武器

以儒道佛为代表的华夏传播理论在古代主要是作为统治者维护统治，安定天下的武器，在思想方面巩固统治秩序，建立社会伦理规范，约束人民。

以儒家为例，自汉代开始"罢黜百家，独尊儒术"之后，它逐渐成为中国古代最有影响的学派。基于"家国合一"的价值追求，儒家关于政治传播，主张要建立以"道"为导引、以"德"为贯通、以"仁"为内核、以"礼"为框架，融个人、国家、天下为一体的道德和政治的共同体[①]。

如孔子提出的"大同小康"，孟子的"王道仁政"，《中庸》的"道并行而不悖，万物并育而不相害"，荀子的"一天下"等观点都体现了儒家对于政治的共同追求。而就政治的价值目标而言，以孔子的"正名"思想为标志，儒者主张政治行为应该体现为"正其不正以归于正"，即对社会层级以及基于不同社会层级的权利与义务的肯定与认可。儒家认为政治的价值理想体现为，成就个体的完美人格，并体现兼济天下的价值承担，修己成己、成人成物、化成天下。在政治关系的价值定位方面，儒者主张民贵君轻、君臣有义，并提出了系统的为君为臣之道。最后，关于政治行为中的价值选择问题，儒者尊崇"尊王贱霸""义以制利"和以公为先的价值原则[②]。

以我国古代社会中的许多思潮与古代思维习惯为例，如传统的责任思想、节制思想和忠孝思想，这些都是儒家思想与我国古代封建专制统治结合的结果。

4.源远流长的"天下"观念具有世界传播责任的胸怀

中国人自古以来就有着一种特有的"天下"观念，这种传统的"天下"观念的地位甚至超过了"国家"观念。

首先从"天下"的概念说起，从儒家传统价值观来说，"天下"不是所谓的以领土国界来划分的某个国家，而是代表一种社会伦理文化和传统纲常，也代表沿袭下来的政治统治、社会秩序的合理性和正当性。概括来说，是"国"与社会（政治实体与意识形态）的和谐统一。儒家"天下为公"的"大同"社会，将个体意识、群己形态、国家观念和谐统一在内，显示了儒家对

---

① 荆雨、魏书胜：《先秦儒家"道德的政治"之价值理想及其当代意义》，《政治学研究》2013年第5期。

② 吴建国：《先秦儒家政治哲学研究》，湖南师范大学学位论文，2014年。

于人类社会的理想。而"修身、齐家、治国、平天下"的"治道设计"，也可见"天下"追求公共幸福的公共性、超越性的价值特征 [1]。

其次，"天下"更是儒家社会责任观念的主要关键词。儒家"以天下为己任"的这一社会责任观，贯彻了近现代以来救亡图存的历史任务，被具体化为"天下兴亡，匹夫有责"。其强大的历史责任指向，也体现了中国人特有的社会责任观，成为指导中国近现代社会和青年人行为的重要精神资源。

在不同的时代，"天下"体现了特定的不同使命。那么，在我国现实的语境中，"天下"又将重新定义，与社会主义核心价值观相结合，从而体现"天下"的价值，提供社会发展的意义指引 [2]。

第二节　华夏传播的主要内容与特征

现今的中国政治、经济飞速发展，整体社会发展水平迅速提高，但是文化软实力却没有跟上经济社会发展的步伐，甚至有部分文化虚无主义者全盘否定自身的传统文化与当代价值。当今世界经济全球化日益迅猛，国与国之间的联系空前加强，国际社会方面文化霸权主义横行，所以努力发展自身文化，提升文化软实力迫在眉睫。

在中国自身五千年的文明发展史中，有先人总结的大量传播观点和原理，亦有不计其数的传播事件和现象，这些丰富而极具价值的宝藏等待着我们去发掘、整理和提炼。我们要努力继承发扬这些有价值的文化宝藏，并结合当今世界实践与中国的具体社会现状，加以综合创新，打造富有中国气派的华夏传播理论，以华夏传播理论作指导，更好地指导中国的传播实践。

华夏传播理论诞生于我国几千年封建社会的背景下，它聚合了源远流长的中华文化基因，拥有复杂又独特的汉文化传播语境，并且随着我国封建社会数千年的发展，而不断丰富完善。这种理论体系与西方以实证主义、理性思维为主导的系统性传播理论完全不同，以仁兼济天下，具有"心传天下"的理论特质，并且带有浓重的中华色彩。在思维与研究方法方面，华夏传播理论多为生活经验升华的哲理反思，而且非常注重传播各个环节的和谐共通，

---

[1]　何静：《核心价值观"爱国"之社会责任——兼论儒家"天下"责任观的现代转化》，《学术探索》2015 年第 10 期。

[2]　何静：《核心价值观"爱国"之社会责任——兼论儒家"天下"责任观的现代转化》，《学术探索》，2015 年第 10 期。

注重受众的心灵共鸣,重视传播过程。另一方面,华夏传播理论并非刻意探索规律,而是随着历史变迁演化而成,其表达方式也多为经验式的总结,便于传播。总之,华夏传播理论不像西方学术性的传播理论体系那样具有极强的系统性与实践性,与之相反,该传播理论是看似零散却又自成体系、看似虚无却又无处不在、看似晦涩却又适用于各种日常实践、看似简单却又博大精深的一种非常精妙的理论。

而本节有关华夏传播理论的内容展开,则以儒、道、佛三家学派作为主着力点,再加上传统文化中的成语、谚语等内容,分别从人际传播、人内传播、组织传播等维度,对华夏传播理论的主要内容进行总体梳理与详细分析,最后对华夏传播理论的整体体系与特征进行概括总结。

一、华夏传播理论的主要内容

(一)传统文化中的成语、谚语等

在古老的华夏文明体系里,除了已经自成体系的成熟的派系理论之外,我们还有许多民间智慧的结晶:如成语、谚语、俗语等,这些理论更加能代表古老中国在传播方面的领悟与智慧。在此我们仅列举部分有代表性的例子作为切入点进行分析论证。

1. 人心叵测:内向传播的复杂性与人际传播的负面性

"人心叵测",即每个人的内心都是难以捉摸且可能极具危险性的,这个词语充分表达出了内向传播的复杂性,内向传播作为一种个人内部"主我"与"客我"的交流与过程,与他人的联系本就不太紧密,又因为每个人在思考与处理事情时,着力点与思考方向是完全不同的,种种因素的累加更加造成了内向传播的复杂性。

另一方面,"人心叵测"还揭示了人际传播的负面性,由于内向传播是人体内部神经系统作用下的信息处理活动,所以对他人来说就有一种解码上的难度,自我的编码不一定能被他人恰当地解码,很容易造成解码错误,从而加大了这种传播难度,埋下了冲突的根源。

2. 心有灵犀一点通:内向传播的共同性与人际传播的特殊规律

与上面的"人心叵测"相对应,还有另外一种传播现象:"心有灵犀一点通",这个词语又揭示了内向传播的共同性,即个人内部的信息处理活动也是可以被他人恰当地解码并加以传播的。

另一方面，这个词语还暗示了人际传播中的一种特殊规律，心照不宣，一点就通，这种人际传播的形式脱离了一般的传播要件，以相同或相似的认知能力和价值认同作为条件，从而实现在某种条件下的无语沟通。

当然，这些成语只是冰山一隅，值得我们去发现与探索的传播智慧还数不胜数，这些都需要我们对华夏文明进行深层次、多维度的学习与探索。

（二）重视伦理关系，仁礼同构的儒家

儒家主张修身养性，齐家治国，注重秩序和人与人之间的伦理关系，仁礼同构，并坚持奉行中庸之道。它维护"礼治"，提倡"德治"，重视"人治"。以"仁"为核心，和谐思想贯穿其中。

儒家重视人际传播，人际传播甚至为其思想核心所在，同时在组织传播与内向传播方面也有较多贡献。人际传播方面，形成了注重规范、和谐与责任的成熟传播体系，内向传播方面，重视人的自身修养，强调个人内部的和谐与"中庸"之道，组织传播方面仍是以"仁礼同构"为中心思想，强调秩序与和谐共行。

1. 注重责任、规范、诚信的儒家人际传播思想

（1）三纲：强调表率性与责任的人际传播

三纲五常是中国儒家伦理文化中的重要思想，最早源于孔子。

"三纲"的主要内容是君为臣纲，父为子纲，夫为妻纲。这一思想如今普遍被认为是古代封建君权社会的文化产物，已不适用于人权平等的现代社会。但是在现代社会中，我们完全可对这一思想作出全新的阐释，"纲"者，表率也。所以我们可把"三纲"延伸为：君主应该成为臣下的表率，父亲应该成为儿子的表率，丈夫应该成为妻子的表率。根据这种现代意义的延伸与理解，我们可以得出结论：身处某种位置，就要承担相应的责任。从古至今，儒家这一基本的伦理思想对塑造表率性的人际传播关系，促进人际传播中的责任培养起到重要作用。

（2）五达道：强调规范的人际传播

五达道主要是运用中庸之道调节天下通行的五种基本人际关系，即君臣、父子、夫妻、兄弟以及朋友之间的交往。到了现代社会，将君臣关系视为上下级关系，这五种人际关系仍然是现代社会的基本传播脉络，我们可以以五达道为传播范本，对日常的多种人际关系进行梳理分类，找准自己在五种基本人际关系中各自的定位，恰当地把握并且正确处理这五种人际关系，促进

规范的人际传播关系的建立，最终达到太平和合的理想境界。

（3）和谐传播：整体和谐、群体和谐与道德和谐的人际传播

孔子说："君子和而不同，小人同而不和。"①"和"与"同"是处理人际关系的两种不同态度。真正的和谐不是没有意见分歧、没有原则的一团和气，而是通过交流、沟通、讨论和切磋不同的意见而达到互相理解和意见融合，是承认不同的和，就是和而不同。

儒家的和谐内涵包括三个层次：

第一层次是讲人与自然、人与宇宙万物的整体性和谐。其典型的范畴与命题即"天人合一""万物一体"思想；第二层次是讲人与社会、人与人的群体和谐。《尚书·尧典》所谓"百姓昭明，协和万邦"的思想，宣扬的是邦国之间、族群之间的和谐局面，而《周易·乾卦·象辞》所说的"保合大和……万国咸宁"，即以保持"太和"为群体和谐的境界；第三层次是个体的身心和谐②。

总的来说，儒家文化的和谐，是整体和谐、群体和谐与道德和谐辩证统一的和谐观，是以承认"不同"为前提，是以"仁"为核心、以"和"为方法途径，以义、礼、智、信、忠、孝、廉、耻等为主要范畴的道德人文主义思想体系。

（4）诚信：人际传播的基础

儒家伦理重诚信。孔子很重视"信"，并把"信"列为一条重要德目，说"人而无信，不知其可也"。③把信看作是人事业成败的基础；"言必信，行必果"④。把信看作是个人必备的品德。在与其他人接触、交往，直到互相接纳的过程中，在人际传播的过程中，诚信是所有人际交往顺利进行的基础。

（5）己所不欲勿施于人：尊重他人，平等待人的人际传播

"己所不欲，勿施于人"⑤，自己不愿承受的事也不要强加在别人身上。人应当以对待自身的行为为参照物来对待他人。这是尊重他人、平等待人的体现。人生在世除了关注自身的存在以外，还得关注他人的存在，人与人之间是平等的，切勿将己所不欲施于人。这也是人际传播中处理人际关系的一大

---

① 《论语·子路》
② 楚天舒：《儒家文化传播与和谐文化的构建》，东北师范大学学位论文，2009年。
③ 《论语·为政》
④ 《论语·子路》
⑤ 《论语·卫灵公》

重要原则。

2. 仁礼同构、仁者爱人的儒家组织传播思想

（1）仁而有序，仁礼同构：注重秩序的组织传播

儒家在组织传播方面，强调"仁而有序"，在坚持其一贯的"仁"思想之外，注重"礼"与"序"，即强调秩序，强调尊卑等级之分。这一思想对现代的组织传播也是有一定借鉴意义的，注重组织传播中的秩序与分层。

（2）仁者爱人：注重道德、爱心与包容的组织传播

在古代封建社会，儒家思想强调德政、礼治和人治，注重道德感化。儒家传播以仁礼两大核心思想为真理。孔子认为，仁作为价值之源，一切德之源，一切礼之本源，是绝对的，它超越一切时空架构。仁是内在性原则，它可表现为不同的德，而呈现为不同的形态。而礼是相对的，礼在不同的时代，不同的社会，不同的人际关系中都具有相对固定的形式，并且它随社会形态的变化而改易其内容。这种外在性的规约弥漫在各种不同的人际关系之中，并成为人际关系的规范①。

到了现代社会，德政与礼治同样适用于现代组织传播，即注重爱心与包容、道德，在坚持以"仁"为核心的前提下，注重"礼"，强调组织秩序的建立与维护，最终达到清除、减少组织及组织成员对自身环境的不确定性，沟通组织内部联系，促进和谐包容传播的目的。

3. 讲究克己复礼、力行中道的儒家内向传播思想

（1）内向传播的基础：注重道德规范的"自省""克己复礼"

儒家强调个人的自省，克己复礼，即约束自己，使自己品行提升，最终使每件事都归于"礼"，儒家强调的"礼"是当时西周的礼，但是经过千百年的演化，其内涵早已产生了许多引申与转化。我们现今社会的内向传播同样可以此为基本准则，即内向传播中要注重自我反省，克制并战胜自己，不为外物所诱。"礼"字即是"理"字，礼乃固理之不可易者，复礼就是要恢复到合理化。

儒家还强调"以礼驭情"，以礼约束自己的言行，使自己的视、听、言、行一举一动都符合社会道德规范的要求。总之，即注重个人反省，这个层面的传播注重自我身心关系的处理，属个人内部传播，是内向传播的基础与前提。

---

① 马宏艳：《〈论语〉中孔子的传播思想研究》，延边大学硕士学位论文，2010 年。

（2）内向传播基本准则：注重主观意志力量与责任的"五常"观念

贯穿于中华伦理的"五常"，即仁、义、礼、智、信，成为传统中国人规范自我、提升自己的思想指南。

古人最先提出了"仁"的观念，也就是如今所谓的换位思考，它以爱为核心内涵，注重关系和谐，而这一切都源于个体高尚的道德意识，以实现他者的利益为达到个人利益的前提和基础。"仁"不仅是最基本的、最高的德目，而且是最普遍的德性标准。以仁为核心形成的古代人文情怀，经过现代改造，可以转化为现代人文精神。

义，与仁并用为道德的代表，并称为"仁至义尽"。义成为一种人生观、价值观，就是要根据自己的"位"做适宜的事情，体现出强烈的责任担当意识。如"义不容辞""义无反顾""见义勇为""大义凛然""大义灭亲""义正词严"等；另一方面，"义"更是人生的责任和奉献，如义诊、义演、义卖、义务等，至今仍是中国人崇高道德的表现。

礼，与仁互为表里，仁是礼的内在精神。第一，"明礼"从广义说，就是讲文明；从狭义说，作为待人接物的表现，谓"礼节""礼仪"；第二，作为个体修养涵养，谓"礼貌"；第三，用于处理与他人的关系，谓"礼让"。而关于"礼"的这些原则已经成为一个人、一个社会、一个国家文明程度的一种表征和直观展现。"礼之用，和为贵"，其价值取向为"和谐"。继承发扬"礼"，更是如今我国构建和谐社会的需要。礼有礼仪与礼义两个互为表里的内涵。礼义是礼仪的内在指导思想，而礼仪是礼义的外在表征。个体只有深切的体认"礼义"才能在行为上表现为得体的"礼仪"。

智，从道德智慧可延伸到科学智慧，把科学精神与人文精神结合和统一起来，这是我们今天仍要发扬的。智是理性的体现，欲行仁尽义合礼都需要有"智"的配合，因为只有正当性、合理性的"智"的考量才能有效地履践人文精神。

信，乃人言，是说人要对自己说过的话负责任，这是做人的根本，是兴业之道、治世之道。守信用、讲信义是中华民族共认的价值标准和基本美德。"信"成为获得他人认同的关联性概念，内向传播的目标是通过身心的调适，进而外放为言行举止，而言行举行获得他人、社会的认同，可以说是实现了"信"。

五常是儒家道德的基本内容，也是促进个人内部传播与规范人际关系的基本准则，这一思想对塑造中华民族性格起积极作用：如重视主观意志力量，注重气节、品德，自我节制、发奋立志，强调人的社会责任和历史使命等。

（3）中庸之道：促进良性循环的内向传播

中庸之道，即指奉行不偏不倚，折中调和的处世态度，被认为是实现美丽人生、和谐社会和世界的方法论与道德境界。这种思维方法强调个体思维不走极端，保持中正、中和、时中、经权等方面灵活统一。

中庸之道含有多层意义，第一层含义是：人生不偏离，不变换自己的目标和主张；第二层含义是：人需要保持中正平和，治怒唯有乐，治过喜莫过礼，守礼的方法在于敬；第三层含义是：指人要拥有一技之长，做一个有用的人才，又指人要坚守自己的岗位，要在其位谋其职。总之，中庸之道通过以上三个方面，力图达到天性与人性合一，理性与情感合一，外内合一的理想境界。

总之，中庸之道的主题思想是教育人们自觉地进行自我修养、自我监督、自我教育、自我完善，把自己培养成为具有理想人格，达到至善、至仁、至诚、至道、至德、至圣、合外内之道的理想人物，共创"致中和，天地位焉，万物育焉"的"太平和合"境界。从以上对中庸之道的详细阐释中，我们可将其总结为促进个人良性循环的内向传播。

（4）个体内部的和谐传播：身心和谐

和谐传播的第三层次是讲个体的身心和谐。孔子所谓"克己复礼为仁""为仁由己""修己以敬"等等教导，都是要求人们通过道德修养达到身心和谐，成就君子人格。

儒家文化的人内传播观强调人需要关注自身的修身养性，需要"三省吾身"，以形成人内的身心和谐；因此，儒家文化非常强调人自身的修身养性，即人内和谐，人内和谐是指作为个体的人，要有一个健全的人格和良好的道德修养。为了达成人内和谐，先秦儒家非常重视人内传播，采用的则是人内传播中的内省方式。[①] 郭庆光认为，先秦儒家采用的内省是一种日常的、长期的自我反思活动，它以完善个人的品德和行为为目的，具有明显的长期目标性和连贯性[②]。

儒家把"身心和谐"，提高到了治国、平天下的高度，这样也就必然会重视主体性的发挥。而且儒家的主体性是一种向内的主体性。梁漱溟曾说过，

---

① 陈雪军：《论儒家的和谐传播理论》，《浙江传媒学院学报》2013 年第 1 期。

② 郭庆光：《传播学教程》，中国人民大学出版社，2011 年。

中国人的人生是向里（即内省）用力的。在传播中，各种关系能否达成和谐，关键在主体。如果出现了不和谐的苗头，采用的是一条"反求诸己"的内省途径，先从主体内部找原因。因此，在儒学传统里，主体习惯于追求内在的善，而不是去寻求外在的真，更不会去埋怨外在的"恶"①。

（5）化性起伪：注重个人与社会的良性互动

荀子提出的"化性起伪"②，即用礼义法度等去引导人的自然本性，改造人的本性，使之树立道德观念，这是人内传播中个人与社会良性互动的经典法则。而"化性起伪"这一学说，在方法途径与目标方面都注重个人与社会的结合与互动。

从方法途径方面，荀子这一独特的"化性起伪"学说，以"劝学"和"明礼"作为道德教化的具体手段。前者重在理性自觉，后者重在社会秩序。一重主观，一重客观，两者结合，共同进行道德教化，"化性起伪"得以实现。从目标来看，"化性起伪"以"成人"与"天下治"为道德教化的终极目标，就个体来讲，是"成人"，即通过人的努力，实现"性伪合"；就社会来讲，是"天下治"。当个体的"成人"境界达到了，这样的"成人"有道德操守，通过化性起伪，达到"性伪合"，这样的"成人"多了，整个社会就能移风易俗，去恶向善，从而实现"天下治"③。

4. 内向传播、人际传播到组织传播的递进与融合

（1）儒家思想的核心：贯穿三种传播的"仁"与"和谐"

"仁"与"和谐"是贯穿于儒家传播的两个基本思想与关键词，且贯穿于内向传播、人际传播与组织传播三个主要环节。

如儒家在内向传播方面，"自省""克己复礼""为仁由己""修己以敬"等观念，都是注重个人内部的和谐传播；还有注重主观意志力量，强调责任的"五常"观念，以及促进良性循环的内向传播的中庸之道，这些内向传播的相关观念都是以"仁"与"和谐"为核心。而在人际传播方面，如强调表率性与责任的三纲，强调规范性人际传播关系的五达道；还有"君子和而不同，小人同而不和"等强调和谐的人际传播观念，"己所不欲，勿施于人"，强调尊重与平等的人际传播观念，这些人际传播观念都是以"仁"与"和谐"

① 陈雪军：《论儒家的和谐传播理论》，《浙江传媒学院学报》2013 年第 1 期。
② 《荀子·性恶》
③ 龚丽红：《化性起伪——荀子教化观对当前人文教育的启示》，《山东工商学院学报》2008 年第 4 期。

为核心准则。在组织传播方面，儒家的"仁而有序，仁礼同构"观念及"仁者爱人"这些组织传播观念也都是注重道德、爱心与和谐包容的。

（2）三纲五常：适用于三种传播的核心准则

三纲：君为臣纲，父为子纲，夫为妻纲。君主应对臣下起表率作用，父亲应该成为儿子的表率，丈夫也应成为妻子的表率。身处某种位置，就要承担相应的责任。这种注重角色定位与责任的传播观念对于每个人的内向传播都起到积极的作用，促进个人注重自我反省与提升；另一方面，这种观念可以促进每个人对父子、夫妻关系的理解，有利于塑造表率性的人际传播关系，促进人际传播中的责任培养，有效地促进我们对人际传播关系的处理；而其对君臣关系的理解对现代社会的组织传播更是有诸多可借鉴之处。

五常：仁、义、礼、智、信。这一准则在强调人际传播与组织传播的责任与秩序的同时，也重视个人主观意志力量与内向传播的培养与促进。

所以说，即使放在现代社会，三纲五常也是极具价值的，这一思想准则适用于内向传播、人际传播与组织传播三种传播方式，并且可以积极有效地促进这三种传播关系的发展。

（3）内圣外王：三种传播的良性互动

儒家思想是伦理与政治合一的体系，其目标是达到"内圣外王"的境界，

内圣外王，指内具有圣人的才德，对外施行王道。"内圣外王"观的发展又分为几大阶段：从孔子的"由仁及礼"到孟子的"性善政仁"，再到荀子的"尽伦尽制"。

孔子说："恭而无礼则劳，慎而无礼则葸，勇而无礼则乱，直而无礼则绞。"[1]又如，当孔子的弟子颜渊问及"仁"的具体途径时，子曰："克己复礼为仁。""非礼勿视，非礼勿听，非礼勿言，非礼勿动。"[2]总而言之，由仁及礼、由礼启仁的这种联系，为儒家内圣与外王的组合奠定了理论基础。孟子因袭了孔子由仁及礼的思想理路，以仁心通仁政是孟子一再强调的塑造"内圣外王"理想人格的路径。在肯定孔子的仁礼之说的基础上，孟子通过"性善论"进一步将外在的社会规范与内在的道德自觉联系起来，并突出了"内圣外王"理想人格中"内圣"一维的重要性[3]。而荀子重点强调理想人格的

---

① 《论语·泰伯篇》
② 《论语·颜渊》
③ 王因：《先秦儒家内圣外王理想人格及其现代德育价值研究》，华东师范大学硕士学位论文，2013年。

"外王"一维。"天地—礼义—君子"是荀子所设计的道德养成路线。其"内圣外王"的理想人格范式建构，也建筑在这样一种思维重心之上。[①] 荀子认为："古者圣王以人之性恶，以为偏险而不正，悖乱而不治，是以为之起礼义、制法度，以矫饰人之情性而正之，以扰化人之情性而导之。"[②]

2013 年 3 月，国家主席习近平在接受采访时提出，领导者要有"治大国如烹小鲜"的态度。"治大国如烹小鲜"语出老子的《道德经》，语意中也暗含了"内圣外王"的思维和理路，是儒道互补的一种思想体现。可见作为传统社会思想精髓和文化核心的"内圣外王"理想人格，蕴含了深厚的民族精神和道德情怀，在一定程度上成为现时代道德理念设置和道德践行评价的重要依据。

在"内圣"方面，孔子主张"为仁由己"。一个人能不能成为品德高尚的仁人，关键在于自己。在"外王"方面，儒家以"修己"为起点，而以"治人"为终点。在儒家思想中，内圣和外王是相互统一的，内圣是基础，外王是目的，只有内心的不断修养，才能达到内圣，也只有在内圣的基础之上，才能够安邦治国，达到外王的目的，即内向传播促进人际传播与组织传播。同样，内圣只有达到外王的目的才有意义，外王实现了，内圣才最终完成[③]。即组织传播促进人际传播与内向传播的最终实现。

"内圣外王"的这一思想，体现了儒家道德与政治的直接统一，道德偏向内向传播与人际传播，而政治偏向组织传播，"内圣外王"即倡导内向传播、人际传播、组织传播的融合与统一[④]。

(4) 修身齐家治国平天下：三种传播的递进与融合

修身齐家治国平天下即，那些要想在天下弘扬光明正大品德的人，先要治理好自己的国家；要想治理好自己的国家，先要管理好自己的家庭和家族；要想管理好自己的家庭和家族，先要修养自身的品性；要想修养自身的品性，先要端正自己的思想；要端正自己的思想，先要使自己的意念真诚。修身主要指个人的内向传播，齐家则属人际传播，而治国平天下意属组织传播，这

---

① 王因：《先秦儒家内圣外王理想人格及其现代德育价值研究》，华东师范大学硕士学位论文，2013 年。

② 《荀子·性恶》

③ 王因：《先秦儒家内圣外王理想人格及其现代德育价值研究》，华东师范大学硕士学位论文，2013 年。

④ 王因：《先秦儒家内圣外王理想人格及其现代德育价值研究》，华东师范大学硕士学位论文，2013 年。

句话可以说充分地体现了内向传播、人际传播与组织传播间的层层递进与最终的融合。

（三）追求道法自然与辩证思维的道家

道家以尊道贵德、虚静无为、去欲不争、返璞归真为品格，讲究自正自化，主旨是自然和谐，道法自然，以无为治国。从而在内向传播、非语言传播、人际传播等方面的思想独树一帜 ①。内向传播方面强调清静柔弱与自我升华，人际传播方面注重"慎言"思想，强调含蓄内敛的沟通方式，组织传播方面则以"无为而治"为思想核心。

1. 物我消隔的道家内向传播智慧

（1）庄子"吾丧我"思想：人物合一、和谐自然的传播

"吾丧我" ② 思想，形容人表面上臻入一种行如槁木、心如死灰的境界，但真正的状态却是"以明""葆光""朝彻""见独"而与物为一，忘记了自己，处于忘我的至高境界。对"吾丧我"的理解主要有几种说法：第一种说法认为"吾丧我"是物我两忘的意思；第二种说法认为"吾丧我"是忘己形的意思；第三种说法认为"吾丧我"是摒弃我见的意思。

庄子所言"吾丧我"之境界，按历代学者之理解，既要"丧形"，又要"丧心"。这看起来几乎是不可能。实际上，"吾丧我"之丧心，并非意味着心之完全死灭。在达到"吾丧我"之境界者的心中，并非一片黑暗荒凉之"无"的世界，而是有着相当丰富多彩的画面。总而言之，这是形容精神因解放而得到自由活动的理想境界。

"吾"如何"丧我"？如何才能摆脱人的"劳""芒"与"疲役"？庄子提出"以明"与"道枢"的解脱法门。知事物的本末究竟，自然不昧，自然不"芒"，所以谓之"明"。庄子所言的"丧我"是从负面言的，"道枢""以明""两行""知至""葆光"则是从正面言的。一正一负成为一个合体，这一合体就是"齐物"，这种思维方法是一种看待事物的眼光和胸怀 ③。

"吾丧我"之后如何？"吾丧我"的状态不是我的不存在，而是俗我的抛却、丢弃。只有抛却俗我，才可以达到与物一体、与物合一的全然"物化"的状态。

---

① 谢清果：《道家语言传播效果的求美旨趣》，《哲学动态》2008 年第 3 期。
② 《庄子·齐物论》
③ 罗安宪：《庄子"吾丧我"义解》，《哲学研究》2013 年第 6 期。

总体来说，庄子的"吾丧我"思想体现了人物合一的理想境界中的一种内向传播状态①。

(2) 老子的无身观：消除外界干扰与自我升华、自我主体意识

老子的自我观蕴藏着独特的内向传播智慧，主要体现在要求自我确立起"惟道是从"的主体意识，进而以"道"的符号象征意义为媒介来引导自我省思，不断消除世俗价值观的污染，最终实现"无为而无不为"的自然、自由的人生境界。与侧重考察自我的社会性西方内向传播理论相比，老子的内向传播智慧更倾向于消融社会性对自我超越的干扰，注重自我内心通过向"道"的复归而实现自我升华②。

老子倡导世人向自己的内心深处寻找安宁，力求在自己内心中坚守"唯施是畏"和"惟道是从"的道德理念，即所谓"执大象，天下往。往而不害，安平太"③。世人如能以大道作为自己的行为准则，就能不断做到"清""静""净"，塑造出"圣人"的人格形象，此时便无身无我，逍遥自适，这正是老子内向传播的要义所在。

另一方面，老子呼吁人类更多思索自身，即提倡从内向传播上实现个人对自己人生意义的完整占有。只不过，在方法上却采取了与西方传播学内向传播理论不同的操作方向，即通过对社会性活动的减损和人类已有知识的超越来实现自我升华④。老子说："为学日益，为道日损。损之又损，以至于无为，无为而无不为。"⑤前人的知识、经验以及社会规范等，会不断增益，而"为道"则是自我超越，需要通过减损社会因素对自我精神的束缚，最终获得"道"一样的自由，即"无为而无不为"。

(3) 守一：注重内向传播的专注性

人们常常受到色、声、香、味等等外界事物的干扰和诱惑。如果心意追随外界事物不停地忙碌，时间久了就会身心疲惫甚至憔悴不堪，危及身心的健康。相反，如果能够意守自我身心，不为外物所累，做到气定神闲，自然就能够身心健康、精神饱满，这就需要把自我的心意放松或着眼于自身，即"守一"⑥。《道德经》："五色令人目盲；五音令人耳聋；五味令人口爽；驰骋

① 罗安宪：《庄子"吾丧我"义解》，《哲学研究》2013 年第 6 期。
② 谢清果：《内向传播的视阈下老子的自我观探析》，《国际新闻界》2011 年第 6 期。
③ 《道德经》第三十五章。
④ 谢清果：《内向传播的视阈下老子的自我观探析》，《国际新闻界》2011 年第 6 期。
⑤ 《道德经》第四十八章。
⑥ 《太平经》。

畋猎，令人心发狂；难得之货，令人行妨；是以圣人为腹不为目，故去彼取此。"①

　　因此，圣人但求吃饱肚子而不追逐声色之娱，所以摒弃物欲的诱惑而保持安定知足的生活方式。然而，现实世界是缤纷多彩的，在社会生活中如何处理好得失臧否、人情世故，这就需要善于调节自我，适应环境，拥有相应的人生观、世界观、价值观，这样才能够实现自我身心的愉悦。

　　"守一"指在身心安静的情况下，通过心理调节、心理暗示等方法，把意念集中到身体的某一部位，以改善身心环境，其侧重点不在炼形而是炼神，目的是通过它排除心中杂念，保持心神清静，使神经获得良好的休息条件②。根据以上的种种阐述，我们将道家的内向传播归结为排除干扰，保持清静的人内传播方式。

　　2. 自然天成的人际传播智慧

　　（1）"君子之交淡如水"：自然不造作的人际传播智慧

　　庄子在《庄子·山木》一章中，提出："君子之交淡若水，小人之交甘若醴；君子淡以亲，小人甘以绝。"③这是庄子对人际传播的主要观点之一，意思是贤者之交谊，平淡如水，不尚虚华。深层含义是：君子之间因心怀坦荡，所以无须存有戒备之心，不用讲究太多礼节及客套，不用太过谦卑，可以轻松自然，心境如水一样清澈透明。这表达了道家对人际传播的基本认识，即提倡自然不造作的人际传播，不需过多刻意的经营与修饰。

　　（2）素朴纯粹的人际传播境界

　　道家待人处世，待人如待己，皆以一而不变。相对儒以仁义而为，道家待人多以虚无，齐物，弱柔，纯粹，素朴，亦使人得虚无，齐物，弱柔，纯粹，素朴。即"是以圣人处无为之事，行不言之教"④，即道家在人际传播方面注重纯粹齐物，力求达到素朴纯粹的理想人际传播境界。

　　（3）以慎言之心，重视非语言符号的力量

　　在人际传播方面，"不言"是庄子最终的理想，也是他的传播总则，而这个准则运用到他的人际传播策略中就体现为"慎言""少言"。在言意之辨的思考中，庄子认识到了语言的表意功能。由于受到不可知论的影响，他强烈

---

① 《道德经》第十二章。
② 孙鹏：《论"守一"》，《理论月刊》2013 年第 4 期。
③ 《庄子·山木》。
④ 《道德经》第二章。

的放大了语言与含义之间的矛盾，认为"言不尽意"，借着这个矛盾，他提出了"得意忘言"，也触摸到了传播实质的一个核心法则[①]。

在人际传播活动中，庄子一再表现出对语言的排斥，更多情况下他都更为重视非语言符号的影响力量。他主张行不言之教，提出了"慎言""随顺""真诚"等相关理论与方法。

（4）含蓄内敛的人际传播方式

庄子在人际传播方面，重视传播活动中受传者的感受，洞悉了人际交往中的种种世事。所以其人际传播策略最大的特点就是，沟通方式含蓄内敛、迂回曲折，保持人际关系的和谐，不与人直接发生对抗，最终阐释出一套既保全自己，又不得罪他人，以真诚动人且能达到很好劝服效果的策略[②]。

3. 顺其自然，充分发挥个人创造性的组织传播

在道家的组织传播思想中，主张"无为而治"，老子认为"我无为，而民自化；我好静，而民自正；我无事，而民自富；我无欲，而民自朴"[③]，一再强调无为才能无不为。所以"无为而治"的本意是不妄为，并不是不为，而是不过多地干预、顺其自然、充分发挥万民的创造力，做到自我实现。

在现代组织传播领域，"无为而治"可延伸为：顺其自然，不过多地干预每个人，充分发挥个人创造性。

（四）圆通处世，灵活统一的佛家传播智慧

因为佛家总体上偏向于宗教性质，有许多自成一派的思想观念与论断，所以在此我们不对其思想做过多赘述，而只是单独列出其与传播相关的主要观念进行梳理分析。

1. 注重和谐、平等传播的佛教人际传播观

（1）因果轮回：主张度己度人，和谐传播

佛家深信因果，坚信有因必有果，造业必受报；种什么样的因必得什么样的果，造何种业必受何种报。佛家这三世迁流、因果报应的学说对于培植人的反罪恶感意识、推动人心向善，使人成为正人乃至完美的人，有着积极意义。

而且佛家所说的因缘果报，并非机械的、简单的、线性的，而是一个辩

---

① 赖惠民：《庄子传播观念初探》，厦门大学硕士学位论文，2007年。
② 赖惠民：《庄子传播观念初探》，厦门大学硕士学位论文，2007年。
③ 《道德经》第五十七章。

证的、复杂的、非线性的动态开放系统；与因果学说相对应，佛家更是强调正知正见，超脱轮回，度己度人，成就佛果①。扩展到现代人际传播方面，佛家这种理想化的推动人心向善的相关思想与精神，其实正是力求建立和谐的人际传播关系。

（2）世间万物生灵平等：提倡人际平等传播

佛家鼓励人们行善，勿恶；忍耐，戒欲；这些看似无情的钢铁戒律其实都是在贯彻一条基本准则：即坚持世间万物生灵平等。佛教的平等观也经历了一个发展的过程。从"人与人"的平等发展到"众生"乃至"诸法"平等②。"众生平等"是从众生皆有佛性和皆可成佛角度讲，如《别译杂阿含经》卷第五中说："不应问生处，宜问其所行，微木能生火，卑贱生贤达。"也就是说，人没有高低贵贱，皆具佛性，每个人都可以通过"所行"使卑贱变成贤达，从而消除卑贱和贤达的区别。

随着佛教由小乘转为大乘，平等的范围扩大，由"人与人"发展到"众生"乃至"诸法"，范围的扩大和小乘只追求个人解脱而大乘则追求普渡众生的理想是相应的③。"众生平等"和"诸法平等"的主旨是教化人们不要忘记非人类生命以及无生命之物，从而摆脱了人类中心的思想，把宇宙看成一个整体，并认为人、一切有生命之物、一切无生命之物及其关系等，都与宇宙整体息息相关。因此，它们之间应具有一种平等的关系。所以佛家的这种平等观可以说是宇宙主义的平等观④。

2. 强调自身修养，主张出世的佛教内向传播观

佛家理论总体属唯心主义，强调自身修养，主张超出世俗，用一种超然的眼光与视角去看待所有的人、事、物，包括审视自身。以梁漱溟为例，梁先生即是受了佛家思想的影响，以出世的心态来经营入世事业。梁先生少年时将佛教作为解决人生苦闷的根本出路，在对佛学有了深刻体悟和真实契入后，他以出世为解决人生问题的唯一归向，目睹时艰，感慨民困，发出了"吾辈不出如苍生何"的沉痛呼声，反映了一代知识分子关心民生的责任心和振衰起弊的使命感⑤。为此他更是抱着"除替释迦、孔子发挥外，更不作旁的事"

---

① 任宜敏：《佛家因果学说的真精神》，《浙江学刊》1998年第5期。

② 曹树明：《儒道释平等观之比较》，《河北职工大学学报》2001年第2期。

③ 曹树明：《儒道释平等观之比较》，《河北职工大学学报》2001年第2期。

④ 曹树明：《儒道释平等观之比较》，《河北职工大学学报》2001年第2期。

⑤ 韩焕忠：《此翁长怀出世心——佛家思想对梁漱溟先生的影响》，《柳州师专学报》2005年第3期。

的心情执教于北大,主教佛学,除此之外,他还从事乡建于山东,奔走抗战,呼吁和平。梁先生在积极从事这些入世的事情的同时,内心深处有一种强烈出世的心态底蕴 ①。

3. 圆通处事,灵活且辩证统一的佛教组织传播观

佛家在组织传播方面看似并没有太多的论断与分析,但是当我们对佛家整体思想做了梳理分析后,可以发现贯穿佛家传播的一个中心词是"圆通"。

这个"圆通"并不是普通意义上的八面玲珑抑或圆滑之类,而是一种极为高深的处世智慧,"圆"代表着根据不同情况适当地改变自己、提升自我,而"通"则是对"圆"之后的状态的表述,"圆"后自"通",这是一种理想的传播与生活状态。"圆"代表的是一种灵活的传播方式,而"通"则是一种辩证统一的理想状态。

从有关佛家的众多成语、俗语来看,我们也可对佛家思想窥探一二,如放下屠刀立地成佛,醍醐灌顶等,在这一点上,佛家与道家有些许相似,即认为世间万物都是辩证统一且互相转化的。所以我们把佛家关于组织传播的思想归结为:非常灵活且注重辩证统一的传播。

(五)儒道佛三家的相同之处:仁与和谐为中心,包容的天地情怀

综上所述,儒道佛三家思想在人际传播方面,都强调和谐传播,注重仁义;在内向传播方面,都注重自我反省与提升;在组织传播方面,注重道德规范的约束作用。因此,我们可以将儒道佛三家的共同之处总结为:"仁"与"和谐"贯穿始终的天地情怀。何为天地情怀,即一种包容性极强,极具人文关怀的中国式传播精神,其实中国人一直对天和地有着别样的情结,这种情结在日常生活的方方面面都有所表现,而在古老的华夏文明与相关传播理论里,这种情结更是表现得淋漓尽致。虽然儒道佛三家的学术流派与思想不尽相同,但是它们在传播思想方面的主张却是有着这一大共同点,即以"仁"与"和谐"为中心,极具包容性的天地情怀。

二、华夏传播理论的总体特征

通过以上关于华夏传播理论的分析,我们可以得出以下几个结论:

---

① 韩焕忠:《此翁长怀出世心——佛家思想对梁漱溟先生的影响》,《柳州师专学报》2005年第3期。

（一）华夏传播理论总体上以人际传播为中心

儒道佛三大学术流派皆是在人际传播方面有更多的理论成果，且我们传统文化中的成语、谚语等也有大部分是关于人际传播的，这些种种现象表明：华夏传播理总体上是以人际传播为中心的。这可能与我们的文化根源与封建社会的传统观念有关，因为从文化传统来看，我们中国人自古就十分注重人际关系与社会关系的维持。

（二）内向传播为其次，注重个人修养

除了作为核心的人际传播外，华夏传播理论也是极为重视内向传播的，内向传播本就是实现良好的人际传播的基础与前提。在儒道佛三家中，道家是最侧重于内向传播的，也在这个方面为我们提供了许多理论成果。而三家的共通之处方面即，儒道佛三家在内向传播方面都比较注重个人修养，强调个人的自我约束与提升。

（三）组织传播方面成果较少，但是与内向、人际传播相互融合

纵观整个华夏传播理论体系，相对于人际传播与内向传播，组织传播方面的相关针对性成果是最少的，但是华夏传播理论的一大特点就是兼容共通，许多内向传播、人际传播方面的理论同样适用于组织传播，三者相互融会贯通，共同促进良好传播秩序的建立。

（四）以"仁"与"和谐"为核心，极具包容性

在上文的分析中，我们已经提到，儒道佛三家的共同之处即是仁与和谐贯穿始终的天地情怀，再加上对传统文化整体的分析，我们仍然可以说，这是整个华夏传播理论的核心特征。与我们中国的文化根源相对应，我们的整个华夏传播理论可以说是以"仁"与"和谐"为核心，包容性极强，极具人文关怀的一个中国式传播思想体系。

（五）矛盾中互相交融，促进整体理论的发展

在整个庞大的华夏传播理论体系中，如在内向传播方面，儒家主张个人与社会的良性互动，强调社会的积极反作用，而道家则主张内向传播的清静无干扰，注重自我升华；在人际传播方面，其他学派都主张积极互动，促进

良好人际关系的循环，但是道家却提出"慎言"思想，强调含蓄内敛的沟通方式并十分重视非语言符号的力量；在组织传播方面，儒家主张有秩序与规范的组织传播，但是道家却主张无为，充分发挥每个人的主动性与创造性。

这些种种观点看似矛盾，但是却都有其可取之处，内向传播既要促进无干扰状态下的自我提升，也要注重与社会的互动；人际传播既要积极主动，又要注意各种传播技巧，恰当地运用非语言符号；组织传播既要注意秩序与规范，又要充分发挥每个人的主动性。这些理论于矛盾中互相交融，从而共同促进整个华夏传播理论的丰富与完善，促进整体理论的大发展。其实这也正印证了上文所述，华夏传播理论是极具包容性的理论体系。

第三节　华夏传播理论的发展战略审思

一、华夏传播理论的走出去战略

与西方传播理论产生并适用于工业文明发展的现代媒介社会不同，华夏传播理论诞生于我国几千年的封建社会历史进程，侧重于人际关系与社会关系的研究，与媒介形态与制度关系不大。

所以华夏传播理论对于人际传播、人内传播等具有较好的解释力，且其适用范围更为广泛，其中极具普适意义的基本理念与原则既适用于现代媒介社会，也适用于前媒介社会，可以说对众多社会形态都有普遍适用性。

（一）华夏传播理论具有"走出去"的扩散性

华夏传播理论由"地域文化"走向"主流文化"的过程是其"走向世界"的最初的步骤，它所具有的"地域性""特殊性"与"世界性""普遍性"的二重品格，揭示了其走向世界的必然性与可能性。吴予敏曾在《无形的网络》一书中，提出关于中国传统文化"身—家—国—天下"同心圆式的传播结构，认为该结构信息内敛的矢量特征，势必造成文化上的强大内聚力，这一强大的内聚力更能促进华夏传播理论在我国的根深蒂固与繁盛发展。而这一顽固的同心圆结构有一个"自我中心"，所以华夏传播理论在认知习惯上更趋向于同化对象，这种强大的同化性与凝聚力有利于促进华夏传播理论走向世界，吸引更多的不同民族与国家。但是另一方面，华夏传播理论这种强大的同化性，对于任何事物都采取同化统一的态度，而非顺应对象，很难以一种自由开放的容纳态度来应付外部世界[①]。

（二）华夏传播理论具有利于世界和谐的普适性

中国文化博大精深，源远流长。华夏传播理论历经了两千多年的发展与延续，其思想内容丰富，文化底蕴深厚，对汉民族的生活、思维、语言等方面等产生了巨大影响，成为中国传统文化的精髓。后经跨文化传播，在亚洲形成华夏文化圈，成为东方文化的代表；又与西方文明的冲突和碰撞而不断融合，成为世界思想史与文化史上最具影响力的三大文化之一。在当今世界文化多元化发展的时代，通过各种途径传播华夏文化至关重要[②]。

华夏传播理论是一种富有人文精神和人文哲学的文化体系，它包含许多普遍意义与原则，其核心价值观可以说是真正具有普适价值的观念。尤其是华夏传播理论的"和""仁""中庸"等思想，这些都是对西方社会甚至整个世界具有普适性意义的法则。尤其是其核心"和谐"，西方最应该学习的即在于此，推广这一思想，对于当今利益纷争不断、信仰危机频出的世界有明显的普适意义。

（三）华夏传播理论以"和谐"为核心，安人利他，抑制文化霸权主义

华夏传播理论是"和"文化，其思想核心就是"和谐"。当今世界正处于全球化迅速发展，多种文化交流共存的时代，但是与此相伴随的是西方的文化霸权主义。我国加入WTO后，融入全球化的进程迅速加快，华夏传播理论是我国抵挡文化霸权，促进自身软实力增强的重要武器。

华夏传播理论饱含中国文化的优良主流基因，也是中国与全世界对话的桥梁。实现华夏传播理论的对外传播，一方面可使国人更加清楚优秀传统文化的意义与价值，提升文化自觉和自信；另一方面，有利于提高中国文化软实力，增强中国在国际舞台上的话语权和影响力，提升国际地位，树立国家形象[③]。

首先，儒家以"和"为核心的人文精神，能够和西方人文精神中的精华有机地结合起来，共同解决经济全球化下的人文困扰。"以和为贵""己所不

---

① 吴予敏：《无形的网络》，国际文化出版公司，1988年。
② 蒋平福：《儒家文化传播与对外汉语教学研究》，陕西师范大学硕士学位论文，2013年。
③ 周晓：《全球化视域下儒家文明的对外传播困境》，《中共济南市委党校学报》2015年第1期。

欲勿施于人""中庸之道",对这些观念的深入诠释正可以有效地缓解当今的文化霸权主义。

其次,推广华夏传播理论中人类社会道德的基本原则,"仁爱忠恕"之道。这一理念与当代文化多样性的理念和宽容精神相结合,可以促进中华文明与世界文明的交流。

(四)促进和谐的国际传播关系的发展

在华夏传播理论中,以儒家为例,儒家的目标是大同社会,亲邻柔远,天下一家,永远太平是其终极追求。《尚书·尧典》中的"协和万邦"是其所倡导的国际关系的理想境界。首先,华夏传播理论主张国与国的交往中应奉行"讲信修睦""与邻为善"的原则,反对一切欺诈行为;其次,它主张树立"和而不同"的国与国交往观念;第三,在国际关系上主张以德服人,用文明的力量感化;第四,主张以互利的原则进行国际交往;最后,它主张国际交往中要相互尊重和讲究诚信①。

(五)响应"和谐世界"的号召

2011年10月18日,党的十七届六中全会通过的《关于深化文化体制改革推动社会主义文化大发展大繁荣若干重大问题的决定》提出"文化走出去"战略,指出要推动中华文化走向世界。现今随着中国国际交往的日益增多,中国领导人在许多国际场合反复阐述过"和为贵"和"和而不同"的中国传统思想,又提出构建"和谐世界"的主张,在国际上产生了越来越大的影响。和谐的社会、和谐的世界,是人类的共同追求。中国建立在儒家"和而不同"思想基础上的"和谐世界"概念的提出,是对国际关系理论的一大贡献。

(六)华夏传播理论利于跨文化传播

绵延五千年的中华文明史,创造了被各文化体系普遍公认的文化价值观:华夏传播理论,它集中体现了我们中国五千年的文化思想与内涵,融政治、道德教育、传播为一体。这种理论体系不仅在世界观、人生观、价值观上启发中国人的思维方式,更可以通过跨文化传播的方式启示全人类。

英国著名的哲学家汤因比在《历史研究》中指出:"中国从公元前221年

---

① 赵振宇:《和而不同:全球化时代的中西方文化传播》,《传播文化》2004年第2期。

以来，几乎在所有时代，都成为影响半个世界的中心。恐怕可以说正是中国肩负着不止给半个世界而且给整个世界带来政治统一与和平的命运。"

华夏传播理论正以厚重的历史底蕴和重要的角色参与着中外文化的跨文化传播。但是在传播我们自身理论的同时，也要始终坚持尊重文化差异性[①]。在比较相互的价值体系时，以包容的心态循序渐进地进行传播，因为外来思想只有适应输入国思想，并适当调整，才可以在该国发生作用，如此跨文化传播的文化才能得以与输入国文化和谐融合。

（七）华夏传播理论走出去的建议与对策

总之，华夏传播理论当前在对外传播中，面临着许多问题，诸如理论本身的相关特性、缺乏系统的对外文化传播战略、缺乏对西方文化的深入了解、文化帝国主义长期威胁、缺少强大硬实力支撑、网络传播媒体飞速发展等挑战。

因此，在华夏文化的传播过程中，必须优化传播内容，突出理论精髓，去除宗教迷信糟粕，大力宣扬其思想的普适意义和现代价值。与此同时，尽快实施切合实际的思想传播战略，即构建国家文化传播战略体系，优化华夏思想传播内容、创新华夏思想传播体制，培育传播人才、讲究华夏思想传播策略，推进华夏思想传播主体与渠道多元化，提高华夏思想网络传播水平[②]。

二、拓展华夏传播理论的建议与对策

（一）将华夏传播理论的普适性思想精髓继承并发扬光大

华夏传播理论扎根于中国传统文化，其中包含了儒家的伦理观念、道家的辩证思维与禅宗的传播思想，是华夏传播文化的总结和体现。与西方的传播思想不同，华夏传播理论是自成体系且有其独特价值的。这种传播理论，是一种以"和谐"为中心，包容性极强，极具人文关怀的文化体系，并且其中的许多基本理念与原则是具有普适意义的。具体表现为：自我反省、积极提升自我的内向传播，中庸平和、外圆内方、注重仁义与和谐的人际传播，家庭和睦、等级有序且注重个人实现的组织传播等等。

这些理论在不同层面共同体现了华夏理论"心传天下"这一本质属性与

---

①　赵振宇：《和而不同：全球化时代的中西方文化传播》，《传播文化》2004年第2期。

②　张丽平：《论华夏文明的网络传播》，华中科技大学硕士学位论文，2005年。

特征。且其中的许多基本原则与精髓理念,如"仁""和谐""中庸""礼""诚恕之道"等,这些都是对现今社会极具现实意义与价值的。

所以我们在学习、借鉴西方传播学理论和方法的同时,千万不能忘记自己祖先留下的传播理论和传播智慧。我们要珍惜这些财富,将其中的思想精髓继承并发扬光大,并且学会根据现实传播语境适当地利用这些成果。

(二)充分挖掘华夏传播理论的独特智慧

与西方传播理论相比,华夏传播理论是有许多独特之处的,而这些独特之处也正是其特有的价值所在。

西方有许多科学、实证主义色彩浓重的经典传播理论,如专注于受众行为的使用与满足理论,集中于大众传播与环境认知间关系的议程设置、拟态环境理论,聚焦于大众传播影响力的认知倾向的第三人效果理论,着力于大众传播功能与效果的沉默的螺旋、涵化理论抑或框架、知沟理论等。这些理论主要集中于受众和大众传播、社会三个方面,在处理经济与社会发展的关系、人与社会的关系时可以发挥非常重要的作用。

但是以"和谐"为核心又兼容并蓄的华夏传播理论,这种看似零散却又自成体系,看似虚无却又无处不在,看似晦涩却又适用于各种日常实践的传播体系在处理人际传播、人内传播、人与环境的关系、国与国之间的关系上更加得心应手。其中包括注重和谐,但是又强调秩序的人际传播主张;注重自我反省、积极提升自我的人内传播;处理人与环境的关系时尊重、爱惜自然,适度采取,天人合一的主张;处理国与国之间的关系时和而不同、"讲信修睦""与邻为善"的理念。这种种理念与原则更加适合处理此类关系,且能发挥其独特的作用。

(三)积极创新,并将相关理论与现代社会结合

华夏传播理论诞生于我国几千年的历史语境中,其中固然有许多极具普适性意义的通用思想原则,但还有许多理论是需要创新的,需要注入时代精神,与现代社会的现状相结合。

如儒家的"三纲","君为臣纲,父为子纲,夫为妻纲","纲"的含义与古代相比发生了较大的改变,在现代我们更可将其引申为一种表率与责任。古代的君臣关系与现代社会的上下级关系比较类似,即在上下级、父子、夫妻关系的处理中,上级、父亲、丈夫应该起到表率作用,对另一方起教育、劝导的主

责任。还有儒家思想核心之一的"礼"，在古代社会主要是礼制与等级秩序的含义，但是在现代社会，我们不再强调"礼"字所包含的等级，而是转化为强调秩序，即在日常传播关系的处理中，也要依礼而行，遵守一定的秩序。

（四）促进华夏传播理论与西方传播思想的结合

西方传播思想"理剖万物"，华夏传播理论"心传天下"。这两种理论各有不同的侧重点与理论精华之处，中国人那种深邃的智慧与洞达，完全可以与西方人的工艺智识相结合①。华夏传播理论，这种扎根于中华文化的东方范式的传播学理论，这几千年的历史沉淀、文化积累是汉语文化对人类传播规律的深刻领悟，也是华夏文明对世界传播所做出的独特贡献。华夏传播理论与西方传播思想结合，是传统文化与西方文明的碰撞。

在这种沟通过程中，我们要注意几个问题：首先，在学习和吸收西方优秀文化的同时，要摒弃和反对西方的腐朽、霸权文化，取其精华，去其糟粕，实行科学的"拿来主义"；其次，在学习西方文化的同时，我们也要保持自己的差异性，以"和而不同"的理念为准则，弘扬华夏传播理论中的特色文化；最后，我们还要结合现实的具体国情，在保持民族文化特色的同时，实现华夏传播思想的世界化。

在具体的结合方式方面，我们可以有多种创新，如用西方的经典传播理论来为华夏传播理论塑造更加简洁、易于理解的框架，根据人际传播、人内传播、组织传播、跨文化传播等维度对华夏传播理论的理念原则进行总结概括等等。

（五）以西方的科学方法与实证主义为华夏传播理论增添新光彩

西方传播理论是"理剖万物"，强调科学方法与实证主义，而这种理念与方法正是华夏传播理论比较缺乏的，所以我们正可以利用西方的科学主义为华夏传播理论做注解。西方传播学的研究方法我们可以采用，而理论问题当源于中国历史与现实的社会实践。

（祁菲菲　谢清果）

---

① 周伟业：《东方范式：华夏传播理论的内涵、特征与价值》，《南京政治学院学报》2010年第5期。

第二章　风吹草偃：华夏文明传播的效果隐喻

"风草论"是中国学者对传播理论本土化的一大尝试，其内涵反映出中国古代社会传播体制以及中国传统文化。本文的目的在于结合中国传统社会的文化背景，阐释"风吹草偃"这一极富中国特色的传播观念，以期丰富和拓展本土化传播理论的研究面向。"风草论"主要内含四个层面的传播观念：其一，传播主体观，其赋予传播主体以"君子"的身份，强调"君子之德"与"小人之德"间相互依存的关系，亦彰显君子"仁以为己任"的社会责任传播思想。其二，传播受众观，由于政治与道德因素的制约，中国古代受众的主体性意识被大为弱化，更多表现为对强权的顺服以及对所接收信息的尊敬和虔诚。但其并非可随意控制或恐吓的机械，而是可以感化且思考的积极主体。其三，传播媒介观，"风草论"中，风如同媒介般，承载着教化、舆论、风俗礼仪等诸多社会功能，是维系政治、整合社会、传承文化的重要的手段。其四，传播效果观，"风草论"强调传播是一个需要传播者长期、不断、反复投入的过程，其效果并非一蹴而就，需要在教化的逐渐浸润下实现，其呈现的是一种中国式的"渐变效果论"。

"风草论"深植于中国传统文化土壤，对研究中国本土文化情境下的传播思想、传播理论形成过程以及其特质具有启示性意义。对"风草论"的讨论与建构，代表着中国本土化传播典型的一种研究范式：从中国传统文化中提炼出理论"胚胎"，待科学验证与建构之后，进而提出具有普遍意义的理论。

自 20 世纪 80 年代，传播学传入中国以来，"传播学的亚洲视角""传播理论本土化""华夏传播学"等提法在中华传播学界不断被提及。中国学者欲以"东方视野"对西方传播学加以诠释与思考，这种中国传播学的"本土化视维"体现的不仅是一种别样的研究视角，更体现出一种勇于突破的学术姿态和学术立场。传播学本土化既包括人类传播"去西方主导化"的议题设置，也包括对传播学这一新兴学科"中国范式"乃至"亚洲范式"的建构。

传播学亚洲中心学派倡导者三池贤孝曾尖锐地指出："我们从未在亚洲语境中透彻的思考过传播的意义。"① 对于中国以及其他非西方国家而言，传播学完全是个"舶来品"，纵观 20 世纪的传播学研究，传播学研究皆由欧美国家以个人主义、实证理论和研究主导，这种传播学科的"西方偏向"致使绝大多数非西方国家的传播学研究仅能借助欧美传统传播学理论及其研究方法来观照本土的传播现象，难以建立本国的传播学体系，从而极度缺乏来自其他视维角度的传播学知识体系。

文化和传播互相依赖、相辅相成。文化不仅影响着我们的思维，同时一个社会的文化底蕴也会深深地刻画在我们的传播方式上。中华文化的唯心主义哲学思维对中国人日常传播行为影响重大，中华文化精髓中这种无穷的、变化的、循环的思维，将人们放置于同一个互相关联、互相依赖的关系网络中，这样的关系网络下，"传播互动双方有无意识地降低对方自尊之嫌，所形成的是一种水到渠成的自然传播结果"②，而此处所谓的"水到渠成"即"和谐"。与西方文化追求显现的传播效果不同，中国文化更注重通过采取积极或互惠的方式来实现传播的和谐。

随着传播学界学术创新诉求的不断加强，全球化视野也被广纳地接纳，中国传播学者意识到，作为交叉学科的传播学，本就具有融合性、开放性以及延展性等特点。本土化传播理论大可沿着这一方向，渐次深化拓展现代传播学的研究疆域。与此同时，传播本土化研究也不得不正视一个严峻的问题，目前中华文化中难以寻觅出现成的且符合社会科学定义的理论。但是作为千年文化古国，我们拥有的是足以发展成为理论的文化"胚胎"。

中华文化中，蕴含了大量独特的传播理念与行为，例如"关系""和谐""面子""缘""礼"等；近年来也有越来越多的中国传播本土化研究议题受到学者们的关注，如"风草论""纵向传播强势，横向传播式微""传播断代史研究""逆向传播"等。本文选取讨论的就是"风草论"这一近年来广受关注的本土化传播议题。"风草论"相关理念发想于《论语·颜渊》，"君子之

---

① 陈国明：《中华传播理论与原则》，台北：五南图书出版股份有限公司 2004 年，第 55—74 页。

② 赵晶晶：《"和实生物"：当前国际论坛中的华夏传播理念》，浙江大学出版社 2010 年，第 21 页。

德风；小人之德草。草上之风必偃。"最初在传统政治领域得以广泛运用，历史长河变迁中，"风草论"的意蕴也愈发丰富纷繁，其蕴含的受众观、媒介观、传播效果观，都对构建和研究中国本土化传播理论具有重要的意义。

中华文化之所以千古流传，无疑与其独特的传播方式和传播思想有着密切关系。"风草论"是中国学者对传播理论本土化的一大尝试。本文的目的在于结合中国传统社会的文化背景，阐释"风吹草偃"这一极富中国特色的传播观念，以期丰富和拓展本土化传播理论的研究面向。

下面对"风草论"的相关研究文献作一简要回顾。

一、"风"相关概念的文献回顾

"天人合一"思想在中国古代社会备受推崇，其折射出中国传统文化中一种极为突出的特质，即对自然秩序的崇尚、追寻和效仿。出于对自然的推崇，"风"自古便是哲人热衷阐释的命题。

"风"在中国文化中颇具神秘感，其形无以名状，其音凄凄苍凉，"风"的内涵也难以确切定义。《易经》中不乏对"风"的刻画。《易经·说卦》曰："巽为木，为风。"可见"巽"即为"风"。"巽，入也"（《易经·序卦》）；"挠万物者莫疾乎风"（《易经·说卦》）；"鼓之以雷霆，润之以风雨"（《易经·系辞上》）风之渗透性、威能性、柔化性一目了然。《易经》在描述"风"时，往往只以单字相称，不在"风"上加上限定词汇，其内涵意蕴仍难以明晰。

我们依据文献资料，总结"风"在典籍中主要有以下几类用法：表民谣、诗词之义；表节气或自然界之风，见"以十有二风，察天地之和命、乖别之妖样"（《周礼·春官宗伯·保章氏》），"风行天上，小畜"（《周易·小畜》）等；表风尚、风俗，可见"移风易俗，天下皆宁"（《荀子·乐论》），"土有常产，俗有旧风，方以类聚，物以群分"（《三都赋·序》）等；表教化、政教之义，如"舜之为君也，其政好生而恶杀……是以四海承风"（《孔子家语·好生》），"恭闻咏方叔，千载舞皇风"（《奉和圣制送张说巡边》）等；或表风行、风靡之义，如"张英风于海甸，驰妙誉于浙右"（孔稚珪《北山移文》）等等。但这些用法过于零碎分散，难以统筹。

而 1849 年，外籍传教士 Philo 在《中国丛报》（Chinese Repository）发表了一篇名为《illustrations of the Word Fung》的文章。他意识到，"风"在中国文化中是一个极具深意的字眼，其常被述及，用法和含义却纷繁多样。通过比对，Philo 用英文总结出了"风"的五大类释义：第一类，breath；

spirit；passion；air；gale；wind；第二类，Manners；deportment；etiquette；第三类，Fame；example；fashion；第四类，Instruction；institute；influences；第五类，Disposition；spirit。① "风"意蕴之纷繁，可见一斑。

诚然，"风"中所蕴含的特性也值得关注。"大块噫气，其名为风"（《庄子·齐物论》），大地吞吐，气流涌动，风得以形成；"风，以动万物也"（《玉篇·风部》），风吹拂万物，威力甚大；"万状而无状，万形而无形"②道尽风难以捉摸、无远弗届的特性。

此外，从"风"延伸出的相关概念也是中国传统文化中不可忽视的一环。"草上之风必偃"，南怀瑾认为，中国人常用的"风气"一词，便是从"风草论"这一观念衍生出来的。君子之德如风，普通人之德如草一般。当一阵风吹过，草便会随着风的方向倾倒③。

二、"风草论"研究回顾

早在 1986 年，厦门大学黄星民教授在他的硕士学位论文《试论礼乐传播》中论述"礼乐传播的效果"时，就提及了"风草论"相关概念。黄星民认为，儒家常以风和草的关系来形容礼乐传播的效果，"以风比喻信息的广泛传播，以草比喻受众"，其谓之"风草论"。沿袭这一思路，此后学者们大多视"风草论"为传播理论本土化的一大突破口，它基于中国经典古籍，其中意蕴经历从古至今的不断阐扬，从而在中国漫长历史变迁与社会传播的激荡中，逐步提炼出的一个富有深刻传播观念内涵的本土化的思想体系。

近年来，学者们对"风草论"陆续进行了一些探讨和研究，其研究的成果主要集中在以下几个方面：

第一，传播效果观。黄星民认为，儒家已具备自己的传播效果理论"风草说"，"《易经·观卦》中已经有了风草比喻传播效果的萌芽。孔子则明确地用风和草的关系来比喻传播效果：'君子之德风，小人之德草。风上之草，必偃'（《论语·颜渊》）。"④后人亦十分喜欢用"风草"来说明传播效果。"风草说"可谓中国历史上一个富有特色的传播效果理论。值得注意的是，这种上

---

① 张西平：《"中国研究"外文报刊汇刊——中国丛报（1832.5—1851.2）》，广西师范大学出版社 2008 年，第 470—485 页。

② 龚自珍：《定庵文集（上册）》，商务印书馆 1936 年，第 9 页。

③ 南怀瑾：《论语别裁》，复旦大学出版社 2002 年，第 584 页。

④ 黄星民：《礼乐传播初探》，《新闻与传播研究》2000 年第 7 期。

行下效（风吹草偃）的效果传承模式也为中国道德延续研究提供了重要的思想资源。

第二，情感传播观。邵培仁、姚锦云等人认为，孔子明确意识到人具有的主体意识，并非是可以随意控制且对传播内容没有丝毫抵抗力的机械，而是可以感化的积极主体。因此，"风草论"传播观带有浓重的情感论色彩，是一种巧妙利用受众主体性的而非强压式的传播。[①]

第三，正误思想博弈观。惠萍从"意见自由市场"视角出发，将"风""草"分别比喻为正误两种思想，认为"风草论"描述的是正误两类"意见"在自由的意见市场上较量的结果，"正确的思想不是静止不动就会产生效果，要持续不断进行宣传，要在与错误的思想辩论的过程中丰富自己，发现自己，错误的'草'就会没有抬头的机会，从而让正确的思想占领意识形态的主阵地"。[②]互联网时代，网络早已成为现代社会人类生存发展的重要有氧空间，如今中国网民数量已跃居世界首位，如何引导网络中纷繁的意见，发挥网络舆论的积极作用，值得我们深思。

第四，中西传播比较观。陈世敏认为，"风草论"直接挑战了西方"传播"一词的定义（本质）。对此，他从传播学方法论角度出发，提出了大胆的设想："在中国，'传播'的本质可能不是西方传播学教科书所说的'建立共识'，这是本体论的问题；其次，中国社会似乎并未像西方一样，把'说服'列为传播活动的首要内涵，这是认识论的问题。"[③]还有一些学者则视"风草论"为中国式"魔弹论"的延伸。该观点将"风草论"与西方早期传播效果研究中的"魔弹论"相比较，认为"风草论"较"魔弹论"更契合中国"潜移默化式"传播传统，前者的高明之处在于它没有夸大传播的威力，而是充分考虑了受众的主观能动性，强调了传播过程的循序渐进性和持续性。[④]但是，"魔弹论"可谓特定社会阶段的产物，其作为理论的科学性和严谨性受到了普遍的质疑；且"风草论"目前仍处于发散设想阶段，尚未被提炼为中国本土化传播理论，将两者如此草率地比较是否有失公平，值得玩味。

第五，古语意蕴演变观。该观点是针对前文的中西传播比较观提出的。

---

① 邵培仁，姚锦云：《寻根主义：华人本土传播理论的建构》，《新疆师范大学学报：哲学社会科学版》2013 年第 4 期。

② 惠萍：《〈论语〉传播策略浅析》，《青年记者》2008 年第 24 期。

③ 陈世敏：《华夏传播学方法论初探》，（台湾）《新闻学研究》，1993 年总第 71 期。

④ 李黎明：《传播学概论》，武汉大学出版社 2011 年，第 152 页。

于翠玲认为，将"风草论"和"魔弹论"进行盲目的类比是缺乏文献学依据的。她指出，学者从经典古籍中提炼传播相关概念时，不仅应从训诂学视角考证其古今内涵的异同，还应借助大量史料文献，阐释其意蕴的演变。于翠玲发现"风草论"中"风吹草偃"的内涵在历史变迁中不断演变，"不仅指上行下效的教化，也指臣下对人君进行委婉讽喻而达到的效果"。[①] 这一观点颇具启发性，其为从事本土化研究的学者，警示了一条更为严谨的治学之道，传播学史料的整理刚起步，学者们利用传播史料，特别是在与西方传播理论进行比较时需更为谨慎。

以上五种观点，是迄今学界对"风草论"较为主流的认识，这些观点初步跳脱传统意义上传播理论的框架，站在中国传统文化的视角审视经典古籍，对"风草论"的认识也在争鸣和反思中不断深化，为建构中国本土化传播理论提供了新的思路和素材；"风草论"中关于关注受众主体性、强调传播过程的持续渐进性等观点，对现代传播研究也颇具启迪作用。但是，我们也不得不面临这样的问题：由于相关研究资料匮乏、现有资料研究范围的局限种种因素，"风草论"远未成为一个具有系统架构的理论，它也仅是"能足以发展为理论的'胚胎'"。不过，我们认为至少"风草论"的提出与深化研究相当程度上成为华人传播学界努力追求传播理论本土化这一共同志业中的重要一环。

第一节　"风草论"的政治文化观念基础

一、"风草论"本义展现了中国社会与政治传播的基本理念

"风草论"相关理念的提出，可追溯至《论语·颜渊》，文中提到，鲁国季氏家族三分鲁国公室，为了巩固政权，"季康子问政于孔子曰：'如杀无道，以就有道。何如？'孔子对曰：'子为政，焉用杀？子欲善，而民善矣。君子之德风，小人之德草。草上之风必偃'"。朱熹注曰："为政者，民所视效，何以杀为？欲善则民善矣。上，一作尚，加也。偃，仆也。"何晏集解引孔安国曰："偃，仆也。加草以风，无不仆者。"《汉语大词典》中"德"字的第二义项为"行为；操守"[②]。朱熹在其《论语集注》中解释"道"和"德"时说：

---

① 于翠玲：《传统媒介与典籍文化》，中国传媒大学出版社 2006 年，第 22 页。
② 栾锦秀：《咬文嚼字读〈论语〉》，中国青年出版社 2011 年，第 7 页。

"德则行而得于心者也",即人们日常生活中自觉遵循的规则、道理。因此,"君子之德风,小人之德草"句中的两个"德"字,可译为或"操守""行为"。杨伯峻如是理解这段话:季康子向孔子请教政治,说道:"倘若杀掉坏人来亲近好人,怎么样?"孔子答道:"您治理政治,为什么要杀戮呢?您想把国家搞好,百姓就会好起来。领导人的作风好比风,老百姓的作风好比草。风向哪边吹,草向哪边倒。"①而借"风与草"隐喻君臣之间的关系,在中国古代是一种较为普遍的政治观念。古哲经典中,这样的比附并不鲜见。

《易经·观卦》中"观:盥而不荐,有孚顒若。《彖》曰:大观在上,顺而巽,中正以观天下。……观天之神道而四时不忒,圣人以神道设教而天下服矣。《象》曰:风行地上,观——先王以省方观民设教"。这种"风行地上,天下顺服"的隐喻便已萌芽。

《尚书·陈君》曰:"尔惟风,下民惟草。"成王阐述了自己对君臣关系的理解,以风草喻君民,君主为风,民众为草,风动草相随。

同样的类比,亦见于《毛诗序》:"风,风也教也;风以动之,教以化之。"《毛诗正义》取沈重之说"君上风教,能鼓动万物,如风之偃草"。孔颖达作疏曰:"风训讽也,教也……言王者施化,先依违讽谕以动之,民渐开悟,乃后明教命以化之。风之所吹,无物不扇;化之所被,无往不沾,故取名焉。"②以风比拟君王,以草比拟臣民顺从,这番话可谓是对"尔惟风,下民惟草"的最佳诠释。

如此看来,"风草论"本义的解释聚焦于"为政"的上行下效,即为政者与君子的行为如风,而被治者、小人的行为或操守如草,被统治者或小人应顺应上者的道德之风。统治者若为善,民众也将为善;统治者若循礼,被统治者也会守礼不逾。

二、"风草论"的中华哲学文化基础

在中国社会如此源远流长并被经典古籍多次提及并阐述,"风草论"无疑与中华传统文化有着极为密切的联系。"风草论"植根于中国古代政治土壤,其内涵也反映并强化着中国传统社会的文化价值观。以下就"风草论"内涵中所映射出的中国古代政治文化机制下的传播体制和中国传统哲学文化展开

---

① 杨伯峻:《论语译注》,中华书局1980年,第138页。
② 景海峰:《儒家思想与当代中国文化建设》,人民出版社2013年,第449页。

讨论。

（一）"定于一尊"的传播机制

英礼士曾说过："传播方式与频道决定于社会控制的方法和政府的机制。"[①] 社会政治结构与隶属于这一社会的传播机制有着密切的关系，可以说，一个社会的政治文化机制直接决定了这个社会的传播体制。

中国古代社会上有皇权至上的"定于一尊"的中央集权制度，下有严格的户籍制度，社会则是在亲缘基础上形成"君君，臣臣，父父，子子"家国同构的政治秩序，且国家垄断经营政治、军事信息传递系统，民间信息传递系统经营被严重遏制，纵向政治传播在这样金字塔式的社会结构中迅速有力。这一家国同构的政治结构对中国古代社会传播机制起到决定性作用，"中国古代社会家国同构的一元性政治结构决定了中国传播体制的一元化格局"。[②] 这种一元化传播体制集中体现在：第一，作为国家政权主宰的皇帝，掌握着全社会信息源头，对社会信息具有绝对的制导权；第二，皇帝既是社会最为权威的信息发布者，又是社会信息最权威的裁决者。在这种传播体制下，宗法等级制度及其观念渗透于社会传播活动中，最终导致的是传统社会信息流动极度不平衡。

孙旭培将中国古代社会信息传播的特点归纳为"纵向传播发达，横向传播式微"两方面。[③] 而这种社会信息流动的不平衡性也正是在横纵两方面传播中展开。一方面，就纵向传播而言，这种不平衡体现在，皇帝懿旨、政令或尊长贤者理念责令等自上而下的信息往往可以顺利地四通八达畅行无阻；相较而言，臣僚谏言、属下意见、下层民众的意见或后辈之言这类自下而上的信息往往难以通达。另一方面，就社会信息横向传播与纵向传播而言，以自由、平等思想为基础却又刚好与中国传统社会所强调的宗法等级观念相抵触的横向传播往往遭受轻视和压制，在纵向传播面前显得尤为弱小。

"风草论"强调的是上行德风通过不断吹拂下行草木从而达到影响受众的过程，其中自上而下的纵向性传播特征十分显著，这与这一传播体制不谋而合。

---

① 祝基滢：《政治传播学》，台北：三民书局股份有限公司1983年，第49页。

② 孙旭培：《华夏传播论：中国传统文化中的传播》，人民出版社1997年，第22页。

③ 孙旭培：《通向新闻自由与法治的途中——孙旭培自选集》，知识产权出版社2013年，第355页。

（二）"天人合一"观念对"礼"的加固

"风草论"强调的是被统治者应顺应来自上层统治者的道德之风，其深刻体现出统治者的强力意志。而"天人合一"思想的出现，为这种强力意志中所折射的皇权至上、"定于一尊"的中央集权提供了合理化的解释。"天人合一"是中国古代探讨天理与人性关系的至高命题，主张天理和人性的贯通合一。诚如《周易·系辞上》所述，"天尊地卑，乾坤定矣。贵贱以陈，贵贱位矣"，人类社会中的政治现象与自然环境具有同构性，以天地尊卑比附人间贵贱，表明中国古代社会秩序地位尊卑的合理性。

"天人合一"作为中国古代社会重要的意识形态之一，其"以直观描述代替具体论证"①的思维方式在"风草论"中可见一斑。先秦时期，人们就将风与音乐相联系，认为起初人们是受到了自然界风的启发而创作出动听的音乐。《吕氏春秋·古乐》中"惟天之合，正风乃行，其音若熙熙凄凄锵锵。帝颛顼好其音，乃令飞龙作效八风之音，命之曰《承云》，以祭上帝"就为我们描述了采取风的音调而创作出动人乐章的故事。《吕氏春秋·古乐》亦云："多风而阳气蓄积，万物散解，果实不成。故士达作为五弦瑟，以来阴气，以定群生。"一方面音乐因风而创作，一方面古人又意识到音乐对风气的调和作用。而"风草论"中"风吹草偃"这一再普遍不过的自然现象，在哲人眼中却成为"鼓动万物"的治国准则。

"天人合一"思想体现出古人固有的阶级秩序观：社会生活秩序与政治秩序都应该效法自然准则——尊卑有序。礼制的诞生，确保了人们对社会秩序的遵循。礼是"一整套以外显的仪式与规范程序确定下来的处理社会关系的基本原则与方式"②，其以道德约束和宗法管理为手段，维系着中国传统的宗法人伦观念与等级尊卑秩序。由于血缘亲疏和"定于一尊"的理念相互交织，中国传统宗法社会具备了"亲亲"（《中庸》：子曰："仁者人也，亲亲为大。"）和"等级"的特征。前者重视仁义亲情，崇尚和谐；后者重视规矩身份，崇尚恭顺。这样一来，我们就不难理解，"风草论"中的受众——草，在面对风强压而来时表现出的顺从和自我保护的调剂机制。

总之，"风草论"背后的"天人合一"和礼制思想，都是从统治阶级的立场出发的，这种"俯视"视角下的传播必定会带来横向传播的缺失与民众的

① 刘伟：《儒学传统与文化综合创新》，中国社会科学出版社2013年，第136页。
② 徐行言：《中西文化比较》，北京大学出版社2004年，第224页。

无意识恭顺。

（三）"止于至善"的传播取向

中国古代社会家国同构的政治体制，使得伦理纲常与国家政治不断交织，形成了"伦理政治化和政治伦理化"的现象①，道德伦理在这样的交融之中逐渐成为社会生活秩序的内核，向传播活动渗透且对其发挥统驭作用，进而演变为社会公认的传播范式②。

在中国"定于一尊"的一元化传播体制下，中国古代传播活动中的传播取向也随之被刻下了"德"的烙印。中国古代德性文化的背景下，"传播活动的独立性，信息价值的中立性显得异常微弱，中国人并不为了传播而传播信息，在很大程度上传播活动是以道德为起点和归宿的"③。"止于至善"正是中国古代传播活动所追求的传播取向。这追求"善德"的传播取向，在古哲经典中随处可见。如"德者本也，财者末也"（《礼记·大学篇》），"君子怀德，小人怀土"（《论语·里仁》），"德不孤，必有邻"（《论语·里仁》），"德之不修，学之不讲，闻义不能徙，不善不能改，是吾忧也"（《论语·述而》）等。

孔子更是把道德和政治相结合，提出了"德治"的治国方案。"道之以政，齐之以刑，民免而无耻；道之以德，齐之以礼，有耻且格"（《论语·为政》），意在以道德礼教治国，百姓便会心悦诚服。然而，"为政以德"的实现还取决于统治者自身的道德修养，如"其身正，不令而行；其身不正，虽令不从"（《论语·子路》）。"君子之德风；小人之德草。草上之风必偃"，这一取向同样在"风草论"中得以体现。

王国维在《殷周制度论》对"德治"作出了解释："且其所谓德者，又非徒仁民之谓，必天子自纳于德而使民则之。"④他指出天子怀德，绝非只是仁善待民那么简单；天子必须把道德纳入全身，并作天下百姓的表率。

由此看来，"风草论"并非强压式的传播，其巧妙地利用了受众的主体性，带有浓厚的道德伦理色彩。其在传播过程中始终把"德"置于首位，以德服人，并强调统治者的自身德性，无不彰显先人在传播活动中对"德"之

---

① 孙旭培：《华夏传播论：中国传统文化中的传播》，人民出版社1997年，第38页。
② 孙旭培：《华夏传播论：中国传统文化中的传播》，人民出版社1997年，第40页。
③ 秦志希：《论中国古代文化传播的基本特性》，《现代传播：中国传媒大学学报》，1996年第4期。
④ 王国维：《观堂集林》（上册），河北教育出版社2001年，第301页。

内涵——"德者本也"的追求。

（四）对"和"的崇尚

除此之外，"风草论"也与中华文化自古崇尚规避冲突的和谐理念相一致。"和"是儒学基本格调和主旨所在，也是儒学追求的最高境界，和谐是中国文化的核心价值，其指导着中国人的传播行为。自古以来，中华传统文化就把"天地人"看作互相依存、不可分割的有机整体，因而，中国社会更强调把和谐视为人类传播互动的终极目标而非手段。从万物相依和追求和谐这一角度来看，中国人往往视君民的互动、国家的治理为一个彼此互相适应并通过恰当的互惠或尊重方式以实现君民共存合作的动态过程。这一过程要求君民之间发展并维持一种和谐的关系，任何冲突或敌对都会对这一和谐的动态过程产生危害。由此看来，君民和谐共处、避免冲突成为"风草论"追求的文化信条。

第二节　"风草论"中的传播观念

基于"君子之德风，小人之德草。草上之风必偃"所发散出的"风草论"聚焦点主要在于：风吹拂过后，草自然会逐渐直立，恢复原状，只有在风不断地吹拂下，草才会完全仆倒。因而面对具有主体性意识的受众，传播者应具备足够的耐心，要想获取理想的传播效果并非一日之功。从中我们又可提取四个传播学相关概念："风""君子"所反映出的传播者在传播过程所做的种种努力；"草"体现出的受众的主体性意识；"风"中所蕴含的风行风化、社会舆论、礼仪风俗等观念；以及对"风吹草偃"式渐变传播效果的追求。

一、"风草论"的传播主体观

"风草论"语境中，草上之风代表着中国古代传播者（统治者）为了推行一元性政治文化的种种努力。只有一元性政治文化在社会成员中代代相传，集权统治的合法性才得以持续；而作为辅佐政权的纲常伦理在共同体成员中得以普及，更能加固这种统治政权的合法性。"君子之德风，小人之德草"，"风草论"赋予传播主体以"君子"的身份，可见其对传播者的期待之高，不仅体现了"君子之德"与"小人之德"之间相互依赖的关系，也体现了君子"仁以为己任"的社会责任传播思想。

（一）"君子之德"与"小人之德"之间的互需互促

"风草论"对"君子之德风，小人之德草"的论断，将君子之德与小人之德加以区分。小人既然已怀"德"，说明曾经作为统治阶级独享政行的"德"已经出现下移的趋势，逐步变成百姓间具有普遍意义的行为操守。君子之德如风，并行使其社会政治责任；小人之德如草，却因缺乏持久稳定性而需要君子的教化，二者相互依存，彼此互需。

中国古代社会传统意义上的"德"即"政德"，也就是孔子主张的"为政以德"。"为政以德"是一种把政治与道德结合起来的治国方案，政德往往局限于统治阶级层面，因而被称之为"君子之德"。但是另一方面，春秋时期周平王东迁后，定于一尊的天子地位日益式微，王权下坠，诸侯力政，礼崩乐坏，一时间天子失去统治权威，传统的天命观受到了极大的动摇。这样的社会背景下，作为统治阶级的"君子"逐渐意识到民众在社会政治生活中的分量，"德"逐渐从统治阶级（君子）垄断下的天命神权中解放出来，君子有德，小人亦可有德。[1] 但值得注意的是，"君子之德"与"小人之德"又有所区分，前者更多地涉及育民方针或治国政策，其中富含仁爱精神与社会道德责任感；而后者则是前者德行的沿袭，强调的是普通民众中具有普遍意义的行为操守，这种德性的沿袭又与"君子之德"的教化存在千丝万缕的联系。

"小人之德"行为的普遍性与沿袭性特征，注定了中国古代受众的德行规范模式缺乏长久性和稳定性，本质上与来自"君子"的教化传播存在互需关系。

（二）中国传统社会责任传播思想：君子"仁以为己任"

"君子之德风"，"风草论"不仅承载了儒家"以德为政"的政治观念，也体现了一种以"君子"阶层为中心的社会责任传播观。中国古代传播行为受到道德观念所统驭，这导致传播过程中传播者往往会表现出对德的追求和向往。《礼记·中庸》有云："君子之道，淡而不厌，简而文，温而理，知远之近，知风之自，知微之显，可与入德矣。"《管子·形势》亦云："君不君则臣不臣，父不父则子不子。上失其位则下逾其节。上下不和，令乃不行。"可见，要想达到化德育民的教化效果，"君子"不仅需具备较高的辨别能力和道德品格，更应起到表率的作用。"其身正，不令而行；其身不正，虽令不从"

---

① 巴新生：《西周伦理形态研究》，天津古籍出版社1997年，第33—35页。

（《论语·子路》），"修己以安百姓"（《论语·宪问》），要想成为表率，"君子"则应从提高自身修养做起。在此，我们可以把"修己"看作教化传播的前提，教化传承正是这样一个由"正己"到"正人"的过程。

与此同时，我国古代民本思想又为我们重新审视这种社会责任观提供了一种别样的视角。中国古代的民本思想始于商周交替之时，统治阶级开始意识到"民"的重要性。《尚书·五子之歌》有言："皇祖有训，民可近，不可下。民惟邦本，本固邦宁。"意在说明民众乃国家之根本，只有人民根基稳定了，国家才能安定。孟子"民为贵，社稷次之，君为轻"（《孟子·尽心章句下》）之论震烁古今，也反映出民在国家政治、社会生活中的基础性作用。中国传统社会中的民本思想集中体现在五个方面：重民、富民、顺民、爱民、信民①，民本思想的这五大观念更利于我们从根源上理解传播者社会责任论的提出。

"君子"主动担责的举动反映出中国古代社会传播者所具备的"仁以为己任"（《论语·泰伯》）的社会责任观。中国传统文化中，顺服似乎天生注定，这在一定程度上抑制百姓的意志自由，从而相当程度上削弱了道德责任。而社会责任论则力图打破这种宿命观，将道德责任置于国家治理、社会整合层面。

由此可见，顺民风化过程中，不仅需要"上行下效"的教化传播，君子阶级也应该由消极被动地接受责任转变为积极主动承担责任，只有这样，化民育德方能做到事半功倍。

二、"风草论"的传播受众观

"风草论"中另一大亮点是"草论"的提出，在"风吹草偃"式的传播中，"草"可比作受众的反应，"风吹草偃"则是情感式传播的效果呈现，"顺风而仆"则是受众面对强势信息流而采取的自我保护和调节机制。"风草论"所指向的情感式传播，既非使用与满足的功能解释，亦非行为主义的因果解释，"其重新确立了受众主体性的解释，向注重阐释和解读，在符号系统中理解个体的文化研究作出了东方式的回应"②。

现代传播学语境下的受众主体性，指的是受众在信息传播过程中，依据自我主体与劳动实践的需要，有意识地、自觉地、批判地进行信息筛选与接

---

① 曾加荣：《文史蠡测》，成都：巴蜀书社，2010年，第10—15页。
② 邵培仁、姚锦云：《寻根主义：华人本土传播理论的建构》，《新疆师范大学学报：哲学社会科学版》2013年第4期。

收的一种素质[1]，自主性和批判思维是其最为重要的特征。然而，有别于现代传播语境中的受众主体性，中国传统语境下的受众主体性，也就是"风草论"中所涉及的"草"之主体性，由于受到中国古代社会一元传播体制以及尊君重道等观念的束缚，其自由性和反抗性等方面的主体性意识大大弱化，更多表现为强权政治下为"明哲保身"的顺服以及对所接收信息的尊敬和虔诚。

（一）一元传播体制下受众主体意识的弱化

如前文所述，一元传播体制下，由于宗法等级观念对传播活动的影响、渗透，较中国古代强势的纵向传播而言，横向传播往往遭受压抑和忽视，显得势单力薄。从某种意义上来说，中国古代社会受众主体性意识与横向传播的境遇较为相似，二者都以自由、平等思想为基础，这恰好又与传统的宗法等级观念相悖。同时，中国古代社会的为政者十分看重意识形态对百姓生活的指引作用，但这种指引作用往往带有一定隐蔽性。其目的在于通过利用信息不对称性，引导百姓沿着符合统治者核心利益的轨道前行，恪守本分地在既定的生活模式中生产活动。最终使得百姓心安理得地沿着"正轨"前行的同时，难以获得反思的机会。

因此，与传播者纵向式的传播方式相比，受众的自主性往往处于隐性、间歇性的状态，甚至常常受到信息传播者（统治者）的监视、防范甚至阻碍。

（二）"天父地母"观念深化古代受众对强权的顺服

古代受众崇尚权威的心理定式以及对强权统治的顺服，无疑与"天父地母"观念的深入人心有着巨大联系。中国传统文化历来看重感念父母的养育恩情，并强调要人要学会"知恩图报"；且"天人合一"等观念成为支配古代民众道德生活最为重要的准则之一。将人伦纲常贯彻到于天地万象之间，这也成为中国伦理性文化的典型特性。

"天父地母"源于道家思想，该提法始于《周易·说卦》："乾，天也，故称乎父；坤，地也，故称乎母。"[2]《正蒙·干称篇》亦云："乾称父，坤称母；予兹藐焉，乃混然中处。故天地之塞吾其体；天地之帅吾其性。民吾同胞，

---

① 黄时进：《受众主体性的嬗变：媒体变革对科学传播受众的影响》，《新闻界》2007年第5期。

② 陈鼓应，赵建伟：《周易今注今译》，商务印书馆2005年，第724页。

物吾与也。"①"天父地母"观念认为自然万物皆具与人类相同的生命体态结构；其视天地为父母，讲求人与天地间的和谐共处，并要求人们应如孝敬父母般尊重天地，万不可加以伤害，否则天地会对人类予以严惩。②"天父地母"观念与强调等级尊卑的中国社会结构相适应，将身份地位、年龄、性别的差别加以最大化，保证了传统社会中不平等关系存在的合理性。

"天父地母"观念正是中国古代圣贤主张人与自然和谐共存的生态哲学理念的具体体现，更以思维框架的方式深烙于古代民众脑海之中，深刻地影响着人们日常交往的态度倾向，即在社会上表现为对强权的顺从，在家庭中表现为对父母的孝顺。

（三）"观""味""知"视角下中国古代受众主体意识

值得注意的是，中国古代受众主体性的弱化并不意味着古代受众就如同西方"魔弹论"中描绘的那般同质而无力。受众并非可随意控制或恐吓的机械，而是可以感化且思考的积极主体。"心之官则思，思则得之，不思则不得也"（《孟子·告子上》），其强调了思考的可贵性，思想由心而发，心能够思考，亦能够辨别是非真伪。思考是人类特有的一种精神探索活动，是思想、信仰、观念得以形成的基础，也正是受众主体性不可或缺的组成部分。

邵培仁曾用"观""味""知"三个极富中国文化特色的字眼介绍了古代受众在信息接受时的特质。"观""味""知"三者以递进的形式为我们详实地展现了中国古代受众信息接受的精神状态及其行为特征，而受众的主体性也在这三者中得到良好的彰显。

中国古代社会语境中，"观"以多种形式存在，既有接受视觉信息外部样式时的静观、细观、久观，又有由表及里全面审视事物内涵意蕴时的善观、博观、统观和客观。"观"强调的不仅是"观我生进退"（《周易·观象传》）的内省式修身法则，也强调"观其会通，以行其典礼"（《周易·系辞上》）的"从整体统一立体的角度审视事物或对象的矛盾性与多样性"③的观瞻程式；"道之出口，淡乎其无味，视之不足见，听之不足闻，用之不足既。"（《道德

---

① 王云五：《万有文库》第二集《七百种宋文鉴》（1—16 册），商务印书馆 1937 年，第993 页。

② 乐爱国：《道教生态学》，社会科学文献出版社 2005 年，第 159—164 页。

③ 邵培仁：《论中国古代受众的信息接受特色》，《杭州大学学报：哲学社会科学版》1998年第 3 期。

经》三十五章），"味"之释义由人的味觉感官逐渐衍变为人对信息进行的审美、鉴赏等心理活动。"味"是一个难以名状的隐秘过程，在玩味艺术、研味作品时，其表现是一种受众在研习符号、领悟内涵的接收过程；而在领悟内涵后，信息在受众内心引起审美、感情或思想上的变化时，其表现出的又是一种变化多端、千姿百态的反映过程。这样的一个接受—反映过程正是中国古代受众主体意识的体现。相较于前两者，"知"是一种受众更为深层次的信息接收状态。"不闻不若闻之，闻之不若见之，见之不若知之，知之不若行之"（《荀子·儒效》），"不患人之不己知，患不知人也"（《论语·学而》）。此时受众已经进入信息接收的最后阶段，即品味理解阶段。"传播是人性的折射，人格的外化"①，受众结合自身内部情感、娱乐、审美、社交等需求以及社会外部尊卑有序、尊师重道等社会风气对外来的信息加以"知"的处理，从而得出各人不尽相同的体悟。

至此，在信息接收过程中由"观""味""知"延伸出的中国古代受众主体性意识可总结为如下几个方面：第一，政治环境、意识形态等因素影响下对上级传播者的顺从；第二，崇尚权威、以"德"为取向的文化心理所表现出的思维趋同；第三，对传播者与接收内容表现的肃穆而虔诚；第四，反对浅尝而止的接受态度，主张信息接收是一个由表及里、由浅入深、由此及彼的有序过程，追求对所接受信息研习的深入与细致性；第五，环形思维引导的对传播讯息解读的联系性与窥探性；第六，"以直观描述代替具体论证"的思维方式影响下，更多地强调以心化物的主体意识。

（四）"草"的反扑

"顺风而仆"是中国古代民众面对强力信息源（统治者）而作出的自我保护调节，其中表现出的顺服性和趋同性，是中国古代政治环境和道德教化的共同作用。前文亦述及，较之发达强劲的纵向传播，中国古代社会的横向传播稍显式微无力。然而，人类社会诞生以来，舆论活动便随之而来，中国历史源远流长，舆论活动的范围、对象、功能以及重要性也渐次彰显扩散。尽管受到了极大的约束和限制，中国古代社会普通百姓仍旧在许可的范围内最大程度地发挥着舆论的功效。百姓更多地关注自身的生存、生产活动，以其

---

① 邵培仁：《论中国古代受众的信息接受特色》，《杭州大学学报：哲学社会科学版》1998年第 3 期。

寻常的视角对公共事务表达喜恶。这种源自于民间的舆论活动也成为古代社会横向传播重要的缩影，从而深刻地影响着中国传统社会的历史进程，这一逆向影响的过程可谓"草"之反扑。

中国传统社会中，"公众批判远比报刊重要得多"①，信息传递系统由官方所垄断，且民众的识字率也十分有限，因而古代报刊等新闻媒介难以完全承载并代表民众的舆论观点。民间舆论活动在文字传播之前是口口相传的。《古谣谚·序》曰："盖谣谚之兴，由于舆诵。"②可见民间广为传诵的民谣诗歌，是中国古代早期特有的一种舆论形式。古代民谣发端自民间，不仅记录下大好山河的风土人情，还针砭时事，抒怀爱憎。作为舆论发声的政治民谣或表达对王朝盛世、圣人清官的歌颂，或表达对昏庸统治、贪腐乱政的憎恶。以君王为例，昏庸统治者在世时，民谣的公众批判性或被压抑，难以立即产生巨大的政治影响。但是昏君过世之后，对专制独裁的统治者的嘲讽愤懑以民谣的形式得以流传，这对后世顾忌声誉的君王来说，会产生极大的威慑力。除了民谣，古代民间舆论还以起义口号、谣言、俗语等形式以横向传播之势扩散推广，从而制约着皇权统治，影响着中国历史的进程。

值得注意的是，此处仅描述的是民间舆论对统治者的"反扑"，然而，舆论存在于中国古代社会每个阶级之中，每一个阶级都欲借用舆论获取或达到某种政治目的，这一点将会在后文作详细叙述。

三、"风草论"的传播媒介观

历史长河变迁的过程中，"风"相关概念在历朝历代释义中发生了些许嬗变。仔细考证儒家古籍注疏后便会发现：所谓"风行而草偃"的隐喻在汉唐两代皆有衍变。汉代儒家诗学纲领《诗大序》有云："《诗》有六义焉，一曰风，二曰赋，三曰比，四曰兴，五曰雅，六曰颂。上以风化下，下以风刺上，主文而谲谏，言之者无罪，闻之者足以戒，故曰风。"③唐代《毛诗正义》亦云："臣下作诗，所以谏君，君又用之教化，故又言上下皆用此六义之意。"并进一步指出："人君自知其过而悔之，感而不切，微动若风，言出而过改，犹风行而草偃。"④这里，"风"的含义得以拓展，其蕴含"上下皆用"的双向

①　林语堂：《中国新闻舆论史》，暨南大学出版社 2010 年，第 5 页。
②　曲彦斌：《俗语古今》，河北人民出版社 1991 年，第 243—244 页。
③　胡朴安：《诗经学》，岳麓书社 2010 年，第 26 页。
④　孔颖达：《十三经注疏》，台北：中华书局 1980 年，第 271 页。

作用，而"风行而草偃"的比喻不仅指的是自上而下的教化作用，也指臣下对君主进行委婉讽谏而达到自下而上的效果。这样看来，所谓"风草论"不仅突出了传播过程中上行下效的风化功能，还在历史演变过程中不断丰富其内涵，逐步呈现双向互动的意涵。

自然界中，风是花粉得以传播的重要介质，被称为风媒。"风"字也发散出诸如风雅、风化、风气、风行、风俗等相关概念。可见"风草论"中，风亦如同媒介般，承载着诸多社会功能，除了前已述及的政治功能外，风还承载着教化、舆论、风俗礼仪等功能。

（一）"风"承载的教化功能：上行下效式风化顺民

"风草论"既强调的是一种上行下效的中国古代政治传播理念，也涉及了中国传统礼教是如何从上层统治阶级向下层民众普及——"风化"的过程。《毛诗序》曰："风，风也，教也；风以动之，教以化之。"《周易·蛊》亦曰："山下有风，蛊，君子以振民育德。"故中国古代传统语境下，"风化"与"教化"这两个概念基本对等。所谓教化，即中国古代社会掌权者通过学校教育和其他方式化德育民，将利于巩固政权的社会规范、文化价值和意识形态等向民众灌输，从而使一般社会成员认同并接受合乎统治者根本利益的观念，"并以此修习道德，僵固头脑、束缚心性，最终成为合乎君主政治统治需要的孝子、忠臣和顺民，从而保证了政治秩序的稳定"[①]。因而，教化传播又是中国古代政治传播中的重要一环，它是维系政治、传承文化、整合社会的重要的手段。

一方面，《尚书·蔡仲之命》有云"皇天无亲，惟德是辅；民心无常，惟惠之怀"，这说明自周之后，这种建构帝王仁德以为下民效行的政治观念就已经开始形成。而这种上行下效的教化模式与中国传统宗法等级制度与其观念的极强渗透力存在很大关联。另一方面，中国古代社会政治在传播理念的同时，也在潜移默化地编织着一张无形的教化之网，只有政治文化、纲常伦理在社会成员中得以普及，才能巩固政权统治的合法性。这一"文化社会化"[②]的过程正与"风草论"语境中的"风化"概念相对应。对文化价值、社会规范、意识形态的宣传均可称为教化，其强调的是文化普及推广循序渐进的过

---

① 葛荃：《教化之道：传统中国的政治社会化路径析论》，《政治学研究》2008 年第 5 期。

② 白文刚：《政治传播在中国古代政治中的地位与作用》，《哈尔滨工业大学学报：社会科学版》2013 年第 2 期。

程。它像一张无形的政治之"网"，潜移默化地影响着社会。因而，作为高层权力统治者有力统治武器的教化传播被无形中赋予了"风"的特征。

而中国古代的教化传播系统又是如何运作的呢？

首先，为了保障"风化"长效可行，中国古代社会建立起以学校为中心的教育体系。《礼记·学记》有云："玉不琢，不成器；人不学，不知道。是故古之王者建国君民，教学为先。"可见，古人治国，必以教学为先。而作为教化社会成员的主要载体，学校教育逐渐成为中国古代最为重要的"意识形态国家机器"①。同时，狭义上教育、教学又意指个人跟从长辈学习的过程。"天地君亲师"是中华文化崇尚的伦理道德信条，其中"亲"与"师"并重，可见孝道和师道在中国人心中的重要性。在中国文化"天父地母"等观念影响下，中国社会自古便十分遵从孝悌之道，教育首先是向具有亲缘关系的家长或兄长学习，家庭乃至家族成为教育的基本单位，孝道是家庭教育的本质所在；而"教"又从"孝"得以延展，接下来便是向师长学习，师道文化、乡学则是家庭教育的延伸。

其次，"君子之德风"，"风草论"所强调的教化是一种由"君子"引领的文化扩散过程，其坚信君子道德之风定能感化育民。"父父子子君君臣臣"（《论语·颜渊》），"上失其位则下逾其节"（《管子·形势》），中国古代社会主张森严的等级尊卑伦理，而皇帝、官绅、师尊、家长则组成了"君子"这一阶层，其树立人格典范，起到榜样示范的作用，使得"风化"的影响几乎遍及古代社会的每一个成员。

再次，我们不能忽视"礼"于中国古代社会对"风化"的推动作用。《左传》有云："唯器与名，不可以假人，君之司也，名以出信；信以守器，器以至礼，礼以行义，义以生利，利以平民，政之大节也。"中国传统社会中的"礼"是礼之"仪"与礼之"义"的统一，二者互为表里。其作用是确认、协调社会成员日常行为和政治行为的规范。值得注意的是，"礼"非出于天性而出于人为②，统治者依靠"礼"推动了教化的扩展和深化。综上，学校教育、君子引领、"礼"之推动三者共同塑造了中国古代的教化体制，中国的道德文化与政权体制正是在这样的教化系统中得以传承、延续。

---

① 白文刚：《政治传播在中国古代政治中的地位与作用》，《哈尔滨工业大学学报：社会科学版》2013 年第 2 期。

② 蔡元培：《中国伦理学史》，北京联合出版公司 2014 年，第 18 页。

（二）"风"承载的舆论功能：体民察风

中国先秦时期，便有统治者派遣使者深入民间采风的传统。这种采风活动是中国古代朝廷搜集民间舆论的一种机制。《诗经》中的"风"便代表着朝廷从十五个不同地区采集来的歌谣土风的整编。这些歌谣反映了民众的要求或情绪，开明的君主会重视这些来自民间的舆论，从而调整自身的治国政策。《论语·阳货》有云："《诗》可以兴，可以观，可以群，可以怨。"在这里，孔子高度概括了《诗》的社会功能，其中，"观""怨"二字与舆论的表达息息相关。"观"意指统治者借诗体察民情，观察朝政的得失；"怨"则表示百姓借诗抒发愤懑，排解情绪。[①]由此看来，"风"可谓中国传统舆论的另一种表述。

华夏文明发展之中，塑造了极具中国特色的舆论环境，这样的舆论环境之下，中国人仍最大限度地以自己的视角发表对国事政令的看法，进而影响着社会的历史进程。而古代中国舆论的表达方式纷繁多样，表达舆论的主体亦有所不同。按照社会阶层来划分，古代舆论主体大致可分为三类：统治阶级、"士"阶层、普通民众。统治者往往利用皇权，向民众灌输或引导其形成符合自身利益的舆论，并打压限制负面舆论出现和流行，这与之前提到的教化传播息息相关；"士"阶层代表的是古代的知识分子，其身份地位、文化学识都超脱于一般的市井百姓，往往对治国育民怀抱高远的愿景，故他们往往是以国家发展的视角推动舆论，使其朝着积极的方向发展；普通百姓，往往关注于自身的生产发展，通过各种形式抒发对统治者、对政令的喜恶。

《三国志·魏武帝纪》裴松之注引《魏书》称，汉灵帝时期，曾下诏令"敕三府举奏州县政理无效、民为作谣言者，免罢之"。[②]说明中国古代社会对民间舆论作用较为重视，甚至将民谣谚语作为罢免官吏的依据。可见，来自民间的舆论，一定程度上影响着政治的走向或政令的变化。由于学识见地有限，以民谣为代表的民间舆论往往仅是民众最初的情绪反应，而非理智驱动的结果。[③]而"士"阶层对舆论的引导，则有效地弥补了民间舆论的不足。

中国传统文化将统治阶级以外的社会成员划分为士农工商"四民"，其中，"士"处于普通统治阶级与普通百姓之间，被谓之为四民之首。显然，"士"的意见在舆论形成的过程中起到了举足轻重的作用。东汉后期，统治阶级愈

---

① 王雄：《新闻舆论研究》，新华出版社 2002 年，第 28 页。
② 姜胜洪：《网络谣言应对与舆情引导》，社会科学文献出版社 2013 年，第 198 页。
③ 谢贵安：《古代政治民谣及其社会舆论功能》，《湖北行政学院学报》2002 年第 1 期。

加贪腐，农民起义运动不断兴起，而知识分子和朝廷官僚之间，也不断发出对当权者的异议，从而形成中国舆论史上舆论与当权者间首次有组织、有规模的冲突和争论，掀起了"清议"之风。这场盛况空前的论战之中，涌现出大批学生、学者，他们与官僚士大夫合力，"激扬名声，互相题拂；品核公卿，裁量执政"（《后汉书·党锢列传》）①，力图借清议打击当朝外戚官宦势力，从而挽救东汉政权。这场太学生清议之风意义非凡，获得了普通民众的大力支持，在当时的社会起到了扬清激浊之效。作为知识分子的他们，秉持对国家对百姓的责任，毅然决然地担负起舆论批评的角色。这股风气亦影响至后朝后代，宋代的学生请愿、明代的东林党，前赴后继，即便与统治阶级相抵触，但仍不能阻挡他们直抒胸臆，彰显其高尚的社会责任思想。

必须指出的是，鉴于中国古代特殊的历史环境，下层民众的社会资源在中国传统社会极为短缺，社会的公共空间亦及其狭窄，加之保障民众意见自由发声的法制的缺失，"这从根本上剥夺了社会舆论自由表达和交流的最低限度的制度条件"②。可见，中国古代社会舆论的抒发是有限。但是，舆论仍是统治者极为重视的一股力量，反映在一个倾听民众呼声的好政府，国家政令的实施便易通顺畅达，国家也会逐步壮大，甚至达到盛兴之治③。

（三）"风"承载的民俗风尚观：风俗之厚薄自乎一二人之心所向

之前提到，早在先秦时期，为政者便开始派遣官吏深入民间进行采风。采风活动不仅为了搜集普罗大众的舆情表达，也意在体味不同地区极具特色的风土民情。《汉书·艺文志》载："有代，赵之讴，秦、楚之风，皆感于哀乐，缘事而发，亦可以观风俗，知薄厚云。"④"风俗""民俗""风尚""风气"等概念便是从"风"字得以阐发。

民俗，即民间风俗，指的是一个民族或国家的广大民众所创造、享用并传承的生活文化。⑤民俗发端于人类社会群体生活的需求，服务于民众的日常生活，并在特定的历史、地域和人群中源源不断地诞生、传承与演变。民俗连接着民众的精神生活和物质生活，沟通着现实与传统，体现着民智民风。

---

① 刘强：《魏晋风流十讲：〈世说新语〉中的奇风异俗》，中国青年出版社 2014 年，第 172 页。

② 王雄：《新闻舆论研究》，新华出版社 2002 年，第 29 页。

③ 林语堂：《中国新闻舆论史》，暨南大学出版社 2010 年，第 2 页。

④ 张景华：《中国文化概要》，北京师范大学出版社 2009 年，第 97 页。

⑤ 钟敬文：《民俗学概论》，上海文艺出版社 2002 年，第 1 页。

民俗一旦形成，便形成一种社会准则，作用于人们心理、语言和行为，也是人们获取、传播和积累文化成果的重要方式。

曾国藩在《原才》中曾言："风俗之厚薄奚自乎？自乎一二人之心所向而已。民之生，庸弱者，戢戢皆是也。有一二贤且智者，则众人君之而受命焉；尤智者，所君尤众焉。此一二人者之心向义，则众人与之赴义；一二人者之心向利，则众人与之赴利。众人所趋，势之所归，虽有大力，莫之敢逆。"①风俗并非一夜形成，其最初诞生于一两个人心之所向，这种起初弱小的个人思想倾向，在广大民众习得、传承并不断演化之后，形成社会群体在心理、语言、行为上的集体习惯，强调的是历代相沿积久成形的长久性；风俗也具备强大的社会力量，一旦生成便难以撼动，诚如《易经·说卦》所言"挠万物者莫疾乎风"。而其中的"一二人"，也就是民众风俗习得的对象，颇具现代传播学中"意见领袖"的意蕴，这里的"一二人"可以是位高权重的统治者，可以是深受尊敬的知识分子，也可以是民众身边的普通人。

《后汉书·马廖传》中记录着一首名为《城中谣》的歌谣："城中好高髻，四方高一尺。城中好广眉，四方且半额。城中好大袖，四方全匹帛。"它为我们形象地描绘出当时妇女穿着打扮的风尚。"前世长安《城中谣》，言改政移风，必有其本，上之所好，下必甚焉。"②而《韩非子》中"齐桓公好紫服，一国尽紫服"的故事也形象地证明了风俗的习得性。"风"所承载的民俗观，也警示着世人：风俗的力量是十分巨大的，有能力引领社会风尚的"一二人"，在引导风俗向利向义这个问题上，不可不慎。

（四）"风"之特色

毋庸置疑，"风"的观念与实践，贯穿于中国传统社会的政治、交往、宗亲、文化等方方面面。从大自然中一种再普通不过的自然现象到中国传统社会难以磨灭的意识形态，"风"所蕴含的文化特征值得我们深入探讨。"风"的特色主要体现在四个方面：无形性、渗透性、多向性、顺然性。

首先，"万状而无状，万形而无形，风之本意也有然"③，风润物于无声无形。中国传统语境下，风化在某种程度上是一个习染成性、渐滋浸渍的过程。

---

① 陈占彪：《五四知识分子的淑世意识》，商务印书馆2010年，第95页。
② 郭茂倩：《乐府诗集》，上海古籍出版社1998年，第926页。
③ 龚自珍：《定庵文集》（上册），商务印书馆1936年，第9页。

《荀子·劝学》曰："居必择乡，游必就士。"① 《盐铁论·疾贪》亦云："夫上之化下，若风之靡草，无不从教。"② "风"不仅注重环境对个人的熏陶与感染，也强调"以身为教"的榜样示范在教化过程中的重要作用。教化、德治以及礼制是构建中国传统社会伦理道德的三大要素，"风"崇尚不言之教与自我修养的无形教化观念，其讲求的是人内心的自我感悟，而不单单是所谓"大张旗鼓"的强制灌输行为。

其次，"巽，入也"。（《周易·序卦》）《易经》中风谓之"巽"，风无孔不入极具渗透性。学校教育、君子引领、"礼"之推动共同塑造了中国古代的教化体制，利于政权统治的教化思想通过文学、艺术、学校教育等方式如风般浸润家庭，深植于百姓生活，在社会层面上形成一种极具整合性的影响力，从根本上保证了"风"能够渗透至社会的每一个角落。

再次，"风"的影响是多向的。如前文所述，"风"的含义在历史更迭中得以丰富，风不仅指统治者自上而下的教化，也指臣民自下而上的劝谏。然而，这样的双向作用仍停留在政事层面，即"风"的制造仍由君子阶层控制，风的范畴并未下放至民间。值得注意的是，来自民间的风俗民情抑或舆论表达，也会对为政者产生重大影响。政事处于上，风俗形于下，而人才作为枢纽，处于中间，三者彼此依赖，相互作用，不间断地吸收、释放来自彼此不同方向的风。多面向的风调节着关系网中的每一个有机构成体，从而保障着国家的长治久安。

最后，风吹拂万物，威力强大，但其也具有温和的一面。风强大的威力在舆论的威慑性、教化无远弗届的效果中可见一斑。而"风吹草偃"中"偃"字形象地刻画出风温和顺柔的特质。《海琼传道集·丹法参同七鉴》"巽风"注曰："巽者顺也，顺调其心。"③ 中国古代社会，"天人合一""道法自然"等观念深入人心，社会的传播观讲究顺然化物，以"温和之风"作为教化的手段，并依照自然变化之势顺调民心。

四、"风草论"的传播效果观

"风草论"传播观蕴含着浓厚的情感色彩，它并非碾压式的强力传播，而是一种巧妙利用受众主体性的传播。"风草论"的这种传播模式，既不是有限

① 马亚中，钱锡生，严明：《诸子曰》，福建教育出版社2014年，第400页。
② 林存光：《中国政治思想通史（秦汉卷）》，中国人民大学出版社2014，第261页。
③ 中国道教协会，苏州道教协会：《道教大辞典》，华夏出版社1994年，第951页。

效果论，亦不是强大效果论，而是"渐变效果论"，其追求的是一种循序渐进式的传播效果。这种讲求循序渐进效果的传播观与中国传统沿袭的中庸观念息息相关。"不偏之谓中，不易之谓庸。中者，天下之正道，庸者，天下之定理。"（《中庸章句》）中国自古便有追求中庸以达和谐的精神倾向。作为中国文化的重要哲学理念和实践标准，中庸之道的实质在于寻求人际间的高度和谐。个人通过自省修身、人格完善而获得内心的静谧和谐，或是人们追求的不偏不倚、与社会成员趋同一致的中庸之道，抑或是人与自然和谐共处从而达到"天人合一"的境界，这些理念都已内化为中国人的一种集体无意识，深深地蕴藏于每个国人的内心深处。

（一）中国式传播效果渐进论

"君子之德风，小人之德草。草上之风必偃"，君子对民众的教化犹如风行草偃，从效果上肯定了"德"威力之强大；"惟德动天，无远弗届"（《尚书·大禹谟》），则是从空间上凸显出"德"渗透范围之广。可见，古代先贤无论在效果的强度，还是空间的广度上，都给予风化极高的肯定。有学者认为，"风草论"在对群众的灌输和宣传方面的某些观点与西方现代传播学的"枪弹论"极为相似，二者都强调了传播效果威力的巨大。① 实则不然，一方面"风草论"的确认为君子之德风的传播效果巨大，另一方面，"风草论"也意识到要达成这种强力的效果并非一蹴而就，而需要长时间的积累以及合适的传播手段。

首先，"民德归厚"的政治理想，并非一朝一夕即可实现。《论语·子路》有云"如有王者，必世而后仁"。世：三十年为一世。② 即便实行德政的明君，欲使民众归于仁，也要一世——三十年的时间。且如前文所示，风化本是一个习性渐染的过程，这种强大的传播效力并非朝夕可获，而需要长时间的培育熏陶，隔世隔代的努力，只有安定的社会环境、根深蒂固的文化教育得以形成，"世而后仁"的夙愿才能实现。③

其次，"风草论"亦考虑到受众的主观能动性，认为民众并非应声而倒的靶子，而是可感化的积极主体。相较于刑政，柔性的教化在中国历代王朝是被普遍认可的，这种政治统治的方式更长久，也更为有效。《中庸》曰："声

---

① 惠萍：《〈论语〉传播策略浅析》，《青年记者》2008 年第 24 期。
② 施忠连：《四书五经鉴赏辞典（新 1 版）》，上海辞书出版社 2013 年，第 80 页。
③ 南怀瑾：《南怀瑾著作珍藏本》，复旦大学出版社 2000 年，第 524 页。

色之于以化民，末也"（《中庸》第三十三章），《与元九书》亦曰："感人心者，莫先乎情"（白居易《与元九书》），声色俱厉对于教化百姓来说是难以达成良好效果的，教化讲求柔性的、德化的手段，对民众的教化，万不可操之过急，需循序渐进，否则欲速则不达。

综上，"风草论"强调传播不是一劳永逸的，而是一个需要传播者长期、不断、反复投入的过程，同时其效果也不是一蹴而就，需要在教化的渐滋浸润下实现。这种传播模式，并非强大效果论，也绝非有限效果论，而是中国式渐变效果论。

（二）"草"之可塑性与"风"之温和性之间的良性互动

"风草论"用"草上之风必偃"描述其强大的渐进性传播效果，首先，一个"必"字，肯定了"德"强大的渗透力。德教是贯穿于古代政治的一条主脉络，中国传统教化传播思想始终认为，在政治中，教化优先，道德优先，"没有它，一切免谈，甚至德教可以解决一切政治问题"。[①]因此，"草上之风必偃"被归结为教化传播强效果毫不为过。其次，一个"偃"字，从侧面印证了古代受众的可塑性以及"君子之风"的温和性。具有主体性意识的古代受众是自主性和可塑性的统一体，草"偃"而非倒，说明虽然古代受众接受信息时仍显示出对强权的顺从性，但其在接受和思考信息内涵时所体现出的思维逻辑的个体性差异，这就是古代受众具有自主性的一面；经过引导和教化，民众的注意、兴趣、关切度可以向统治阶级希望的方向变化，这就是古代受众的可塑性。

中国历朝历代普遍重视风化重要原因之一，就是将其视为一种政治控制手段，通过教化传播便能移风易俗，使百姓恪守本分，利于皇权统治。但是教化这种稳定社会、移风易俗的作用，并非一朝一夕之功，它需要长期的积累、熏陶，总体而言，风化是一个"潜移默化"的过程。"所谓潜移默化式的教化传播，不但指时程较长，而且强调的是'潜'、'默'，就是自然而然习惯成自然，使百姓'日用而不知'地接受教化所传输的伦常道德信息，并内化于心，践诸日常。"[②]温和的"潜""默"风化过程与古代受众的可塑性体现出"风草论"传播的互动模式，只有在这样的良性互动关系中，传播效果方可持久。

---

① 陈谦：《中国古代政治传播思想研究》，中国社会科学出版社 2009 年，第 225—226 页。
② 陈谦：《中国古代政治传播思想研究》，中国社会科学出版社 2009 年，第 223 页。

第三节　"风草论"与传播学本土化审省

"风草论"主要包含以下几个层面的传播观念：强调传播主体的德性责任，关注受众的主体性，承载着教化、舆论、民风等理念，以及对风吹草偃的渐进式传播效果的追求。毋庸置疑，其所涵盖的观念，已贯穿了中国古代政治、社会、个人生活等方方面面。"风草论"十分看重传播者的德性修养，主张"内圣外王"，这种道德倾向也深植于中国人的传播行为、思想中；"风草论"还带着较为明显的政治色彩，为政者重视的上行下效的背后终究带有强烈的政治目的，而君权不复存在的今天，其中深意值得我们思考。此外，"风草论"是中华文化内核中提炼出的重要思想资源，是考察中国人日常传播行为或心理的重要观念。正如前文所述，虽然我们难以在中华文化中找到现成的符合现代科学定义的传播理论，但是"风草论"却是一个足以概念化乃至理论化的理论"胚胎"，是建构中国本土化传播理论的一大尝试，对传播学本土化发展具有深刻的意义。

一、"舟水"视野下的"风草论"

"风草论"缘起于先哲于治国理念中对君民关系的体悟，它的诞生与古代中国"私天下"的政治体制息息相关。这种"风与草"的隐喻在先秦典籍中颇为流行，有利于我们理解中国传统政治环境下君民之间的关系。在讨论君民关系这个问题时，另一种表述形式也值得玩味，那便是"舟与水"。舟水之喻是古代中国民本思想的形象彰显。汉唐时期，舟水之喻备受推崇，俨然成为贤主名臣的治国座右铭。"舟水"之喻为我们审视"风草论"提供了一种新的思路，然而"风草"和"舟水"二者有何异同，这样的转化又意味着什么？下面我们就从"舟水"的视野下审视"风草论"这一命题。

（一）"舟水"之喻的缘起

民本思想在中国传统文化中源远流长，是中国古代社会一种重要的政治观念。"舟水"之喻出自《荀子·王制》，"君者，舟也；庶人者，水也。水则载舟，水则覆舟。"荀子的治国之道，讲求礼法并重，它把君与民关系比附舟水的关系，这种认识极为深刻，体现其顺民、爱民、惠民的治民观。这种以民为本、治国安邦的历史智慧也随之沉淀于中国传统文化中，备受后世推崇。《后汉书·皇甫张段列传》记载，东汉名将皇甫规以"贤良方正"之名义，向梁太后提出治国建议，并引用了著名的"舟水"说："夫君者舟也，人者水也；群臣乘舟者也，将军兄弟操楫者也。"①皇甫规主张君民相依，亦如舟水相赖，贤君名臣应铭记这一道理，重视民众的力量，尊重群民。到了唐代，著名政治家魏徵在《谏太宗十思疏》中提出"载舟覆舟，所宜深慎"的论断，规劝李世民应以史为鉴，万不可轻视民意。李世民受益颇深，对这一观点极为推崇，把"存百姓"视为自己治国之策。"存百姓"治国实践与魏徵的建议一脉相承，也不断丰富着"舟水"之喻的政治意蕴。

在政治哲学层面上，"风草"之喻与"舟水"之喻都形象地描绘出中国传统社会中各时期君王与民众的关系。"风草"之说，意在强调君主对民众的把控力之强，君主在二者的关系中处于主导地位；而"舟水"之说中，舟虽仍居于上位，但水能够决定舟的沉浮。"风草"向"舟水"的转化表明君王"天命神权"的魅力已大为褪色；而作为社会成员的民众是具有尊严和伦理权力的个体，他们身上的这份主观能动性已被统治者愈加重视。

（二）"风草"与"舟水"之异同

"风草"喻君民，起源并流行于先秦儒典，而"舟水"之喻却在汉唐之后得以广泛运用。"风草"之喻为何逐渐演变为"舟水"之喻，这样的变化又意味着什么？面对如此追问，可从二者间的异同得到些许启示。

一方面，"风草"之喻在儒家典籍中颇为流行。儒家推崇"内圣外王"的治国理想，这一观念似乎将国家治理的职责全都押注在君王身上，要求君主修身齐家以至治国平天下，其思想根源过于理想化。对于儒家的这种思想，司马迁作出了如是评价："以为人主天下之仪表也，主倡而臣和，主先而臣随。如此则主劳而臣逸。"（《史记·太史公自序》）这一评论剑指"风草"之喻的根源：君王成为理想政治中推动国家建设的唯一责任人，君王作为臣民的唯一带路人，臣民只需被动地跟着君王前行即可。"舟水"之喻源于《荀子》，但其思想在汉唐得以阐扬与实践。无论是皇甫规、魏徵还是唐太宗，他们都是真正的政治实践者，他们的治国观念更为务实，一般不会对君王提出过高的愿景。

另一方面，"风草"与"舟水"体现出政治哲学和政治科学间的不同旨趣。

① 马跃东，龙之魂：《影响中国的一百本书（第七卷）》，中国戏剧出版社2000年，第473页。

"风草"之喻对君主抱以高远的期待与想象，着重谈论君主应身具圣人之气，以作芸芸百姓之表率，实则讨论的是应然性的问题；而"舟水"之喻，转变了提问的方式，避开了"君主应当如何"这样的问题，而聚焦于君主能否以及怎样巩固自身的统治地位。① 这样的提法，实践色彩浓重，体现了政治科学追求实然性问题的特质。

　　在讨论君民关系这个问题上，"风草"和"舟水"之喻之间的差异虽能从政治文化角度加以诠释，但归根结底，定于一尊的政治统治仍一以贯之，君民关系的本质未曾发生实质性变化。"舟水"之喻指出了君权的相对性，为民本思想呐喊。然而，水依然是水，水仍需担起负载船只的责任，民众工具属性凸显；舟依然是舟，皇权仍处高位。"舟水"之喻难以改变贵贱尊卑的社会秩序。

　　以上皆在政治层面上讨论"风草"与"舟水"意蕴之区别。但是纵观历史，不难发现，"舟水"之喻似乎始终局限在政治管理范畴中，讨论的依旧是为政者或管理者与百姓的关系；反观"风草"，其内涵多样，其运用范围并不局限于政治层面。"风"作为中华文化中极富深意的字眼，其意蕴纷繁多样，除了上已提及的政治层面，"风"还涉及教化、诗词歌赋（风雅）、社会风气（民风、风俗）、社会舆论、建筑美学（风水）等等范畴，其内涵之广泛难以想象。风就像媒介一般承载着这些深刻意蕴，随着历史的印记埋藏于中华文化中，影响着人们的思维方式。而"风草论"也在这样的语境下得以丰富、拓展。

二、"风"——一种被忽视的传播观

　　台湾学者王汎森在《执拗的低音——一些历史思考方式的反思》一书中，以史学的视角重新审视百年来那些被忽略抑或压抑但仍具启示性的观念，其中专门开辟了一个章节，讨论了"风"这一被忽视已久的史学观念。王汎森对近代以来一直占据主导地位的线性因果关系历史观进行了反思，并对近代学者刘咸炘主张的"察势观风"的史学观加以研究，寻觅、阐发出了一种令人耳目一新的"风"之思维。本文花了大量篇幅对"风"的相关概念进行阐述，便是受到该内容的启发。

　　龚自珍于《释风篇》中有言："古人之世倏而为今之世，今人之世倏而为

---

① 喻中：《风与草：喻中读〈尚书〉》，北京大学出版社2011年，第269页。

后之世，旋转簸荡而不已，万状而无状，万形而无形，风之本义也有然。"①
捕捉历朝历代遗留下的流风，不仅是史学工作者的职责，也应是传播学者的
职责。对于传播学来说，"察势观风"不仅体现的是一种根植传统、出入古今
的研究范式，也突出了"风"所承载的社会传播功能。

　　首先，中国自古便有采诗观风之说，欲从"风"中观天、体民、察政。
对经典传播思想的分析是"察势"和"观风"的统一，前者是历史脉络的梳
理，后者是风俗民情的解读。有了"风"的观念，我们才不会孤立地看待每
一个传播思想、传播现象。魏晋时期，士大夫阶级承袭前朝清议传统，社会
大兴"清谈之风"，多以高雅、玄学之道为谈论的话题，避谈治国富民之"俗
事"。这种当时流行的传播风尚自然颇受后人诟病，被认为社会盛行的皆为虚
无之道，对国计民生毫无益处，"虚无之谈，尚其华藻，此无异于春蛙秋蝉，
聒耳而已"。（《物理论》）② 但是，究其历史与社会背景，我们方可了解这一风
尚的成因。东汉衰败后，儒学式微，道教信仰转而风行社会。这一风气的影
响下，学者推动了中国文学史上首次浪漫主义文学运动。③ 浪漫情调充斥于
人们的生活与实践之中，儒学对道德礼教的强调已被极大淡化，人们鲜少关
注为政的公正与清廉，而是倾向回归自然的道家哲学。这种漠视国家政事的
风气，正是人们对前朝知识分子受到朝廷迫害、镇压的自然反应：明哲保身，
安逸享乐，远离政治，便不会受到政府责难惩处。可见人们并非天生就对国
事冷漠，而是当时的社会缺乏保障民众意见和声音的法制。弄清"清谈"这
一传播现象的实质后，便会对其给予一定的理解。研究一种传播方式或现象
的"风起风落"，是个不错的课题，其为本土化传播学研究提供了一种历史发
展视角的治学范式：对古代经典传播思想、概念的考察，不仅应从训诂学角
度考证其古今意义的异同，还需借助大量文献史料，厘清其社会背景、意义
内涵和历史演变。④

　　其次，"风"所承载的种种传播观念，也极具现实意义。大众传播的基本
功能大体可总结为以下五点：第一，信息传递，监察环境；第二，文化传承，
教育大众；第三，舆论引导，协调社会；第四，提供娱乐；第五，形成产业，

①　龚自珍：《定庵文集》（上册），商务印书馆 1936 年，第 9 页。
②　余明，李飞：《中国历史文化概论》，西南交通大学出版社 2008 年，第 85 页。
③　林语堂：《中国新闻舆论史》，暨南大学出版社 2010 年，第 39 页。
④　于翠玲：《传统媒介与典籍文化》，中国传媒大学出版社 2006 年，第 22 页。

创造财富。①其中，教育民众、文化传承、舆论引导等社会功能与"风"的风俗观、舆论观、教化观不谋而合。

中华文化历史悠久，是中华民族的集体记忆与情感归属，其凝聚着全体华人历久弥新的精神追求与精神财富。它由全体中华儿女共创，并为后世相继传承，带有鲜明的中华历史风貌与民族特色。中国传统文化的传承与创新，对每一个中华儿女来说，责无旁贷。"风"所承载的风俗观为文化传承提供了一种新的视角。"君子之德风，小人之德草"，"风草论"不仅强调"君子"在传播过程中处于上位，对民众具有不可忽视的影响力，也强调君子"仁以为己任"的传播责任观。这种"以身作则"的社会责任与中国文化中"身教"思想有关。梁启超曾言："儒家深信同类意识之感召力至伟且速，谓欲造成何种风俗，惟在上者以身先之而已。"②个体的"人"载驭着信息的生产与扩散，是讯息媒介，亦是信息本身。以"身"施教，进而风化育民，展现的是一种以人为主体的媒介思想。毋庸置疑，人是历史发展的主体，其思想、语言、体态、服饰、行为等皆具信息承载的作用。步入网络时代的今天，受众接受信息的渠道日益多样化，传播自主权的普及为受众自由传播信息提供了可能；网络模糊了传统意义上"传播者"与"受众"之间的边界，受众不仅是接收信息的主体，在某些时刻，也会转变成为传播者进行信息传播活动。现代传播学研究不应忘却"人"作为文化载体的意义。

回顾中国古代舆论史，其舆论主体、表现形式以及强烈程度都刻画上鲜明的君权色彩。对于今天而言，民意表达的渠道日益多元，舆论的成形发展与社会的起伏兴衰有着莫大的联系。如何正确地引导社会舆论，给予民众畅所欲言且言之有理的有效渠道，进而推动政策的顺利制定与实施，成为现代社会管理者面临的一大难题。"风"所强调的舆论观指明，政府的威信的树立并不在于与民意的对抗，压抑民意或被迫顺应舆情，而是在于给予民众畅所欲言的有效渠道，并对其进行正确的引导。中华文化自古崇尚"中庸"之道，倾向折中调和、不偏不倚的处世哲学。政府对民意的引导亦应秉持不偏不倚的态度，如风般自然地浸润民众，回避、压制、欺瞒的态度万不可取。

诚然，文化传播、民俗传播以及舆论传播并不能囊括传播学的所有范围，

---

① 赵建国：《传播学教程》，郑州大学出版社2012年，第91页。
② 梁启超：《先秦政治思想史》，天津古籍出版社2004年，第197页。

"风"的观念亦非考察本土化传播的唯一方式，绝不能用其取代其他传播观念，但"风"之传播观也不应该被忽视。

三、"风草论"对传播学本土化的启示

"本土化"这一提法一直以来在学界备受争议，争论的分歧在于对"本土化"意蕴的理解。从科学的视角来看，传播学是一门具备普遍诠释意义的科学，其有着自身的发展规律，没有必要刻意追求"本土化"。但是站在人文主义的立场上看，人类传播实质上是文化的传播，是在特定历史、人群、社会中得以传承，传播学本土化强调的正是这一面向。[①] 传播学本土化，指的是"具有中国特色的传播学研究"和"传播学的中国化"，其植根于中华文化的情境中。

法国前总统萨科齐曾经说过："一个不能输出价值观的国家，就不可能称得上真正意义的强国。"传播学本土化的探索与研究具有重要意义，它始终以中华文化的体验和感悟为出发点，不仅能诠释具有中国特色的传播现象、传播思想，也能为华人提供情感归属、人文关怀。

20 世纪 80 年代，传播学传入中国，至今已有近 40 年的历史，但我们对本土化传播学的研究仍处于较为初级的阶段，"理解式""注解式"的研究比较多，而有学术创新性的自主研究较为少见。显然，当前传播本土化研究成果在其提出的目标面前并不如意。

"风草论"深植于中国传统历史文化与社会结构，对研究中国本土文化情境下的传播思想、传播理论形成过程以及其特质具有启示性意义。对"风草论"的讨论与建构，代表着中国本土化传播典型的一种研究范式：从中国传统文化中提炼出理论"胚胎"，待科学验证与建构之后，进而提出具有普遍意义的理论。

澳洲传播学者奥斯本（Dr. Graeme Osborne）曾言："对一个尚未存在特殊传播理论的国家而言，一个最有力、有效的开端便是认真研习该国的传播史，尤其本国传播政策形成的历程，从中挖掘出本国传播目的、目标以及原则。"[②] 中国虽难以找到现成的、符合现代科学标准的传播理论，但源远流长

---

　① 梅琼林，罗慧：《我国传播学本土化研究的断想》，《福建论坛·人文社会科学版》2004年第 6 期。

　② 孙旭培：《通向新闻自由与法治的途中——孙旭培自选集》，知识产权出版社 2013 年，第 393 页。

的华夏文明孕育传播资源的"富矿"，从理念到技巧，从机制到历史，有浩如烟海的史料可供研究。中国传统文化是体悟中国人思维乃至行为的一把秘钥，学界想更深入地了解中国人，并建构本土化的传播学理论，可从中华传统文化中提炼"胚胎"。然而，这一从"传统文化"到"本土化传播理论"的研究路径遭受的最大非议即为"牵强附会"，"理论"和"传统思想"间不能强制转化，只以古代文本为纲，套用现代术语附会古代词汇，而脱离整个社会背景与时代语境，终究是片面孤立，非历史的。但安东尼·吉登斯所提出的"双重解释"说为我们厘清了所谓传播学本土化"复古"的本质。"传统复古"因子在中国依旧十分活跃，但是"传统"也在更迭转变，我们应该在"时代脉络"下，以历史、发展的视角把握它，而不是轻易否定排斥它。吉登斯认为社会科学与自然科学二者间的"解释"不尽相同，社会科学需要进行"双重解释"。

"双重解释"指明社会科学的逻辑内含双重释义架构：第一重是社会行动者所构建的本已充满意义的社会现实；第二重是社会科学家在此基础上创造出的重新解释。"普通行动者是有思想的人，他们的观念构成性地进入他们所做的事情中；社会科学的概念不会与他们在日常行动中的潜在占有和结合相分离。"[①]"双重解释"意味着，要解释中国本土化的传播现象，一方面应该深入理解华人观念与思维系统，这是其展开传播行为的思想源泉；另一方面又应该超越常识性的理解，发掘出更为精炼科学的解释架构（理论）。[②]同时，超越常识的解释架构（理论）并非空中楼台，同样源自于常识性文化的理解，"但它不是普通人直接的常识理解，而是其意识不到或者'日用而不知'的常识理解，它最好的来源就是思想传统和日常经验的'共享地带'"[③]。可见，文化常识经验和理论之间并不存在绝对的鸿沟，二者间是可以相互转化的，关键在于如何对文化经验加以创新融合进而发展出本土化的传播理论。

我们应该关注每一种文化传统中的本土智慧，传播是人性的一部分，当我们从本土智慧中发散出并重新建构不同的传播概念时，我们亦能从中阐发

①　安东尼·吉登斯：《社会学方法的新规则——一种对解释社会学的建设性批判》，社会科学文献出版社 2003 年，第 65 页。

②　邵培仁，姚锦云：《从思想到理论：论本土传播理论建构的可能性路径》，《浙江社会科学》2016 年第 1 期。

③　邵培仁，姚锦云：《从思想到理论：论本土传播理论建构的可能性路径》，《浙江社会科学》2016 年第 1 期。

出不同的人性看法。传播本土化正确的做法，应是选取一个微观的切入点，在一定的社会背景、历史进程中加以总结分析，而非强求在不同的语境下追求更宽泛、更普适的总结。

中华文化历久弥新，其中很重要的一个原因便是中华文化的包容与创新。中国人自古便善于接受外来文化且对其进行本土化诠释，将自己的观念主张渐次融入引入的文化中。佛学便是其中较为典型的案例，印度佛教东传至中土，逐渐被传承发展成为中国的大乘佛教。转向传播学领域，模仿是学习的初级阶段，但绝不是本土化传播研究的终极目标，单纯的师承难以使中国传播学在国际学术界立足，唯有创新融合、发展出本土化风格才是一条可行的传播学本土化路径。

"风草论"的提出可追溯于《论语·颜渊》中孔子"君子之德风；小人之德草。草上之风必偃"的论调，其本意强调的是"为政"的上行下效，彰显出中国古代社会与政治传播间密切的关系。"风草论"带有较为明显的政治色彩与道德倾向，从中我们可以看到中国古代社会"定于一尊"的传播机制对民众的影响与控制，以及中国人在传播过程中对礼教、道德以及和谐的精神追求。"风草论"是中国学者对传播理论本土化的一大尝试，它代表着一种较为典型的传播本土化研究范式，即从中国传统文化中提炼出理论"胚胎"，待科学验证与建构之后，进而提出具有普遍意义的理论。虽然尚未发展成为科学成熟的传播理论，但其所蕴含的传播主体、受众、媒介以及传播效果等观念对中国传播学本土化研究具有一定的启示作用。值得注意的是，在传播学本土化这条路上，中国传播学者任重道远，若急于求成，盲目地在传播理论本土化道路上前行，传播理论的"中国视维"难以向前推进；只要沉下心来，认真花工夫对源远流长的中华传统文化学习积累，传播学在东方一隅就永远不会暗淡。

受研究水平所限，我们尚未能在理论概述与内在逻辑的把握上，达到理想的深度阐释。不管是"风草论"这一课题，还是传播本土化这一课题，我们目前能做的仅是基础性的工作。文章中也还存在不成熟之处，譬如，对"风""草"所有的意蕴未能全部详尽，如风骨、风流、风情、风水等等，未能完整展现出"风草论"蕴含的庞大文化体系。我们今后仍需多加努力，不断总结，期望能够创作出更好的论文。

（陈昱成　谢清果　黄星民）

第三章　家国同构：华夏文明的传播主体观

家国同构是中国古代社会的结构，以宗法制为主要特征。宗族关系是人际传播的基础。森严的等级、受教育机会稀缺、文化传承等因素导致华夏传播的主体主要是士、师、圣人。传播主体不但掌握着传播工具和手段，而且决定着信息内容的取舍选择，作为传播过程的控制者发挥着主动作用。

道德垂范的主体想象。家与国的同构状态是中国古代社会的重要特征，它是中国古代特定历史条件下的产物。家国同构作为一种古代主流文化认同和接受的思想观念，它的出现可追溯到很早以前，最迟在西周初年就已出现是没有问题的。古代的礼制常常被追溯到周公那里，而西周最重要的礼制之一是宗法制，它的实质是按照血缘关系的远近来确定政治关系，君臣关系往往就是父子关系。换句话说，孝和忠这里是合一的，这是"家国同构"观念的本质内涵。吕美泉认为"周易"中的"家人卦"有由家及国的思想，《诗经》中也出现了家与邦连用的"家邦"一词。《尚书·洪范》说："天子作民父母，以为天下王"。后来的孔子也曾说"夫子之得邦家者"（《论语·子张》），总之，到秦汉时期已相当成熟。

众所周知，中国不曾经历过笼罩西欧整个中世纪那样的宗教文明，苦难的人们找寻不到聊以慰藉的精神家园，也不曾有过来自彼岸世界的诱惑。即与西方相比，宗教的救世作用是很有限的。世俗的心灵始终关注着现实人生和现实社会。于是，他们把摆脱苦难的希望寄托在"明君"身上，而将完善的政治和理想的社会寄托于"圣人"身上，所谓"圣人出，黄河清"。孔子和孟子等思想家则充当了他们的代言人。"当今之时，万乘之国行仁政，民心悦之，犹解倒悬也。"（《孟子·公孙丑上》）"今夫天下之人牧，未有不嗜杀人者也。如有不嗜杀人者，则天下之民皆引领而望之矣。诚如是也，民归之，由水之就下，沛然谁能御之？"（《孟子·梁惠王》以上思想直接反映了民众对明君的渴望情绪。同时，无处不在的君主权威和"无终食之间违仁"的道德说教在一定程度上也塑造着民众的思想。

研究文献回顾。关于传播主体，并没有专门的论著，有的只是散见于传播学的论著中。1848 年，拉斯韦尔在一篇题为《传播在社会中的结构与功能》的论文中，首次提出了构成传播过程的五种基本要素，并按照一定的结构顺序将它们排列，形成了后来人们称之为"5W"模式。其中，传播者是传播过程的具体的出发点和控制者。霍夫兰可信性效果研究：一般来说，信源的可信度越高，其说服效果越大；可信度越低，说服效果越小。构成可信性的基础：（1）传播者的信誉，包括是否诚实、客观、公正等品格条件。（2）传播者对特定问题是否具有发言权和发言资格，即专业权威性。

国内关于华夏传播主体的研究主要内容和成果如下：

余也鲁在《从零开始：首届海峡两岸中国传统文化中传的探索座谈会论文集》中谈到传是人与生俱来的本领。我们用啼声开始一生，以停止说话终止生命，其间几十年，几乎全部用在传的活动上。中国人在衣、食、住、行之外曾倡导"育"与"乐"，育中包括教育，乐中包括娱乐，二者都是"传"的一部分。郑学檬也在此论文集中指出：儒家讲究"学而时习之"。这里的老师就是传播者，是传播过程的主导者。中国的传学观念首先在教育领域中开始形成，进而扩展到商业、农业等领域。邵培仁在《传播仪式与中国文化认同的重塑》，这篇论文分析了春节联欢晚会、北京奥运开幕式的例子，说明了中国人的家国观念，以及传播仪式唤起家国观念。

舒敏华《"家国同构"观念的形成、实质及其影响》具体地阐述了家国同构观念的形成、实质及其影响。家国同构观念不仅未能促进家与国的良性互动，反而使两者拉开了距离和走向对立。周建标在《家国同构制度与伦理政治型文化》这篇论文中，论述了中国古代的家国同构制度，说明了宗法专制制度孕育了"内圣外王的伦理政治型文化"，这对我们理解华夏文明的传播主题观提供了很大的帮助。杨永军在《先秦文化传播研究》这篇博士论文中，介绍了国家产生前的传播主体：火正、巫、觋、长老（早期教育者）；国家产生后：《左传·襄公十四年》"史为书，瞽为诗，工诵箴谏，大夫规诲，士传言，庶人谤，商旅于市，百工献艺。"史、瞽、工、大夫、士等，都是传播活动的主体。臧燕的《从春秋战国时期的传播活动解读传播对文化的建构作用》一文阐释了传播主体以及"士"的出现。把春秋战国时期的传播主体分为普通传播者和专职传播者。任雅仙在《从〈大乘庄严经论〉之"弘法品"看佛教独特的传播模式及体系》一文中采用拉斯韦尔5W模式分析传播者——佛菩萨，传播者需具备的心理——慈悲、遮法悭。邵培仁、姚锦云在《传播模式论——论语的核心传播模式与儒家传播思维》一文中提出了儒家传播中传受兼顾的主体意识。在中国的传统传播思想中，人始终是讨论的中心，而传播手段（包括传播媒介和符号）则居其次。这是由于中国没有像西方那样完善的宗教传统，也由于中国人轻言重行的传统。没有神的护佑，凡事要靠自己；语言不是绝对可靠，因而行比言更重要。这种传统也造就了儒家传播中传受兼顾的主体性极为突出。谢清果在《道家语言传播主体的求真意向》一文中提出正言、贵言、信言是道家语言传播主体的求真意向。汤景泰在《皇权专制与政治传播——以清朝前中期为例》论文中，阐述了由皇帝直接控制下的南书房处理机要事务，改变了原来由中枢机构中传播的路线，限制了议政王大臣和内阁大臣关于机要事件的知晓权，从而进一步增强了皇帝专制权力。李守力在他的新浪博客发表过一篇名为《何谓垂衣裳而天下治》的博文，详细而系统地阐述了垂衣裳这件事的出处、演变等等。黄修明的《传统服饰文化变革中的社会政治因素》一文就中国古代国家政治对社会成员衣着服饰的干预支配以及传统服饰受政治意识形态的改造、影响等有关现象做了论述探讨。

第一节 士不可以不弘毅：传播主体形象观

"士不可以不弘毅"这句话出自《论语·泰伯章》："士不可以不弘毅，任重而道远。仁以为己任，不亦重乎？死而后已，不亦远乎？"这里"士"，指君子、士人；弘毅指宽广、坚忍的品格。该句以"不可以不"鲜明地树立了士当以"弘毅"为己任，"弘毅"就成了君子的核心形象，这一形象不仅激励着士人在日常生活中以做到"弘毅"为目标，为标准，而且也为百姓树立榜样。如此，"弘毅"就成为传播主体素养的基本面向，以促进社会良性沟通。

中国传统儒学对人格理论的贡献应该说主要集中在君子人格理论上。同一个学派在人格问题上往往有一种共同的价值取向，无论是儒家经典还是儒学著作，君子是出现频率最高的一个概念[①]，所以说君子是儒家学说的众趋人

---

① 朱义禄：《儒家理想人格与中国文化》，复旦大学出版社2006年，第39页。

格的目标所在应该是确定无疑的。虽然后学们对君子人格理论多有增删、润色，而且严格说起来，每个时代都有其特殊的君子人格的特质和形象，但我们不得不承认，这种理想型人格的概况在先秦时代就已经定型了。君子的内在心理活动和外在行为表现按照我们传统式的语言，可以被理解为"修己"和"治人"两个方面，这两个方面间有着千丝万缕的联系，儒家的理想人格学说也以君子的这两方面内涵展开："修己"即所以称为君子，"治人"则必须先成为君子。从这个角度说，儒学事实上便是"君子之学"。①

孔子之前，君子的称呼就已经存在，但其指代并不包含道德意味，君子人格也不是道德理想的体现。但从孔子开始，这种人格范型具有了道德典范的规定，虽然其本身具有的关于社会地位方面的含义没有被完全剔除，但君子代表一个新的品行端正、亲近民众的阶层这一点，应该是确定无疑的。纵观《论语》，我们可以看到，其实孔子提出的这种人格典范有两类："君子"和"圣人"。孔子对这二者的区分记载在《述而》篇中："圣人，吾不得而见之矣，得见君子者，斯可矣。"②也许我们可以从字面上对这二者稍作区分："圣人"是完美的；"君子"是理想的。从逻辑上说，凡人可以成圣，但从现实性出发的话，圣人境界是可望不可即的。孔子不以圣人自居，甚至也不认为尧舜那样的圣明君主可以称之为"圣"，所以圣人作为人格泛型，其光环也许更胜于君子，但并不是孔子理想人格学说的论述重点。与之相较，孔子对君子的描述，总是与日常生活相联系："君子和而不同"③、"文质彬彬，然后君子"④、"君子博学于文，约之以礼"⑤、"君子不以言举人，不以人废言"⑥等等。孔子对君子的设定是贴近生活的，所以对他的描述也是平易亲切的。⑦

我们可以主要从三个方面来理解君子形象：

第一，君子是品德完美的人。我们之所以说君子人格是一种理想型人格，是因为这种形象于人于己都无可挑剔，他们严于律己的同时也以周围人的美好生活为己任。简单地说，君子人格形象最显著的特征就是"仁"，其基本内容是"爱人"，而"爱人"的措施就是"忠恕之道"，从积极方面讲，"己

①　[美] 余英时：《现代儒学的回顾与展望》，三联书店 2004 年，第 271 页。
②　杨伯峻：《论语译注》，中华书局 2009 年，第 73 页。
③　杨伯峻：《论语译注》，中华书局 2009 年，第 141 页。
④　杨伯峻：《论语译注》，中华书局 2009 年，第 61 页。
⑤　杨伯峻：《论语译注》，中华书局 2009 年，第 63 页。
⑥　杨伯峻：《论语译注》，中华书局 2009 年，第 166 页。
⑦　杨国荣：《善的历程——儒家价值体系研究》，上海人民出版社 2006 年，第 83 页。

欲立而立人，己欲达而达人"；从消极方面讲，"己所不欲，勿施于人"。① 从另一个角度来看，在描述这种人格形象时，孔子着力使其内在的各种品质保持和谐统一、无偏无倚，君子的思想、情绪、语言和行为都保持中庸、互相平衡，而使整体的精神状态处在最佳状态。君子集众德于一身，或许在宗教的教义中，对人道精神的要求是绝对而极致的，但孔子在设计君子人格理想的时候并不是将各种极致的道德品质全部加诸君子身上，使得这种人格形象既崇高同时又不玄远。孔子用"中庸"一词概括这种境界，但《论语》中只有一处直接论及中庸："中庸之为德也，其至矣乎？民鲜久矣。"虽然只有这一处明确提到"中庸"，但《论语》书中对君子描摹却处处体现中庸的观点，"温而厉，威而不猛，恭而安"、"乐而不淫，哀而不伤"、"惠尔不费，劳而不怨，欲而不贪，泰而不骄，威而不猛"，都是中庸之道的具体表现。我们具体可以从两个方面来理解中庸品质。其一，简单地说，中庸就是"无过无不及"。"子贡问：'师与商也孰贤？'子曰：'师也过，商也不及。'曰：'然则师愈与？'子曰：'过犹不及。'"也许从某种程度来讲，达到中庸的境界要难于追求个别道德精神的极致，所以孔子称其为"至德"。其二，从更深层次探析，"中庸"终究是"内仁外礼"的另一种表述。"无过无不及"是对君子行为、语言程度上的表面规范，而"内仁外礼"则是对君子行为、言语内在固定的界定。在儒家人格学说的语境中，作为"至德"的"中庸"，其内容不可能脱离"仁"的道德规定，同时作为至德，其"至"就至在这用德恰到好处、适合中度，因而需要礼对仁加以制衡，使其止于至德。仁而无礼，动机虽善，行为效果不好；礼而不仁，行为虽"中"，却缺乏善性。只有以仁为行为向善的方向，以礼规约行为的分寸与尺度，才能使人达到中庸境界。

第二，君子具有深深的忧患意识。关于品性的修为旨在完善自身的人格，是君子对自己的要求和着力塑造，但这是修为的第一个步骤，毕竟以自身的仁德改造整个社会的风气才是君子的最终目标。但众所周知，这个理想人格学说成型的年代战火连年、民不聊生，所以孔孟荀塑造的君子形象都具有深深的忧患意识，这在孟子的相关论说中尤为显著。先秦儒家学者认为自身心性道德的修行和完善只是形成理想型人格的第一步，是为更重要的天生之责做准备的，所以儒家无论如何是积极入世的、是有强烈参政要求的。最后，在实现最终目标的过程中，君子要能抵抗外界力量的侵袭和诱惑，坚持

① 葛荣晋：《儒学经蕴新释》，齐鲁书社 2002 年，第 72 页。

原则、坚持自己的操守和气节，必要时不惜牺牲自己的生命。儒家的这种坚守气节和献身精神，正是我国历代无数志士仁人在民族危难和阶级斗争的紧要关头能够自觉地慷慨捐躯、视死如归的精神支柱所在。这种情怀被旁观者描述为"知其不可为而为之"，①在《论语》《孟子》《荀子》书中也分别有相关的论述："士不可以不弘毅，任重而道远。仁以为己任，不亦重乎？死而后已，不亦远乎？""居天下之广居，立天下之正位，行天下之大道；得志，与民由之；不得志，独行其道。富贵不能淫，贫贱不能移，威武不能屈，此之谓大丈夫""君子敬其在己者，而不慕其在天者，是以日进也"。②

第三，君子负有重大的社会责任。当讨论君子人格形象时，我们是不能忽略他们所处的社会地位和所扮演的社会角色的，但这种社会地位往往十分尴尬，因为如果没有天生的贵族地位，君子们修为自身也许尚无大碍，但若要改良社会就十分无望了。而使已有地位和财势的人听从圣人的劝导，又十分困难，所以我们不难想象那时的君子身处怎样的窘境。抛开现实的和历史的眼光，从理论角度来说，当被儒家学者赋予这种天生之责时，君子们看起来总是孤立无援的，变革社会的重任全部落在君子身上，而"百姓"和"民"只是仁政和仁义的受益者。"在位者"对乱世负责，同情怜悯百姓的同时对他们再无所求。在儒家的理想人格学说中，君子承担了太多意义，孔孟让君子为国邦的动乱负责，并将整个民族的命运抛给了他们。君子一直疲于"安人"与"治天下"，若有所成，君子是不能居功的，若无所成，他们得不到君主、百姓，乃至于自己的宽恕和原谅。所以说君子的一生追求的都是整个邦国和全体百姓的福祉，相对而言，个人的得失就消融在这种整体的利益中，而对个人利益的关注也会被认为是不恰当的。所以说儒家定义的君子常常是悲情又果决的，他们被剥离对外在物欲的追求，只留下凌驾于一切之上的"仁"和"义"。③

第二节　圣人垂衣裳天下治：传播主体功能观

中华服饰制度源远流长，成为礼制的重要组成部分。衣裳是身份的代表，

①　叶豪芳：《孔子君子道德理想人格思想及其现代价值》，云南大学硕士学位论文，2010年，第5页。

②　杨伯峻：《荀子译注》，中华书局2009年，第105页。

③　丁晓璐：《先秦儒家君子人格研究》，杭州师范大学硕士学位论文，2013年，第5页。

衣裳背后隐藏着社会规范，亦即要求传播主体坚守自己的职务身份，人人为所当为，而天下治理便在其中。从这个意义上讲，传播主体的自身践行社会规则，则长幼尊卑有序。因此，圣人的作为实质上是为世人提供一种模范，圣人本身就是媒介，发挥着社会传播与整合功能。本节着重以圣人创制衣裳文化，实现社会治理的传播功能。

《周易》卷八《系辞下》有言："神农氏没，黄帝尧舜氏作，通其变使民不倦，神而化之，使民宜之，易穷其变，变则通，通则久，是以自天佑之，吉无不利。黄帝尧舜垂衣裳而天下治，盖取诸《乾》《坤》。"唐孔颖达疏："垂衣裳者，以前衣皮，其制短小，今衣丝麻布帛，所作衣裳其制长大，故云垂衣裳也。"治理天下，其根本法则是《乾》《坤》二卦，乾坤是六十四卦之总纲。易，变易。天地万物一直在变化，所以文化也要随之变化，这样民众才不感到厌倦。圣人预知未来，所以能化导百姓使其与变化相宜。穷尽则有变化，变化则能通达，通达则能长久。人们自己能顺应天的变化，自然得到天的护佑，吉祥无有不利。黄帝效法乾坤二卦发明衣裳，《九家易》曰："黄帝以上，羽皮革木，以御寒暑。至乎黄帝，始制衣裳，垂示天下。衣取象乾，居上覆物。裳取象坤，在下含物也。"

《系辞传》一开头就讲"天尊地卑，乾坤定矣。卑高以陈，贵贱位矣"，这表明黄帝尧舜治理天下的思想是从先天八卦乾上坤下的陈列之象类比而来。在文字、通讯不发达的五帝时期，将"天尊地卑"之象绘在衣裳服饰上，无疑能最好地传达"卑高以陈"的治国理念。[①]

《尚书·虞书·益稷》舜帝曰：

> 臣作朕股肱耳目。予欲左右有民，汝翼。予欲宣力四方，汝为。予欲观古人之象，日、月、星辰、山、龙、华虫，作会；宗彝、藻、火、粉米、黼、黻，絺绣，以五采彰施于五色，作服，汝明。予欲闻六律、五声、八音，在治忽，以出纳五言，汝听。

这就是五帝时期规定的"十二章"制度，这种"垂衣裳而天下治"的服饰制度一直沿用到民国之前，持续了近五千年。当然，服饰制度并没有完全退出历史舞台，如军衔制服、警服、工作服、礼服等都是服饰制度的延续。

---

① 李守力新浪博客，http://blog.sina.com.cn/lishouli。

坤卦中四爻皆与服饰有关，《礼记·深衣》：

袂圜以应规，曲袷如矩以应方，负绳及踝以应直，下齐如权衡以应平。故规者，行举手以为容；负绳、抱方者，以直其政，方其义也。故《易》曰："坤六二之动，直以方也。"

坤卦六三"含章可贞"，是指"十二章"。六四"括囊"也属于服饰。六五"黄裳元吉"，可见坤为裳。

《论语·宪问》子曰："微管仲，吾其被发左衽矣。"意思是：如果没有管仲（尊王攘夷），我们恐怕要披头散发穿左衽的衣服了！可见衣冠文物代表了文化礼制。①

治理天下，其根本法则即是乾坤二卦，乾坤是六十四卦之总纲。《系辞上》："乾坤，其易之门邪？乾坤成列，而易立乎其中矣。乾坤毁，则无以见易。易不可见，则乾坤或几乎息矣。"

孔子于乾坤二卦作《文言》，治理天下之道尽在此矣。

中华民族的许多发明都产生在黄帝时代，其时氏族部落林立，征战频繁，男性的力量日益凸显，父系社会逐步替代母系社会，原始农业和手工业开始形成，人们渐渐学会将采集到的野麻纤维抽取出来，用石轮或陶轮搓捻成麻线，然后再织成麻布，做成衣服，以与原先的兽皮衣互为补充。

衣服的样式也由简洁单一到繁缛复杂。最初，在寒冷的秋冬时节，不分男女老少，往往都披一件完整的兽皮，后来在兽皮中央穿个洞，或在兽皮一端切个口，就形成了如同斗篷一样的贯头衣，腰间束一根草绳。而在温暖的春夏时节，人们最初只是用一块麻葛织物把下身围起来，这就是最早的裙子。

黄帝南伐蚩尤，西征炎帝，统一中原后，迎来天下太平，黄帝也开始了他垂衣裳而治天下的伟大实践。他看到人们当时所穿的衣服在行走奔跑时常会将私处暴露无遗，便别出心裁，教人们把裹身的兽皮麻葛分成上下两部分，上身为"衣"，缝制袖筒，呈前开式，下身为"裳"，前后各围一片起遮蔽之用，两端开叉。这种上衣下裳的形制，是中国古代最早的服装款式。

受政治制度的影响，中国古代服饰文化等级森严，这是对"天意""天道"的具象显现，标识着自然界井然的秩序，同时又表现着人类伦理制度的等级

① 杨伯峻：《论语译注》，中华书局 2009，第 73 页。

规范，所以规范与秩序既是天地之性，又是人伦之性，是"天人合一"的中国传统哲学思想的体现。政治制度对服饰的行为规范，使服饰表现出一种等级秩序，从而促进了当时社会秩序的稳定。

首先，中国古代服饰在制式上是基本不变的，有两种根本样式，即上衣下裳和衣裳连属制，这两种式样的服装交相使用，兼容并蓄。其次，不管历代的官服制度如何变化，通过服饰标示穿着者官阶品次的高低、确认穿着者的政治身份，始终是万变不离其宗的原则。

据有关史料记载，古代文官冠冕构架以"梁"为冠脊，官员品级的高低，以头冠上"梁"的数目多少为标示。先秦及汉代规定："一梁，下大夫一命所服；两梁，再命大夫二千石所服；三梁，三命上大夫公侯所服。"三梁冠一直沿袭到唐朝，唐以后，官冠的"梁"数目不断增多，由三梁冠最终向七梁冠转化。[①]

明朝官员冠冕的等级区别是：一品七梁冠，二品六梁冠，三品五梁冠，四品四梁冠，五品三梁冠，六品七品二梁冠，八品九品一梁冠。清朝建立后，汉族衣冠被废弃，沿袭了两千年之久的冠梁制被清王朝的"顶戴花翎"取代。除了冠冕外，服装的花纹装饰图案也体现着古代官员的政治身份。从十二章服到明清的补服都是如此。龙是帝王的象征，其他不同的飞禽走兽章服图案，代表着不同的官阶品级，同时，文官章服图形用飞鸟，不仅仅象征其文采，且寓示着文官集团实为天子羽翼之意；武官章服图形用走兽，不仅仅象征其猛鸷，且寓示他们实为天子的爪牙。在此，章服图纹不仅体现着服饰者的身份贵贱，而且隐含着君臣一体的强烈政治意识。民间服装同样受到封建礼教制度的限制。自从黄帝把人们的衣着服装纳入统一的上衣下裳和上下连属的款式后，历代王朝的统治者都要制定服饰制度，用行政的手段对平民庶人的服饰做出种种限制与规范，并纳入封建国家的政治管理模式之中。

第三节　百姓击壤：传播主体示范观

上文的士人、圣人都有垂范的作用，其实百姓才是社会中的多数，他们的生活状况真实地显现社会传播活动。他们不仅是文明的接受者，而且也是文明的传承者。本节以被人们作为太平盛世表征的"击壤"现象，来解读百

---

① 伍魏：《政治制度与中国古代服饰文化》，湖南师范大学学位论文，2004 年，第 4 页。

姓以"击壤"的行为艺术地示范了社会和谐传播的妙境。

东汉王充《论衡·艺增篇》传曰：有年五十击壤于路者，观者曰："大哉，尧德乎！"击壤者曰："吾日出而作，日入而息，凿井而饮，耕田而食，尧何等力！"

《隋书儒林传》：上古之时，未有音乐，鼓腹击壤，乐在其间。

击壤是中国目前文献所记载的最早的游戏，被称为"中国游戏之祖"，《击壤歌》被称为"中国最早的诗歌"。[①]"击壤"一词中，"击"意即"打击、投掷"，"壤"即"打击、投掷"的目标或工具。

一、击壤游戏的玩法

关于早期"击壤"的玩法或规则，《太平御览》给予了较为全面的介绍。该书关于"击壤"的这段史料，现原文辑录如下[②]：

《释名》曰：击壤，野老之戏也。

玄晏（皇普谧，号玄晏先生）曰：十七年，与从姑子果柳等击壤于路。

《逸士传》曰：尧时有壤父五十人击壤于康衢。或有观者曰："大哉，尧为之君！"壤父作色曰："吾日出而作，日入而息，凿井而饮，耕田而食，帝何力于我哉！"

《风土记》曰：击壤者，以木作之，前广后锐，长可尺三四寸，其形如履。腊节，僮少以为戏，分部如掷博也。

《艺经》曰：击壤，古戏也。又曰：壤以木为之，前广后锐，长尺四，阔三寸，其形如履。将戏，先侧一壤于地，遥于三四十步，以手中壤敲之，中者为上。

吴盛彦《翁子击壤赋》曰：论众戏之为乐，独击壤之可娱。因风托势，罪一杀两。

《释名》是我国东汉刘熙撰写的一部专门探求事物名源的著作，其撰书目的是使百姓知晓日常事物得名的缘由或含义，是汉代四部重要的训诂著作之一，具有较高的学术价值。《释名》中"击壤，野老之戏也"一句，说明击壤

---

① 韦明铧：《闲敲棋子落灯花：中国古代游戏文化》，云南人民出版社 2007 年，第 372 页。

② 李昉、李穆、徐铉等：《太平预览》，中华书局 1960 年，第 3351—3352 页。

的游戏者一般是乡村老人。

"玄晏"是皇甫谧的字号。皇甫谧（215—282），字士安，字号玄晏先生，魏晋时期医学家，在医学史和文学史上都负有盛名。皇甫谧"十七年，与从姑子梁柳等击壤于路"，表明当时开展击壤游戏的场所是在路上。皇甫谧《逸士传》中又说"尧时有壤父五十人击壤于康衢"，表明击壤较早出现的时间、人物和地点。"尧"，史称唐尧，远古圣帝之一，生活年代距今至少四千余年。"壤父"即传说中尧时的田野老人，即《释名》所谓"野老之戏"中的"野老"。"五十人"说的是游戏者的人数之多，说明该游戏是集体活动项目。"康衢"即四通八达的大路，进一步说明了游戏场所是指平坦广阔之地。

《风土记》是西晋周处编撰的一部记述地方风俗的名著，《太平御览》中所引的这段资料，说明了击壤的材料是木质的，形状为履状，时间是在"腊节"，即大约在冬令时节，游戏者是"僮少"，即少儿等未成年人。

《艺经》是东汉邯郸淳编撰的一部记述当时流行的各类游艺项目的著作，现除《投壶赋》外，大部已佚失。《太平御览》中所引的这段资料，除了描述击壤的形制以外，还较为详细地说明了当时击壤的玩法，显然，这是一种比试"击准"的游戏。

"盛彦"，字翁子，三国时吴国人，官至吴国中书侍郎，年少时有异才，擅长诗赋。《太平御览》引用了盛彦《翁子击壤赋》中的资料"论众戏之为乐，独击壤之可娱"，表明当时的击壤比较有趣，较为流行。"因风托势"一句说明玩是要借助风力和身体的姿势或力量，揭示该游戏与力量有关。"罪一杀两"可能是一种惩罚措施，由于材料所限，具体含义暂不得而知。

通过对上述历史文献的分析，我们可以了解古代击壤游戏规则的大致发展演变情况：第一，在活动时间上，开始没有明确的时间限制，后来多在冬春季节开展，尤其是岁时节令。这反映了我国古代农业社会的特征——在冬令等农闲期间，以农业生产为主的老百姓才有机会休憩、娱乐。①第二，在活动场所上，起初在路上进行，后来不加限制，但应在开阔地带活动。第三，从活动人群来看，为集体类游戏，开始多为老年人，后来多为少年儿童。这一方面是因为一种游戏的发明需要一定生产生活经验和思考认知水平，成年人或老年人无疑在这方面具有优势；另一方面少年儿童本身活泼好动，对成年人的活动又多具有模仿性。因此，击壤从老年人的游戏后来发展为以少年

---

① 张宝强：《中国古代击壤文化初论》，《成都体育学院学报》2013年第3期。

儿童为主的活动。第四，从游戏的主要规则来看，游戏的胜负标准大致经历了"击准—击远—又击准又击远"的演变，体现了击壤游戏的形式向趣味性、丰富性发展，方法向规范化、科学化演变的特点。第五，与其他阶层和人群相比较，击壤游戏多在冬季、节令期间和室外、旷野之地进行，而其他阶层和人群，并不受游戏时间、空间的严格限制，这是由人们的生产方式以及建立其上的生活方式决定的。

二、击壤精神文化

帝尧时代，"天下大和，百姓无事。有八九十老人，击壤而歌"，老人边击壤，边唱歌。该传说实际上是奉献给土地神的祝颂。

古人以立春后第五个戊日为"春社"，以立秋后第五个戊日为"秋社"。春社祈神，而秋社谢神。这个"神"就是"社神"。"击壤"是对土地神的献歌或献乐。《诗经·小雅·甫田》中有"琴瑟击鼓，以御田祖，以祈甘雨，以介我稷黍，以谷我士女"句，描述的是以娱乐的方式祭奉土地，以祈求风调雨顺，五谷丰昌。因此，"击壤"同"击鼓"相类，也是一种动态的乐神行为。不同的是，击壤是一种季节性的民俗活动，它以斗量计数的方式进行"酬神谢土"，同时对生活的安定和未来的丰收寄以希望。例如，"击壤"之戏在 20 世纪 50 年代的南京仍十分盛行，是当时小学生们热衷的一种游戏，名叫"打梭"（因短棒被击中时如飞梭穿过，因此得名）。

在远古帝尧时代，天下太平，百姓们安居乐业，过着无忧无虑的生活，耕作之余，一群年老的农夫玩起了击壤游戏。他们一边玩，一边唱道："日出而作，日入而息。凿井而饮，耕田而食。帝力于我何有哉！"这是一幅远古时代闲适、恬静的农夫休憩图，更表现了传播主体进行传播活动的结果。传播主体若推行仁政，则天下太平，四海归一。

（肖丽雅　谢清果）

第四章　情深意切：华夏文明的传播情感论

中国人的情感是人文历史的产物。要想深入了解中国人的情感心理，挖掘传统文化——华夏文明中的传播情感思想十分必要。中国传统文化千年来以儒家思想为主导，辅以道、佛两家思想作为有益补充。从传播情感论的角度来看，儒家传播重道德情感，道家传播重自然情感，佛家传播则求圆融境界。从儒道佛三家传播思想中发现与传播情感论有关的内容，以古看今，可促进现实生活中的各种交流传播活动的进行。

中国传统关注人，"情感是人之为人的基本属性"，对于情感问题的讨论成为中国传统哲学中一个重要的特点。[①]

现代心理学认为：情绪和情感是人脑以主观体验形式，反映客观事物与主体需要关系的心理现象[②]。情绪是与有机体的生理需要能够得到满足相联系的体验，情感则是与人的社会需要相联系的复杂而高级的体验。在本文，我们探讨关于情感的内容则是侧重情感心理因素在人们的认知活动、社会关系以及社会交往中的作用[③]。

中国人的情感是人文历史的产物。"人文"一词最早见于《周易》的《贲卦·象传》："刚柔交错，天文也；文明以止，人文也。观乎天文以察时变；观乎人文以化成天下。""天文"指自然界万物运行法则，"人文"则指人类社

---

① 何善蒙：《中国传统情感心理学思想摭论》，《社会心理科学》2005 年第 Z1 期。

② 杨巍峰：《对情绪情感定义的管见——兼与杨泽民同志商榷》，《心理学探新》1986 年第 3 期。

③ 刘穿石：《人情与人心——中国传统情欲心理学思想研究》，山东教育出版社 2012 年，第 1 页。

会的运行法则①。源远流长的中国传统文化深刻塑造了世世代代中国人的情感世界。福尔瑟姆（G. J. Folsom）则将文化定义为"人类所生产的一切产品的总和，它包括工具、符号、大多数组织机构、共同的活动、态度和信仰"。②所以，文化是人类情感的评价标准，也是人类情感思想的载体。

情感传播是指"传播活动主体思维采用情感逻辑的结构和指向方式，通过情感主体活动影响传播受体，以情感为基础和传播纽带力求达到传播活动的目的和需求"。③中国人的思维方式，反映了长期以来的传统文化重视情感传播的特点。中国传统思维特点在于知情意统一，带有强烈的感情色彩。中国传统文化是人文主义的，表现在思维方式上，就是非纯形式、逻辑的理性思维，而是主体情感体验层次上的意向思维。中国文化心理十分重视人的情感因素，主体的情感需要、评价和态度在思维中起至关重要的作用。因而，中国人习惯用体验的方式直接把握事物的意义，善于从具体感受中抽象出一般原则，而不讲求概念的形式化与公理化。在思考问题时，主观情感色彩浓厚。观察理解自然现象时，也自然地把主观情感投射到自然界。④

情感传播具有特别的魅力和力量。李建军等人在《理性与情感传播：对外传播的新尺度》里提出情感传播能够凸显传播主体的文化品格和人文关怀，能够在冷漠和过于刚性的世界中诉诸传播情感，影响心灵。刘研在《电子游戏的情感传播研究》中将情感传播定义为人类自我价值实现的重要基础，人类与其他动物最重要的区别在于，人具有表达和接收复杂而丰富的次级情感信息的能力，这种能力既基于生物学体系能力，也受社会文化规范的影响。⑤纪雪梅等人通过整理《SNA 视角下的在线社交网络情感传播研究综述》也发现了情感传播在关涉舆论的决策制定中具有重要价值。⑥

华夏情感传播的关键，情与理、与法的冲突。海特的社会直觉模型甚至将情绪置于道德判断的中心位置。海特发现，在对一些无礼的活动做道德判断时，情绪反应比对伤害的评价更能预测道德判断的结果（Haidt, Koller,

---

① 王若曦：《论唐君毅的"人文"概念》，《西南科技大学学报（哲学社会科学版）》2014年第 3 期。

② 郭莲：《文化的定义与综述》，《中共中央党校学报》2002 年第 1 期。

③ 李建军，刘会强，刘娟：《理性与情感传播：对外传播的新尺度》，《江西社会科学》2015 年第 5 期。

④ 蒙培元：《论中国哲学主体思维》，《哲学研究》1991 第 3 期。

⑤ 刘研：《电子游戏的情感传播研究》，浙江大学博士学位论文，2014 年。

⑥ 纪雪梅，王芳：《SNA 视角下的在线社交网络情感传播研究综述》，《情报理论与实践》2015 年第 7 期。

&Dias，1993）。[①] 喻丰等人在回顾和分析道德判断各种理论的基础上，阐述了情绪在道德判断中的作用，认为今后应当更多地注重情境的影响来考察道德判断中情与理的问题。[②] 林柳生、郭联发关于《牡丹亭》和《红楼梦》中情与理的比较研究，详细剖析华夏文化中情与理剧烈碰撞冲突的状况。[③] 在重情重义的华夏文明中，人情事理与律法的冲突也十分普遍。这里的"情"主要是两方面，一是社会层面，如民意、舆论的判断准则；二是个人层面，主要包括裁判者（法官）、案件当事人的判断准则。[④] 受儒家思想影响深远的华夏文明，力求达到情与法的和谐统一。方莉在《回归历史语境辨析儒家思想体系中的情法关系》以《论语》中"直躬证父"和《孟子》中"窃父而逃"这两个故事精准回答了华夏文明思想对情与法冲突的解答。[⑤]

综上，我们可以得出，从中国传统文化——华夏文明中去挖掘古代的传播情感思想，能够深入地了解中国人的情感心理，最终目的则是以古看今，促进现实生活中的各种交流传播活动的进行。中国传统文化以先秦诸子百家的思想为开端，其中儒家文化在几千年里都占据了正统地位，而道家关于人际关系的思想对后世的影响也与儒家难分伯仲。佛家思想尽管在东汉末年才传入中国，但也深刻影响了中国人的思维观念。本文将以华夏文明这三个典型代表儒、道、佛三家的传播思想作为内容，探讨其中关于传播和情感的种种观点，归纳总结，取长补短，汲取对现实传播活动有益的精华。

第一节　仁者无敌：儒家传播重道德情感

春秋战国时期，孔子整理了《诗》《书》《礼》《乐》《易》《春秋》等商周文化典籍，并用作教材教育学生，开启了中国古典情感思想的先河。以孔、孟为代表的儒家思想的基本理论框架，奠定了中国传统文化的基础。儒家思想制定的关于修身齐家、人际交往的原则和规范，对后世影响很深。到了宋

①　Haidt, J., Koller, S.H., &Dias, M.G. (1993). Affect, culture, and morality, or is it wrong to eat your dog? Journal of Personality and Social Psychology, 65, 613–628.

②　喻丰，彭凯平，韩婷婷，柴方圆，柏阳：《道德困境之困境——情与理的辩争》，《心理科学进展》2011 年第 11 期。

③　林柳生，郭联发：《〈牡丹亭〉和〈红楼梦〉中情与理的比较研究》，《南昌教育学院学报》2005 年第 4 期。

④　王帅：《民事案件审理中情与法冲突的利益衡量》，《法学论坛》2008 年第 6 期。

⑤　方莉：《回归历史语境辨析儒家思想体系中的情法关系——以〈论语〉中"直躬证父"章和〈孟子〉中"窃父而逃"章为例》，《内蒙古农业大学学报（社会科学版）》2012 第 2 期。

明时期，儒家礼教糅合了道、佛两家思想，建立宋明理学，发展"三纲五常"成为天理、人际最高原则，在中国漫长的封建社会时期占据着统治思想的地位。其中关于传播、关于情感的有关理论，成为当时的人们传播活动的主要指导原则，也对现今社会交往、做人准则有不可忽视的影响。

（一）亲亲尊尊：儒家强调道德情感特色

"儒家的道德情感极力排斥迷狂式的激情及动物性情欲的宣泄，强调其社会性、理性，这对于造就绵延至今的圣贤人格发挥着巨大的作用。"[①]儒家所倡导的是以"礼乐"塑就的、合乎伦理规范的、"善"的道德情感。儒家学派创始人孔子，通过亲力亲为的努力，试图重新恢复西周时期宗法制度下的君亲一统的社会和谐局面，即"整个国家从上到下都处在内为宗族外为君臣的双重身份之中，孝作为调整社会的主要伦理规范作用于家庭乃至宗族"。[②]

孔子生活的年代呈现出礼崩乐坏的社会动荡局面，他认为推崇"亲亲尊尊"——以血缘为基础和纽带的宗族内部伦理关系和人为的社会等级尊卑关系的宗法制度政治伦理，重新确立"君君、臣臣、父父、子子"正名思想（《论语·颜渊》），就能够改变社会现状。《论语·为政》里，有人问孔子为何不从政，孔子以《书》云："孝乎惟孝，友于兄弟，施于有政。"回答在家尽孝、兄弟间友爱也是从政。道德情感概念被孔子提升到了国家政治实现的层面，可见道德情感传播在儒家思想中的地位有多么重要。

（二）自省——恢复理性

在自我领域，按照美国心理学家米德的观点，人一生下来并不存在自我，因为他不可能直接开始自己的实践活动。随着从外部世界获取实践经验，人学会了将自我作为一个对象来考虑，并形成了他们对于自己的态度和情感，这就是自我意识的发展。[③]

儒家在人内传播方面，通过情感体验来获得对人、对自身的认识。孔子

---

① 彭彦琴：《中国传统情感心理学中"儒道互补"的情感模式》，《心理学报》2002 年第 5 期。

② 孙秀伟：《"为父绝君"内在的儒家亲亲尊尊之思》，《陕西师范大学学报（哲学社会科学版）》2010 年第 4 期。

③ 付宗国，张爱玲：《米德的符号互动自我理论初探》，《山东师大学报（社会科学版）》1995 年第 2 期。

闻见的经验，多来自主体情感意向的需要。[①] 例如，"见贤思齐焉，见不贤而内自省也"（《论语·里仁》）讲的是，看见贤人，应该学习他的美德并努力追赶，看见不贤之人，则应该从内在自我反省，多多检讨；"多闻，择其善者而从之"（《论语·述而》），多听多看多感受，选择符合道德规范的"善"的言行跟从；"我欲仁，斯仁至矣"（《论语·述而》），孔子用情感体验得来的经验理解自我，我想要仁德，仁德就会到来。孟子的"四端"说，是另一个通过情感体验来获得认识的例子，他认为扩充感官的四端为一种情感体验，而这种体验能够得到"仁义礼智"的真知。[②]

儒家道德情感的具体表现形式是"乐"。[③] 儒家十分重视"乐"体验对人内传播自我成就的必要性。孔子说过："知之者不如好之者，好之者不如乐之者。"（《论语·雍也》）可见，乐之者所代表的情感体验，被孔子放在了比知性更高的地位。外在的知识对自我而言没有内在体验来得重要。"乐"作为内在的体验，是一种主体和客体统一的人生境界达成。孔子把真实的情感看得比抽象的伦理规则还要重，《论语·子路》有这样一个故事，楚国的叶公子高告诉孔子，他们家乡有个"直躬者"，其父亲偷了羊，他自己去告发。孔子却不以为然地说，我们那也有"直躬者"，但"直"却是"父为子隐，子为父隐"的做法。如果从抽象道德规则来说，告发父亲的儿子做法是对的，但从真情实感来看，他的做法是错的。可见，在孔子看来，这不是"直"，而是"罔"。[④] 山水之乐是另外一个典型的例子。当孔子问学生们有什么志趣的时候，曾点回答："暮春者，春服既成，冠者五六人，童子六七人，浴乎沂，风乎舞雩，咏而归。"（《论语·先进》）。孔子听到他描绘的这般暮春时节到大自然游览吹风、载歌载舞的情景，十分赞许，反映了儒家向往的人与自然和谐统一的山水之乐。

儒家道德情感强调抑制自身欲望，遵从社会礼法，自身才能拥有仁德。孔子一贯主张以礼驭情，情感必须脱离了非理性的欲望，倡导以礼约束自己

---

① 蒙培元：《中国哲学主体思维》，人民出版社 1997 年，第 57 页。

② 蒙培元：《中国哲学主体思维》，人民出版社 1997 年，第 67—68 页。

③ 彭彦琴：《中国传统情感心理学中"儒道互补"的情感模式》，《心理学报》2002 年第 5 期。

④ 彭锋：《君子人格与儒家修养中的美学悖论》，《陕西师范大学学报（社会科学版）》2009 年第 4 期。

的言行，并且他批评感情用事及不能克制冲动的鲁莽行为。①孔子说："一朝之忿，忘其身，以及其亲，非惑也？"（《论语·颜渊》）指出不能克制一时的冲突而破坏认知世界和社会关系的人，岂不是人心的迷惑吗？情感会影响礼法的倾向性，不符合礼法的事情和行为，不要去关注，情感上要秉持否定的态度。《论语·颜渊》中，孔子说："为仁由己，而由仁乎哉？"颜渊不明，孔子说道："非礼勿视，非礼勿听，非礼勿言，非礼勿动。"在孔子眼里，首先从情感上屏蔽，可以减少不良行为的影响。②

（三）外推——仁者爱人

儒家思想有很多关于人际关系方面的讨论，儒家认为秉持仁心、以和为贵、克己复礼是在人际传播中实践道德情感的重要途径。

儒家主张在与人交往的时候应该秉持仁心。在儒家思想中，正如《论语·宪问》论述的"君子无终食之间违仁，造次必于是，颠沛必于是"，"仁"是圣人君子最重要的本质。仁心是情感的道德化的结果，所以仁是具有强烈情感基础的一种品性、心理状态和行为方式。③这个理念在人际传播过程中的具体表现有以下几个方面：一是爱亲人、爱他人乃至爱天地万物。这是一种泛爱众、博爱的境界，强调以道德感情来关爱他人。以现代心理学家舒兹（W. C. Schuts）人类有六种基本人际关系倾向的观点来看，这种在感情上愿意与他人传递喜爱、亲密、关心，与他人建立良好关系的表现属于主动的感情需求型。④具备这样仁爱特征的人也更会受到别人的爱戴，即正向情感反馈。人际传播过程中，儒家还强调推己及人，从人自身到众他人，"己欲立而立人，己欲达而达人"（《论语·雍也》）以及"己所不欲，勿施于人"（《论语·颜渊》）的现代换位思考的观点。⑤第二，爱有差等的人际情感传播观。孟子曾经说过："教以人伦，父子有亲，君臣有义，夫妇有别，长幼有序，朋

① 赵凯：《同人心，贵人和——中国传统人际关系心理学思想研究》，山东教育出版社2012年，第99页。
② 刘穿石：《人情与人心——中国传统情欲心理学思想研究》，山东教育出版社2012年，第212页。
③ 刘穿石：《人情与人心——中国传统情欲心理学思想研究》，山东教育出版社2012年，第63页。
④ 佚名：《你是哪一型？》，《当代学生》，2002年第Z1期。
⑤ 曾红：《儒道佛理想人格的融合——中国文化心理结构》，山东教育出版社2012年，第65页。

友有信。"（《孟子·滕文公上》）可见，在孟子心目中，人际关系是以家庭关系为基础的，"泛爱众，而亲仁"（《论语·学而》）的前提是"仁者人也，亲亲为大"（《礼记·中庸》），从孝敬父母、尊重兄长做起。从现代心理学上依恋的概念来看，依恋是人类各种人际关系中心理相容性最高、人际关系质量最高的一种，最早就是形容母子、家人之间的感情。[1] 爱有差等的传播观主张人们重视家庭中的人际情感传播。[2]

以和为贵是人际传播的起点和归宿。"和为贵"（《论语·学而》）观念在儒家思想有多处表现，孔子说"君子和而不同，小人同而不和"（《论语·子路》）讨论君子与小人与人相处的差别，孟子说"天时不如地利，地利不如人和"指出人际关系的和谐的作用高于天时地利的自然条件（《孟子·公孙丑下》。荀子也讲人际关系的和谐，但他更多讲人际和谐与政治和谐联系在一起，"刑政平，百姓和，国俗节"（《荀子·王制》）。现代社会心理学在衡量人际关系的发展水平时，经常将关系双方在情感上的联系情况作为重要的评价标准。[3] 那么这里提到的"和"则是人际关系的双方通过情感投入，进行积极正向的情感传播，从而建立起真实的有安全感的情感联系，得到关系和谐的传播效果。可见，以和为贵是良性关系的目标、起点，更是最终的结果、归宿。[4] 人际交往的以和为贵带来的人人和谐，正是当前国家政府倡导的建设和谐中国理念的理论发端和实践基础。

克己复礼是人际传播的重要保障。儒家十分强调一个"礼"字。孔子主张"不学礼，无以立"（《论语·季氏》），强调以礼待人的传播方式，才能以理服人。传统中国文化的人际关系注重行礼："夫行也者，行礼之谓也。礼也者，贵者敬焉，老者孝焉，长者弟焉，幼者慈焉，贱者惠焉。"（《荀子·大略篇》）可见，"礼"是交往中的敬重。重"礼"的原则延续到当今的中国社会，人人都心知肚明："来而不往非礼也。"（《礼记·曲礼上》）在与他人交往时的礼尚往来，不是物质交换那么简单，全都是人情传播在其中的作用。礼的功

---

① 刘志军：《90年代西方依恋理论研究的概述》，《上海师范大学学报（哲学社会科学版）》2000年第3期。

② 赵凯：《同人心，贵人和——中国传统人际关系心理学思想研究》，山东教育出版社2012年，第40页。

③ 许传新：《大学生宿舍人际关系质量研究》，《当代青年研究》2005年第4期。

④ 赵凯：《同人心，贵人和——中国传统人际关系心理学思想研究》，山东教育出版社2012年，第57页。

能在于感染、感动和感受。① 依靠礼来约束人们的行为，是诚信作为动力。在人际传播中，孔子主张言行一致，"与朋友交，言而有信"（《论语·学而》），认为"人而无信，不知其可也"（《论语·里仁》）。信任是人与人交往的基础，要建立一个人与人良性传播的循环过程，即良好的人际关系，讲求诚信是十分重要的。② 诚信、诚心，都是借情感传播的力量影响他人。

儒家在求仁、求礼之路，格外强调自我人内传播的内省法以及人际传播的行孝行仁的外推，都是为了最终塑造一个内圣外王、拥有仁义礼乐品质的理想人格。③

第二节　太上忘情：道家传播重自然情感

道家流派代表人物老子和庄子，生活的时代残酷黑暗，人们钩心斗角。在这样的现实生活中，老子和庄子不愿与人同流合污，于是采取了消极避世的态度，追求精神自由，提出了与儒家完全不同的传播情感论。道家思想主张顺乎自然，关于人际交往提出不少真知灼见，区别于先秦其他各诸子的言论。道家丰富的情感传播思想对后世的影响，却与儒家难分伯仲，成为儒家思想的有益互补。

（一）返璞归真：道家的审美情感

道家的审美情感关注个体情感感性的一面，突出情感中感性体验的成分。这恰好弥补了儒家情感一味强调社会理性的情感。道德情感和自然情感的不同，反映的是儒道体验实际内容的差别。儒家重视群体意识，强调人社会性的一面，因而体验情感重视以外见内，从外在的他人来认识、感受内在的方式。而道家重视个体意识，强调人自然性的一面，体验情感则重视本体自在自为。④

道家所说的"无情""去情"，正是表明不赞同儒家主张的道德情感。道家认为，外在的事物引发人之情感欲望，使人心迷性乱，受外物役使。庄子

---

① 刘穿石：《人情与人心——中国传统情欲心理学思想研究》，山东教育出版社 2012 年，第 219 页。

② 徐仪明：《论儒家早期情感心理的教化作用及其重要意义》，《孔子研究》2011 年第 6 期。

③ 曾红：《儒道佛理想人格的融合——中国文化心理结构》，山东教育出版社 2012 年，第 86 页。

④ 蒙培元：《中国哲学主体思维》，人民出版社，1997 年，第 101 页。

否定物之情，因为这种情使人为外物所役使，使人沦落为工具，沦落为外物之奴隶。庄子主张，"有人之形，无人之情。有人之形，故群于人；无人之情，故是非不得于身"。(《庄子·德充符》)这种"人之情"为俗人之情，物之情，应该去除而返朴归真。

道家推崇的是与之对应的"人之性命之情亦是虚无恬淡而常因自然"的道德情感。"惠子谓庄子曰：人故无情乎？庄子曰：然。惠子曰：既谓之人，恶得无情？庄子曰：是非吾所谓无情也。无所谓之情者，言人之不以好恶内伤其身，常因自然而不益生也。"(《庄子·德符充》)庄子明确提到"无情"之情不是他所认为的情，他认为的情是"凄然似秋，暖然似春；喜怒通四时，与物有益而莫知其极"(《庄子·大宗师》)的自然之情，喜怒哀乐如同春秋冷暖，而不是为物所困的情感。①这才是真正的情，才是人之常情。如此之情，也就是庄子所谓的"性命之情"。《庄子·达生》有这样一句话："达生之情者，不务生之所无以为；达命之情者，不务知之所无奈何。"达生，不追求不必要，不追求无可奈何，而是顺其自然，在庄子看来，这样的情感态度有助于精神自由、心境宁静。而人之性命之情就应该像人之本性一般，虚无恬淡而常因自然。②

道家的审美情感传播离不开"虚静"修道的心态与"逍遥"得道的境界。老子最早提出"致虚极，守静笃"(《老子》第十六章)，用生命的原本状态比喻"静"。老子关于"虚静"心态的论述，还有"静胜躁，寒胜热"(《老子》第四十五章)的心静自然，又或"不欲以静，天下将自定"(《道德经》第三十七章)的治国静胜等等。得道的至美至乐"逍遥"境界受庄子的充分重视，"庖丁解牛"故事为最好的比喻。"庖丁为文惠君解牛，手之所触，肩之所倚，足之所履，膝之所踦，砉然响然，奏刀騞然，莫不中音。"(《庄子·养生主》)庖丁解牛的反复实践使他做事得心应手，运用自如。庖丁已不是普普通通的解牛小工，在解牛的领域，他已获得了与顶级钢琴家、画家一样的殊荣。无论是"虚静"心态抑或是"逍遥"境界，都离不开道家的审美宗旨，超越物质，超越功利。③

---

① 彭彦琴：《中国传统情感心理学中"儒道互补"的情感模式》，《心理学报》2002年第5期。

② 罗安宪：《道家心性论》，中国人民大学博士学位论文，2002年。

③ 潘显一：《"虚静"、"逍遥"、"玄德"：道教美学情趣论》，《社会科学研究》1997年第3期。

（二）物我同一

道家提倡"道"。"道可道，非常道"（《老子》第一章），道是不可言说，不可感知的。"道常无名，朴"（《老子》第二章），道是不可名说、不可分析的整体存在。道是万物的根源，道不是一般的认识对象，因而不能通过一般的方式方法去认识它，而是应该通过"体道"（直觉体验）的方式来领悟"道"的。① 道家思想在人内传播方面的内容有丰富的讨论，道家的"内向传播智慧更倾向于消融社会性对自我超越的干扰，注重自我内心通过向'道'复归而实现自我升华"。②

道家代表人物老子主张"静观"的悟道思想。"静观"思想反映了道家十分重视自我体验、自我关注式的内向传播。"静观"是一种直觉体验，缺少情感因素，可谓是人类的第六感觉，是一种特殊的体验性思维，出于情感而又超越情感。老子认为，反对一般的知识，才能直接把握道体，要使心中致虚无物，静而无扰，才能获得宁静的体验和内观。"致虚极守静笃。万物并作，吾以观复。夫物芸芸各复归其根。归根曰静，是谓复命；复命曰常，知常曰明。"（《老子》第十六章）万物虽然纷纷扰扰，但万变不离其宗，这个宗即是道。这个道，是从"静观"式体验中获得的。庄子所说"鱼之乐"的故事，也反映了这种自我体验的意识。庄子与惠施游玩于濠梁之上，庄子看见鱼儿在水中出游从容，断定鱼有一种乐趣。惠施认为，你不是鱼，怎会知道鱼之乐呢？庄子反问，你不是我又怎能知道我不知道鱼之乐呢？（《庄子·秋水》）如果从现代认识论的逻辑推论来看，单从鱼的"出游从容"简单推导出"鱼之乐"的结论是十分不严谨的。因为鱼是否"出游从容"尚无法判断，又何故以人的情感标准来看待鱼呢？然而其实庄子并不是在做一个严肃的逻辑判断，他是将个人之乐投射到鱼的身上。人感到情绪状态良好了，看世上万物都是美好快乐的了。这正是庄子倡导的物我同一的自我体验。③

道家在面对时势变化时主张的"顺道"，是建立在不失去自我的前提下的。即使外界变化、万物纷扰，仍然不忘内向传播、反观自我。与情感有关的内向传播主要有知和、知足两方面的传播内容。知和关注的是个体的自我和谐，即人的内在精神世界的和谐，"且夫乘物以游心，托不得已以养中，至矣"（《庄子·人间世》），主张通过"坐忘""心斋""养和"等方法培养一个有利的身心

---

① 蒙培元：《中国哲学主体思维》，人民出版社 1997 年，第 101—103 页。
② 谢清果：《内向传播的视阈下老子的自我观探析》，《国际新闻界》2011 年第 6 期。
③ 蒙培元：《中国哲学主体思维》，人民出版社 1997 年，第 103—106 页。

环境。"五色令人目盲；五音令人耳聋；五味令人口爽；驰骋畋猎，令人心发狂；难得之货，令人行妨。是以圣人为腹不为目，故去彼取此。"（《道德经》第十二章）老子认为，像眼花缭乱的色彩这样的外界纷杂的种种对人不利，会损害人自我内在的和气。在情感传播中，则强调感官的零负担，要对情感的需求有所取舍。知足强调的道理类似，对情感的需求知足常乐，"知足者富"，只有言行不离道之规律中的人才能够活得长久（《道德经》第三十三章）。[1]

（三）君子之交

道家在人与人交往方面的思考可用一句话来概括："君子之交淡如水，小人之交甘若醴。"（《庄子·山木》）具体来说，就是君子之间的交往不建立在功利之上，而是以道义相交。君子是悟道者，放下的是人间私利，与人交往亲密而持久而不是图利益、求回报。反之来看，小人的交往则往往最终沦落至"破穷祸害相弃也"的境地（《庄子·山木》）。道义是态度与价值观的表现。情感的融洽、心理的支持都是交往的基础，以道义来要求人际交往，塑造的则是更高质量的人际关系。在人际关系中，只一味注重传播中情感的得失、利益的得失，当这种需要满足之后，人与人之间的相互作用很快就会消失，因为这不是一种紧密的人际关系。道家倡导的人际传播，以道义为基础，平淡如水，蕴含经得起细细品味、推敲的亲切。现代生活中，"患难见真情"见得此意。[2]

相忘于江湖的情感传播。庄子曾以鱼来描绘过人与人之间的关系。"泉涸，鱼相与处于陆，相呴以湿，相濡以沫，不如相忘于江湖。与其誉尧而非桀也，不如两忘而化其道。"（《庄子·大宗师》）在他眼里，相濡以沫的悲哀，不如淡然、相忘。人际关系的发展实质上就是典型的传播过程。传播双方所有的传播言行，均会获得对方或正或负的反馈，最终双方会形成一种平等的互动状态。庄子主张，淡然的情感传播是稳固持久关系的基础。[3]

否定敌对情感的不争之术。争是一种为满足欲望产生的敌对情感或行为。人与人之间容易因为利益冲突而产生敌对情绪，向他人传播竞争讯息或是敌

---

[1]　赵凯：《同人心，贵人和——中国传统人际关系心理学思想研究》，山东教育出版社2012年，第106—112页。

[2]　赵凯：《同人心，贵人和——中国传统人际关系心理学思想研究》，山东教育出版社2012年，第147页。

[3]　赵凯：《同人心，贵人和——中国传统人际关系心理学思想研究》，山东教育出版社2012年，第152页。

对的情感。面对这种状况，老子主张用"无为"的方式来解决利益争端，用"无为"的观念来实现人的价值平衡。"不尚贤，使民不争；不贵难得之货，使民不为盗；不见可欲，使民心不乱。是以圣人之治，虚其心，实其腹，弱其志，强其骨。常使民无知无欲。使夫智者不敢为也。为无为，则无不治。"因而，为了防止情感传播中产生敌对、消极的效果，首先，让人们没有过多的欲望，"无为""不争"是一种策略。①

虚静、无为、回归自然，是道家思想的核心。无论是在人内传播还是人际传播中，情感传播都是围绕这个核心来进行的。保全人的天然之性，让其自然发展；去四处游览于山水之间，不仅让自我与宇宙直接情感交流，更与天地万物融为一体。这样的物我两忘，淡泊清净，超越一切乃至生死。②

第三节　慈悲为怀：佛家传播求圆融境界

佛教起源于古印度，于西汉末年经由西域传入中土。受中国传统伦理思想影响的东传佛法，主张以善恶观为主要内容的伦理思想，讲求因缘际会、因果报应，追求至高佛性。佛家思想在中国本土化之后，通俗易懂，具有劝善化俗的社会功能。如今佛教寺院遍布全国，拥有众多信徒，佛家思想在中国文化中具有一定的地位。③

（一）"止于欲，发于情"：佛家不执情感论

佛家强调"净"，"净"突出的是内在精神的自在、清明与空灵。净心，即保持心灵的本然状态。与此有关的论述，最经典的就是慧能的"菩提本无树。明镜亦非台，佛性常清静，何处惹尘埃？"中国佛教除法相唯识宗外，认为一切众生均具佛性，即成为佛的可能性。人成为佛，只是"见性成佛"。人要成佛，必须向内求取，而不是向外索取。因此佛家特别注重的是对心性的修养。④

佛家认为，如同日月明亮却被浮云遮挡，人本自清净光明的佛性，也常

---

①　刘穿石：《人情与人心——中国传统情欲心理学思想研究》，山东教育出版社 2012 年，第 210 页。

②　曾红：《儒道佛理想人格的融合——中国文化心理结构》，山东教育出版社 2012 年，第 72—73 页。

③　周秋光，徐美辉：《道家、佛家文化中的慈善思想》，《道德与文明》2006 年第 2 期。

④　罗安宪：《敬、静、净：儒道佛心性论比较之一》，《探索与争鸣》2010 年第 6 期。

受各种污秽尘垢遮蔽。因此，佛家对情感采取的是不执的态度。佛家思想认为，情感上的欲望首先是占有和控制的，所以要泯灭情欲。而感是因慈悲而产生的，所以情感要慈悲。佛家的理想人格是超尘绝俗，泯灭七情六欲的超人。[①]首要一点是讲世界万物都是虚空，即"万法皆空"。人生的喜怒哀乐都抛弃身外，"反本求宗者，不以生累其神，超落尘封者，不以情累其生。不以情累其生，则生可灭，不以生累其神，则神可冥。冥神绝境，故谓之泥洹"。（《沙门不敬王者论》）佛性作为至高之性，爱憎之情不牵累，则无求无欲、与世无争。佛的圆融强调的就是不要有"我执"的存在，懂得一切因缘际会，一切事物都会有因果存在，不要执着。佛教之所谓："如人饮水，冷暖自知。"达到圆融无碍的境界，主要便是通过人内传播自我超越的泯灭情欲、反观自我以及人际传播宽容待人的慈悲为怀。

（二）自我超越

佛家思想主张实现"佛性我"。佛性是第一至高之性，是普遍永恒的存在。于是佛家主张尘世生活的人们都应该首先超越自己七情六欲的情感体验，才能圆融无碍地自我超越，进而达到佛的境界。佛家注重个人的修炼养性，因而佛家的传播情感论主要是围绕个人如何向自我传播讯息并且提升自我的方面展开。而佛家人内传播的最终目标即是圆融。《佛光大词典》解释说："圆融，谓圆满融通，无所障碍。即各事各物皆能保持其原有立场，圆满无缺，而又为完整一体，且能交互融摄，毫无矛盾、冲突。"[②]

泯灭情欲。佛家理想人格"佛"泯灭七情六欲，对一切不憎不爱，永远保持平静安宁的心境。"色之性空，非色败空"（《不真空论》），佛家思想宣扬将"空"人内传播给自身，一切都是暂时、相对的意义。情感传播上，只有抛弃遇到事物引起的外在的喜怒哀乐，才能"性自清净"、心超尘世之外达到涅槃寂静之状。[③]

"自心即佛"。禅宗六祖慧能反复强调，佛性在众生心中，众生自己的本性应向自家归依。这与西方社会心理学"镜中我"（the looking-glass self）理论有所不同。"镜中我"理论认为，每一个人都是他人的镜子。每个人都从他人眼

---

　　① 曾红：《儒道佛理想人格的融合——中国文化心理结构》，山东教育出版社 2012 年，第89 页。

　　② 霍韬晦：《绝对与圆融》，东大图书公司，1989 年。

　　③ 蒙培元：《中国哲学主体思维》，人民出版社 1997 年，第 101—103 页。

里认知我是个什么样的人。① 我们得到自我认知，均是通过他人的反应得来的。而佛家不这样看，佛家认为，佛性应该在自我中寻找，个体与本体实现统一，在现实自我中实现超越，最终达到境界。佛家注重人内传播的作用，这需要个人经历感性体验，经过主体的自我体验，实现自我存在和自我认识。②

（三）宽容待人

慈悲观是佛教教义的核心，"慈悲"二字蕴含了人与人之间的同情、友爱之情。信奉佛教的信徒们，只有"以慈爱之心给予人幸福，以怜悯之心拔出人的痛苦"，才能修佛成道。

佛家思想还主张众生平等的观念，即强调人与人之间的平等性，应该同等看待自我与他人。③ 无论是慈悲观，抑或是众生平等观，佛家养生修性，主张做人包容豁达。在传播情感论方面均强调了，在人际传播中，宽容二字十分重要，多付出关爱给予他人，多付出耐心帮助他人。宽容是中华民族的传统美德，中国人精神生活的重要内容。然而现代人却很少人能够真正做到翩翩君子的大度。也许我们要多向佛寺中袒胸露腹和哈哈大笑的大弥勒佛学习。④

中国佛教继承发展了印度佛教的解脱主义学说，其中以中国化佛教学派之一的禅宗为典型。禅宗强调一种"平常心"，即每个人自然就有平常心、本心，如果能"解脱"，返归平常，那就能进入本真境界。⑤ 运用到人际关系中的情感沟通中，平常心可以用"不以物喜，不以己悲"来概括。在人与人的交往中，不必太过欣喜于见到久未相见的老友，不必太过愤慨于人际相处产生的矛盾冲突，同样不必太过悲伤于关系的破碎或失去。

情感在佛家传播思想中不是主要内容。情感上的和谐完美也不是佛家思想中的终极目标。佛家为了达成圆融无碍的佛性境界的目的，情感，表现为态度或观念或手段，只是佛家传播观念中一个应该注意的重要因素。

（郑雯倩　谢清果）

---

① 陈力丹，陈俊妮：《论人内传播》，《当代传播》2010 第 1 期。
② 蒙培元：《中国哲学主体思维》，人民出版社 1997 年，第 176—179 页。
③ 曹静：《论刘熙载的儒道佛圆通思想》，《语文学刊》2009 年第 17 期。
④ 赵凯：《同人心，贵人和——中国传统人际关系心理学思想研究》，山东教育出版社 2012 年，第 155 页。
⑤ 许鸶：《儒道佛三家对人的生命价值与心性修养的关怀》，《太原城市职业技术学院学报》2006 年第 3 期。

第五章 天下归一：华夏文明的传播责任观

本章从传播过程的角度，着重讨论了"天下"体系这一极富华夏传统思想特点的世界观，挖掘其"无外"原则所蕴含的内向传播思想、"民心"思想及传统文化责任伦理所蕴含的传媒责任观内涵，意图探索华夏文明所孕育的传播责任观，这将为今天的媒介责任观体系的建立和新闻实践提供纵向的参照。

中国新闻界一向推崇媒体的社会责任，早期的一些报人和学者在论及媒体的社会功能时对此都有明确的阐释。无论是梁启超提出的"监督政府、向导国民"，还是徐宝璜提出的"供给新闻、代表舆论、创造舆论、灌输知识、提倡道德"[①]，无疑都将社会沟通、社会教育、社会监督和社会导向等作为媒体所应担负的责任。这与传统的中国世界观——"天下"理论是密不可分的。在关于世界政治的问题上，中国的"天下"理论，是唯一考虑到了世界秩序和世界制度的合法性的理论，因为只有中国的世界观拥有"天下"这个在级别上高于/大于"国家"的分析角度[②]。天下是天下人的天下，天下人最需要天下大治，所以得天下民心者得天下，这是天下理论的基本价值原则。这意味着必须把世界（天下）看作是人类的公共政治空间和共同资源，既然是一个共同享有的资源，那么在这个公共空间中必然会有传递社会信息、运行社会信息系统的互动行为；对于共同资源在共享的过程中也必然会产生信息共享活动，即社会传播。而作为这种信息互动、传递和共享的载体、渠道、中介物，传播媒介又应该发挥什么样的作用，有什么应尽的义务呢？在笔者看来，这

---

① 徐宝璜：《新闻学》，中国人民大学出版社 1994 年，第 132 页。

② 赵汀阳：《天下体系：世界制度哲学导论》，江苏教育出版社 2005 年，第 4 页。

种以世界为尺度去思考属于世界的政治问题的方式，恰恰是中国传播责任观的滥觞，且这种传播责任观表现出极为重视传媒要对社会负责的特点。

本章从传播过程的角度，着重讨论了"天下"体系这一极富华夏传统思想特点的世界观，挖掘其"无外"原则所蕴含的内向传播思想、"民心"思想及传统文化责任伦理所蕴含的传媒责任观内涵，意图探索华夏文明所孕育的传播责任观，这将为今天的媒介责任观体系的建立和新闻实践提供纵向的参照。

据搜集到的资料情况来看，中国有关传播责任观的研究集中在传媒社会责任方向，与西方社会责任理论相比，国内在这方面的研究尚处于起步摸索阶段，未形成一个完整的体系，研究主要集中在关于媒介权利和责任，关于媒介、政府、公民三者的关系，关于媒介与经济的关系，关于媒介与社会的关系等方面。虽然视角较为多元，但更多的是对现当代国内外新闻实践以及与传媒有关的社会现象进行中国媒介社会责任的解读和分析，对关于华夏文明与传媒责任方面的研究成果寥寥。

对华夏文明与传媒责任方面的研究主要集中为两类，一类是中国传播责任观发展演变的梳理和研究，田振华认为，强调媒介的社会责任是徐宝璜新闻思想的一大特色，仔细分析后认为徐宝璜的媒介责任观对于今天的新闻实践依然有重大的指导意义[①]；查英立足于晚清、民国和中华人民共和国成立以来的相关史料，观察、分析中国新闻媒体自晚清近代报业开始以来，在承担社会责任方面的表现以及新闻人对此的认识[②]；吴麟则通过对 1912 至 1916 年间《大公报》的言论栏目进行抽样分析，发现了其时该报享有较高程度的新闻自由，在分析这一现象的原因过程中，也提到了民国初年的"言论责任"思想。[③]

另一类则是探索传统文化思想中所蕴含的传播责任观。毛峰从文化传播学的角度看，认为《论语》开篇三言是针对晚周时代文明传播之混乱与文化传播之废绝而发出的重大警世之言，体现着孔子在人类传播行为的本质、责任等一系列重大时代课题与传播课题上的深沉智慧[④]。杨志为在中西两种不同的文化背景、国情视野下，通过对平衡与中庸进行对比研究，揭示了中国的新闻报道是

① 田振华：《试论徐宝璜的媒介责任观》，《广西大学学报》2007 年第 S1 期。

② 查英：《晚清以来中国传媒社会责任观演变历程研究》，南京大学研究生院学位论文，2012 年。

③ 吴麟：《民国初年报纸言论尺度考察——基于对〈大公报〉言论栏目的分析》，《国际新闻界》2011 年第 3 期。

④ 毛峰：《回归道德主义：孔子文明传播思想论析》，《南开学报》2005 年第 3 期。

如何受中庸思想影响的，认为中庸强调社会责任，是中国传统文化的精髓，中国知识分子的新闻传播理念深受中庸思想影响，比如媒介重义轻利、政治家办报、报刊政论等传统。但这种"为天地立心，为生民立命，为往圣继绝学，为万世开太平"式的士大夫来自天命的责任，和报刊社会责任论所谓的道德责任是截然不同的[①]。刘玄、华汝国则以孔子的"义利观"为参照，分析当下的媒介社会责任，并认为孔子的"义利观"所包含的"先义后利""义利统一"的思想，对于传媒企业经营有重要的借鉴意义[②]。与刘玄持同样观点的还有马正华，他通过对当下传媒"泛娱乐化"及其伦理困境的分析，认为解决传媒放纵与教化的矛盾在于传媒业必须回答其究竟主张什么样的义利观或是如何处理好"义"与"利"之间的关系。并得出了应在追求义利双赢、义利并举的前提下，秉承"先义后利""见利思义""义然后取"思想的结论[③]。

　　在笔者看来，关于华夏文明与传媒责任方面的研究总的来说存在着两方面亟待改进之处：一方面，目前国内的研究中尚未有系统全面地对中国传统文化思想所蕴含的传播责任观进行挖掘，大多是针对儒释道中某一具体思想或特定古典著作中的只言片语进行分析、解读，缺乏提纲挈领式统观全局的研究文献；另一方面，对于华夏文明所蕴含的传播责任观没有一以贯之的解释，大多失于笼统和模糊，缺乏真正严肃的讨论。很多的时候，从华夏文明中挖掘传播责任观也不过是将西方的传播责任理论和中国传统文化生搬硬套地凑在一起，缺少对中国与西方不同文化背景的充分考虑，缺乏真正从华夏文明最具有典型意义的思想出发来探寻具有华夏特色的传播责任观。

　　如何借鉴西方相关理论的精髓，将理论与中国传统文化有机结合，真正挖掘、发现独具充满特色的人性涵养和道德追求的华夏文明中的传播责任观，防止出现断章取义、全盘套用和零散化、碎片化的研究，是今后要引起我们注意的问题。

第一节　天下：中国人的世界观

　　"天下"意味着一种哲学、一种世界观，它是理解世界、事物、人民和文化的基础。"天下"所指的世界是个"有制度的世界"，是个兼备了人文和物

---

　　①　杨志为：《平衡、中庸与言论自由——两种新闻报道思想之比较》，华中科技大学硕士学位论文，2007年。

　　②　刘玄、华汝国：《孔子"义利观"参照下的媒介社会责任》，《青年记者》2009年第3期。

　　③　马正华：《传媒"泛娱乐化"及其伦理困境》，《东南大学学报》2015年第6期。

理含义的世界。与"天下"相比，西方的"世界"概念就其通常意义而言只是个限于科学视野中的世界，而"天下"则是个哲学视野中的世界，它涉及世界的各种可能意义，是个满载所有关于世界的可能意义的饱满世界概念[①]。

既然天下是个"有制度的世界"，那么天下理想就可以理解为关于世界制度的哲学理论。按照纯粹理论上的定位，天下／帝国根本上就不是个"国家"，尤其不是个民族／国家，而是一种政治／文化制度，或者说是一个世界社会[②]。正如梁漱溟所指出的，天下是关于"世界"而不是"国家"的[③]。

如果说西方对世界的思考是"以国家衡量世界"，那么，中国的天下理论则是"以世界衡量世界"——这是老子"以天下观天下"这一原理的现代版[④]。

1. 中国政治哲学与西方政治哲学的比对

为了更利于理解，我们将中国政治哲学中的"天下"理念放到世界视野中，与西方的政治哲学作一个简单的对比：

中国政治哲学与西方政治哲学对比表[⑤]

	西方政治哲学	中国政治哲学
对世界的思考角度	"思考世界"	"从世界去思考"
最高级的政治分析单位	没有"天下"这一政治级别，国家／民族已经被看作是最大的政治单位	天下（这意味着国家的政治问题要从属于天下的政治问题去理解）
政治问题的优先排序	"个体—共同体—国家"	"天下—国—家"
理解政治问题的角度	由最小眼界开始，以最小政治实体的权力为基础	从最大的眼界出发，从天下的规模去理解政治问题
优劣分析	只能解释如何维护个人权利和国家利益，却不能解释世界的政治制度和治理，不能解释如何维护人类价值和世界利益。	具有一定优势，但只是方法论上的纯粹理论优势，而与道德水平无关。这种方法论上的优势是：中国政治哲学所想象的政治制度可以保证从政治基层单位一直到国家到天下都维持同样结构的一贯的政治游戏，这样，政治制度才有一致的连续性，其中所定义的规制和价值才是普遍有效的和可信的。

---

① 赵汀阳：《天下体系：世界制度哲学导论》，江苏教育出版社 2005 年，第 42 页。
② 赵汀阳：《天下体系：世界制度哲学导论》，江苏教育出版社 2005 年，第 43 页。
③ 梁漱溟：《梁漱溟学术论著自选集》，北京师范大学出版社 1992 年，第 322 页。
④ 《道德经》，第五十四章。
⑤ 参阅赵汀阳：《天下体系：世界制度哲学导论》，江苏教育出版社 2005 年，第 17 页。

与西方语境中的"帝国"概念不同，"天下"这一中国传统概念表达的与其说是帝国的概念，还不如说是关于帝国的理念。它要表达的正是关于帝国的一种理想或者说完美概念。它的基本意义可概括为以下三点[①]：

第一，地理学意义上的"天底下所有土地"，相当于中国式三元结构"天、地、人"中的"地"，或者相当于人类可以居住的整个世界。

第二，进而它还指所有土地上生活的所有人的心思，即"民心"，比如当说到"得天下"，主要意思并不是获得了所有土地（这一点从来也没有实现过），而是说获得大多数人的心。这一点很重要，它表明"天下"概念既是地理性的又是心理性的。比如，在《荀子·王霸篇》中有这样的说法："取天下者，非负其土地而从之之谓也，道足以壹人而已矣……用国者，得百姓之力者富，得百姓之死者强，得百姓之誉者荣。三得者具而天下归之，三得者亡而天下去之。"

第三，最重要的是它的伦理学/政治学意义，它指向一种世界一家的理想或乌托邦（所谓四海一家）。这一关于世界的伦理/政治理想的突出意义在于它想象着并且试图追求某种"世界制度"以及由世界制度所保证的"世界政府"。

2. 以"天下"为分析单位的后果——传媒责任观的孕育

正是天下/帝国的这种开放性使得它具有完全不同于民族/国家的价值标准。天下作为最高的政治/文化单位，意味着存在着比"国"更大的事情和相应更大的价值标准，因此，并非所有事情和所有价值都可以在"国"这个政治单位中得到绝对辩护。就是说，有些事情是属于天下的，有些事情是属于国的，有些则属于家，如此等等，各种层次的事情必须不同地理解[②]。

现代西方的价值中心落在"个人"和"民族/国家"上，其中的极端重心是"个人"，当一个事情被追问到最后解释时，问题就还原到个人价值上；而传统中国的价值重心则落在"家"和"天下"上，其中极端重心是"家"，同样，当需要最后解释时，问题就还原到"家"。因此，对于中国思维来说，"国"就被解释为只不过是比较大的"家"，天下则是最大的"家"，所谓四海一家[③]。

---

①　赵汀阳：《天下体系：世界制度哲学导论》，江苏教育出版社 2005 年，第 41 页。

②　赵汀阳：《天下体系：世界制度哲学导论》，江苏教育出版社 2005 年，第 62 页。

③　赵汀阳：《天下体系：世界制度哲学导论》，江苏教育出版社 2005 年，第 64 页。

老子所说的"以身观身，以家观家，以乡观乡，以邦观邦，以天下观天下"，这一原则可能是"天下体系"的最好的知识论和政治哲学。按照老子的原则，既然世界存在，那么就存在着属于世界的而不是属于国家的世界利益，只有承认和尊重世界利益才能够形成对世界中任何一种存在都有利的天下体系。有人曾对道家思想产生消极印象，认为道家是不负责任的消极避世。其实，这是他们表面化、片面化地理解了道家思想所致。其实道家思想渗透着对人类生存状态、社会良好治理的责任感，蕴含着无为、节制的责任品质。"天下多忌讳，而民弥叛"（《道德经》第 57 章）、"民之饥，以其上食税之多，是以饥。民之难治，以其上之有为，是以难治。民之轻死，以其求生之厚，是以轻死"（《道德经》第 75 章），这是对百姓生活状态及社会秩序的关切，渗透着对人类社会秩序状态的忧虑，这种关注和忧虑之情就是社会责任感的具体体现，体现了对人类命运的关切，以及对社会良好治理的期盼。老子还曾说"爱民治国，能无为乎"（《道德经》第 10 章）。这里的"爱民"二字非常重要。"爱民治国"不是一般的治国方法，而是以"爱民"为原则、为目的的"人本"治理方式。因而，这种责任感超越通常意义之"直接责任"，而是追求"大爱无痕"，其实质上是一种更高的责任感[1]。也可以理解为一种对他者、对社会的责任伦理。道家的思想并不是不负责任而逃避现实，而是对人类社会及其治理方式有更高的期待[2]。

与老子所表达的思想单位系列略有不同，作为中国思想主流的儒家的思考单位系列通常表达得更为简练，它称作家、国、天下。道家比较关心个人生命，所以老子的分析单位中有"身"（个人），对于道家来说，个人不仅是个利益单位也是个道德单位。儒家并不否认个人利益，但似乎倾向于以家庭作为伦理基本单位。当然，儒家并不忽视"身"，只是更多的是在修养的意义上重视"身"。

如孟子曰："天下之本在国，国之本在家，家之本在身[3]。"一般而言，"家"和"天下"这两个概念在中国思维中最具支配性地位，并且以此形成基本的解释框架。就是说，"家"和"天下"这两个概念被赋予比其他所有可能设想的思考单位更大的解释能力或解释权力，也使得儒家更加强调责任。如《礼记·礼运》中天下为公的道德情怀，修身齐家治国平天下的历史使命，"先

---

① 刘笑敢：《道家式责任感简说》，《中国道教》2007 年第 5 期。

② 玉清别馆：《道家式责任简说》，http://blog.sina.com.cn/s/blog_7d38ff720100sc41.html.

③ 《孟子·离娄上》

天下之忧而忧""天下兴亡，匹夫有责"则体现了个人担当的责任精神。孔子说"君子忧道不忧贫"（《论语·卫灵公》），虽然孔子自己不忧贫贱，但对百姓的疾苦却非常关心。他为了实现自己的理想而周游列国，虽然处处碰壁，仍坚持不懈。他反对统治阶级不顾黎民百姓生死而一味敲诈索取的统治方式，要求统治者轻徭薄赋，爱惜民力。孟子追随孔子，也曾巡访诸国，到处为民请命。他盛赞禹、稷、伊尹等古代圣贤，因为"禹思天下有溺者，由己溺之也；稷思天下有饥者，由己饥之也"（《孟子·离娄下》），伊尹"思天下之民，匹夫匹妇有不被尧舜之泽者，若己推而内之沟中"（《孟子·万章上》）。

儒释道三家向来被视作中国传统文化的源流主干，尤其以儒家和道家的影响为甚。道家和儒家思想所体现出的这种忧患意识，正是我们民族精神的具体表征之一，也是中华民族强烈责任意识的具体体现。而这种以道德责任感为基础的忧患意识投射在媒介上，就表现为媒介对国家安定和人民幸福的关切，媒介对个体生存和人类命运的关怀，以及媒介对未来发展变化的关注，这在中国近代传媒责任观的发展演变中展现得淋漓尽致，这在后面会提到。可以说，"天下"理论具体到传统文化中集中体现为责任伦理思想，而这种传统文化中的责任伦理思想恰恰提供了孕育我国传统媒介责任观的土壤。

第二节　藏天下于天下：中国人的传播情怀

孔子对于春秋礼崩乐坏的痛心疾首现在看来是非常深刻的，因为那不仅是个乱世，而且是天下制度的破坏，事实上从春秋以后，就不再有比较接近天下制度的努力了。正如黄宗羲所说的"三代之法，藏天下于天下者也；后世之法，藏天下于筐箧者"。[①]

天下，是天下人的天下。在天下/帝国的纯粹理论上，天子享有天下，所谓"君天下"或天下"莫非王土"[②]，尽管实际上从来没有一个帝国拥有过整个世界，但"天下/帝国"是个理论，在理论上则完全可以设想天下一家的帝国。天子以天下为家，因此产生"无外"原则[③]。根据天下理论的"无外"

---

① 黄宗羲：《明夷待访录·原法》。
② 《礼记·曲礼下》曰："君天下曰天子。"《诗经·小雅·北山》曰："溥天之下，莫非王土，率土之滨，莫非王臣。"
③ 蔡邕：《独断·卷上》曰："天子无外，以天下为家"；司马迁《史记·高祖本纪》亦曰："天子以四海为家。"

原则，"天子"也相应地具有非专属性。一个人（包括天子在内）到底有什么资格当什么人，并不取决于他的出身，最终要取决于他的德行和作为，所谓"君君，臣臣"之类 ①。于是，即使对于帝王，也有渎职的问题。而如果渎职，那么就失去任职的资格。因此，天子可以宣称他受天命而为天子，但天命并非无条件的，还需要得到经验上的重新确认，即必须有无可怀疑的称职证据来完成其资格论证。这种称职证据，按照儒家理论尤其是孟子的理解，就是获得民心 ②，即"民心"思想。

"无外"原则蕴含着公共意识的内涵，而公共意识的觉醒攸关个体对于社会、对于团体的责任感和使命感，这正是启蒙社会的传媒责任之所以存在的根源。而"民心"思想实质上强调的是一种"民本"意识，这种意识直接促成了媒介的舆论监督责任。

一、滥觞于"无外"原则的启蒙社会责任

"无外"原则的天下为家而无外，是个意味深长的观念，它非常可能是使得中国思想里不会产生类似西方的"异端"观念的原因，同样它也不会产生西方那样界限清晰、斩钉截铁的民族主义。既然世界无外，它就只有内部而没有不可兼容的外部，也就只有内在结构上的远近亲疏关系。尽管和所有地域一样，中国也自然而然地会有以自己为中心的"地方主义"，但仅仅是地方主义，却缺乏清楚界定的和划一不二的"他者"以及不共戴天的异端意识和他者划清界限的民族主义 ③。

既然天下／帝国的"无外"原则是个世界尺度的原则，"天下／帝国"的理念，就其理论本身而言，就意味着在整个世界范围内都不包含任何歧视性或拒绝性原则来否定某些人参与天下公共事务的权利，就是说，天下的执政权利是对"天下人"即公众开放着的，这本身就具有民主的公共意识色彩。

徐宝璜在《新闻学》一书中提到，"新闻纸既为社会之公共机关，故其记者亦为社会之公人，责任匪轻。处之宜慎，遇事当求其真。发言应本乎正，本独立之精神，作神圣之事业……④"这里将媒介定性为"社会之公共机关"，

① 《论语·颜渊》曰："君君，臣臣，父父，子子。"
② 《孟子·尽心下》："民为贵，社稷次之，君为轻，是故得乎丘民而为天子。"《孟子·离娄上》："桀纣之失天下也，失其民也；失其民者，失其心也。"《礼记·大学》："得众则得国，失众则失国。"
③ 赵汀阳：《天下体系：世界制度哲学导论》，江苏教育出版社 2005 年，第 51 页。
④ 徐宝璜：《新闻学》，中国人民大学出版社 1994 年，第 85 页。

将记者定性为"社会之公人"。正因为"天下人"都有参与公共事务的权利，所以社会才不是"一言堂"，而是有"公共机关"，有"公人"。"无外"原则首先为作为公共机关的媒介的出现提供了可能。

首批先进报人办报责任集中体现于"开民智"，王韬主张"下情上闻，上意下达"，严复主张报纸"开民智以强国"，梁启超认为报纸应当"广民智，振民气"这个时期，报纸已然成为思想观念、政治改革、文化知识领域的启蒙者。因为"天下人"都有参与天下公共事务的权利，所以才有了"开民智"启蒙社会的必要。

为什么报纸需要传递先进知识分子的思想与主张，传递改变人们愚昧状态的新知识？因为天下是天下人之天下，所以只有让"天下人"都被启蒙，才有能力一起关注公共利益，才能一起行动起来求富求强。从这个层面来看，近代报纸启蒙社会责任的认知根源还在于传统文化中的"无外"原则所蕴含的公共意识对这批先进报人的影响。

二、根植于"民心"思想的传媒舆论监督责任

中国关于身份的观念，归根到底是一种责任制观念[①]。这个论证可以大概解释为：天子虽然是天命的而不是民选的，但这只意味着天子的位置是先验的，却并不意味着具体某个天子是天定的。而先验的天子位置规定了天子以民为贵的先验义务，假如没有尽到这个义务，那么，即使他暂时利用权力窃据天子的位置，他也已经在理论上失去了这个位置，即失去了合法性——而这也是中国革命理论的基础。革命的合法性是以获得天意民心为根据的（以汤武革命为经典模式），中国历史上针对暴君、昏君的革命总是很成功，而没有明显合法性的夺权即使获得成功也被认为是篡位，即不算"正统"。当一个朝代之立国能够顺天命得民心从而得天下，就算正统。成功夺取政权和土地并不等于得天下，因为"天下"远远不仅是个地理事实，而更是个社会事实。得天下意味着拥有社会承认，意味着代表了社会公共选择，所以得天下和得民心是一致的。老子早就意识到统治世界和得天下的根本区别，老子曰："以正治国，以奇用兵，以无事取天下。[②]"孟子则将"民心"上升为"民本"，认为天子的权力虽然表面上是来自于天，但实际上是来自于民，所以天子不

---

① 赵汀阳：《天下体系：世界制度哲学导论》，江苏教育出版社 2005 年，第 54 页。

② 《老子·五十七章》曰："以正治国，以奇用兵，以无事取天下。"

尽职责反而贼人贼义，就不再是天子而变成了独夫，人人可以得而诛之 ①。

按照中国民本主义的信念，民众的选择总与天意吻合，所谓"民之所欲，天必从之"。又曰："汤武革命，顺乎天而应乎人。②"这其中并非巧合，而是被认为存在着必然的吻合。天道虽然遥远而不显 ③，但是与之呼应的人道却近在眼前，人道的表现是民心，因为天是所有人的天，所以天先验地代表所有人的选择，于是，民心就是天命的显形。以天意和民心的一致性来证明统治的合法性的理论优势在于便于取证。天意本身虽然并非直接可见，但民心却是明摆着的确证。因此，即使声称知道了天命，也必须通过民心这一确证而得到验证，否则就是没有得到证明。所谓"天畏棐忱，民情大可见 ④"，又有"天亦哀于四方民，其眷命用懋，王其疾敬德 ⑤"。

既然得民心与顺天命、得天下是一致的，那么，也从另一个角度说明了，天下，并不是具体某个天子之天下，而是天下人之天下。

郑观应在《盛世危言》中虽然未提"责任"二字，但处处表达着自身对于对报纸责任的认知，他认为报纸应当"大小官员苟有过失，必直言无讳"，这实质上已经道出了报纸监督政府的舆论监督责任。现在普遍认为郑观应当时的媒介责任认知来源于观察西方当时报业现状。其实，完全将当时先进知识分子对于媒介责任的认知归因于西方影响是有失偏颇的，我们不能否认"开眼看世界"对先进知识分子认知的影响，但也不能忽视了华夏传统思想和文化对这些知识分子的熏陶和浸染。

"天子"的合法性要靠"民心"来判断，那"天子"的行为必须要有一个媒介来监督，并将监督到的结果告知于民，实现全民的监督，只有在这个中介承担起舆论监督责任的前提下，"民"才能知"上"所为，也才有"民心"向背的问题。将这个"上"从"天子"推及政府、推及政府官员，逻辑一样成立。只有在媒介承担起舆论监督的责任时，才能实现是否顺"天命"、得"民心"的判断，也才能判断是否有资格得天下。从这个层面来说，笔者认为我国最初对传媒舆论监督责任的认知固然受西方报业发展影响，但根源还在于传统的"民心"思想对报界知识分子潜移默化的影响。

---

① 白如祥等：《儒家责任伦理的当代价值》，《学习时报》，2008 年 6 月 10 日（第 20 版）。
② 《尚书·泰誓》："民之所欲，天必从之。"《易传》："汤武革命，顺乎天而应乎人。"
③ 这一原则，自古有之，如《左传·昭公十七—十八年》子产曰："天道远，人道迩，非所及也，何以知之？"天人原则正是在天道和人道之间建立了呼应关系。
④ 《尚书·康诰》疏谓："天威之明，惟诚是辅，验之民情，大可见矣。"
⑤ 《尚书·召诰》

三、近代中国传媒责任观的演变历程

传统文化责任伦理思想是我国传媒社会责任感的滥觞，但关于媒介社会责任的论述，传媒责任观的提出还得追溯到近代。

（一）萌芽：媒介与生俱来的责任——媒介的功能

鸦片战争前后，中国境内的外文报纸的发展远远超过中文报刊，中文报刊在中国境内出版的只有三种。从这一传播数量来说，报纸的职能及其影响力在当时可以忽略。然而，这一时期开明封建知识分子在社会环境的促使下，主张学习西方的办报经验，并立论发文呼吁。

郑观应的《盛世危言》创作于 1894 年前后，其中收录了专篇文章《日报上》与《日报下》，作者在此文中有关日报的论述在当时看来是较为全面的，他认为报纸的职能与责任便在于"通民隐达民情""欲通之达之则莫如广设日报矣"。设日报有此自由，而官吏应"设法保护"，"大小官员苟有过失，必直言无讳，不准各官与报馆为难"，也即现在所指的媒介舆论监督职责。"如有无端诋毁勒诈财贿者，只准其禀明上司，委员公断，以存三代之公。执笔者尤须毫无私曲，暗托者则婉谢之，纳贿者则峻拒之。胸中不染一尘，惟澄观天下得失是非，自抒伟论。"这几句概括了报馆与记者发文、行文的职责，即不能诈骗勒索、受贿，公正执笔，客观报道与评论，自抒"伟论"，可见报纸与报人的重大责任，在于引导社会前进的方向，立于国事，毫无私心[①]。

郑观应论断中并未明确提出报纸与报人的"责任"二字，但字里行间却充满了对报纸与报人的责任认知，这些责任认知是郑观应观察西方当时报业现状所得，正是因他对西方报业职责的认同，他并有意将之引入中国，他希望中国能借鉴并因此产生同于西方报业所带来的繁荣现象。

继郑观应之后，陈识在其著作《庸书》中设有《报馆》专篇介绍西方报业发展状况，借留学生马建忠的观察得知外国人办报的好处："以广见闻，风气日开，功效日著。"马建忠观察到通过报纸，关于商业、技术、国家政策、民生舆论等方面的信息都可以广为传开，迅速及时，"所谓不出户庭，而周知天下事"。国人已经认识到报纸传递包括政治、经济、生活、技术、商业等方面信息的职能。"传"与"通"是在缺乏报纸这一事物的时代背景下，对报纸

---

① 郑观应：《盛世危言·日报》，上海古籍出版社 2008 年，第 94 页。

责任的要求 ①。

对于开明封建知识分子的办报提议，晚清政府并未引起重视。而太平天国在中国建立了一种新的制度秩序时，洪仁玕作为太平天国制定政治纲领的重要人物，在《资政新篇》中亦已提出"设新闻馆"的条文，他认为设新闻馆（报社），能够获得民众的舆论及农商、时事等各方面信息："设新闻馆，以收民心公议，及各省郡县货价低昂，事势常变。上览之，得以资治术；士览之，得以识变通；商农览之，得以通有无。②"

在笔者看来，这一阶段属于中国传媒责任观的萌芽阶段。郑观应、陈识、洪仁玕，都已经认识到报纸的"好处"以及立足于此的影响力，实际上是认识到报纸的这些功能。报纸的这些功能可以被理解为报纸与生俱来的责任，实际上也即它的本职工作，比如传递信息，但他们还未形成有意识的媒介责任——"为了什么而使用，为了什么而传递"，他们所主张的是去模仿西方的这些做法。

（二）成长：立足于社会启蒙者抱负的媒介责任担当

鸦片战争后，中国闭关锁国的局面被打破，国内先进知识分子接触西方事物的机会增多。有别于洋务派，一批能人志士不仅"师夷长技以制夷"，并且对西方的资本主义社会制度十分感兴趣，在学习比较中提出了"变法"的思想，而变法的内容便包括办报。前期的开明封建知识分子大部分是从理论上介绍了西方的办报经验，主张中国模仿西方办报。而从艾小梅的第一份中文报纸开始，陆续出现了影响力较大的报纸和报人，如王韬、严复、康有为、梁启超、于右任等。此时作为被殖民者入侵唤醒的第一批人，他们试图利用报纸来唤醒"沉睡"于落后、无知思想中的国人，从而改变被侵略的局面，实现自立自强。

王韬在接手中华书局后于 1874 年创办了面向华人的中文报纸《循环日报》，他在《本馆日报略论》中曾明确表示不仅要报道国内外要事消息，而且还要毫不隐讳地表述报社的看法和主张："借彼事端发挥胸臆，以明义理之不诬，报应之不爽 ③。"从王韬办报的目的来看，他已经认识到办报是为了传递西方的先进科学文化知识等，是阐述主张，推崇社会改革，促使当时的晚清

---

① 复旦大学新闻系新闻史教研室：《中国新闻史文集》，上海人民出版社 1987 年，第 54 页。
② 林庆元：《洪仁玕和他的〈资政新篇〉》，《历史教学》1979 年第 5 期。
③ 张海林：《王韬评传》，南京大学出版社 1993 年，第 150 页。

中国富裕强大起来。这种办报观念是以有利于社会进步为己任、为报纸责任的。"下情上闻，上意下达"①，这是王韬想通过报纸实现的舆论环境，即上下情况通畅。在王韬认为，既然西方报纸能够起到广见闻、通上下，有利于国计民生的作用，那么在中国办报也同样可以达到此功效。

与王韬的办报目的不谋而合，严复的办报核心思想也即"开民智以强国"，"通上下之情，通内外之情"②。从严复办报的目的也能观察出所办报纸肩负的社会责任是通情况与开民智，而通情况与开民智的宗旨则在于富国强民。怎样开民智？办报开民智。严复创办《国闻报》时刊登了《〈国闻报〉缘起》一文阐明办报的缘由与目的。"报将出，客有造室而问曰，《国闻报》何为而设也？曰，将以求通焉耳。夫通之道有二：一曰通上下之情；一曰通中外之故。如一国自立之国，则以通下情为要义。塞其下情，则有利而不知兴，有弊而不知去，若是者，国必弱。如各国并立之国，则尤以通外情为要务。昧于外情，则坐井而以为天小，扪籥以为日圆；若是者，国必危。③""阅兹报者，观于一国之事，则足以通上下之情；观于各国之事，则足以通中外之情。上下之情通，而后人不自私其利；中外之情通，而后国不自私其治。人不自私其利，则积一人之智力以为一群之智力，而吾之群强；国不自私其治，则取各国之政教以为一国之政教，而吾之国强。此则本馆设报区区之心所默为祷祝者也。④"严复探讨到《国闻报》的作用，仍然在于通过传递国内民情、国外形势，集思广益开民智，有利于治理国家，乃至富强发达。《国闻报》负载了这种期待，实际上是肩负了报人赋予的富国强民的责任。

梁启超关于报纸功能与职责的论述集中体现在《论报馆有益于国事》《本馆第一百册祝辞并论报馆之责任及本馆之经历》与《敬告我同业诸君》。他也坚持报纸"开民智"的功用，他认为报纸能够"广民智，振民气"。梁启超将报馆比作耳目与喉舌："其有助耳目喉舌之用而起天下废疾者，则报馆之谓也。"耳目喉舌之用是为了去塞求通，实现信息流通。梁启超还认为，报纸有益于国事的另一方面在与可以参政议政："有昨为主笔而今作执政者""其主张国事，每与政府通声气""臧否人物，论列近事"。舆论的作用也被梁启超发现与重视，"监督政府"与"向导国民"是他认为报纸具备的两大职能，对

① 夏良才：《王韬的近代舆论意识和循环日报的创办》，《历史研究》1990 年第 2 期。
② 方晓红：《中国新闻史》，南京师范大学出版社 2004 年，第 79 页。
③ 严复：《严复诗文选》，人民文学出版社 1959 年，第 29 页。
④ 复旦大学新闻系新闻史教研室：《中国新闻史文集》，上海人民出版社 1987 年，第 54 页。

应这两种职能，报纸的责任在于引导政府善治、明治，引导国民走向理智与智慧。

在笔者看来，这一阶段属于中国传媒责任观的成长阶段。关于传媒社会责任的认识有着明显的进步，开明封建知识分子在社会环境的促使下，主张学习西方的办报经验，办报是他们从西方引入的主张，同时办报的内容也与他们的思想内容不无关系，以启蒙社会民众、助推国家富足自强、忧国忧民的责任担当呈现出来。报纸在这一特殊时期的责任逐渐演变成承担社会启蒙者的角色，传递先进知识分子的思想与主张，传递改变人们愚昧状态的新知识。但值得一提的是，在这一阶段媒介责任观依然尚未建立，对于媒介责任的阐述与萌芽阶段一样是建立在媒介的本职功能基础上，有利于国计民生是因功能而客观呈现的责任感。

（三）确立：理想化传媒责任观的提出

民国社会动乱时期，封建思想仍占社会民众思想观念的主流。纵然新思想不断被四处宣扬，新风气渐开，但中国的社会政治方向在当时仍为复杂混乱局面，各界未有统一认识。在这样的环境中，对报纸的政策时而宽松、鼓励，时而收紧、压迫，报界关于报纸承担责任的认知，开始出现理论化与规范化趋向，我国"新闻界的开山祖"徐宝璜首先明确提出了传媒责任观[1]，在《新闻学》一书中专门列出了《访员应守之金科玉律》及《访员之资格》两节进行论述。强调媒介"自律"以及从业人员提升自己的内在修养是徐宝璜媒介责任观的主要特点。徐宝璜的媒介责任观大致可以概括为以下几点：

首先，他强调报人提升自身修养的重要性，指出"然非编辑有纯洁之精神，高尚之思想，远大之眼光，不足语此也[2]"。与此相似的是，邵飘萍也曾指出："外交记者……最易得一般社会之信仰，亦最易流于堕落不自知而不及防，……故外交记者精神上之要素，以品性为第一。所谓品性者，乃包含人格、操守、侠义、勇敢、诚实、勤勉、忍耐及种种新闻记者应守之道德。[3]"可见，在这一时期关于新闻职业道德的论述中，学者们多侧重于职业记者的"自律"，从而要求新闻记者在报道时，"第一须心地开放，毫无成见，所述者，仅为事实，仅为使其意义明了之所有事实"。媒介与记者应当承担一定的

---

① 田振华：《试论徐宝璜的媒介责任观》，《广西大学学报》2007 年（增刊）。

② 徐宝璜：《新闻学》，中国人民大学出版社 1994 年，第 75 页。

③ 邵飘萍：《实际应用新闻学》，中国新闻出版社 1994 年，第 45 页。

社会责任，"因迎合社会，乃贱者之所为，与敲诈同为不德也①"。

其次，提出了访员在新闻报道时的"真实性要求"。真是新闻的"生命"。徐宝璜认为，"新闻者，乃多数阅者所注意之最近事实也"。他特别强调新闻为"事实"，"故新闻社于未查得证据之先，切不可将谣言登之报上，如该谣言与他人或团体之名誉有关，尤应特别小心②。可见访员在报道新闻时，应该以事实为新闻的来源，以真实为报道新闻的准则。这一思想在当时有其进步意义。我们知道，梁启超曾提出"有客观而无主观，不可谓之报"的观点，与梁启超等人的认识不同，徐宝璜是严格区分报刊的"言论"与"新闻"的，对于报刊在报道新闻时夹杂的主观意见，徐宝璜是坚决反对的："愚意新闻与意见，应绝对分离，新闻栏中，专登新闻，社论栏中，始发意见，彼此毫不相混，既欲于新闻栏中发表意见，亦应附注于新闻之后，以便辨认"，因"只有事实，可成新闻"③。

再次，提出了访员在报道新闻时应该坚持客观、公正、勤勉、廉洁自律的原则。"通信员对于各方面，应公平无私，不可因个人之爱憎，而发出带色彩之通信。"访员在报道新闻时，应该尽量保持客观公正的立场，因为"正确与公道，乃与新闻事业所万不能分离者"。同时，访员肩负着巨大的社会责任，因为记者是报纸的"耳目"，而报纸是社会的"耳目"，"这就要求记者具有高度的社会责任感，要遵守职业道德，应当尊重事实，尽力向公众提供正确、完全的新闻，记者的立场不偏不倚，应保持客观公正的立场"，同时，不畏强权，敢为民先，"故伟大之记者，应有大无畏之精神，见义勇为，宁牺牲一身以为民请命，不愿屈服于威武而噤若寒蝉"，这就对记者提出了更高的要求。访员在采集新闻时，也应该"廉洁自律"，不能受贿，面对采访对象时"不可爽约"，并且需要勤勉而能吃苦，他指出，"吾国访员，往往不去访人，而待人访问，且有高抬身价者，诚为笑谈"④。

最后，徐宝璜指出报刊应该尽量争取和保持自己的独立地位，减少自身的"政治色彩"，他试图构建一个"去政治化"的媒介环境。众所周知，梁启超曾提出有"一党之报""一国之报"的观点，在梁启超等人看来，报刊具有某种程度的政治色彩是合理的。但是，梁启超深信不疑的且行之有效的办报

---

① 徐宝璜：《新闻学》，中国人民大学出版社1994年，第74页。
② 徐宝璜：《新闻学》，中国人民大学出版社1994年，第79页。
③ 徐宝璜：《新闻学》，中国人民大学出版社1994年，第81页。
④ 徐宝璜：《新闻学》，中国人民大学出版社1994年，第89页。

模式，遭到了徐宝璜的反对①，在徐宝璜看来，报刊是社会的"公器"，自应不隶属于任何党派，因为政党报刊"其通信遂常不免含有宣传作用，党派色彩，此所以各报所登新闻，不惟雷同者多，且常失准确也"②。因而机关报"不足云代表舆论也"。邵飘萍也认为政党报刊"以党义为第一，而新闻之职务仅视为第二，乃非常错误者，不可不力戒也"③。徐宝璜等按照西方的新闻模式和新闻理念，试图构建一个完全自由、独立的新闻界。他主张"故视新闻纸为社会公有之记者……，与政治上，不做任何方之牺牲品，凡正当之议论，且将予各方面以平等发表的机会"④。

有学者曾指出，"徐宝璜因受西方资产阶级新闻理论的影响较多，如坚持报纸的超党派、超政治的独立地位……都表现了认识上的局限性"⑤。的确，徐宝璜的思想深受西方新闻学思想的影响，如他曾提出"一新闻纸，或可做政治之中心点，力亦伟哉"，他也提出过"新闻纸于政治上，不作任何方之牺牲品，凡正当之议论，且将予各方面以平等发表之机会"等观点。但是仔细分析徐宝璜的新闻思想，可以发现，徐宝璜对于新闻界的现实状况还是有比较清醒的认识的，因为他也提出了"报纸系私人独立经营或集资经营之物，而非社会之公有，自亦不能无私之一面"，因而，我们可以说，徐宝璜在面对自身理想与新闻业现实状况的差距中感到了矛盾和困惑，最后，他提出了解决报刊作为"政治中心"的折中办法，既"如何方能公私兼顾，复不能以私而害公也"。我们说他的思想具有"乌托邦"色彩的"局限性"，不如说这是他的一个理想，是这位新闻学泰斗对我们的一个殷切期望。

"社会责任论"（Social Responsibility Theory of the Press）是在 1956 年出版的《传媒的四种理论》（Four Theories of the Press）一书中提出的，从此作为反对绝对新闻自由、强调自由与责任并存的著名传媒理论广为流行，其目的是为了防止由传媒内容的浅薄化、煽情化、刺激化而引起的社会道德和文化的堕落，是当代西方最具代表性的资产阶级传媒责任理论。1980 年这部著作以《报刊的四种理论》为书名翻译成中文之后，国内学界在西方社会责任理论的基础上开始结合国内的特殊政治背景对传媒社会责任形成一些研究

---

① 黄旦：《五四前后新闻思想的再认识》，《浙江大学学报》2000 年第 4 期。
② 徐宝璜：《新闻学》，中国人民大学出版社 1994 年，第 91 页。
③ 邵飘萍：《实际应用新闻学》，中国新闻出版社 1994 年，第 64 页。
④ 徐宝璜：《新闻学》，中国人民大学出版社 1994 年，第 77 页。
⑤ 徐新平：《略论徐宝璜的新闻伦理观》，《新闻大学》2000 年第 4 期。

重心。在这之前,我国传媒理论界虽然不像西方那样直接提出"社会责任论",但不论是郑观应、陈识、洪仁玕对于媒介与生俱来的责任——媒介功能的认识,还是王韬、严复、梁启超等人立足于社会启蒙者抱负的媒介责任担当,抑或是徐宝璜明确提出的理想化传媒责任观,实质上都是一直强调传媒要对社会负责。而这种对社会负责的观念恰恰是根植于中国传统文化责任伦理思想的,而中国传统文化责任伦理思想则是滥觞于中国人传统的世界观——"天下"理论中的"民心"思想。

第三节　天下大同：华夏文明传播的理想追求

1980年联合国教科文组织发布《多种声音一个世界》的报告,对全球传播结构进行评估,成为国际传播领域重要的参考文献。36年过去了,国际格局已由两极向多极发展,新兴经济体蓬勃发展,而以中国为代表的"金砖五国""新钻十一国"等新兴国家能否参与重构西方所垄断的全球传播结构?中国在信息多极化的浪潮中能否发出自身声音?

萨义德曾这样描述东方人在国际话语体系中的角色:"他们无法表述自己;他们必须被别人表述。[①]"西方声音通过文学作品、文化艺术、科学科技、学术规范,以及媒体话语影响着东方。中国长期以来处于世界体系边缘,在21世纪之初有关世界体系理论的文献中,中国还被列于边缘或半边缘国家。新媒体时代世界信息体系不可避免地遭遇"去中心化",但这并不意味着"中心—半边缘—边缘"结构的消失。

近些年来华夏文明国际传播的进程在不断加速,特别是在硬件建设上已经取得了令人瞩目的成绩。但是,当前华夏文明国际传播的效果如何,有哪些方面需要改进,以及华夏文明在国际文化中究竟应当以什么样的姿态去获取什么样的位置,这些都是华夏文明实现畅通和有效的国际传播必须要考虑的问题。

一、国际传播新秩序的重建：华夏文明国际传播的必要性和紧迫性

随着中国经济实力与政治影响力的日益提升,华夏文明在全球范围内的辐射力在不断增强。在中外交流进一步升温的基础上,华夏文明在国际传播

---

① 爱德华·W. 萨义德:《东方学》,王宇根译,生活·读书·新知三联书店,1999年,第28页。

的进程也在不断加速。但是，当中国在世界政治和经济事务中的地位变得越来越重要、影响力也越来越大时，华夏文明在世界舞台上却尚未取得相对应的地位和影响，华夏文明的核心价值理念也尚未被准确和有效地传播到世界。中国崛起，华夏文明看似已经走出"边缘"渐趋"中心"，但我国对外传播的影响力以及媒体在国际舆论中的话语权仍然相当弱势，与日渐强大的"硬实力"不相匹配。伴随着中国日益处于焦点位置，西方媒体针对镁光灯下的中国进行的"议程设置"和舆论攻势一刻也没有停止过。

具有悠久历史和博大内涵的中华文化在世界上却远远没有达到与中国在世界上已具备的政治影响和经济地位相对应的程度。许多国家的公众对中国、对中华文化、对中国的核心价值体系还很不了解，甚至还存在着严重的误解。而这一情形又影响到中国在国际事务中的地位和所能发挥的作用。因此，大力而有效地向世界传播中国文化已变得十分迫切。

当前，世界各国的联系空前密切，这对文化发展带来了新的要求。"全球化使人类交往的空间和规模空前扩大，使不同民族和地域的人的认识和交流不断加深，给文化带来了前所未有的发展机遇期，同时也加剧了不同文化之间的冲突和矛盾。①"面对各种严峻的考验以及难得的历史机遇，"走出去"已经成为中华文化的一种新的基本生存方式。全球化不仅推动了各种文化之间的相互交流，也把文化大融合推向更为深入的层面。

从文化发展的历史来看，对外传播、相互了解对任何民族的文化来说都是必不可少的。比如西方新闻理论就是一种文化。过去，由于我们对西方新闻传媒和西方新闻理论缺乏了解，甚至无意去了解，我们与西方新闻传媒和西方新闻理论之间的隔膜越来越大，而与我们有关的新闻学说也无法对外传播，结果是中国和西方之间形成了一种互不认同、互相排斥和互相冲突的局面和状态，这在很大程度上消耗了人类宝贵的智力资源。如今人们对相互隔膜相互对立所带来的危害的认识越来越清晰，要求改变这种反常状况的呼声也越来越强烈，新闻传播"与世界接轨"成为一种历史的必然，中国的新闻传播也有了长足的发展。

如果故步自封，排斥交流与融合，中华文化便不会有今天的气度。可见，"民族文化融合和吸收外来文化，是增强中国文化生命力的两大途径"②。在这

---

① 钟启春：《全球化背景下的文化冲突与中国文化建设》，《中共中央党校学报》2013年第8期。

② 李志敏：《全球化对中国文化安全发展的影响及对策》，《社会科学研究》2001年第4期。

种情况下，只有自主走出去、积极投入到国际文化交流中，才是科学与自信的文化发展态度。

二、中国对国际传播新秩序的理想追求：从"和而不同"走向"天下大同"

随着报纸、广播、电视等传统大众传媒的进一步普及，特别是随着新技术革命的不断深化，计算机技术、信息网络技术、卫星通信技术和高速交通运输工具的广泛使用，世界各国之间的空间距离不断缩短，经济和文化之间的联系不断加强。尤其是国际互联网的迅速普及和强力推动，使得全世界已经联结成一个紧密相连、彼此依存、不可分离和相互联动的信息系统和多元文化聚集的"地球村"。站在新的历史起点上，要实现华夏文明的国际传播畅通有效，要实现华夏文化在世界文化大观园中尽展其美，我们有必要从中国的传统思想文化去汲取营养，回溯到华夏文明的理想追求中去寻找答案。"和为贵""君子和而不同，小人同而不和""言必信，行必果"以及"己所不欲，勿施于人"等传统，已然成为中国在国际传播新秩序重建的过程中的一贯主张和始终秉承的理想追求。

华夏文明是在中华大地经过华夏先人祖祖辈辈、世世代代坚忍不拔、顽强不屈的探索、创造和积累而形成的一种文明形态，是姹紫嫣红的世界文明百花园中夺目娇艳的一抹亮色。华夏文明是世界上最古老的文明，也是世界上持续时间最绵长且从未中断过的文明。华夏文明的早期载体即文字成果是《诗》《书》《礼》《乐》《易》《春秋》，后来又经过了两千余年的丰富与发展，形成了浩如烟海的文章典籍。尽管这些文明成果无所不涉，内容博大深厚，但究其文明精髓和思想核心而言，无疑是礼乐教化，是推崇仁、义、礼、智、信。华夏文明之所以能够做到源远流长、生生不息，关键在于华夏文明是开放的文明，是包容的文明，是可以和世界共同分享的文明，也是在传播中不断自我修正、不断吐故纳新的文明，所以能够做到把自我更新和对外交流紧密结合起来，历久弥新。经过大浪淘沙形成的华夏文明，孕育了独特的道德礼仪以及六经、六艺、五常及诗、书、礼、乐等文化成果。《战国策》中说："中国者，聪明睿智之所居也，万物财用之所聚也，贤圣之所教也。仁之所施也，诗书礼乐之所用也。[①]"尽管这里的"中国"仅仅是指洛阳，但华夏子孙在不断汲取历朝历代兴衰更替的经验教训后，得出"礼之用和为贵""己所不

---

① 《战国策·赵策二》

欲，勿施于人""尊贤而容众"才是固本之道和求善之策的结论，简而言之，"和而不同"成为华夏子孙与世界打交道的基本原则。

"和而不同"贯穿于中国历史和思想史的整个发展过程。"和而不同"意味着多元、共存，即多样性意义上的平等共处。历史上的儒释道虽然有过冲突与矛盾，但总体上仍然和睦相处，"和而不同"是三家思想的共同主张。因为"天下"为一体，有地缘上的远近，却无思想上的敌对。很多人会望文生义，把"同"字作相同理解，从而将"和而不同"与中国传统文化中的另一主流思想"天下大同"对立起来，这其实有失偏颇。孔子在谈人与人的交往时讲"君子和而不同，小人同而不和①"，朱熹的注解是"和者，无乖戾之心；同者，有阿比之意②"，意思是君子能与他人保持和谐但不盲目苟同他人，小人苟同他人但不能与他人保持和谐。可见，"和而不同"中"和"与"同"是近义词而不是反义词，"同"指"苟同"，而不是与"异"反义的"同"。"和而不同"的源流在于"和实生物""交而遂通"。"和实生物""交而遂通"意味着，万物的多元恰恰要求接纳与欣赏；只有接纳与欣赏，才能进一步成就万物的延续与发展③。对"和而不同"的理解，我们应当认识到"多元"的价值，但也不能忽视对"一体"的强调与追求；应当认识到"不同"的层面——保持文化的差异性和多样性，但也不能偏离了"和"的核心——文化的相互借鉴与融合。

"天下大同"绝不是文化的高度一致，它的核心也是尊重价值观的多元化，从"多元"中求"和谐"。国际新闻传播需要跨越诸多障碍，语言、文化、制度和价值观的不同都会给文化的传播带来阻隔。外语优秀而克服语言隔阂仅仅是一种技术性要求，但是跨越文化的障碍则是深层次的需要。国际传播的理想状态应该是超越文化的差异性，在文化传统之间寻求某种"共识"，即两种文化共通的意义空间。既要贴近我国的国情民情、文化特色；又要具备国际视野，通晓国际规则，对国外受众的文化背景、思维习惯、风俗特点、历史沿革有动态的了解，熟悉他们的信息价值取向和判断标准，研究他们的信息需求和审美习惯。

地球上的各种文明，各个族群、民族和国家，都应该有文化自觉，对自

---

① 《论语·子路》："君子和而不同，小人同而不和。"
② 朱熹：《四书章句集注·论语集注》。
③ 邵培仁、姚锦云：《和而不同交而遂通：中华优秀传统文化的当代价值》，《新疆师范大学学报》2015年第6期。

己的文化有"自知之明"，要"各美其美，美人之美，美美与共①"，也就是要有"和而不同"的包容、开放心态。只有这样，人类相互之间才能和平共处，才能从"多元"走向"一体"，最终达致"天下大同"的理想状态。换言之，在历史上和当前"天下大同"不易实现的条件下，"和而不同"是基本的相处之道，而且也是一种非常高的境界和理想，在"和而不同"的氛围中，"天下大同"终将有实现的一天。

和谐完美的"天下大同"，一直是华夏文明的理想追求。"天下大同"不是唯我独尊，也不是党同伐异。当今，多元文化之间的冲突是造成沟通障碍的一个重要因素，而这种冲突又集中表现为价值观的冲突。价值观的多元化及其冲突，要求不同价值观之间相互尊重、相互理解，通过宽容、协调、沟通、借鉴，使不同价值观之间做到"各美其美、美人之美、美美与共"，进而共生共荣，是人类维护世界和平，走向未来天下大同的根本途径。而以"和而不同，各美其美"的态度尊重多元价值观，以"圆融共生，美人之美"的态度宽容对待价值观差异，以"多元交互，美美与共"的态度处理价值观冲突，这既是我国在国际传播新秩序建立中的一贯追求和主张，更是华夏文明对外传播的真谛。

三、表达人类共同愿望：华夏文明传播的历史责任

文化是文明的积累性成果，文明最终必然会积淀成文化。文化的真正价值，在于广泛传播，在于与人分享。不同的文化是由各个民族本体依据各自不同的生存环境和生活经历所创造的，体现着民族自身的本质和特点，但不同的文化传统中也有着共同的文化追求，有着大体一致的真善美的评价标准，这又为文化的国际传播甚至全球化传播提供了动力源泉。具有一定民族文化基因的某一民族群体，总是渴望打破封闭，与多元的世界各民族文化相互交流、传播、互补。这种不同民族的强烈渴望，恰恰是人类共同的追求和愿望。

华夏文明本身就是各种文化交融的产物，中华文明以其巨大的包容性和与外来文明高度的融合性显示出其宽广胸怀和强大的生命根基。自西汉时期华夏祖先首次接触外来文化以来，本土的儒道文化就同外来的佛教等其他文化不间断地发生碰撞、冲突、交流乃至融合，大大促进了本土文化的发展、

---

① 费孝通：《百年中国社会变迁与全球化过程中的"文化自觉"》，《厦门大学学报》2000年第4期。

进步与对外交流。外来文化对本土文化的影响，可以从一首东汉流行的谚语中得到佐证："城中好高髻，四方高一尺；城中好广眉，四方且半额；城中好大袖，四方全匹帛。①"而崇尚"高髻""广眉"便是受西域文化影响的结果。正因为华夏文明本身就是文化交融的产物，所以了解异域其他民族文化形态及其传统，以开阔文化视野、丰富文化认知，是根植在华夏文明血脉中的一种态度，一种对待世界文化的态度。

华夏文明传播不是文化扩张，不是文化入侵，也不是为了一己之私，华夏文明的传播是以其独具特色、充满魅力的人性涵养和道德追求，与世界分享人类文明的优秀成果，是与世界各民族进行平等的文化交流，是要与世界各种文化形成良性互动与和谐共振，表达人类共同的追求和愿望。可以说，正因为先天就具有虚怀若谷的博大胸怀，分享文明成果和兼容外来文化的优秀传统，所以表达人类的共同愿望——渴望文化交流、传播、互补，维护世界和平，促进共同发展，实现持久繁荣，也成为华夏文明在国际传播乃至全球传播中的历史责任和重大使命。

中国与世界的联系越来越紧密，对外开放程度不断加深，中国加入全球化经济运行轨道和文明创造潮流的发展趋势已经不可逆转，不仅华夏优秀的民族文化需要走向世界，世界多元文化格局中也离不开华夏民族的优秀文化。华夏文明历来主张"和为贵"，坚决反对以邻为壑，我们愿意与世界各族人民共担责任，共担风雨，共享成果，绝不搞弱肉强食，更不会巧取豪夺。"天下大同"始终是华夏文明的理想追求，即使到了今天，它在推动华夏文明的继承、创新、发展，引导华夏文明在世界多元文化的交流、传播中充分认识自己的角色与位置都具有重要意义。

（吴周筠　谢清果）

---

① 《城中谣》，原载《后汉书·马廖传》，《玉台新咏》收录此诗，题为《童谣歌》，《乐府诗集》收入《杂歌谣辞》，题为《城中谣》。

第六章 四海之内：华夏文明的传播时空观

人类传播总是基于一定的时空进行的。华夏先祖在中华大地上见天取象，于四时更替中把握人生、社会的流转；以中原为中心，构建命运共同体、文化共同体，从而缔造了辉煌灿烂的华夏文明。

时空观是人类基于本身对时间和空间认识所持有的认知观点。它是哲学世界观的重要内容和有机组成部分，是在人类长期的生产活动和生活历史实践过程中形成的。人们在传播行为中所透露的对时空的认知与偏好，我们称其为传播时空观。

在古代中国，传播时空观的内容主要包括精神上的哲学传播时空观和行为上的传播时空偏向。哲学传播时空观是指中国古代先贤与哲人们通过观察与思辨掌握的一套天地宇宙运行观点，比如墨家提出的将"宇""宙"作为空间、时间概念，值得一提的是他们还认识到空间、时间与具体实物运动存在一定联系及空间与时间的一定联系。传播时空行为偏向则是时空观作用在社会各阶层传播活动层面上的实实在在的表现。

中国古代精神层面的哲学时空观可谓观点繁多，百花齐放，其中最具代表性的，莫过于"天人合一"，将人与时空紧密相连，以人作为衡量时空的坐标系中心，这种哲学意味极其浓厚的时空观念多存在于古代知识分子、士大夫以及更高阶层人士基于个人修养提升的内向传播活动中。

而中国古代诸多的传播时空偏向中，最核心的特点莫过于其较强的"时间偏向"。相比较与西方的"communication"一词，中国古代传播活动中的"传"字，往往是一种在时间中延续的纵向传播。中国古代这种时间偏向的传播特点，主要是基于华夏文明赖以生存的中原地区封闭自足的地理环境以及中国古代封建王朝的长久统治（中央集权）两个原因。因为地理与制度的原因，这种时间偏向主要体现在人际传播活动（民间的传播活动）与政治传播活动（统治阶级的传播活动）中，但由于统治需求，政治传播活动相比人际传播更为偏向空间，而人际传播中的一些主要形式，包括宗教、祭祀与教育等，更偏向于时间，也就是说，中国古代的传播活动，在整体上有着时间偏向，但民间的人际传播相比统治阶级的政治传播，更注重时间，而政治传播更偏向空间。

本章将从中国古代内向传播、人际交往、政治传播三个方面，来探讨中国古代时空观对这三种主要传播方式的影响。

第一节　思接千载：中国古代内向传播中的时空观
——"天人合一"的哲学时空观

中国古代时空观在表现形式上有异西方，那是由于双方思想方法不同，着眼点不同。西方思想方法以分析为主，西方的时空观中，表征物理事件要用四个坐标（三维空间与一维时间），但并不强调它的整体性，而是侧重于具体分析每个坐标对表征物理事件所起的作用，分析的结果，时空被分割为一维的时间和三维的空间，二者相互独立，时间的流逝对于不同的参照系是一样的，由此，产生了牛顿的绝对时空观。中国人则侧重于综合，重视整体效应，认为要表征物理事件，时间空间缺一不可，所以，二者不可分。例如，《管子》中有《宙合》篇，其中提到"宙合有天地"。按后人注解，古往今来曰宙，四方上下曰合，即这里的"宙合"指时间和空间，天地就存在于时空之中。这是将时间与空间相提并论。古籍中常见四时配四方之说，认为春属东，夏属南，秋属西，冬属北，则是将特定的时空相联系。《庄子·则阳》提到："除日无岁，无内无外。"认为没有时间的累积，连空间方位的内外都无从区分。明末方以智对时空关系有更精辟论述："《管子》曰宙合，谓宙合宇也。灼然宙轮转于宇，则宇中有宙，宙中有宇。春夏秋冬之旋转，即列于五方。"这里把时间比成轮子，以为时间的推移在空间中进行，空间中有时间，时间中有空间，二者浑然一体。这种陈述，侧重于强调时空相关，与牛顿绝对时空观强调时空互不相关相比，着眼点有所不同。

一、天人合一的传播时空构造

这种综合看待时间与空间关系的时空观作用到在中国古代先哲的内向传播中，便形成了中国独有的"天人合一"的时空与人紧密联系的哲学传播时空观，即天地自然秩序与个人价值的紧密关系。

《易经》认为天地人是相应的，强调"天人合一，天人感应"，这对华夏文明发展有深远影响。相对于西方机械的坐标性时空观，"天人合一"将人生价值与自然社会的有序发展联系了起来。人与空间和时间的关系，在某种意义上毋宁说，就是人与自然的关系，是生命本体间的一种交融和互渗。所谓自然是由处于空间和时间中的物质运动构成的，任何物体都不可能置身于空间和时间之外，都要受到它的限定和影响，都要与之发生这样那样的关联。既然如此，人们在传播活动中的各种行为，就不可能舍弃空间、时间而绕行。

这种"天人合一"的哲学传播时空观对于中国古代知识分子以及士大夫阶层人群思考自我与社会关系的内向传播活动起到了巨大影响。

道教认为，在自然界中，天地人三者是相应的。《庄子·达生》曰："天地者，万物之父母也。"《易经》中也强调三才之道，将天、地、人并立起来，并将人放在中心地位，这就说明人的地位之重要。天有天之道，《周易·乾卦》曰："大哉乾元，万物资始，乃统天。"所以，天之道在于"始万物"；地有地之道，《周易·坤卦》曰："至哉坤元，万物资生，乃顺承天。"所以，地之道在于"生万物"。而人不仅有人之道，而且人之道的作用就在于"成万物"，以人生观察宇宙，使人与天合而为一。天地人三者虽各有其道，但又是相互对应、相互联系的。这不仅是一种"同与应"的关系，而且是一种内在的生成关系和实现原则。天地之道是生成原则，人之道是实现原则。这里的天地之道，可以理解为自然发展的客观规律和社会发展的客观规律。而人道，就是人生存和实现自己的价值。所谓天人合一，就是人顺应"天地之道"，从而再利用"天地之道"来实现"人之道"，并且能与自然和社会和谐相处。季羡林先生说："天，就是大自然；人，就是人类；合，就是互相理解，结成友谊。"西方人总是企图以高度发展的科学技术征服自然掠夺自然，而东方先哲却告诫我们，人类只是天地万物中的一个部分，人与自然是息息相通的一体，不可分离。

二、天人合一的关系和谐营造

简而言之，"天人合一"的内向传播大致包括以下三点：一是人必须要从外界认识和了解自然和社会的客观规律；二是人要通过不断思考获得的信息，合理地利用这些规律来实现塑造自身，以求实现自己的人生价值；三是在与外界的交往过程中要实现人与自然、人与社会的和谐统一，即人的价值实现是在保证人与自然、社会和谐的基础上取得的，而不是以自然破坏、社会动荡的代价取得的。古人认为，在社会生活中，一个有道德的人，在自我社会化的过程中，就应当学习和效法自然界的兼容并包、承载万物的精神，在人生的全部过程中，要求同存异、包容他人，与他人和谐共生。

"天人合一"的思想把自我的塑造和自然社会的有序发展紧密地联系在了一起。这种独特的内向传播思维方式，对于我们人生的种种境遇也起到了一定的指导作用。可以更好地指导人在不同的事件中更好地实现自己的人生价值，更好地实现人的社会意义。

第二节　名副其实：中国古代人际传播中的时空观

中国传统社会关系的时空维度如下图。相比于中国古代先贤们的秉持的高级哲学思维，民间的传播活动就没有包含那种"天人合一"、内外结合的特殊观念与态度，而是单纯的由内而外，由内在的固有观念形成的外在行为与风俗习惯的时间传播偏向。这种重时间的"纵向传播"特点，主要缘于古代中国独特的地理位置以及单一的农耕文明社会形态。

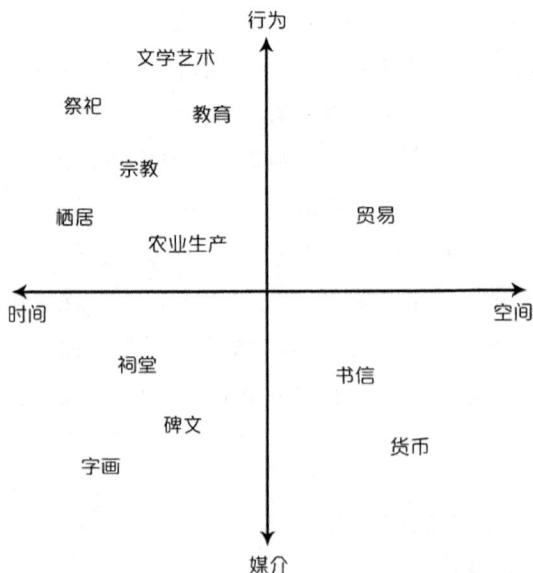

中国古代用"四海之内"一词指天下，也就是当时人眼中世界，所谓的"四海"其实指的不是真的大海，而是古代疆域的范围。《尚书·禹贡》中的一段话提到："东渐于海，西被于流沙，朔南暨，生教论于四海。"这分明说的是当时疆域的范围；而《礼记·王制》中说得就更明白了："西不尽流沙，南不尽衡山，东不尽东海，北不尽恒山。凡四海之内，断长补短，方三千里。"从这段话中，我们可以判断"四海"实际上指的就是当时疆域的范围，或者说"四海"，和真的大海没有半点关系，就是指当时的中国的疆域所在。古代中国东南由大海隔绝，西有高原，北有荒漠，形成了所谓的"中原情结"。由于中原地区土地肥沃，雨水充足，而边疆环境险恶，聚居其中的游牧民族民风彪悍，中原居民对空间开拓的意识较为淡薄。

同时，中国古代属于农耕社会。在农业社会中，人们往往在一块适宜耕种的土地上世代定居，画地为牢。由于地理封闭且能够自给自足，农耕社会中的人群往往将所有精力放在每年交替的春种秋收上，缺少空间上的拓展交往。

一、时间偏向的"安土重迁"栖居观念

中国古代农业文明孕育了具有时间偏向的"安土重迁"栖居观念。中国是大陆海洋国家，中国古代文明首先而且主要是建立在农业文明之上的。在农业国，土地是财富的根本。因此，我们纵观中国古代历史，尽管从事农业的个人被视为"草民"，但统治者非常重视农业，无不"以农为本"。种在地里的庄稼受生长规律的制约，钱穆如此描述中国古代的农耕社会"生产有定期，有定量，一亩之地年收有定额，则少新鲜刺激。又且生生不已，源源不绝，则不愿多藏。抑且粟米布帛，亦不能多藏。彼之生业常感满足而实不富有"。人附着在自己的土地上久了，自然对土地也就有了感情，恋土情结由此而生。并且由于土地的不能移动，使得终年耕种土地的人流动也就少了，形成了"生于斯，长于斯，老于斯"的稳定的乡土社会和安土重迁的乡土观念。在同一片土地上，人们的生活交往不在空间上拓展，而是在时间上堆叠。这种性情与以古希腊为代表的海洋文明国家的人形成了较鲜明的对比。古代希腊人有较多的机会见到不同民族的人，不同的风俗，不同的语言。同时不断的探索与拓展能给他们的海洋贸易带来更多的机会与财富，因此古代希腊人没有衍生出安土重迁的思想，而是习惯于空间上的探索。相比较西方文明源头的海洋文化的在空间上的流动性，中国古代的农业文明在空间上偏于安静

稳定，这种空间稳定又决定其在时间维度上的历史传承更为顺利。

对比当时全球的各大古文明，不难发现商业文明往往能促成空间交往的传播活动，但由于中国古代重农轻商的思想传统，商人被看作最低等的职业，封建统治阶级也更倾向于管理从事农耕的稳定人群，因此重时间、弱空间的时空偏向在中国古代传播活动中加倍明显。

二、祭祀与教育：传播时空的不断展演

除了最为主要的农业生产与栖居方式，农耕社会独特的文化与知识形态同时还催生了更多其他的时间偏向的传播交往活动，其中最为重要的莫过于宗教祭祀与教育传承。

祭祀是古代中国民间生活的重要内容，祭祀文化是中华文化的重要组成部分。祭祀是指祭祀者献礼于天地先人，沟通天人之界，以期得到神祇与护佑。先人与神祇的厚重源自于其历史的跨度，这就决定了祭祀是一项"高度纵向"且极富精神价值的传播活动。

国人特别注重生命体验与生活感受，祭祀是社会生活的重要组成部分。从源头而言，祭祀表达的是对生命的敬畏与感恩。古人无法知晓关于自己的肉体和灵魂的种种常理展示和异常表现，认为人死只是肉体之死而灵魂不死，人们对自己死去的亲朋情感相系无法释怀，可是阴阳相隔无法沟通和交流，就借能够联系人神鬼仙的祭祀典礼供奉祭品、烧化礼物、传递言辞来表达对他们的无限怀念。从深处看，这种沟通阴阳先后的传播行为，既是对生命源头的感恩，又是对生命本身的敬畏。

在民间百姓生活中，一个人去世了，家族的亲人们为他举行丧礼，为他下葬安圹，最亲近的人为他守庐，三年以后服丧期满，再开始继续正常生活。看似"逝者去矣"，但他并没远去，人们也没从此忘记了逝者，因为除了其血脉在子孙身上流淌之外，其生命还在两方面延续着：一方面是他被写进宗谱，进入历史，成为记忆；另一方面是他被请进祠堂，享受祭祀，接受膜拜。在祠堂祭祀活动中，在庄重肃穆的氛围中，生者默念逝者生前的功德，祷告后人的成就，与逝者进行超越时空的心灵沟通，实现神与人的跨世交际。真所谓："祭者，际也，人神相接，故曰际也。"（《孝经·士章·疏》）在祭祀这种"高度纵向"的、历史与现世的传播活动中，中国古代人民既涵养了美德，又传承了道义。

在古代中国甚至是现代中国，与多样的祭祀活动分不开的是繁荣的家谱

族谱的修缮。家族人物与历史事件的文字记录以及家族长者对先祖轶事与遗训口头相传，都是从时间远端索取信息用以影响今天的传播活动。族谱修缮的习俗保存至今，是因为家族历史的纵向延续传播能增强家族的认同感和凝聚力。首先，从生存的意义上说，也就是空间层面，家族感的确能统筹家庭内部分散的力量，家族内的紧密传播行为，使得整个家族的生存发展变得更有机会。个人不能指望仅有竞争关系的"他人"，"他人"犹如"陌路"，随处会有危险，所以更多依赖家族。如果我们去看看闽赣客家人的围楼、贵州苗族的山寨、北方平原的土围，那就是家族聚居的方式，就可以体会到一种寻求生命安全的需要。其次，从发展的意义上说，也就是在时间的维度里，人们觉得个人的作为更能依靠的是家庭、家族，古代的宗族对个人生命的延续相当有意义，而且个人人生的价值往往体现于对家族的兴旺发达上，生命意义彰显于光宗耀祖中。第三，从感情上说，大凡国人皆有"恋家"情节。"家"是温暖的象征，是爱的港湾。最后，从文化认同的意义上说，墓地、墓碑、祠堂、家谱，比正史更重要，因为正史的认同范围太大，大及国家、政府，更多的是一个政治空间；而家谱、族谱的认同，是基于血脉相承的一群人，是祖辈生息的一块地，特别是祭祀，在对死者的庄严氛围中，在宗庙举行的祭奠仪式里，面对先祖亡灵，家族内部一种强烈的"认同"感被召唤出来。国人常说"香火"，"香火"是指家族祠堂里有人祭祀，有人纪念。生者祭奠逝者，后人追忆先人，会点上香火，传达敬意，寄托哀思。反过来看，这不断的香火，本身也就意味着同一姓氏的后代的祭祀活动在延续，族类的生命和血脉也就在时间的长河里继续。

　　教育是人类文化传播与传承的首要手段，人类创造的文化，即经验、知识和技能等，是靠教育手段来传播和传承的。在教育方面，中国古人对"纵向传播"的教育非常重视，偏重史学、经学、文学，希望传统文化得以在时间中延续，却少有诸如天文、地理、理学等空间拓展层面的教学。从教育内容来看，古代教育内容以影响人们的思想品德教育的历史典籍为主，强调修身正己和忠孝仁义，这种束缚性的品德教育源自于农耕社会人们的生存理念，同时也是受制于封建王朝集权统治的需要。从氏族公社末期我国就将"孝"作为道德教育的内容，夏重视人伦道德教育，商则把"孝"作为思想教育内容的中心，西周则从小就注重孩子们的德行教育，春秋时期，以孔子的思想为主，主张自觉修身养性，以"礼"为道德规范，以"仁"为最高道德准则。以西周的《诗》《书》《礼》《乐》为学习典籍。战国时期，百家争鸣，无一不强调道德教育并注重经学学习，其中最具代表性的教育论著是《礼记》。汉代则认为德教是立政之本，道德教育内容以"三纲五常"为核心，"罢黜百家，独尊儒术"后并以传播儒家经学为主。魏晋南北朝时期，是一个社会动荡时期，玄学盛行，特别是魏晋时期，主张顺应自然的道德教育论。隋唐时期更是崇儒兴学，选择儒学为政治指导思想，科举考试主考明经科。宋则确立了"兴文教，抑武事"的国策，重视程朱理学。元朝时期科举考试规定从《四书》中出题，以《四书章句集注》为答题标准，这更是凸显了古代教育之"传授知识偏重于历史理论传承，以文科知识为主"的特点，宋元蒙氏教育，注重伦理道德教育，如《少仪外传》。明朝教育明显地束缚世人思想，科举考试八股文成为固定的考试文体。中国古代教育偏好的演变，多与当时的时代局势与国家制度有关，但都能找到一个共通点，就是重视"纵向传播"，内容以历史经典为教学内容核心，导致了中国古代知识分子画地为牢，科学技术发展落后等问题。但这同时也带来了一个好处，就是中国文明的发展不像西方一样存在着更迭巨变，而是形成了一种一脉相承的巨大体系中无限发展的文化发展模式。时至今日我们仍能够在中国的教育中看见中国传统文化的教学，诸如古希腊、犹太等欧洲文明，却遭遇了时间维度上的文化断层。

第三节　四海一家：中国古代政治传播中的时空观

在中国古代统治阶级的思想中，历史记忆与制度沿革固然重要，但疆域问题关乎空间领域，因此与民间的人际传播相比统治阶级的政治传播在更多方面上偏向空间。

一、中华帝国国家管控的空间取向

政治传播是政治体系内的活动，政治传播可以定义为：在国家的政治制度体系内，制作者作为信息的中枢，利用信息传输、传递、扩散、存储及输入、反馈等方式，完成社会控制、监督、整合及存续，以保持政治稳定、延续的手段与活动。中国古代的政治传播制度主要有以下五种：信息中枢的决策制度、政治信息的传递渠道（包括媒介）制度、政治信息收集与反馈制度、政治秩序的信息监控与政治传播权利调节制度、政治文化传统的信息存续与维护制度。

在这五种制度形态中，具有时空偏向的主要是偏向空间的政治信息的传递渠道制度，以及时间偏向的政治文化传统的信息存续与维护制度。

中国是一个幅员辽阔的国家，要保证统治者的政治信息传递通畅，必须以制度化传递程序、渠道以及媒介为保障，这些保障因素的建设在中国历代王朝都非常受重视。然而这种政治信息的传播活动，经历了一个不断在空间上拓展的漫长过程。整个发展过程，大致可以分为口头传递、燧烟符节传递、文字信件传递三个时期。这三个时期我们也可以秦朝为界，分为秦以前的公文传递以及秦以后的公文传递。秦王朝是我国统一的封建中央集权时代的开始。秦始皇所制定的统一文字、度量衡、车轨、道路等制度，对我国后代有深远影响。在开创统一的邮驿制度方面，秦朝也有不世之功。虽然秦王朝仅仅存在 15 年，但以惊人的努力完成了全国范围的交通和通信网络。驰道是秦朝道路网的主干。秦朝有效的通信系统，起着巩固中央集权制度的作用。中央政府可以源源不断接到各地方的情况通报。由于政府规定了地方向上汇报请示必以书面形式，秦始皇每天要阅批的奏章就重达 120 斤（竹木简片）。秦政府还通过这些通信系统，及时了解边防和民间的动态，采取果断的军事措施。

秦以后的政治信息传播行为中较为著名的有汉代的公文文书传递活动，其规定极为详密，公文文书种类繁多，以确保政令通畅。此后的历代都普遍设置了传递公文奏报的机构，如唐代的进奏院、宋代的登闻鼓院、检院，明代的通政司等，都是负责上情下达和下情上报的信息枢纽。它们不但传递正式公文，而且还编发公文信息的抄件，形成如唐代进奏院状、明、清的塘报、京报等政治信息传播媒介，还具有一定的新闻传播与政治宣传意义。此外，历代王朝的邮传设施及制度也是政治信息传播活动中空间偏向的体现。

二、中华帝国文明延续的时间偏向

政治文化传统的信息存续与维护制度，则具有明显的时间偏向。这是中国古代重时间、轻空间的思维方式在政治传播中的集中体现。艾森斯塔德在《帝国的政治体系》一书中指出，中国帝国的政治目标属于文化传统取向型，帝国的统治得以维护的重要因素是注重文化传统的延续，同时，这种取向的政治制度极其重视教育教化对于传统合法性的维护。中国古代的历代王朝都十分重视文化传统与历史沿革，具体的表现有以下方面：

一方面是"以史为鉴"。中国古代各朝代都十分重视据实记录历史，并将其奉为供后代参考的治国经验，中国历代均设置专门记录和编撰历史的官职，统称史官。各朝对史官的称谓与分类多不相同,但主要的可以分为记录类和编纂类两者,两者相互协作,专门编纂前代王朝的官方历史,以供后世参阅。设置修史人员,这反映出政治制度的一些特性,即通过官方修史延续政治统绪,表明合法性,建立一种政统延续的自我认定系统,暂不说这种为了自我认定的修史是否公正客观,其在时间维度上的传播偏向十分明显。除了修史外,还重视图书文档的校勘、编目、收藏。其传播学意义主要在于延续文化,自我确认为文化传承的担当者,亦是在时间的经度上考虑问题。

另一方面是教育与选士制度。教育教化制度的建立也是王朝实施统治的重要手段。教育原本就是具有时间偏向的传播活动,王朝内部的教育教化制度主要包括:(1)王朝中央的官学教育制度,如太学制度、国子监制度等;(2)地方的府州县学及书院制度;(3)察举、征辟及科举取士制度;(4)皇帝皇子的教育与教化制度,如保傅制度、经筵制度、东宫教育制度等。教化传播是中国古代政治传播的重要内容,它是维系政治统治、传承政治文化、整合社会的重要手段。因而,将历史延承的教育教化制度作为中国古代政治传播制度体系之一是非常重要的认识。

(刘宇航　谢清果)

第七章　保合太和：华夏文明的传播秩序观

文化和传播之间具有一种相互依赖和相辅相成的关系，传播活动促进了文化的传承与发展，而传播活动同样受到社会文化价值观念的影响和规范。中国传统文化充分体现了"和"的精神，具有鲜明的民族特色和丰富的文化内涵。"和"贯穿了整个中国传统文化发展的全过程，体现着中国传统文化的首要价值和精髓，同样也是中华民族传播交流的基本准则与终极目标。本章将着重分析华夏传播活动中"和"思想的具体表现和要求，促进和谐共生的传播环境的构建。

中国古代思想文化史上，"和"是一个重要的哲学概念，也是古人的一种心理结构和思维模式，他们以此来规范天、地、人。"和"数千年来始终制约着华夏子民的自我意识，支配着华夏民族的生存样式，构建着中华民族特有的民族心理和民族性格。"和"观念以其强大的生命力和渗透力，根植于中国传统文化的方方面面中，潜移默化地影响着每一位社会成员。文化与传播活动是相互关联相互影响的。一方面，文化规定了传播的内容、思想和方法以及传播方向和效果；另一方面，传播则以符号化、意义化的方式呈现着文化，作为文化的活性机制而存在。"和"的传播思想则是影响华夏儿女传播活动的核心根基，规定了中华民族传播活动的具体面貌和方式。而传播活动也进一步促进了"和"思想的发展与和谐社会的构建。"和谐传播""传播和谐"是华夏传播的重要理念和理想境界。

1."和"之内涵

"和"的概念很早就在中国古代典籍中出现了，有人认为"和"的观念起源于中国上古的风俗习惯和仪式中。《尚书·舜典》记载："诗言志、歌咏言、声依永、律和声，八音克谐，无相夺伦，神人以和。"可见在远古时代这种融诗、歌、声、律、舞为一体的仪式中，就讲求使人行动整齐，达到人神和谐。从字源上看，"和""龢""盉"是同源字，而"禾"是"和"字群的语源。以"禾"为声符的字群均有"调和相应"之义。清代段玉裁在注解许慎的《说文解字》中解释道："盉归《皿部》，其调和功能偏主于饮食味觉：'盉、调味也，从皿禾声'。龢则归《龠部》，其调和功能偏主于音乐听觉，释作'调也，音乐和调也。从龠禾声，读与和同。'""和"的思想主要来源于先民对客观现象的直觉体悟与生产、生活经验的认知，并非来源于纯粹的人的理性思辨。殷周之际，有关"和"的思想观念，在《易经》《尚书》等古代文献中不仅屡被提及，而且有所发展。《易·兑·初九爻辞》云："和兑，吉"，以和待人，便可获得吉。《易·中孚·九二爻辞》云："鸣鹤在阴其子和之。"虞翻释之曰："同声者相应，故其子和之。"许慎《说文解字》释之曰："和，相应也，又和调也。"因而，"和"本意可以理解为"和调""相应"。《尚书》中，"和"则被广泛应用到家庭、国家、天下等领域中，用于对人际关系等诸多冲突的处理和对内外协同、上下协调的描述。《尚书·尧典》云："克明俊德，以亲九族。九族既睦，平章百姓。百姓昭明，协和万邦，黎民于变时雍。"强调天下万邦的亲睦和谐。可见"和"的思想开始纳入到对现实的政治、生活等一系列具体的人类社会实践的探讨中。而春秋时期的"和同之辩"是当时一个热点论题。《国语》中史伯论"和同"、《左传》中晏婴论"和同"以及孔子将"和同之辩"带入更宽的领域加以讨论，这使得古人对"和"的认识真正上升到了哲学的高度。随着人们理性思考的进一步发展，思想家开始把"和"作为一个更加抽象的哲学范畴加以研究，把"和"认定为对宇宙人生的根本性认知和追求，追求人类世界整体的和谐。这也使得"和"逐渐内塑成我们民族所特有的思维方式和心理结构。

正因为是中国传统文化的思想精髓和核心内容，"和"也引起了当代学者的关注与重视，学者们进一步对中华"和"文化作了深入研究，揭示了新时代背景下"和"思想的意义和内涵演变。著名的社会学家费孝通先生，受到中国传统"和"文化的启示，提出了"各美其美，美人之美，美美与共，天下大同"的社会和谐的观点，主张和谐是美好社会的基础，而和谐的美好社会就是要尊重文化多元，摆脱各种本位中心主义的公平与公正。北京大学汤一介教授十分重视中华"和"文化的研究，提出了"普遍和谐"的观念，追求"人自我身心内外的和谐""人与人的和谐""人与自然的和谐"与"自然的和谐"。汤先生认为人类发展的前景必须是和平共处，要在国与国、民族与民族、人与人之间建立一种和谐的关系，所以中国文化中的这一"普遍和谐"的观念在当今社会就显得格外重要。中国人民大学张立文教授在其代表作《和合学概念——21世纪文化战略的构想》中提出了系统的和合思想，称为和合学。所谓和合就是指自然、社会、人际、人的内心等诸多要素的相互冲击融合，在冲突融合的过程中各要素和合成为新的事物的总和。目前中国文化传播面临着人类社会共同的冲突（人与自然、人与社会、人与人之间、人与心灵、不同文明之间）、西方文化以及现代化这三个挑战。而和合学正是解决这三大挑战的最优文化选择。融合冲突而和合，对化解人类所共同面临的五大冲突有巨大的作用。

2. 华夏和谐传播观

和谐是中国传播理论对国际传播理论的重大贡献，是中华民族的一个传播理想境界。而目前专门将两者结合起来，用"和"的思想去观照中国传播活动的研究还较稀缺。赵晶晶编著的《和实生物——当代国际论坛中的华夏传播理念》是少数考察中国传统的"和"的思想对传播活动影响的著作，该书还将其纳入国际视野，探讨"和"的思想在跨文化交流活动中的具体表现。该书中收入了陈国明教授的《有助于跨文化理解的中国传播和谐理论》，从和谐的视角，提出了中国人传播活动的一种普遍理论。以九个概念（包括"仁""义""礼""时""位""几""关系""面子"和"权力"）为基础，总结出"和谐"是中国传播之轴，由以上九辐相持，并由之达到人类传播的四个终极目标：安全感、团结感、交流愉悦感和从交流中获益之感。[1]邵培仁、姚锦云的《寻根主义：华人本土传播理论的建构》一文中提到了"阴阳和合的传播哲学"的本土传播思想，指出中国传播思想源自"阴阳"，指向"和合"与"天人合一"，其最高境界是"通天人，合内外"。而具体的实现途径，则是"中庸"或"中和"，即对传播"度"的把握。[2]陈雪军的《论儒家的和谐传播理论》则探讨了儒家和谐传播的理论中关注人自身的和谐、人际和谐、人与社会的和谐以及人与自然的和谐的传播理念，论述中国儒家和谐传播的理念对国际传播理论的重大贡献。[3]严三九、刘峰的《中国文化"和谐"价值

---

[1]　陈国明：《有助于跨文化理解的中国传播和谐理论》，见赵晶晶编译：《和实生物——当代国际论坛中的华夏传播理念》，浙江大学出版社，2010年版，第19～42页。

[2]　邵培仁、姚锦云：《寻根主义：华人本土传播理论的构建》，《新疆师范大学学报》（哲学社会科学版），2013年第4期。

[3]　陈雪军：《论儒家的和谐传播理论》，《浙江传媒学院学报》，2013年第1期。

理念及其国际传播路径探析》则从国际传播的角度探析了中华传统文化中"和"的思想对国际传播和国际社会和谐发展的重要意义,通过对基督教文化和伊斯兰文化这两种与中华文化截然不同的文明中"和谐"内涵的解读来从哲学层面找到"和谐"价值理念的普适性依据,并提出了具体的实施路径的意见。①但是中国传统"和"的思想与传播活动的关系仍需要进一步研究与发展。

第一节 和:天下化生传播的基本准则

所谓"和"是以儒道释为主的中国传统思想流派的基础思想,也是人类交流传播的终极目标。作为思想的经典,和谐思想具有丰富的内涵与广泛的外延。从本体论的维度看,古人认为"万物各得其和以生,各得其养以成,不见其事而见其功"。(《荀子·天论》)和谐是万事万物的自然本性,而万事万物之自然本性的呈现就是事物常态的体现。从方法论维度来看,"和"的思想不仅是中国古人思想的精华,更是他们对实践要点的总结。在价值观念的引导下,人们不自觉地将事物朝着和谐的方向促成,便产生了方法论意义上的思维方式和行为准则。从价值观的维度看,"和"的思想是中国古人"关照外在宇宙与内在心灵结出的硕果"。②它引领着人们自觉形成与包括自身在内的所有世间存在之间的相互融洽与和睦,主要包括人自身的和谐,人际的和谐,人与社会的和谐,以及人与自然的和谐这几个主要方面。从辩证法的维度,中国和谐思想认为"一阴一阳之谓道"(《周易·系辞上》),寰宇世界在"道"上正常运行,是因为作为矛盾双方的"阴"与"阳"的相互作用,和谐共生。正因为"阴""阳"的共存,事物才达到整体和谐的状态。总的来说,中国古代"和"的思想反映了人们认知事物和处理事物的价值取向与思维方式,被广泛应用到人类社会的各个领域,"和"从而成为天下万有化生传播的共同准则。具体说来,化生传播是强调万有在化生中传播,传播活动是以实现万有自然化生为目的,化生也是传播的活动场域和生态环境。这是因为万有的变化生长是万有的本质规定,顺应这种规定,万有关系才能和谐。

中国古代传播活动的"和"的化生传播思想主要表现在以下几个方面:

---

① 严三九、刘峰:《中国文化"和谐"价值理念及其国际传播路径探析》,《新闻与传播研究》2013年第7期。

② 傅其林:《文学中的和谐:美的人格与生存之境》,四川大学出版社2008年版,第1页。

1. 天下合一的宇宙观

"天人合一"的思想概念最早是由庄子阐述，后被汉代思想家、阴阳家董仲舒发展为天人合一的哲学思想体系，并由此构建了中华传统文化的主体。但是"天人合一"的思想在中国却是渊源久远。在远古时代，中国先民就有明显的"神人交通"的观念，后过渡为以神化王权为实质的"天王合一"的观念。至春秋大变革时期，天王合一的观念又逐渐被哲学意义上的"天人合一"的观念所代替，后逐渐演化为中国人一种基本的思维模式。而对"天"的含义的不同理解也形成了对"天人合一"观念的不同阐述。老子认为"天道"是宇宙自然之道，天道和人道是对立的，而消解天与人的对立就是实现"天人合一"。天与人可以通过"法自然"的方式到达"玄同"境界最终消解对立。在天人关系上主张以人合天，而不是以天和人。强调人要尊重生命，顺应自然。《周易》认为宇宙是以太极为本原的秩序谨严的有机整体，其中任何一个事物均与其他事物乃至宇宙整体休戚相关。"易有太极，是生两仪，两仪生四象，四象生八卦"（《系辞传》）所蕴含的宇宙论，即是周易的太极整体和谐观。《易经》六十四卦便是对这个宇宙图景模拟所得的一套严整的象数符号和谐系统，是从宇宙整体观的角度追求天人合一。而儒家则强调"天"是"义理之天"，主张天道即人道，天道的本质是爱物，天是爱民的，保护民众的。民意即天意，《尚书·泰誓》有"天矜下民，民之所欲，天必从之。"违背民意就是违背天意，是要受到上天的惩罚的。因此人君必须"法天道"，"顺人心"，养民爱民。在"天人合一"的观念中把宗法人伦上升到一种天然合理的东西，用"天意"来协调人际关系、君民关系，建立稳定和谐的社会人伦秩序。我国古代的"天人合一"思想的主要落脚点还是儒家的民本思想，只有人民生活安定，国家才能久安，君主的个人利益才能得到保障，达到天人合一的和谐境界。

要实现天人合一就要争取民心，尊重民意。而民意代表的是人民的集合意识，具有某种倾向性。这种具有倾向性的集合意识一旦表达出来，就会形成舆论，而舆论一经形成便会对社会产生影响，舆论群体越大，舆论的真实性就越强，舆论的参考价值就越大。因此时刻观察民情，把握民意，并及时沟通，有助于控制、引导甚至消释舆论，降低舆论对社会的消极影响。古人已经认识到了尊重民意、控制舆论的重要性，故而凡遇大事，往往要倾听民言。《尚书·洪范》云："凡厥庶民，极之敷言，是训是行，以近天子之光。"虽然最终决定权仍在执政者手中，但要想国家安定，还是要尊重民意，倾听民言。而在中国历史文献记载中，舆论也并非全出现在与政治相关的语境中，古人对舆论的认识是多角度的，对于流言、讹言、谣言等缺少事实依据而形成的影响天人和谐、人际和谐、家国和谐的舆论，古人也是深有感受。"众口铄金"这一谚语就颇能体现舆论的力量。屈原《离骚》："众女妒余之蛾眉兮，谣诼谓余以善淫。"而对于这些具有攻击性的畸形舆论，古人主张站在智慧的高度予以破解，实现和谐："流丸止于瓯臾，流言止于智者。"

天人合一的思想还表现在中国古代科学技术传播上，它长期作为中国古代科学技术的中心思想，除了巫术、占卜等迷信神灵思想的传播，还促进了我国天文学知识的传播与发展。此外中国文人园林建筑的传播思想也是天人的和谐统一，文人园林风景效法自然，追求与自然合而为一的联想，通过山水草木等媒介符号，创造意境，使人与环境发生共鸣，达到文人园林所最追求的"天人合一"的理想境界。①

2. 以和为贵、和而不同的价值观

我国传统文化历来讲求"和谐、和睦"，是"以和为贵"文化。向来讲求处事交往和谐的儒家思想中有不少"和"的表达："礼之用，和为贵，先王之道，斯为美。"（《论语·学而》）"天时不如地利，地利不如人和。"（《孟子·公孙丑下》）此外，先秦诸子的思想中也有不少相关的求"和"的思想。老子的和谐思想首先体现在"道"中，"道"内部含有阴阳，阴阳的和谐统一构成宇宙、社会的"一"。"一"就是统一和和谐；阴阳失衡，"一"的平衡就受到了破坏，自然和社会就会出现灾难，因此，"道法自然"，和谐顺性是宇宙发展的规律。"冲气以为和"是老子和谐哲学思想的基本思路；"无为而无不为"是老子和谐思想的重要价值追求。在"和"的哲学中，墨子提出："古之仁人有天下者，必反大国之说，一天下之和，总四海之内。"（《墨子·非攻下第十九》）"万民和，国家富。"（《墨子·天志中第二十七》）。而在墨子的这些"和"的哲学中，似乎对"和平"的内涵更加偏重。"兼爱""非攻"构成了他持久和平观的思想基础。

关于"和而不同"的讨论则是始于《国语·郑语》中记载的周太史史伯关于"和实生物，同则不继"的讨论，其中对"和""同"作了明确的界定。"和"是"以他平他"，即不同事物、不同元素的激荡与融合，是相互对待的互为他者的差异性的统一；"同"即"以同裨同"，是完全相同的事物或要素

---

① 孙旭培主编：《华夏传播论》，人民出版社1997年，第173页。

的重合，是排斥差异性的简单的同一。强调"和"是事物蓬勃发展的基础和内在动力。和则生机勃勃，兴旺发达；同则死气沉沉，败坏消亡。其次是《左传》记载的晏婴的"和同之辨"，从五味、五声、六律转到人际关系，着重从君臣关系的角度谈论和与同，更加突显了相反相济、相异相成的道理。唯其如此，方能政治清平，社会和谐。孔子又进一步概括为："君子和而不同，小人同而不和。"（《论语·子路》）所谓"君子和而不同"，就是要人们去同取和，求同存异，以此相互促进，不可彼此苟同。所谓"小人同而不和"，则完全相反，是要人们去和取同，完全排斥异己。这样，和同之辨不仅仅体现了一种理论和方法，而且成了一种人格与德行。

以和为贵、和而不同的价值观向来是中国传统人际传播的重要精神与行为标准，中国传统文化的人际互动中"和"涵盖了"仁""义""礼"和"乐"四种内容，分别以"仁"作为其内在的道德价值取向，以"礼"作为求"和"的外在行为仪式，"义"作为主体人的道德价值观的标准，"仁义礼"共同达到人际"和乐"的状态。而"和而不同"则强调了人际交往中主体价值的差异性，每个人都是自己独特生命价值的表现者、创造者，在与他人的交往交流过程中能保持一种和谐友善的关系，但在对具体问题的看法上却不必苟同于对方。真正的君子之交并不寻求时时处处保持一致，相反，会容忍对方有独立的见解，敢于表达自己的不同观点，在正视不同意见的基础上求同存异，才能达到和谐的人际传播的目的。除此之外"和"还是国家之间、民族之间交流传播的重要准则，自秦汉以来作为主体民族的汉族在"以和为贵，和而不同"的思想的基础上，逐渐发展成为"你中有我，我中有你，而又各具个性的中华民族多元一体格局"[①]，形成了中国特色的"和而不同""兼容并包"的外交伦理原则，和"协和万邦"的外交目标和文化自觉。[②]而在当今国际交往和跨文化传播与交流中，"以和为贵，和而不同"的传播理念更有意义。这应该是我们在传播不同文明时，应该恪守秉持而且要一代代传承下去的忠实信条。

3. 天下大同的社会理想

大同思想是中国古代源远流长的一种政治思想，也是中国人民一直向往的社会理想。大同思想的传播曾鼓舞了很多仁人志士为推翻腐朽阶级的统治，

---

① 费孝通：《中华民族的多元一体格局》，《北京大学学报》（哲学社会科学版）1989 年第 4 期。

② 余潇枫：《和合主义：中国外交的伦理价值取向》，《中国政治研究》2007 年第 3 期。

促进社会的和谐而斗争。"大同"一词始见于《礼记·礼运》："大道之行，天下为公……是故谋闭而不兴，盗窃乱贼而不作，故外户而不闭，是谓大同。"孔子对大同社会的表述可以说是古代对大同理想社会的定型，短短的几句话就勾画出了一幅延续了几千年的重诚实、讲仁爱、求友善、修和睦的理想社会蓝图。这里的大道指的是上古五帝所行之道，是儒家认为的最理想的政治制度，天下为天下人所共有。

在面对矛盾重重的社会现实时，道家也提出了自己对理想社会的看法。《老子·十八章》中描述了这样一幅美好社会的画卷："小国寡民……邻国相望，鸡犬之声相闻，民至老死不相往来。"老子追求小国寡民的理想社会，抛开社会现实，回到朴素和谐而封闭的原始社会，人们生活幸福，其乐融融。受到老子影响的庄子在《马蹄篇》中也描绘了他理想的大同社会、至德之世的景象："夫至德之世，同与禽兽居，族与万物并…同乎无知，其德不离；同乎无欲，是谓素朴。素朴而民性得矣。"庄子认为在至德之世中，人们应该是"素"和"朴"的，人人都无智慧而愚笨，人类的天性和本能也就不会丧失。庄子的理想国主张抛弃文化和知识，追求一种人的天性和自由。而大同社会的理念也影响了近现代的知识分子，其中最具代表性的就是中国资产阶级改良主义知识分子康有为。他根据汉代公羊家据乱、升平、太平三世学说，比之当时的西方资本主义国家，在《大同书》里面提出了一个"大同之世，天下为公，无有阶级，一切平等"的和谐社会。

在中国知识分子的不断补充与发展中，大同思想已经俨然成为一个文化符号，成为一个文学母体，成为中华民族的一个伟大的社会理想，虽然它是空想，但仍然抹不掉它在思想上的指引意义。李普曼曾提出"拟态环境"的概念来描述传播媒介通过对象征性事件或信息进行选择，加工，重新加以结构化以后向人们提示的环境。这个拟态环境不仅可以制约人的认知和行为，而且通过制约人的认知和行为来对客观的现实环境产生影响。而"大同社会"就是中国知识分子在其著作中勾勒的拟态环境，不仅影响了中华民族、中国知识分子的价值取向和思想观念，还对实际的社会活动和革命起到了指导作用。其中最出名的就是太平天国运动，《天朝田亩制度》中"有田同耕，有饭同吃，有衣同穿，有钱同使，无处不均匀，无处不饱暖"的理想社会的设计便是"大同思想"的具体实践。而中国传统的"大同思想"和马克思主义的结合又为当代中国的发展道路指明了方向，促进我国繁荣稳定、公平正义、天下大同的和谐社会的建设。

在当今的国际化交流传播的背景下，"大同社会""和谐社会"作为中华文化"和谐"思想的重要内核，既是中国文化国际传播的重要内容，也是中华文化"走出去"的战略性传播理念。"和谐社会"理念的国际传播可以为自身的文化传播提供安全发展的国际环境，促进世界对中国文化、形象的全面正确的认识，增强中华文化的国际竞争力和国家文化软实力。"中国崇尚和平，主张'和而不同'、'天人合一'、'以和为贵'、'多元共生'、'己所不欲勿施于人'的文化价值观也体现在各种具体的文化样式之中……而通过文化交流，吸收世界各国的优秀文明成果，也是中国'融入世界'并成为一个在文化上更好地被他国理解和接受的国家的重要途径。"① 同时"和"理念的国际传播还为解决当今全球化背景下跨文化、跨国家的交流与冲突提供重要的指导和借鉴，促进了不同文化的交流和融合，维护了世界和平。

第二节 冲气为和：天下和谐传播的调适过程

"万物负阴而抱阳"，任何事物都是由阴阳两种要素对立统一而构成的。阴与阳不是绝对的对立，它们相互依存，阳中有阴，阴中有阳，相互含摄，构成一个统一体。老子所说的"一"就是阴和阳的矛盾对立统一体，也就是作为道的"一"的本质状态。"冲气以为和"，"和"就是"一"，就是和谐统一的状态。中国古人在文化传播的过程中也在不断调适，追求和谐统一。所谓传播调适就是指矛盾的对立统一的相互含摄的过程，个体或社会在传播和交流过程中，通过调整自己的传播方式来追求理想的境界。在华夏各传统思想体系的传播思想中，大都包含了追求内在传播身心关系的和谐，人际传播的和谐和人与自然社会的群体传播的和谐，并提出了相应的方法论来不断协调传播行为，达到"冲气为和"的目的。

1. 追求身心和谐的内向传播

现代象征互动理论的集大成者布鲁默在其著作《象征互动论》一书中提出这样一个观点：人能够与自身进行互动——自我互动（self-interaction）。他认为，人是拥有自我的社会存在，人在与外界事物和他人的互动中，能够认识自己，拥有自己的观念，并能与自己进行沟通或传播，对自己采取行

---

① 张志洲：《文化外交与中国文化"走出去"的动因、问题与对策》，《当代世界与社会主义》2012 年第 3 期。

动。①通过自我互动，人能够在与社会、他人的联系上认识自己、改造自己，不断实现自我的发展和完善，追求身心的和谐。

身心合一的观念一直贯穿着儒家发展的始终。儒家既重视人的肉体修养，也重视人的精神信仰，总之希望两者的修养并驾齐驱，最终达到完美的统一。但从儒家的角度来说最主要的还是修心，强调道德修养。孔子认为一个人立身处世最主要的是立德："不患无位，患所以立。"（《论语·里仁》）而儒家道德修养的途径主要有格物和反省两条修养途径。所谓格物就是通过学习，认知外在世界以形成对外在世界的把握，这就是儒家所谓的"得道"。"物有本末，事有终始。知所先后，则近道矣。"（《大学·第一章》）内省是人对自己的一种反思活动，也是一种重要的人内传播形式。儒家所说的反省是一种日常的、长期的反思活动："吾日三省吾身"（《论语·学而》），"见贤思齐焉，见不贤而内自省也"（《论语·里仁》）。通过"内省"而"改过""向善"，最终成圣、成贤、成君子。反省内求，也就是王阳明所提倡的"致良知"，通过"省察克治"的功夫，"拔本塞源"让道德主体从物欲的蒙蔽中解脱或超越出来，克除"私欲"，实现内在的圣。

道家认为道是智慧之门，人生的意义就是不断修炼身心，求道体道，达到身心超脱，获得智慧。修养身心的过程就是为道求德的过程，通过见素抱朴、无心、玄览、心斋、坐忘等功夫，最终达到身心平衡和逍遥自在。从人的内在的心理修养和道德修养入手，通过关照自己的内心世界中诸多的纷扰，驱除杂念，去欲得静，离苦得乐。道德的修为也在其中得以完善和完成。道家提倡少私寡欲的生活态度，强调人要过一种顺乎人性的自然而然的纯朴的生活。道家反对儒家强调的社会伦理纲常诸如仁义礼智等过多的教化，它强调人自我本性的回归，提倡少私寡欲，返璞归真，由此来提升人的道德境界。得道的境界是：慈爱，俭朴，柔弱不争，放达宽厚和生死两忘。"与侧重考察自我的社会性的西方内向传播理论相比，老子的内向传播智慧更倾向于消融社会性对自我超越的干扰，注重自我内心通过向'道'的复归而实现自我升华。"②

同样相较于西方传播传统注重外向的传递，中国传播的传统更关注内向的接受。③为达到身心的和谐，就要求在内向的接受中不断地完善提升，构建

① 郭庆光：《传播学概论》，中国人民大学出版社 2011 年，第 66 页。
② 谢清果：《内向传播的视阈下老子的自我观探析》，《国际新闻界》2011 年第 6 期。
③ 邵培仁、姚锦云：《传播受体论——庄子、慧能与王阳明的接受主体性》，《新闻与传播研究》2014 年第 10 期。

一个丰富和谐的精神世界。

2. 确立和谐发展的人际传播观

哈贝马斯在其著作《交往行为理论》中指出，所谓交往行为是指至少两个或两个以上的具有语言能力和行为能力的主体之间通过语言媒介所达到的相互理解和协调一致的行为。交往行为的目标就是通过对话达到人们之间的相互理解和协调一致。交往行为的原则是必须以公众认可的社会规范作为自己的行为规范。在交往行为中，行为主体"从他们自己所理解的生活世界的视野"出发，"同时设计客观世界、社会世界和主观世界的事物，以研究共同的状态规定"。[1] 中国传统文化中人际传播交往也注重人们之间的相互理解和和谐共处。

人际和谐是儒家和谐理论的重要组成部分，人与人的和谐是社会秩序稳定的基础。在儒家的人际传播思想中，中庸是思想方法，仁义是内容，礼乐是形式。[2] 儒家认为要处理好人际关系，就应该遵循中庸的处事方式，朱熹给《四书·中庸》加注道："中者，无过无不及之名也。庸，平常也。"所以可见"中庸"就是指不偏不倚的日用常行之理，待人处事，既不要过分，也不要不及。儒家"秩序"和谐理论是以"礼"作为秩序实现的现实要素。"礼之用，和为贵"（《论语·学而》）是儒家秩序和谐理论的生动描述。礼作为一种调节人际关系的外在准则，为秩序的和谐提供了现实支撑。而儒家的礼乐秩序则是以"仁"作为其理论出发点的。在儒家所建构的人际和谐体系中，仁爱是由亲亲之爱推及爱人、爱社会以至爱万物，一层层递进推开去，最终实现以仁爱为根基的社会和谐境界。儒家主张由仁爱之心推己及人，以实现人际关系的和谐为目标，践行"忠恕"之道，忠恕是儒家处理人际关系的基本准则。"忠"是"己欲立而立人，己欲达而达人"（《论语·雍也》）的忠诚待人之道，"恕"则是"己所不欲，勿施于人"（《论语·卫灵公》）的宽恕待人之道。儒家既倡导"忠恕之道"，又强调推己及人的仁爱之心。儒家认为，如果所有人都能发扬自己的"仁爱"之心，以"仁爱"为处事原则，在人际传播中，能够将心比心，推己及人地为他人着想，那么人类社会就会成为洋溢着仁爱的和谐社会。

以"自然"为原则是道家人际关系的主要特点。道家认为，人只是自然

---

① 哈贝马斯：《交往行为理论》（第一卷），洪佩郁，蔺青译，重庆出版社1994年版，第135页。

② 黄星民：《礼乐传播初探》，《新闻与传播研究》，2000年第1期，第29页。

界中微不足道的一物，不应刻意追求满足人的各种社会需求。在道家看来，一切美好的事物都是自然而然的，而所有刻意为之、违背自然本质的东西，都是应该取消的。人不能有悖于天，人应该顺应自然的发展，而礼乐就是对人个体发展的羁绊。道家还主张处理人际关系以自然平淡为最好，这样的传播效果才是和谐的："君子之交淡若水，小人之交甘若醴；君子淡以亲，小人甘以绝。"（《庄子·山木》）君子之间的交情虽然淡，但是亲切，而小人之间的交情虽然甘甜，但容易断绝。君子之间的交往是一种自然的交往，可以称得上是一种德交；而小人之间的交往是一种人为的交往，可以看作是一种利益交往。"夫以利合者，迫穷祸患害相弃也；以天属者，迫穷祸患害相收也。夫相收之与相弃亦远矣。"（《庄子·山木》）以利益为前提的和谐在遇到困难时会相互抛弃，而以天性自然为前提的和谐在遇到困难时就会相互扶持。总之道家人际和谐思想叫人和光同尘、知足不争，并且叫人一尘不染、卓立独行，因此具有出世而不超世、入世而不流俗的特点。

　　3. 主张社会和谐的群体传播

　　人与社会的关系，说到底是个体与群体的关系。日本社会学家岩原勉提出，所谓群体，就是具有特定的共同目标和共同归属感、存在互动关系的复数个人的集合体。群体传播就是将共同目标和协作意愿加以连接和实现的过程。[①] 而群体意识是群体信息传播和互动过程中形成的参加群体的成员所共有的意识。其中成员个人在群体活动中必须遵守的群体规则是群体意识的核心内容，对群体成员的社会交往和心理结构都有重要的塑造作用。

　　儒家群己观的主要特色是群本位的思想，个体必须以群体为依托："人之生，不能无群。"（《荀子·王制》）儒家把群体的利益视作个人行动的出发点，在实现群体利益的过程中人的价值得到体现，这也就体现了儒家勇于担当的群体意识和群本位的观念。而当公私利益发生矛盾时，个人应该无条件地服从群体利益，"以公灭私，民其允怀"。（《尚书·周官》）而和谐的群体传播又要求人能够素位而行，明确各自的职分："人之生，不能无群，群而无分则争。争则乱，乱则穷矣。故无分者，人之大害也；有分者，天下之本利也。"（《荀子·富国》）所谓"分"就是指划分一定的等级，划分的标准就是"礼"："分莫大于礼。"（《荀子·非相》）"礼"的作用就是使"老者安之，朋友信之，少

---

　　① ［日］见田宗介等：《社会学事典》，1 版，第 439 页，东京，弘文堂，1988 年。转引自郭庆光：《传播学概论》，中国人民大学出版社 2011 年版，第 78、80 页。

者怀之"(《论语·公冶长》)的局面得以维持，实现"居上不骄，为下不倍"(《中庸》)的秩序社会。相较于儒家重视人的社会群体性的群本位的和谐秩序观，道家则强调以个人为本位的群己和谐观。道家和谐观重视人的个体生命，认为群体生活是对返真归朴的束缚。老子以仁、义、礼、智为社会祸首，以物欲为耻。在"名与身""身与货"的抉择上，道家主张"重生轻物"的思想，一个人如果连自己的生命都不懂得珍惜，就不会懂得去爱他人，表达了一种摒弃物欲、超凡脱俗的人生理想。因此道家强调以个体的精神自由为中心，不把群体的利益放在个人发展之中。庄子《逍遥游》中表现了其追求一种超脱世俗、无拘无束的逍遥境界，在凸显个体主体性的同时，忽略其社会性，强调个体的自由，是道家重个体实现、轻群体利益的群己和谐观的最直观的体现。人只要根除一切欲望和情感，就能实现个人与社会的和谐。但是笔者认为，道家脱离群体价值，片面实现个体自由的思想，缺少把人作为社会存在的理性思考。

群体传播形成群体意识，而群体意识一旦形成，也会影响群体成员的个人态度和行为，进而影响群体传播。无论是群体本位还是个人本位的华夏文明群体传播观都传达出追求和谐的共同价值取向，是调适中华儿女传播行为的重要指导。

第三节　太和：天下传播活动的共生指向

《周易·象传》开篇就说："乾道变化，各正性命，保合太和，乃利贞。首出庶物，万国咸宁。""保合太和"是周易的最高价值思想，同时也是指导华夏传播活动，促进社会万物和谐共生的重要理论。共生这个概念源自生物学，指一种保持事物多样性并且通过多样性的个体之间的多维复杂的交互作用而创生新物种，实现不断发展的自然进化机理，后逐渐演化为社会学的共生理论。人们认为共生是自然界、人类社会的普遍现象；共生的本质是协商与合作，协同是自然与人类社会发展的基本动力之一；互惠共生是自然与人类社会共生现象的必然趋势。共生与和谐是辩证统一相互依存的，没有共生就没有和谐，没有和谐也就没有长期的共生。而在传播领域，中华儿女也追求"太和"的和谐共生的状态。

1. 和谐文化是文化交流共生发展的指向

和谐文化不是单一的某一种文化，而是多元文化的融合，是不同文化要素在交流传播的过程中相互协调同和的结果。文化共生就是指不同民族、不同时代、不同区域的健康进步文化之间的多元共存、相互尊重、兼容并包、相互交流互动和协同发展的文化状态。文化共生是和谐文化的基础，和谐文化则是文化传播交流共生发展的指向。在和谐文化的状态下，多元文化能够优势互补，在社会发展的大舞台中相互交流和互动，各种文化因素可以在社会舞台上遵循一定的文化发展规律。在这些规律和规则中共生发展，使多元文化能够充分发挥各自的特色。

首先，和谐文化是多元文化之间"和而不同"的张力维系的，建设和谐文化必须要突破文化"原生态"，打破原来的平静状态，促使不同文化形态走进交往领域，进行文化交流，在不断寻求交往空间的过程中推进文化的和谐共生发展，进而为和谐文化的建设提供有利因素。文化传播是通过一种文化向其范围之外转移或扩散，引起文化的互动、采借以及整合过程。在中国古代，"和亲"就是一种很好的促进多元文化交流的方式，唐初文成公主入藏打开了汉藏两族交往的大门，促进了汉藏两个民族之间的政治、经济、文化之间的交流，加深了汉藏两族民间人士的沟通，推动了汉藏两个民族民间层面宗教文化的交往。两族人民你来我往，相互交流，彼此学习，使得汉藏两族的宗教思想文化交流得以持续开展，在促进文化和谐的过程中也使得汉藏两族人民加深了解，和谐共处。在不同文化持续接触中，文化传播不可避免，而且也只有通过大量的相互传播，多元和谐文化的终极理想才能最后实现。

其次，多元文化进入到交往领域后因强弱文化力量对比的差异，弱势文化在交往过程中处于不利境地，进而可能会发生文化冲突，这是文化共生发展过程中难以避免的现象。和谐文化本身就蕴涵着矛盾，是文化各要素的对立统一体。因此在文化交流传播过程中，尤其是当今多元文化大规模地交流传播的社会背景下，出现文化冲突现象并不可怕，关键是要把握文化冲突的度。要尽量降低文化冲突所带来的消极因素，并逐渐转化为有利于和谐文化建设的积极因素，推进多元文化和谐共生发展。而且在文化的交流过程中要强调消解话语霸权的存在，推动多元文化话语的和谐共生发展。任何一种文化都有发出自己的声音的权利和需求，文化共生发展就是要充分发挥多元文化之间的话语权益的平等，在多元文化交往过程中展现不同民族文化之间的话语魅力和话语文明。

文化共生的和谐态是文化共生的根本价值向度，是世界多元文化发展的最理想状态。它打破了传统的文化意识形态的认知方式，多元文化间的交往不再以意识形态为参照指标，甚或以意识形态作为文化是非、优劣的分水岭等。它超越了不同国家之间的"文化惰距"，在全球范围内寻求一种协同发展的和谐状态。[①] 在先人"太和"思想的指导下，中国逐渐发展成为"你中有我，我中有你，而又各具个性的中华民族多元一体格局"[②]，形成了多元文化和谐共生的理想局面。

2. 和谐社会是共生社会进化的指向

和谐社会的建设是在中华几千年文明的演进中，"和"的思想不断积累发展中提出的伟大设想和美好追求。在中国传统"天下合一""和而不同""天下大同"等"和"思想内核的影响指导下，和谐社会的建设应该坚持多元共生、互动发展的价值原则，具体包含以下四层含义：首先，和谐社会以社会的多元化，个体的个性化、理性化为价值取向；二是和谐社会以共生共荣为价值取向，各类群体、个人共同存在，相互依存，平等相待，人与自然和谐共生；三是和谐社会以互动为价值取向，在互动传播的过程中，社会存在自由竞争，社会是一种交往互动组织的过程，在交流互动的过程中汇聚人的理想实践知识，增强社会的创新能力；最后是和谐社会以发展为价值取向，在社会交往过程中，个人充分地展现自己的个性，激发人的创造力和社会的活力。各类社会组织、群体组织相互结合，互动共进，协同进化，和谐发展。

而多元共生、互动发展的和谐社会的价值原则的提出，是建立在共生社会基础之上的。"社会共生"是"社会和谐"的事实前提和基础。胡守钧教授在其著作《社会共生论》中明确指出了"社会共生"这个概念，认为共生是人的基本存在方式，人们为了生存，必须建立起一种相互依存、谁也离不开谁的密切关系，这种关系就是"共生"，它是人类社会的普遍存在，人与人之间的关系存在互补性和利益冲突，而人的个体为了生存和发展，又必须与他人合作，这导致了共生的可能；斗争—妥协是共生的方式，法律是共生的度，社会发展是共生关系的改善；等等。他的"社会共生论"思想受到了以《周易》为代表的华夏传统传播思想的影响，认为社会主体之间经过斗争（阳）与妥协（阴）的互动（冲气）来达到和谐共生的境界。中国学者又进一步将"社会共生"与"和谐社会"的建设联系起来，认为构建和谐社会应该处理好人与人、人与社会以及人与自然等在互动传播过程中的和谐关系。

然而很明显，当代中国的社会和谐共生的关系急需进一步发展完善，目

---

① 邱仁富：《文化共生与和谐文化论略》，《天水行政学院报》2008 年第 2 期，第 107 页。
② 费孝通：《中华民族的多元一体格局》，《北京大学学报》（哲学社会科学版）1989 年第 4 期。

前很多人都没有意识到"社会共生"的存在和重要性。当下不断见之于媒体的化工污染事故，造成生态的严重破坏，造成居民健康的严重损害，以致丧失生命。显然，这些企业的管理者（可能还包括当地的政府官员）根本就没有把企业与当地居民、生态环境视为"共生"关系，因此就不可能去追求居民与生态之间的"和谐"，其结果不仅不能实现"和谐"，而且破坏了"共生"，既导致居民无法生存和生态破坏，又造成企业停产甚至倒闭。而某些地方发生群体性事件，一个重要的原因也是在于漠视"社会共生"这一作为人的基本存在方式的客观事实。毫无疑问，只有首先承认"社会共生"之为"有"的存在，才有可能自觉地去认真分析和认识现实的"共生"状况和态势，进而在"公平"的原则下，协调共生双方的利益关系，形成关于利益交换和分享的相对平衡，从而达到"和谐共生"。"社会共生"是"社会和谐"的现实基础；承认"社会共生"是构建"和谐社会"的认识前提，而构建"和谐社会"又是为了社会能更好、更合理地"共生"，是"社会共生"的终极指向。

　　社会的传播活动与文化的发展是一个互动的过程，文化的发展为社会的传播活动提供了精神动力和行为准则，而社会的传播活动又促进了文化的发展与传播。"和"作为自古以来华夏儿女传承秉持的心理结构和思维模式，支配着人们的生存样式，也支配影响着中华儿女的传播活动。"天人合一""以和为贵，和而不同""天下大同"的思想内核是社会传播活动的基本准则；"中庸之道""礼乐仁义""自然无为"等思想又为传播活动的调适发展提供了方法论支撑；天下"太和"则是华夏传播思想的终极指向，在"和"的指导下，多元文化互动共生，社会各要素和谐共存，共同构建和谐共生的传播生态和社会环境。

（李美灵　谢清果）

第八章　秉笔直书：华夏文明的传播议程设置

华夏文明的传承端赖于中华帝国保有悠久的历史书写传统，这一传统不仅促使民族延续了历史记忆，传承了价值理念，而且也在一定程度上为民意的表达提供了渠道，即通过国家与社会的话语斗争，民族精神的创造力、凝聚力得以代代相传。

议程设置研究源自沃尔特·李普曼（Walter Lippmann），他认为"新闻媒介影响我们头脑中的画像"，并清楚地划分了真实的现实环境和媒介制造的拟态环境之间的界限。麦库姆斯（Maxwell McCombs）和肖（Donald Shaw）在其发表的《大众传媒的议程设置功能》中正式提出议程设置理论，该理论的主要含义是："受到某种议程影响的受众成员会按照该媒介对这些问题的重视程度调整自己对问题重要性的看法。"[1]强调了大众传播媒介对公众舆论的影响，人们将倾向于了解大众传播媒介强调的问题并采用大众传播媒介为各种问题所确定的先后顺序来安排自己对于这些问题的关注程度。通过向公众提示"社会生活中的重要议程"，传播媒介得以进行"环境再构成作业"。[2]媒介并非"有闻必录"，而是按照一定目的或标准从客观现实中选择出一部分进行梳理、加工和整合，赋予一定的结构形式，并以"真实"的事实报道方式传递给受众。大众媒介的传播过程充满复杂的把关活动。[3]

大众传播媒介占主导的时代，议程设置的理论研究大致经历了四个发展

---

[1] 德弗勒·丹尼斯：《大众传播通论》，颜建军等译，华夏出版社1989年，第344页。

[2] 郭庆光：《传播学教程》，中国人民大学出版社1999年，第215页。

[3] 郭庆光：《传播学教程》，中国人民大学出版社1999年，第127页。

阶段。第一阶段以麦库姆斯和肖所进行的查普尔希尔研究为代表，主要对基本的议程设置假设进行验证。第二阶段的研究将传播媒介效果研究与受众研究相结合，运用使用与满足理论探究受众心理因素在议程设置中的影响，研究问题从"什么是媒介议程对公众议程的效果"变成了"为什么某些选民比其他选民更乐于接触特定大众传播媒介"。第三阶段中研究者将议程扩展到公众议题之外，并致力于廓清各类议程之间的区别。到了20世纪80年代，第四阶段的研究重点从公众议程转向新闻议程，议程建构及议程设置过程等概念的出现对议程设置理论起到了重要的补充作用。

互联网携带无数新的传播渠道登上历史舞台，媒介景观、传播环境发生了巨大变化，各类新媒体逐渐成为议程设置的研究重地，议程设置的相关理论也在不断进行补充与更新。如今，议程设置研究的发展已经远远超出了它的原初领域——议题显著度从媒介议程到公众议程的转移，涵盖了议程设置的基本效果、属性议程设置、议程设置效果的心理学、媒介议程的来源和议程设置效果的后果等多个研究领域，并在议程设置理论最初生成的公共事务领域之外的企业声誉、教育、宗教组织等新领域有所应用。

在中国，正确的舆论导向不仅是媒介报道的方针之一，也是政府对媒介的首选要求，而议程设置则是舆论引导的第一阶段。议程设置理论自20世纪80、90年代引入中国后便引起了大量关注，研究涉及新闻与传媒、行政学及国家行政管理、中国政治与国际政治等学科，主要内容包括议程设置的介绍、议程设置的检验、利用议程设置进行的政治宣传及舆论引导、新媒介环境下的议程设置的新变化、议程设置与媒体责任、议程设置与广告营销等等。

议程设置理论探讨的是传播媒介的效果和影响问题，所谓议程设置乃指媒介一项包罗广泛作用突出的功能，即决定人们谈什么，想什么，为公众安排议事日程。在没有大众传播媒介的中国古代，往往依赖于口头语言、文字符号来进行议程设置。

一般说来，议程可分为传媒议程、公众议程和政策议程三类。传媒议程是指大众传媒频频报道和讨论的问题；公众议程是引起社会大众广泛关注的问题；政策议程是指决策者认为至关重要的问题，三种议程的设置可能互相关联。关门模式是中国传统社会最主要的议程设置模式，议程的提出者是决

① 郭镇之：《关于大众传播的议程设置功能》，《国际新闻界》1997年第3期。
② 麦克斯韦尔·麦考姆斯，郭镇之，邓理峰：《议程设置理论概览：过去，现在与未来》，《新闻大学》2007年第3期。

策者自身，他们在决定议事日程时没有、或者认为没必要争取大众的支持，这种模式里没有公众议程的位置。上书模式也是中国古代存在的一种议程设置模式。但上书者往往是具有知识优势、社会地位的人而非平民，因为只有这类人才拥有某种话语权，才了解上书的渠道。

"媒介记忆是人类一切记忆的核心与载体，既需要存储久远，也需要在更加广阔的时空中传播、聚合和分享。媒介对记忆的聚合，其实就是对传播过程的梳理和整合，有助于形成具有统一媒介话语风格的记忆体系。"[①]回溯中国的媒介记忆史，由于依赖语言媒介的口述记忆短暂易逝且充满了各种个体经验框架下的信息加工与删节，因此早早发展出使用文字符号这一媒介固化历史记忆的修史传统。文字符号所固化的媒介记忆，拥有相对连续、具体、固定的符号形式，使文字记忆能从原本的散乱易失变得越来越精致、系统和逻辑严密。

媒介技术最大程度地使受众可以分享和感受一段原本不属于自己或者说曾经完全不可能拥有的记忆体验。大众传播媒介对人类的感官具有延伸作用，广播延伸了人们听的范围，电视延伸了人们看的范围，这种延伸突破了空间的界限，让人们参与到更大的世界中去。但是，这一世界是由媒介创造的"存在"，是经过媒介议程设置后呈现的"拟态环境"，与现实环境之间可能存在差异或错位。史书作为媒介记忆的重要载体，则突破了时间的界限，让人们可以参与到无法亲身体验的历史中去。但是，史书中的内容同样是由史家这一把关人加工后的结果，史书也往往成为统治者进行议程设置的工具。尽管史家们努力如实还原历史，但最后总是不可避免地写出既符合现实议程，又为政治合法性服务的历史。

第一节　谋求正统：历史书写内容与华夏道统建构

"道统"是指思想史中承担着真理传续的圣贤的连续性系谱，被列入这一系谱就意味着思想的合理性，暗示了由这一系谱叙述的道理是应当尊崇的普遍真理。[②]"道统"观念是儒家思想的重要组成部分，指在思想领域以儒家内圣之学建构起来的能够正确把握儒家思想原则的传道谱系。"圣贤在上，政即

---

①　邵鹏：《论媒介记忆活跃与凝固的尺度和张力》，《新闻爱好者》2015年第9期。
②　葛兆光：《道统、系谱与历史——关于中国思想史脉络的来源与确立》，《文史哲》2006年第3期。

道也；圣贤在下，言即道也。"①"君师本于一人，故为统。"孔子之前，政统与道统合一，黄帝、尧、舜、禹、汤、文、武、周公，构成了一个代代相继的谱系，既是政治权威，又是思想权威。孔子以后，君师相分离，道统与政统亦分离。②政统以君王为代表，道统则以知识分子为承载，担当道德标准和精神价值。自古以来，道统与政统之间始终存在着一种张力，二者的相互作用构成了皇权。作为儒家传道的脉络化和谱系化的道统意识，其本质是通过确定奉行同一的道德与观念实现国家意识形态、观念思想的统一，就此维护国人对王权的敬畏与遵从。③

古代儒家学者对于古代世界的历史叙述，很大程度上是为了确立所谓"道统"进行的议程设置。在现实政治中，他们的道统理想很难实现对政统的超越和支配，因此试图在思想领域指引政治实践的可能方向。所谓"统"，其实只是一种虚构的历史系谱，深受儒家思想影响的史家，将"过去"曾经出现过的，以"道"为标准挑选的一些人物或事件凸显出来，按时间线索连缀起来，写成具有某种暗示性意味的"历史"，并给这种"历史"以神圣的意义，来表达"道"的合理性与永久性。鉴戒史观和正统论是儒家道统影响的主要表现。史家以"道统"为脉络，设置议程，紧紧围绕儒家建立真理"系谱"的古代叙事，在古代的政治权力和教育系统的支持下成为"历史"。

一、"殷鉴"与历史传统的萌芽

中国历史观念的产生可以追溯到西周初年形成的"殷鉴"思想——西周武王伐纣之后，统治者面对殷民的反抗，总结殷商灭亡的原因以巩固政权，避免重蹈覆辙。据《尚书·酒诰》记载，武王对其弟康王说："古人有言曰：人无于水监（鉴），当于民监。今惟坠厥命，我其可不大监抚于时。"④反映出其以夏、商的灭亡作为借鉴的执政理念。《尚书》中的《康诰》《召诰》《多士》《多方》《无逸》《君奭》和《立政》等篇都有关于夏商兴亡的讨论，如

---

① 梁廷楠：《正统道统论》，引自饶宗颐：《中国史学上之正统论》，上海远东出版社1996年，第235页。

② 费密：《统典论》，引自饶宗颐《中国史学上之正统论》，上海远东出版社，1996年，第356页。

③ 敦鹏，王飞：《道统的重建——二程"道统论"的政治自觉及其限度》，《河北大学学报：哲学社会科学版》2014年第4期。

④ 陈经：《尚书详解·周书·酒诰》，中华书局1985年，第337页。

"我不可不鉴于有夏，亦不可不鉴于有殷"。①《诗经》中也有相关记载，"宜鉴于殷，骏命不易②""殷鉴不远，在夏后之世"。③"殷鉴"包含着"以史为鉴"的理性思维，引起后人对于历史遗留文献的重视，也迈出中国史学发展的第一步。

"殷鉴"以历史的思考表达政治的诉求，实现保持本国政权统治地位的目的，体现了鉴戒史观，同时也是政治历史观的肇始。所谓"政治历史观"，就是从历史的叙述与分析中得出政治见解、政治方针，以历史的事例来论证自己的政治理念，形成政治观点与历史知识的互动，同时又按照政治价值观、政治利益来构建历史认识体系，形成政治与史学的连结。④这种思维方式和社会意识从西周至春秋战国时期越来越得到强化。到了汉代，中国的政治历史观进一步成熟化，其特点就是从具体的、经验性的"以史为鉴"上升为宏观的理论性论述。如董仲舒至刘向、刘歆父子构建的大一统理论、天人感应说、五德终始说、历代政权正统论以及儒学的"三纲五常"准则等。⑤

二、正统论与王权合理性的历史溯源

"正统"指政治史中那些享有不言而喻的权力的君主构成的连续性系谱，进入这一系谱就意味着拥有政治权力的合理。朝代更迭，史家常为帝王设置"圣人同祖""圣人感生""五德终始"等议程，从神意的角度论证王权的合理性，从而形成舆论、获得民众支持。《诗经》中的《商颂·玄鸟》《商颂·长发》与《大雅·生民》《鲁颂·宫》等诗篇以及《史记·殷本纪》和《史记·周本纪》记述了简狄吞卵生契和姜嫄履迹生弃的传说，将商、周始祖塑造为"感天而生"的君王，突显王权的神圣。在历代正史尤其是涉及开国皇帝的历史撰述中往往会宣扬这种"感生"说。《史记·秦本纪》记载："秦之先，帝颛顼之苗裔，孙曰女修。女修织，玄鸟陨卵，女修吞之，生子大业。"⑥又据《史记·高祖本纪》："高祖……父曰太公，母曰刘媪。其先，刘媪尝息大泽之陂，梦与神遇。是时雷电晦冥，太公往视，则见蛟龙于其上。已而有身，遂产高

---

①　陈经：《尚书详解·周书·召诰》，中华书局1985年，第355页。

②　方玉润，李先耕：《诗经原始·大雅·文王》，中华书局1986年，第474页。

③　方玉润，李先耕：《诗经原始·大雅·荡》，中华书局1986年，第532页。

④　乔治忠：《论中国古代的政治历史观》，《天津社会科学》2011年第6期。

⑤　乔治忠：《中日两国传统政治历史观的纠结》，《天津社会科学》2013年第6期。

⑥　司马迁：《史记·高祖本纪》，中华书局1959年，第173页。

祖。"①缔造出秦祖先大业乃女修吞卵而生、汉高祖刘邦是刘母与赤龙交感而生的神话。

史书中，帝王能成其大业，往往因为其乃"圣人之后"。《史记》多涉及"圣人同祖"的说法。《五帝本纪》以黄帝为百王先，"自黄帝至舜、禹，皆同姓而异其国号"。②又有《三代世表》记叙自黄帝至商周的血缘世系，《楚世家》也有记载："楚之先祖出自帝颛顼高阳。高阳者，黄帝之孙，昌意之子也……其后中微，或在中国，或在蛮夷，弗能纪其世。"③宣扬"黄帝策天命而治天下，德泽深后世，故其子孙皆复立为天子，是天之报有德也"。④班固则在《高帝纪赞》中列出系统的汉绍尧运的刘氏家族世系，以论证"汉承尧运，德祚已盛，断蛇著符，旗帜上赤，协于火德，自然之应，得天统矣"，宣扬"汉为尧后"，建汉乃天命所归。在一些民族史撰述中，民族政权的建立者更重视将自己的血缘与古圣王联系起来。

五德终始说实质上是一种历史正统观，其主要目的是为王朝更迭提供合法依据。战国中期邹衍创立此说，西汉刘歆根据五行相生关系重新排列古代帝王系统，创立新五德终始说。⑤五德终始说认为，正统政权在木、金、火、水、土"五德"中占据一德，"五德"按照相克或相生的顺序有规律地转换。"皇天无亲，惟德是辅"，政权更替在某种程度上是必然性的、合乎天运的。且改朝换代时，上天会降下祥瑞符应，以示天命所归。据《史记·封禅书》《史记·秦始皇本纪》记载，秦始皇统一六国后，根据邹衍"水德代周而行"的论断，以秦文公出猎获黑龙作为水德兴起的符瑞，进行了一系列符合水德要求的改革。陈寿的《三国志·魏书·文帝纪》记载曹丕称帝之前46年与称帝之年两次"黄龙见谯"，以谯地出现黄龙作为曹丕用土德上接刘汉火德的符命。范晔《后汉书·光武帝纪》记载刘秀登基前，强华呈上书有刘汉火德再兴的谶语的《赤伏符》："王者受命，信有符乎？不然，何以能乘时龙而御天哉！"⑥自秦汉直至宋辽金时代，五德终始说一直是历代王朝阐释其政权合法性的基本理论框架。

---

① 司马迁：《史记·高祖本纪》，中华书局1959年，第341页。
② 司马迁：《史记·五帝本纪》，中华书局1959年，第1页。
③ 司马迁：《史记·楚世家》，中华书局1959年，第1689页。
④ 司马迁：《史记·三代世表》，中华书局1959年，第505页。
⑤ 重跃：《五德终始说与历史正统观》，《南京大学学报：哲学·人文科学》2004年第2期。
⑥ 范晔：《后汉书·光武帝纪》，中华书局1965年，第86页。

三、政权更迭中的历史合法性诉求

所谓得民心者得天下，若是要发动战争推翻前一政权，往往会设置议程以显示战争合理性——宣扬对方失德，黎民咸怨，因而丧失天命，现在己方将"吊民伐罪""解民倒悬"等。[①]汤出师伐桀之前，誓曰："非台小子，敢行称乱。有夏多罪，天命殛之……夏王率遏众力，率割夏邑。有众率怠弗协，曰：'时日曷丧，予及汝皆亡。'夏德若兹，今朕必往。"[②]《尚书·牧誓》记载武王灭纣乃"惟恭行天之罚"，武王在伐纣之前，也照例誓曰："今商王受，弗敬上天，降灾下民。沉湎冒色，敢行暴虐，罪人以族，官人以世……焚炙忠良，刳剔孕妇。皇天震怒，命我文考，肃将天威……"[③]反叛君主与统治集团之间的战争也是如此，《史记·五帝本纪》记载："蚩尤作乱，不用帝命。于是黄帝乃征师诸侯，与蚩尤战于涿鹿之野，遂禽杀蚩尤。"[④]将黄帝讨伐蚩尤的合法性诉诸君权，做到师出有名。三国时代，曹操"挟天子以令诸侯"，就是在用以皇帝的命令征战为战争合法性设置议程。

对外战争更是如此。中国"华夷之辨"的观念产生于以"天下观"为基点的"大一统"思想，将朝廷辖区之外均视为缺乏礼义与文教的夷狄。"非我族类，其心必异"[⑤]、"戎狄豺狼，不可厌"，因此，"东征西夷怨，南征北狄怨"[⑥]。汉武帝发动对匈奴的战争，为了迎合汉武帝，官员们在谈到匈奴时言"匈奴俗贱老""匈奴父子乃同穹庐而卧。父死，妻其后母；兄弟死，尽取其妻妻之。无冠带之饰，阙庭之礼"。[⑦]反映在班固的《汉书》之中："夷狄之人贪而好利，被发左衽，人面兽心，其与中国殊章服，异习俗，饮食不同，言语不通，辟居北垂寒露之野，逐草随畜，射猎为生，隔以山谷，雍以沙幕，天地所以绝外内也。"[⑧]竭力描写匈奴之恶，从儒家文化视角下作出"贪而好利""人面兽心"的价值判断，[⑨]以彰显汉政权的正统性和行为的正当性，获得民众舆论支持。

---

① 陈玉明：《漫谈战争的合法性问题》，《书屋》2003 年第 7 期。
② 陈经：《尚书详解·商书·汤誓》，中华书局 1985 年，第 149 页。
③ 陈经：《尚书详解·周书·泰誓上》，中华书局 1985 年，第 235 页。
④ 司马迁：《史记·五帝本纪》，中华书局 1959 年，第 1 页。
⑤ 蒋冀骋：《左传·成公四年》，岳麓书社 2006 年，第 131 页。
⑥ 陈经：《尚书详解·商书·仲虺之诰》，中华书局 1985 年，第 154 页。
⑦ 司马迁：《史记》，中华书局 1959 年，第 2899—2900 页。
⑧ 班固：《汉书》，中州古籍出版社 1996 年，第 1094 页。
⑨ 吴宗杰，张崇：《从〈史记〉的文化书写探讨"中国故事"的讲述》，《新闻与传播研究》，2014 年第 5 期。

第二节　制约王权：历史书写主体和话语权争夺

议程设置理论涉及媒介议程设置的本质和途径，引起对大众传播背后的控制问题的思考。根据该理论，时空因素、媒介定位和报道方针、社会文化规范等都会影响信息的采集和加工过程，影响把关人对"重要显著"内容的理解和选择。历史书写主体、史书的把关人则是史家，其选择、加工史料时同样受到多方因素的影响。

与西方史学产生于私家撰述不同，中国传统史学起源于官方，最早的史家是史官。据《说文解字》，"史，记事者也，从又持中。中，正也"。可知史为掌管文献记载的一种官职。甲骨文中就有"史""太史""内史"等字词，说明商代已出现了史官。此后，历朝历代皆有史官的设置，唐代更是专门设立史馆修史，且史馆制度一直沿袭至清代。由于身份原因，史官不仅记载政事，同时还参与政治。《汉书·艺文志》言："古之王者世有史官，君举必书，所以慎言行，昭法式也。左史记言，右史记事，事为《春秋》，言为《尚书》，帝王靡不同之。"[1]《隋书·经籍志·正史》则云："古者天子诸侯，必有国史，以纪言行，后世多务，其道弥繁。夏殷已上，左史记言，右史记事，周则太史、小史、内史、外史、御史，分掌其事，而诸侯之国，亦置史官。"[2] 皆描绘了史官与政治密切的关系。

史学起源及传统史家的身份决定了中国的"史"一开始就与政治有着一种天然的共生关系，并在很大程度上为统治者服务。正如学者所说："史家的身份为史官，这一特定的角色定位，决定了史家必须是政治统治意志的忠实贯彻者。由史官编撰的众多史著，始终以统治者在激烈的政治冲突中用以克敌制胜、维护其统治地位以保障长治久安的政治经验、政治技能为中心内容，并以其丰富的直观的具象，使后人可以直接袭用及作为借鉴，发挥其知识功能与实践功能。"[3] 虽有私家史学、史家的存在，但私家史学的宗旨、价值观多与官方一致，也常以官方史书、史料为参考依据，且私家撰史往往以进献朝廷得到认可为荣，因此依旧无法摆脱政治的影响。

史家不仅仅为朝政服务，同样会对统治者和朝臣进行舆论监督和道义管

---

① 班固：《汉书》，中州古籍出版社 1996 年，第 594 页。
② 魏徵：《隋书·经籍志·正史》，吉林出版社 2005 年，第 579 页。
③ 姜义华：《从"史官史学"走向"史家史学"：当代中国历史学家角色的转换》，《复旦学报（社会科学版）》1995 年第 3 期。

理。孔子作春秋而诸侯惧，正是因为其"一字之褒，荣于华衮；一字之贬，严于斧钺"的"春秋笔法"。其基于自身道德伦理标准整理、加工这部鲁国的史书，褒贬扬抑，正名定分以阻止周道衰败。孔子赋予史学以强大的政治伦理意义，因而被汉儒称为素王。素王为后世立法，并非具体的法律条文，而是将意识形态领域的话语权掌握到知识分子手中，亦即后世所谓的道统，以道统制约政统。古代帝王具有"天命王权"的政治伦理观念，史官具有向"天"禀告统治者言行是否"以德配天"的"神授天命"，以昭示帝王对上天负责并接受监督，彰显其"受命于天"的合法性。因此，史官具有检视朝政、规谏君王、点评褒贬政事人物的话语权①。"史之为务，申以劝诫，树之风声"②，"记功司过，彰善瘅恶"③。由于史官"君举必书""务从实录"的直书笔法，且有的朝代还把史官部分记载直接公之于世，"庶令是非明著，得失无隐，使闻善者日修，有过者知惧"。统治者因而"慎言行④"，唯恐"秽迹彰于一朝，恶名被于千载"。因此，唐代宰相韦安石在论及史官权利时曾说："世人不知史官权重宰相，宰相但能制生人，史官兼制生死，古之圣君贤臣所以畏惧者也！"

但是，希望"独制于天下而无所制"的皇权与相对独立的史权之间显然存在着矛盾，统治集团为了获得更大的话语权，必然会对史家进行限制与打压。

西汉时期，汉武帝顺应大一统趋势不断加强专制主义中央集权，导致史权与皇权之间争夺话语权的斗争越来越激烈。致使司马迁遭刑受辱的"李陵之祸"的实质是"大一统"趋势下皇权试图控制史家话语权而史家不肯就范的激烈冲突的具体表现。武帝询问司马迁对李陵投降的看法在某种意义上是在试探史权是否肯臣服皇权并为皇权摇唇鼓舌⑤。司马迁与李陵"素非相善也，趣舍异路，未尝衔杯酒接殷勤之欢"⑥，为其辩护完全出于公心而非私情。但是皇权的无上性和无限性决定了天下只能存在一种声音。因此，司马迁遭受"私忿之刑"。但是，司马迁即使惨遭宫刑也并未屈服于皇权，带着史家的责任感与使命感撰著《史记》，以求"究天人之际，通古今之变，成一家之言"，

①　文江淼：《宪官史官言官——中国古代监督制度的"三套马车"及其比较》，《黑龙江史志》2014年第17期。

②　刘知几：《史通·忤时》，上海古籍出版社1978年，第436页。

③　刘知几：《史通·忤时》，上海古籍出版社1978年，第436页。

④　班固：《汉书·艺文志》，三晋出版社2008年，第46页。

⑤　单磊：《"李陵之祸"：史家思维与政客思维的交锋》，《唐都学刊》2015第1期。

⑥　班固：《汉书》，中华书局1962年，第2729页。

秉笔直书，对史事的记载不以官方历史观念与政治价值观为标准，"是非颇谬于圣人"①。然而，"汉武帝闻其述《史记》，取孝景及己本纪览之，于是大怒，削而投之"②。汉明帝则指责司马迁"微文刺讥，贬损当世，非谊士也"③，东汉朝廷更诏令杨终将《史记》删成十余万字之书。

随着专制皇权的日益成熟，其对于撰写史书的控制也愈发严密。唐代正式设立史馆修史，将著史活动纳入规范的体系内，并设立监修官，确立监修国史的制度。监修官多是"恩幸贵臣"，当朝权势的代表，多站在统治者立场与史官争夺对话语的控制和解说权。这样一来，出入史馆皆高官，"重其职而秘其事"，"一字加贬，言未绝口而朝野具知，笔未栖毫而搢绅咸诵"。④ 撰述之人"能无畏乎"！曲笔常见也不足为奇。可以说，史馆的设立，极大地提高了统治者在历史书写上的话语权，皇权更易对史书中的议程进行操纵。

唐太宗多次违例要求亲看国史和起居注，先为朱子奢以"陛下圣德在躬，举无过事，史官所述，义归尽善。陛下独览《起居》，于事无失，若以此法传示子孙，窃恐曾、玄之后或非上智，饰非护短，史官必不免刑诛"⑤ 拒绝，后褚遂良又以"今之起居，古之左右史，书人君言事，且记善恶，以为检戒，庶乎人主不为非法，不闻帝王躬自观史"⑥ 不答应这一要求。但是，当房玄龄作为监修国史时唐太宗得以亲看，并且"玄龄等遂删略国史为编年体，撰高祖、太宗实录各二十卷，表上之"。据《贞观政要》记载，唐太宗对于杀兄即位之事始终心怀芥蒂，采取种种手段逼迫史官"改削浮词"⑦。陈寅恪对玄武门事件的评论即为："经胜科者之修改，故不易见当时真相。"⑧

而在贞观年间编写的《晋书》中，苻生被记载为任意杀人的暴君：亡将强怀之妻被其"射而杀之"，苻生之妻梁氏及太傅毛贵，尚书令梁楞、左仆射梁安无辜被杀，诛杀"丞相雷弱儿及其九子、二十七孙"，还"诛其司空王堕以应日蚀之灾"，"或剥死囚面皮，令其歌舞"。苻生"荒耽淫虐，杀戮无道"，仅在位二年，便被堂弟苻坚顺天应人杀死，后苻坚即位称帝。⑨ 有学者认为，

① 班固：《汉书》，中华书局1962年，第2729页。
② 陈寿：《三国志·王肃传》，中州古籍出版社1996年，第181页。
③ 萧统：《文选·典引序》，中华书局1977年。
④ 刘知几：《史通·忤时》，上海古籍出版社1978年，第436页。
⑤ 王溥：《唐会要·史馆上·史馆杂录上》，中文出版社1978年，第1102页。
⑥ 王溥：《唐会要·史馆上·史馆杂录上》，中文出版社1978年，第1102页。
⑦ 吴兢：《贞观政要》，上海古籍出版社1978年，第234页。
⑧ 陈寅恪：《唐代政治史述论稿》，上海古籍出版社1982年版。
⑨ 张荣明：《历史真实与历史记忆》，《学术研究》2010年第10期。

《晋书》之所以将苻生描绘为惨无人道的暴君，是因为唐太宗李世民杀兄长李建成得皇位的情形与苻坚杀苻生称帝的情形十分相似，这样的描述很可能是受皇权影响。但是，史官当时心怀对唐太宗篡改唐代实录的不满却无法直接表达，因此特地在《晋书》中使用"反讽"的笔法，有意将苻生描绘成十恶不赦的皇帝，并设下一系列符号，"以暗示后人应该对唐太宗时期的官修史书及英雄人物采取怀疑的态度"。[1]

唐代建立的史馆制度便利了皇帝对史书修纂的制约和干预，宋代皇权更是对国史修纂进行全面干预。唐代史官仍敢以"君不观史"的原则拒绝皇帝观看起居注的要求，到了宋代则形成起居注"每月先进御，后降付史馆"[2]的进御制度，皇帝得以直接监控这些史料并随意删改。此外，还确立修史进草制度直接干预史书内容。宋太宗就曾"取（太祖）实录入禁中，亲笔削之"。[3]清代帝王对史馆修史的干预更是"达到了亲自全面干预修史活动的最高峰"[4]。自康熙起便形成史书修纂次第进呈御览的方法，乾隆时成为定制，"每成一卷，先进副本，恭候钦定，再缮正本"[5]。统治者得以对史书的内容、体例、字句等进行把控。凡史馆修史，清代帝王都要对编纂思想和原则做出指示，确定官方史学的思想基调。顺治时修纂《顺治大训》，便首先确定其目的是广宣教化，"将历代经史所载，凡忠臣义士、孝子顺孙、贤臣廉吏、贞妇烈女及奸贪鄙诈、愚不肖等，分别门类，勒成一书，以彰法戒[6]"。统治者的意志通过一系列的制度程序渗透到史书修纂的各个环节，并"通过史馆修史，彻底垄断史学，把对历史的解释权和对现实的评判权完全掌握在自己手里。通过史馆修史这样一种形式，用一个统一的历史叙事框架，将清廷的各项政策合法化，从而形成一个统一的符合统治者意志的价值观念"，[7]从而更加牢固地掌握了修史的话语权。

史家与统治者的话语权争夺贯穿了整个专制主义封建社会，史权与君权

①　RogersMC：The chronicle of Fu Chien：a case of exemplar history，University of California Press，1968.

②　徐松：《宋会要辑稿·职官》，中华书局 1957 年。

③　王盛恩：《宋代皇权对国史修纂的全面干预》，《河南科技大学学报：社会科学版》2004 年第 4 期。

④　乔治忠：《清朝官方史学研究》，台北：文津出版社 1994 年，第 10 页。

⑤　实录馆：《清高宗实录》卷 338，中华书局 1986 年。

⑥　实录馆：《清世祖实录》卷 88，中华书局 1986 年。

⑦　王记录：《帝王·史馆·官方史学——从清代帝王对史馆修史的干预看官方史学的特征》，《郑州大学学报：哲学社会科学版》2009 年第 5 期。

经常处于此消彼长的态势中。春秋时期便有权臣崔杼连杀直书"崔杼弑其君"的太史简与其弟，随着专制皇权的强化，对于史家话语权的打压也愈发严重。实录多遭修改，唐文宗不满韩愈所撰《顺宗实录》中"禁中事颇切直"的说法，下令令其重修；宋代曾三次重修《顺宗实录》，两次重修《哲宗实录》。此外，统治者对触犯其权益的史家大兴牢狱：班固曾因私撰国史而获罪入狱，北魏崔浩因国史案被杀，李焘曾因私自作史而得罪当权者，后韩侂胄掌权，亦禁私史。清代几起著名的文字狱则多因史家私撰明史而起①。如果说，现代传媒议程设置过程的背后存在着传播媒介和占统治地位的信息源之间复杂关系的较量，那么传统史书议程设置过程的背后则是长久以来史家和统治集团、史权和皇权之间的博弈。

第三节　直书实录：历史书写方式和民意表达

史书是客观史实与主观判断交融的产物。虽然受到所处时代文化思想、社会风尚乃至统治集团的干预的影响，具有历史使命感和社会责任感的史家依旧试图通过多种途径公正地记录现实、客观地还原史实，不仅记录政策议程，也致力于表达民意，反映公众议程。

直书实录是主要的历史书写方式。

直书即"不虚美，不隐恶"，真实地反映客观的历史，在对史事的褒贬判断上有不畏强权的道德勇气。夏商周史官践行"君举必书"；春秋时期有太史简秉笔直书从而成为史家典范被称颂；孔子作《春秋》，虽讲究春秋笔法有所讳隐，但又能站在道德角度进行批判，对尊、亲、贤者违礼的行径不加回护，试图"把二百余年的臣弑君、子弑父的场景淋漓尽致地展现给后世的人们"②；司马迁著《史记》，"善恶必书"，"疑则缺焉"，"传信传疑"；班固编纂《汉书》，虽以"宣汉"为主旨，但其叙事不为汉讳，《贾邹枚路传》借贾山之口批评汉文帝居功荒政、《贾谊传》以厝火积薪喻文帝时期政局；刘知几撰《史通》，专辟章节论述"直书"与"曲笔"，倡言"据事直书"，并提出"史才三长说"——史才、史学、史识，史识即为史家的胆识，"好是正直，善恶必书"③；清朝史学理论家章学诚在三才基础上提出史德，"当慎辨于天人之际，

---

① 王天真：《浅析中国传统史学政治化的成因》，《黑龙江史志》2010年第21期。
② 吴怀祺：《中国史学思想史》，商务印书馆2007年，第56—57页。
③ 刘昫：《旧唐书》，中华书局1985年，第670页。

尽其天而不益以人"①，即强调治史应忠于客观事实，不主观臆断。历代史家以直书作为修史原则与史家修养，这种责任感和荣誉感促使着历代史家"仗气直书，不避强御"。②

直书之所以备受推崇，一方面是史家使命感使然，另一方面则是统治者"鉴往知来"的需要。"天视自我民视，天听自我民听"③（《尚书·泰誓》），周统治者意识到"民"的重要性，史官的职责从传神意、叙天数慢慢转移到记人事以致用。此后，出于施政的需要，历代统治者都十分重视史书的取鉴资治社会功能和褒贬惩劝的道德训诫作用。为了达到借鉴历史的目的，势必要求史书内容的真实可靠，这客观上促成历代史官在不违背封建伦理纲常和本朝政治的前提下据事直书。

"古来唯闻以直笔见诛，不闻以曲词获罪"④，受专制统治的限制，史家秉笔直书需冒极大风险，并可能招致杀身之祸。因此，史书中常用属辞比事、互见法、寄褒贬于叙事等手法迂回写作，以达到既避免歪曲事实又降低政治迫害风险的目的。

实录的一个重要特征的"文直、事核"，强调史料的搜集与考证，着眼于历史事件、过往人物以及种种社会现象的如实记录和罗列。《史记》以实录著称，司马迁"网罗天下放失旧闻，考之行事"，注重文献互征。除却"紬史记石室金匮之书""天下遗文古事"等文献资料，其三次壮游，实地调查，访古稽闻以得口碑资料。如《魏世家》记载："吾适故大梁之墟，墟中人曰：'秦之破梁，引河沟而灌大梁，三月城坏，王请降，遂灭魏'。"《樊郦滕灌列传》记载："吾适丰沛，问其遗老，观故萧曹樊哙滕公之家，及其素，异哉所闻。"在史料的考证上，奉行"折中于夫子"（《孔子世家》）、"考信于六艺"（《伯夷列传》）的原则，也重视实地调查材料的印证。如对于黄帝这样缺乏史料的远古帝王，其"尝西至空桐，北过涿鹿，东渐於海，南浮江淮矣"，从当地长老口中知道黄帝、尧、舜曾到之处，观察当地风土人情，发现"风教固殊焉，总之不离古文者近是"，于是确认古文不虚，将黄帝作为本纪首篇写下；裴松之的《三国志注》采用史注的形式对前史进行史料的补充和考辨；欧阳修著《集古录》，收集并运用金石资料以证史传的"阙谬"；司马光对所撰《资治

①　章学诚：《文史通义》，辽宁教育出版社 1998 年，第 132 页。
②　刘知几：《史通·直书》，上海古籍出版社 1978 年，第 140 页。
③　陈经：《尚书详解·周书·泰誓上》，中华书局 1985 年，第 235 页。
④　刘知几：《史通·曲笔》，上海古籍出版社 1978 年，第 143 页。

通鉴》自著自考，成《通鉴考异》；乾嘉考史更是兴盛，赵翼的《廿二史札记》"就正史纪传表志中，参互校勘"，即"以史证史"，对各正史史料取舍与史实真伪进行考证。

"毋惮旁搜，庶成信史"[①]，"恶道听途说之违理，街谈巷议之损实"[②]（《史通·采撰》），具有史录精神的史家注意对原始资料的搜集、考辨、整理和汇编。其中，谣谚尤其是政治性谣谚是史料搜集的重要内容，也是史书反映民意的主要方式。如《左传》中即有"宋野人歌"（《定公十四年》）、"晋舆人诵"（《左传·僖公二十八年传》）、"宋城者讴"（《左传·宣公二年传》）、"宋筑者讴"（《左传·襄公十七年传》）、"莱人歌"（《哀公五年传》）等；《国语》中也有"舆人歌"（《晋语三》）、"周宣王时童谣"（《国语·郑语》）等；史记则收录"楚人谣"（《项羽本纪》）、"晋国儿谣"（《史记·晋世家》）、"天下为卫子夫歌"（《史记·外戚世家》）、"百姓画一歌"（《史记·曹相国世家》）等；《后汉书》也收录"魏郡舆人为岑熙歌"（《冯岑贾列传·岑彭》）、"凉州民为樊晔歌"（《后汉书·酷吏列传·樊晔》）等等。

与封建君主专制制度相配套的是一元化的、自上而下的、垂直化的舆论传送体系，民意表达的主体是官，民意实现的主体是君，民众则被排斥在制度化的民意表达渠道之外，"当一个社会下层意见不能通过正常途径上达时，便会出现民谣这一类'无组织'信息的流动，并形成特殊的民间舆论，在某种程度上影响着政策的变化和政治的走向，从而发挥其应有的社会功能"[③]。政治性谣谚是中国古代一种十分突出的社会舆情现象，反映了民众对政治现实的态度以及试图通过舆论影响政治走向、改变政治现实的迫切心理。

政治性谣言中有歌颂政治清明的内容，对象多是为人清廉、政绩突出的官吏。如《史记·曹相国世家》记载的《画一歌》："萧何为法，顺若画一；曹参代之，守而勿失。载其清静，民以宁一。"[④] 反映出百姓对萧何、曹参无为而治、与民休息的赞美。又如《后汉书·廉范传》所载的《蜀郡民为廉范歌》："廉叔度，来何暮。不禁火，民安作。平生无襦今无袴。"[⑤] 歌颂廉范废除民夜作令，造福于民。《后汉书·刘陶传》所载的"邑然不乐，思我刘君。

① 刘承幹：《明史例案（卷一）》，北京文物出版社影印，1982年，第5页。
② 刘知几：《史通·采撰》，上海古籍出版社，1978年，第84页。
③ 谢贵安：《古代政治民谣及其社会舆论功能》，《湖北行政学院学报》2002年第1期。
④ 司马迁：《史记·曹相国世家》，中华书局1959年，第2031页。
⑤ 范晔：《后汉书·廉范传》，中华书局1965年，第1103页。

何时复来，安此下民。"① 表达对病免的刘陶能重新赴任的渴望。

更多政治性谣谚则是表达政晦民怨，反映出底层民众强烈的社会批判意识和监督意识。如不满后妃专宠、谋害皇子，"燕燕尾涎涎，张公子，时相见。木门仓琅琅，燕飞来，啄皇孙，皇孙死，燕啄矢"②，以燕双关，暗示赵飞燕得宠作恶、残害皇室后嗣，最终招致身亡的命运；还有如讽刺外戚专权、朝纲败坏，"灶下养，中郎将。烂羊胃，骑都尉；烂羊头，关内侯"③；反映百姓对酷吏的畏惧，"宁见乳虎穴，不入冀府寺"④；批判地方长吏在察举时徇私枉法，以次充好，"举秀才，不知书；察孝廉，父别居；寒素清白浊如泥，高第良将怯如鸡"⑤；表达对昏暗政治不满与反抗"发如韭，剪复生；头如鸡，割复鸣。吏不必可畏，小民从来不可轻"⑥；抨击机构冗沉，"职方贱如狗，都督满街走"⑦。从舆论的角度出发，这些简单俚俗的谣谚也反映了民众积极参与政治的意识。

还有一类特殊的政治性谣谚为谶谣，"把谶的神秘性、预言性与谣的通俗流行性结合起来的一种具有预言性的神秘谣歌，是以通俗形式表达神秘内容并预言未来人事祸福、政治成败的一种符号，或假借预言铺陈的政治手段"。⑧带有谶纬意味的谣谚因其神谕的神秘色彩和预言的屡屡应验而为人民深信，因此常成为篡权乱政者、起义反抗者设置议程、制造舆论的手段。如秦末农民起义，所传"大楚兴、陈胜王"，以及东汉末年黄巾起义的领袖张角"苍天已死，黄天当立，岁在甲子，天下大吉"，虽是刻意为之，但也顺应了民众反抗压迫、争取均等的政治心理。

"言之不从，从顺也，……言上号令，不顺民心，则怨谣之气，发于歌谣。"⑨谣谚是民众在君主专制制度下表达感情与态度的方式，尽管"在歌谣的传布过程中，各种消息、信息，不同群体成员之间的情绪、意见，有机会互动沟通，对流传中歌谣的表述作各种不同的改动调整，逐渐形成不同范围

① 范晔：《后汉书·刘陶传》，中华书局1965年，第1848页。
② 班固：《汉书·外戚世家》，中州古籍出版社1996年，第520页。
③ 范晔：《后汉书·刘玄传》，中华书局1982年，第95页。
④ 范晔：《后汉书·酷吏列传·樊晔传》，中华书局1982年，第493页。
⑤ 范晔：《后汉书·逸文》，上海中华书局1982年，第206页。
⑥ 李昉：《太平御览》，中华书局，1960年。
⑦ 张廷玉：《明史·奸臣传·马士英》，中华书局1974年，第7942页。
⑧ 谢贵安：《中国谶谣文化》，海南出版社1998年，第5页。
⑨ 班固：《汉书·五行志》，中州古籍出版社1996年，第516页。

的众意和舆论"①,"民谣表达的意见往往带有误差,甚至有荒谬的结论,但它却是社会普遍情绪的真实反映"②。

史书以全面记述历史的态度记录了与朝代更替、社会发展、制度变迁等问题紧密相关的谣谚,是因为史家采撷来自田野的谣谚,一方面得以佐证史实,另一方面也让民众得以发声,使后人能够在帝王将相和道德贤人的故事之侧窥见民意。

(冯琦婧 谢清果)

---

① 吕宗力:《略论民间歌谣在汉代的政治作用及相关迷思》,《社会科学战线》2008 年第 9 期。

② 刘建明:《舆论传播》,清华大学出版社 2001 年,第 135 页。

第九章 以文载道：华夏文献传播与中华道统传承

　　本章首先主要探讨了历代文献整理概况，历代学者在对前朝文献进行校正、梳理时，所采用的整理方法和原则都体现出我国古代传统文化的特点。因此，随着文献整理活动的延续，我国的道统文化得以塑造、演变和传承。其次介绍了文献类型的变迁与中华传统文化的延续，我国文献的类型从印刷前原始文献形式到之后的印刷文献，使得我国的文献制度从卷轴制度过渡到册页制度。文献类型的变迁及承载内容的不同，都体现了我国古代传统文化的方方面面，使得我国五千年文明得以延续。第三节讨论了历代文献管理制度及其影响，我国古代文化涵盖各个方面，如婚姻制度、官吏制度等等，其中历代统治者对文献的管理限制也展现了我国古代文化的一个侧面。最后，将文献的整理、文献类型的变迁及文献的管理统称为我国古代文献的传播，站在理论的角度上探讨了我国古代文献传播的社会功能，并结合文献传播的概念界定，得出古代文献传播是一种重要的大众传播形态。

　　数千年来，我国先人创造出丰富而灿烂的各类文化硕果，主要是录存于浩如烟海的古代图书典籍之中，这些就是古典文献。文献是人类文化发展到一定阶段的产物，并随着人类文明的进步而不断发展。人类认识社会与自然界的各种知识的积累、总结、贮存与提高，主要是通过文献的记录、整理、传播、研究而实现的。文献对人类的文明、社会的进步至关重要，无论古今中外，凡从事科学研究，都需凭借有关文献。古典文献在许多学科的现代研究中发挥着越来越重要的作用，日益受到人们的关注。在现代信息社会中，充分运用现代科技手段，古典文献定会发挥出更大的作用。

中国是有着五千年历史文明的文化大国，有着丰富的古代文化遗产，其中文献占据着重要的位置。随着社会的需求以及技术的发展，文献得到不断的发展。从先秦时期甲骨文、简牍一直到后来的图书文献，文献类型的不断变迁，对我国传统文化的传递提供了便利，但也面临着如何保存和管理的需求，所以图书的整理和收藏便成为传递文化的重要保证。

中国历代的统治者为了达到统治的目的，多次命学者进行文献整理并修书，如汉代刘向父子的《别录》和《七略》，是我国古代第一次大规模的图书整理活动，把古代的分类思想应用于图书整理，提出了世界上最早的分类法。在整理文献和修书的同时，各朝代统治者还对危及自身统治利益的书籍进行查封、禁毁，规模较大、数量较多的要数秦始皇年间"焚书坑儒"以及清朝的"文字狱"。修书和禁书虽方式有点矛盾，但是目的是相同的，都是统治者为了巩固政权、统一言论。"焚和修的目的是相同的，均是出于钳制人们的思想，控制传播渠道，达到巩固中央集权的目的。"[1]

文献的搜集、收藏以及整理等流传活动，使得文献在古代社会得以广泛传播，它作为古代一种重要的大众传播形式，具有社会功能、教育功能、娱乐功能以及文化功能。不但作为统治者统一言论的手段达到了稳定社会的目的，同时还使中华传统文化实现了共时性和历时性的传递。

第一节　作为大众传播形态的华夏文献传播及其功能

华夏文献传播，尤其是印刷书籍盛行的时代，无疑是一种大众传播形态，因为包括世俗文学等大众文化随之流行，型塑着与大传统相呼应的民间小传统。

一、文献及文献传播

周庆山在《文献传播学》一书中，对文献的界定有两种：广义和狭义。广义上的文献泛指人类各类载体形式的知识信息产品，而狭义上的文献仅指以图书等印刷品为主的作品。[2] 由于古代书籍的特征，这里我们采取广义上的定义，即文献指人类各种载体形式的知识信息产品。从这个定义我们可以得出，文献实质上是一种信息知识的重要载体，对文化与知识的共时性与历时性的沟通与传播起着重要的中介作用。中国古代的文献载体材料经过了甲

---

① 李敬一：《中国传播史论》，武汉大学出版社 2003 年。
② 周庆山：《文献传播学》，书目文献出版社 1997 年，第 1 页。

骨、陶器、玉器、石头、竹简、缣帛及纸张等各种不同形态，但它本质上是一种传播媒介。法国文学社会学家艾斯卡皮就把书籍视为一种重要的传播手段："书籍，无论是手抄、印刷，还是影印，其目的都是为了让说的话重复无数次，也为了让说的话保存下去。"①周庆山同时指出：文献实质上是人类文化的、精神符号交流系统，是人类凭借组织编码的有序语义信息的文本传播人类信息的重要传播媒介。文献系统承担着传播知识及文化的重要使命，既要在空间领域实现共时性传播，又要在时间范围内实现历史性传播。②

对于何谓文献传播，众说纷纭。从人文社会的观点出发，李日禾等人认为，文献传播是指在一定的社会条件下产生于社区、群体及所有人与人之间的一种文献互动过程，同时也是使文献信息活化，实现文献资源共享的过程。而黄宗忠对文献信息传播的定义是："通过文献信息的交换、或把文献信息分配、传递、流通给一定的接受者，实现文献信息活化和共享的过程。"所谓文献传播，简言之即指文献的传递和共享。"传递"是指文献在空间领域内横向传播；"共享"是指文献在时间范围内纵向的流传。因此，文献传播是信息传播的一种形式，是文化传递与交流的重要途径，它在时间之维与空间之域传播散开，成为文化中重要的组成部分。

二、书籍是一种"大众传播"形态

美国传播学学者德弗留尔等人说："大众传播是这么一个过程，职业传播者使用机器媒介来广泛地、迅速地和连续地传播信息，希望在大量的各种各样的受众中唤起传播者所期待的观念，从而从各方面影响受众。"③

美国传播学者欧苏利芬等人也说："大众传播是这么种实践和制作，它依靠股份资金、工业化生产、正规管理和高技术以及个人日常消费等手段，通过现代印刷、视屏、声音和广播等媒介，向不知其名的受众提供娱乐和信息。"④

美国传播学研究者沃纳丁等人指出，这类众多的定义尽管不尽相同，但都包括了三个基本要素：1. 传者是一个机构或组织；2. 受众是数量众多的分

---

① ［法］罗贝尔·埃斯卡皮：《文学社会学》，浙江人民出版社 1987 年，第 255 页。

② 周庆山：《文献传播学》，书目文献出版社 1997 年，第 3、4 页。

③ Defleur, L. M. & Dennis, E. (1981).Understanding mass communication.P.26. Boston;Harper & Rew Publishers.

④ O'Sullivan, T. J. Hartley, D. Saunders, & J. Fiske (1983), Key concepts in communication. P.133. Toronto：Kethuen.

散各地的人们；3. 媒介是能大量复制信息的机器。①

黄星民在《大众传播广狭义辨》一文对大众传播的广义和狭义分别进行了界定："大众传播是这么种信息传播过程，它由一定的组织或机构向通常不知其名的分布广泛的受众提供信息和娱乐。当这个传播过程中使用了印刷和电子等机器媒介时，可以把它称为狭义的大众传播；当这个传播过程中使用了机器媒介或者传统的非机器媒介时，则可以把它称为广义的大众传播。"这样一来，书籍作为大众传播形式之一不再仅仅局限于使用印刷技术而生产出的现代书籍，因为在中国古代早已产生了各种形态的书籍。事实上，我们今天的图书仍然保留着古代书籍的形式，如我们今天图书的"册"来自竹简，"卷"来自帛书。因此，从广义的大众传播的角度我们可以说，古代的书籍已具备了大众传播的特征，只是它与现代化的图书有着不同之处——没有使用印刷等机器媒介，但是它们在很大程度上具有相似性，正如黄星民所说："现代和古代书籍确实有着这么许多的共同之处，而它们最大的共同点，就是它们都是系统收集记载文字的传播媒介。"②

这里，我们认为甲骨文和青铜器铭文不能算作是真正的书籍。原因有两个：一、甲骨文和青铜器铭文虽具有文献档案和书籍的双重性质，但是在当时，它们都不是专用的书写材料，记载只是为了防止遗忘，主要目的不是用来传播。二、甲骨文和青铜器铭文主要记载一些重要的政府文件和当代贵族统治者认为重要的事情，传播范围仅限于官府和贵族统治者。同时，掌握知识和接受教育仍是贵族统治者的特权，平民没有机会接受教育。因此，殷商时代的甲骨文和青铜器铭文还不能看作是古代大众传播媒介。

书籍作为大众传播形式始于春秋时期。春秋时期，社会的剧烈动荡、思想的活跃、士阶层的出现和壮大，打破了王室对文化的垄断，"学在官府"的局面一变而为"学在民间"，在战国时期形成了"诸子蜂起，百家争鸣"的繁荣局面。因此，诸子百家各自聚徒讲学、互相辩论、著书立说，产生了丰富多彩的诸子文献。与此同时，诸侯国藏书也日益丰富。从春秋中期，周王室屡次发生内乱，使得大批文献典籍流散到各诸侯国，内乱造成了以中原文化和南方文化的平行发展为主而又呈放射分散状的文化新格局。此外，孔子整理六经，是我国第一次大规模的文献整理活动，不仅表明了春秋时期学术下

---

① 沃纳丁·塞弗林、小詹姆斯·W. 坦卡特著，陈韵昭译：《传播学的起源、研究与应用》，福建人民出版社 1985 年，第 9 页。

② 黄星民：《大众传播广狭义辨》，《新闻与传播研究》1999 年第 1 期。

移的风气，而且使得古文献得以流传。因此，作为古代大众传播媒介的书籍真正始于春秋时期，这样一来，我们也看到了我国大众传播的历史之久远。

此外，学者李明杰在《论文献传播的法律控制》一文中明确提出了"文献传播是一种大众传播形式"：文献传播是大众传播的一种，是文献及其信息内容在社会中的传递、交换和共享。它是活化文献信息的途径，是人类信息传播的基本形式之一。[①] 因此我们可以说，以书籍为主导的古代文献传播是一种大众传播的形态。古代的文献传播主要表现在文献的历代变迁、整理、校对、限制等，在本文的前一部分，已经介绍过历代文献的变迁、整理以及对文献的限制管理，下面则从文献功能的角度来探讨文献传播作为大众传播这一命题。

三、从功能的角度看文献的大众传播形态

大众传播是人们获得外界消息的主要渠道，是实现国家和社会目标的重要手段。它不仅在现代社会执行着重要的社会功能，同时在古代同样发挥着至关重要的作用。

在传播学研究史上，最早对传播的社会功能作出较全面分析的是拉斯韦尔。他在 1948 年发表的《传播在社会中的结构和功能》一文中，将传播的基本社会功能概括为三个方面：环境监视功能、社会协调功能和社会遗产传承的功能。他的这种观点被称为传播的"三功能说"。后来美国学者赖特在《大众传播：功能的探讨》中，继承了拉斯韦尔的"三功能说"，并在此基础上围绕大众传播的社会功能问题提出了"四功能说"——环境监视功能、解释与规定功能、社会化功能以及娱乐的功能。对拉斯韦尔和赖特的观点，施拉姆在《传播学概论》一书中，从政治功能、经济功能和一般社会功能三个方面进行了总结。他把环境监视、社会协调和遗产传承归入政治功能的范畴，而把社会控制、规范传递、娱乐等归入一般社会功能的范畴。此外，拉扎斯菲尔德和默顿还从另外一个角度提出了大众传播的功能：社会地位赋予功能、社会规范强制功能和作为负面功能的"麻醉作用"。

文献传播作为一种大众传播形态，同样具备着大众传播的各种功能。文献作为传播活动中古老的传播载体，对于社会知识的创造和积累，以及文化的发展和整合等，都发挥着重要的作用。周庆山在《文献传播学》一书中，

---

① 李明杰：《论文献传播的法律控制》，《图书馆》1999 年第 1 期。

提出了文献传播的社会功能、文化功能、教育功能和经济功能。谢灼华从社会角度提出文献传播的导向、整合、存储功能；李日禾又增加了传递科学信息、促进社会交流以及提供消遣娱乐功能。

总体上，古代的文献传播具有社会功能、文化功能、娱乐功能。具体如下：

（一）文献传播的社会传播功能

文献传播的社会功能主要表现在文献传播维持了社会系统的动态平衡，是社会控制的一个重要手段。古代的文献传播是与社会文献的创作、生产、整理、校正等交流活动联系在一起的，促进了文献传播的社会化，连结了各阶层社会群体，提供了他们实现社会期待、价值认同、社会融合的需要，从而维持社会的精神沟通。这一点，从上述历代文献整理的讨论中可以看出，历代对古文献的整理、校正的过程不但使前朝的文献典籍在时间上得以流传和保存，而且在这个过程中形成了统一的思想舆论，为当代统治者创造了统一的舆论控制工具，同时在客观上保证了社会的稳定。而古代各朝代的禁书活动之猖獗恰恰反映了书籍对社会历史变革产生的影响使统治者不得不采取焚毁、禁止的方式达到舆论统一、社会稳定的统治目的。李敬一在其著作《中国古代传播思想史》一书中提到："焚与修的目的相同。均是出于钳制人们思想、控制传播渠道，以达到巩固中央集权的目的。秦焚书，出于秦始皇单一言论统一思想的目的，他焚烧典籍、图书，等于毁灭了传播的载体，从而堵塞了传播渠道；以吏为师，限制了传播者；以法为教，窒息了全民的传播意识。清大量抽毁和全毁对本朝不利的文字，篡改原始历史记录，大量刊布明朝的过错，其实就是已经控制了传播渠道、传播内容，使之符合统治阶级进行思想统治的需要，达到控制人们思想的目的。"[1]中国古代社会利用儒家思想统治人民，通过讲学、游说、著书活动来阐述封建思想。这一方面起到了稳定社会秩序、巩固封建制度的积极作用，但是对经学的过度推崇也束缚了古代文人，阻碍了社会发展。

孔子编定六经在一定程度上体现了他对传播社会功能的追求。如孔子编修春秋主要目的是打击犯上作乱的乱臣贼子，以维护奴隶社会秩序。《史记·孔子世家》载："吴楚之君自称王。而《春秋》贬之曰'子'；践土之会

---

① 李敬一：《中国传播史论》，武汉大学出版社 2003 年。

实召周天子，而《春秋》讳之曰：'天王狩于河阳。'推此类，以绳当世贬损之义……春秋之义行，则天下乱臣贼子惧焉。"[①]"践土"为春秋郑地名。鲁僖公二十八年五月，诸侯结盟于践土。据《左传》载：这次会议，晋文公竟然召请周襄王参加会议。孔子认为，以臣子的身份竟然召请天子，实在不足以作为典范。故而经文上写为："天王狩于河阳。"《春秋》本是一部编年史，孔子在编纂中隐喻褒贬，在客观叙述的形式下，表明自己的政见和理想（后世称为"微言大义""皮里阳秋"），以达到使"乱臣贼子惧"的目的，充分体现了孔子对传播社会功能"环境监督功能"的追求。

（二）文化功能

周庆山对文献传播的文化功能进行了总结，他说：文献传播发展对文化的影响具体体现在其在促进文化整合、增殖、积淀、分层及变迁的功能方面。[②]文化传播把文化传给下一代，促进社会成员共享同一价值观、社会规范和社会文化遗产，维持社会稳定发展。

如同麦克卢汉所说"媒介即讯息"的观点一样，媒介不仅仅是信息传递的技术载体，同时它还决定着信息传递的方式和清晰度，影响着人们的思维方式和生产生活。文献作为信息与知识的中介，实质上就是中国传统文化的一种形式。文献载体形式的变迁从甲骨文、金石、陶器、玉器、缣帛一直到现代化的纸，每一种形式的文献都无不是中国文化的一种象征，它使我国的文献制度从简牍制度发展到印刷制度。此外，文献载体形式的变迁带来了人们生产生活方式的改变。文献载体从笨重发展到轻便、易于携带和保存，为中国传统文化的长久保存和流传提供了物质条件。

其次，文献的传播促进了文化的交流和沟通，使得文化不断更新、吸收外来文化的精华产生新的文化形式，以至发展到今天我国优秀的文化传统。我国古代关于医术、科技、农业、天文之类的文献大大丰富了我国文献的多样性，使得我国的科学技术得到了很大程度的提升。同时，佛经、道经类文献的外传，加速了中西之间的宗教传播和文化交流。

最后，文献的传播为教育的发展、文化的传承创造了良好的条件。春秋战国时期，诸子便著书、讲学、游说，不断宣传本派的学术思想，一度兴起

---

① 司马迁：《史记》，北京时代华文书局 2014 年，第 97 页。
② 周庆山：《文献传播学》，书目文献出版社 1997 年，第 68 页。

了百家争鸣的文化繁荣局面。书籍是教育的重要传播媒介，我国产生于唐、兴盛于宋的书院为传播文献的组织，为文献的传播提供了便利。教育的普及，书院的兴盛，文献载体的改进，使得我国古代文化精髓得以源远流长。

（三）娱乐功能

娱乐功能则指通过传播满足大众的娱乐要求。人们对文献的需求是多方位、多层次的，除了在文献中获取信息外，同时也获得了艺术享受，美的欣赏。

中国书籍最早具有娱乐性质的起源于"史"书，如《战国策》《左传》《史记》《汉书》通过对历史事件与历史人物形象而又生动的描述，将历史写成人们乐于阅读的娱乐书籍，史传文字是中国文人在没有小说的时代里，从书籍获得娱乐的重要的途径。此外，"文"也包含着一定的娱乐内容。中国人的文章源于"子"，其中的寓言就具有浓烈的娱乐意味，如《孟子》的"拔苗助长"、《列子》的"愚公移山"、《吕氏春秋》的"刻舟求剑"、《韩非子》录寓言二百则，都具有作为娱乐阅读的价值。

小说的出现，是书籍娱乐的真正实现。中国古代小说多以女人、性、侠客为主要的题材，这也充分体现出小说逐渐走向成熟。宋代的街市评书演化为白话小说，让中国小说走向成熟，并成为世俗娱乐工具。宋元产生的话本，经明代文人的介入与出版，从话本迅速发展为小说。以市民阶层为拟想读者，题材以"风月""公案"的"惊奇"居多。明清两代的小说走向巅峰，以《三国演义》《水浒传》《西游记》《金瓶梅》《红楼梦》为主。从《三国演义》到《红楼梦》，中国的古代小说家分别从奇观、性、魔幻、角力、人情、解题、滑稽等方面来阐释小说的娱乐因素。

但是，古代书籍的娱乐功能在当代统治者看来造成了舆论的混乱和社会的不稳定。因此，历代统治者出于统治的目的，企图通过统一的语调来达到舆论的统一，造成了古代书籍"万马齐喑"的局面。这对书籍娱乐功能的发挥造成了严重的打击和摧残，因此，古代书籍的娱乐功能并未得到真正全面的展现。

第二节　历代文献整理与中华文化道统的塑造

我国古代历朝统治者为了统治的需要，命当时的学者对前朝的古文献进行校正、辨伪等整理活动，通过各代学者的努力，我国古文献得以流传和保存。由于古文献整理的方法和原则因人而异，受当时的文化思潮的影响，因此，中华文化道统也得以塑造、演变、确立。

一、先秦时期与汉代的文献整理与中华道统的发端

（一）先秦时期的文献整理

春秋后期，随着社会的大变革、旧贵族统治的衰落，由官方垄断文化的情况逐渐改变，"学在官府"被"学在民间"的局面所代替。因此，社会上兴起了"百家争鸣"的繁荣局面。不仅产生了新的诸子著述，而且出现了私家整理文献典籍的情况。孔子就是突出的代表。

孔子以传授、整理古代文化为己任，以"述而不作，信而好古"的学术原则，对六经进行了校释整理。他在整理中遵循着以下几种方法：第一，多闻阙疑，择善而从；第二，崇尚平实，排斥虚妄；第三，为我所用，开儒家穿凿附会之先河。孟轲还提出了一些文献整理的重要观点和原则：主张以意逆志，知人论世；强调怀疑和辨伪；自觉地把整理文献服从于一定的政治目的。可见孔子整理六经及其后学的文献整理，具有鲜明的政治目的，同时也是借文献整理来捍卫孔子之道，打击、排斥杨、墨、法等一般学派。孟子生活在战国时期，儒家极力推崇《诗》《书》《礼》《乐》，而法家则把这些书列入害民弱邦的六虱之中。孟子进一步发展了孔子"攻乎异端，斯害也已"的思想，把文献整理，作为捍卫先王及孔子之道的一个重要阵地。先秦诸子在整理文献典籍时有一个很显著的共同点，即都有自己的政治目的。有时为了宣扬自己的观点，达到为我所用的目的，往往不惜曲解古文献的原义。

（二）汉代的文献整理

汉初，统治者一方面把法家理论作为自己的指导思想，同时，因慑于秦末农民起义，并出于发展生产、恢复经济的需要，采取了与民休息的政策。与此有关，统治者又多好黄老之术，实际是一种道法家，表面上是道，骨子里是法。因此，汉初出于政治和军事的需要，统治者对兵家、法家、道家的书比较重视，流传、整理也偏重于这几家的文献。

以董仲舒为主的学者们不断地总结秦亡的历史教训，提倡儒学，改造儒学，使儒学逐步为统治者所重视。从汉武帝开始，确立了儒学的尊崇地位，

形成了以经学为中心的文献整理指导原则。规模较大的是刘向父子的文献整理，编著了《别录》和《七略》。由《汉书·艺文志》可知，其云："大凡书六略，三十八种。"这种分类反映了学术发展的历史和现状，六艺略居首，正是学术上经学中心思想的体现。"六艺略"中除了六经之外，还包括《论语》《孝经》小学三类。《论语》是孔子言行的记载，《孝经》则符合汉代"以孝治国"的政治需要，小学是解经工具，为经学之附庸。

（三）以孔孟仁义之道为代表的中华道统思想的发端

这一时期，从儒家创始人孔子起，经孟子、荀子，到汉代的董仲舒、扬雄等，为儒家道统思想的发端，儒家道统的基本理论在这一阶段已经提出，后世道统论就是在这个基础上发展的。孔子继承文王仁政和周公周礼，创立儒家学派，提出了以仁为核心的一整套学说，把仁和礼相结合，以仁释礼，以仁、礼为道。他在整理文献时宣扬儒家圣人，整理儒家经典，为道的传授和推广做出了旁人不可代替的贡献。

孟子的仁义之道及心性论对后世道统影响很大，尤其是陆王和现代新儒家之新心学一系的道统论对孟子思想吸取甚多。与孔子相比，孟子更为明确地提出了圣人之道相传授受的统绪，为后世所遵循。《易传》提出"一阴一阳之谓道"的思想，以阴阳作为道的内涵，阴阳之道一以贯之，体现在天、地、人三方面；并以形而上下分道器，这些方面丰富了道统之道的内涵。《大学》提出了明明德之道和三纲领八条目，充分体现出儒家内圣而外王的精神。《中庸》继承孔子的中庸思想并将其系统化、哲理化的同时，又提出了中和之道和一系列中庸命题和理论，为道统思想的确立和完善提出了丰富的思想资料。

董仲舒提出"罢黜百家，独尊儒术"的思想，为汉武帝所采纳，儒学逐渐成为中国文化的正统。这不仅为儒家思想，也为道统思想的发展，创造了有利的条件。此外，他提出的"圣人法天而立道"的思想不仅丰富了传统儒学的道论，而且启发了后世儒学的道统论和道统史观。董仲舒之后，汉儒扬雄推崇儒家圣人，把圣人与道相结合，并以《五经》济道，把道与儒家经典结合。

二、文献整理与道统的正式提出和确立

（一）魏晋南北朝

魏晋南北朝时期，玄学兴起，其内容及特点先后发生过变化。曹魏正始年间，何晏、王弼等人用老子思想来解释儒家经典《周易》《论语》，形成了"贵无"的思想体系。贵无的目的，一方面是为自己的无权作自我安慰，一方面是要求当权者无为而治，不要过多干涉自己。正始以后，司马氏逐渐兴起，展开与曹魏争权的斗争，司马氏标榜儒家的名教，残杀异己，制造恐怖。当时的一些名士如阮籍，崇尚自然，反对名教，仅崇老庄，鄙弃儒学。西晋时期，以向秀、郭象为代表的玄学家创造出"崇有"的思想。他们不认为万物生于天，生于道，生于无，认为万物自生、自造。他们认为儒学崇尚的名教，即道家崇尚的自然。他们这种思想，实际上是承认和维护现存的门阀制度和统治秩序。玄学的影响一直到南朝，成为门阀士族的精神支撑。

魏晋南北朝时期，文献整理深受玄学的影响而呈现出玄学的特点——援道入儒。玄学家们用"忘象""忘言""以求其意"的方法超脱文献的字面意思，借题发挥，加以附会。王弼整理文献总的思想倾向是牵和儒道，以道为本。王弼在解释《周易》《论语》时，会引用老子的思想；在牵和儒道时，主要是援道入儒，有时以儒释道，但是并不否定仁义、巧利，与老子的思想不同。这样，就调和了儒道说的根本分歧，如重世务与尚虚无，言名教与谈自然等。

（二）隋唐时期的文献整理

隋统一南北后，趋重经学，不仅帝王好学重儒，而且学者力倡孔孟之教，主张复兴礼乐。隋代统治者还崇尚佛、道。

到了唐朝，统治者尊孔崇儒，但时有消长。隋唐儒、佛、道并重，实际上是相对降低了儒学的地位。加之唐代科举，士人重进士而轻明经，同时经书的整理又为官方所垄断，因此唐代经学处于守成的状态，承袭多而开创少。援道入儒，始于魏晋玄学，唐代尊儒崇道，必然继承玄学传统。至于援佛入儒，则始于宋代。佛教的影响不断渗透，动摇了正统儒学的尊崇地位，并且开始了一定的思想渗透，引起了韩愈等人的卫道之举。而韩愈等人提倡儒学，又重在理性，对宋代理学影响较大，对经籍文献的整理和研究没有多大的促进作用。

（三）宋辽金的文献整理

宋代思想学术流派较多，分别有北宋的王安石新学、道学、蜀学以及南宋的闽学和陆学。王安石新学是适应政治改革的需要而产生的，它在继承传统学术的基础上体现了牵合儒、法的倾向，体现了文献整理附会新意的特点。道学是与王安石新学同时产生并与之对立的学派，道学的代表人物有周敦颐、程颢、程颐、司马光等，他们反对变法。司马光反对韩愈崇孟抑扬，而抑孟崇扬。邵雍把《乾凿度》的序列加以改变，形成了"太极—阴阳—四象—八卦—万物"的序列，可以看出他对《易》学的穿凿附会。他的这一学说实际上歪曲了《易》传、《易》纬，并掺杂了道教思想。周敦颐继承了邵雍的这一学说，他们理论的内容是《易》传、《易》纬与道家思想的大杂烩。二程的理学是道学的发展，并且通过歪曲解释儒家文献来构建自己的理论体系。二人提出了唯心主义哲学的最高范畴——理，认为"天下只有一个理"，"形而上者为之道，形而下者为之器"。三教会一是蜀学的宗旨，苏轼说："孔、老异门，儒、释分宫，又于其间，禅律交攻。"闽学的代表为朱熹，与一般理学家不同，朱熹既重义理，又不废考据。陆学的代表人物陆九渊引禅入儒，综合佛教禅宗和儒家思孟学派的主观唯心主义形成了心学思想体系。在文献整理上，完全摒弃考据，甚至否定分析义理，只注重意会心传。

义理学派即传统所说的宋学，构成了宋代文献整理的主流，反映了宋代思辨的学术特色。为了适应封建社会发展变化的需要和巩固封建制度，义理学家曲解古代文献，创造出自己的理论学派，表现出糅合儒、佛、道的倾向。魏晋玄学完成了儒道合流，佛学的进一步发展，到唐代三学并重，在宋代三学融合。

（四）道统论的正式提出和确立

虽然道统思想在孔孟、先秦及汉代儒家思想体系里已经具有，但未成系统，没有明确提出。到唐代韩愈以及宋代程朱，儒学发展停滞，佛老冲击儒学，动摇了其在思想文化领域的主导地位，而旧儒学墨守师说，严守家法，"疏不破注"，拘于训诂，限于名物与词赋，已经僵化，不能与佛教的思辨哲学相抗衡。韩愈著《原道》，标志着道统论的正式提出。张载以气化论道，成为中华道统思想发展史上以气化论道的理论代表。他继承发挥《易传》提出的伏羲等"五帝"的系统，形成了圣人一脉相传的传道次第，以回应佛老对儒家的冲击。

以二程朱熹为代表的宋代理学家则以天理论道，把道统之道提升为宇宙本体，与天理等同；又提出了超越时代的心传学，把传道与传心结合起来，以《古文尚书·大禹谟》"十六字传心诀"作为经典的依据，并将其与《论语·尧曰》《中庸》相结合，以《中庸》阐发"十六字心传"，这成为程朱道统的重要理论。朱熹在继承二程确立的道统论的基础上，建构了精致的道的哲学，完善了道统思想体系；集注"四书"，集道统论之大成。

三、文献整理与道统思想的流传和演变

（一）元明的文献整理

元朝的政权以蒙古贵族为首，虽然对汉族实行民族歧视政策，但在民族融合过程中，在经济、政治、思想、文化等方面都表现出明显的汉化倾向。元世祖忽必烈不顾旧势力的反对，重用"南人"，行贡举法，以程朱经学取士。明朝的统治者沿袭封建主义正统，从而使传统的儒学得以继续发展。明太祖时，科举仍用古注疏及宋儒之书。

元明两朝皆为理学所主宰，程朱理学由宋代儒士传入元，并确立了独尊地位。如《元史·儒学传二·熊朋来传》："取朱子小学书，提其要领以示之，学者家传其书，几遍天下。"元朝思想、学术承袭程朱，特别以朱熹为主，因此在文献整理上也深受朱熹的影响，表现出义理与考据并重的特点。

明朝除受程朱的影响之外，陆九渊的影响也存在，如明初宋濂宣扬"六经皆心学"，鄙视训诂和考据。到明代中期，王守仁继承陆九渊"心即理也"的思想，杂糅儒佛，形成了心学体系，与程朱学派分庭抗礼。王守仁的心学在学术上产生了不良的影响，束书不观，师心虚谈，形成一代空疏学风。但是其推奉者很多，在思想、学术界影响不衰。因此，明代的文献整理，不仅有王守仁的向壁虚造、师心穿凿的影响，还有朱熹义理与考据并重的影响。

（二）清代文献整理

清代顺治之初，一切制度都遵用大明会典。在文化上也采取汉化政策，规定满人首先习读汉书，以示尊儒古文。清及近代的文献整理以汉学为主，宋学为次；古文经学为主，今文经学为次。宋学虽不处于主导地位，但始终贯穿清朝前后。大多数汉学家虽然在学术上与宋学对垒，但在修身行事上仍

宗奉理学。

清代修《古今图书集成》是第一次大规模整理图书。这是继《永乐大典》之后的又一部巨型类书，也是我国现存最大的一部类书。《四库全书》的编纂是清王朝对全国官私图书的一次大集合、大检查、大焚毁，是清朝一项极其重要的图书管理政策，它的编纂是对我国传统文化遗产的一次总检阅，对于保存和整理古代文献是有很大贡献的。但是，清代统治者编《四库全书》并不意在集中保存文化典籍，而是以"好古右文"为名，行"寓禁于征"之实。清王朝实质上是企图通过编纂这样一部大丛书之机，从根本上铲除汉族知识分子的反清意识，以达到控制思想、巩固统治之目的。

（三）心传说为主的道统论的演变

自朱熹集道统思想之大成之后，道统论逐渐向心学发展演变。陆九渊提出心学道统观，以心论道统，对程朱道统论加以心学化的改造，他以继孟子之后道统第一人自居，把韩愈、周敦颐、二程、朱熹排斥在道统之外。虽然陆九渊站在心一元论哲学的立场，不同意程朱对《尚书·大禹谟》"十六字传心诀"的解释，但他以自己上接孟子而自得其道，仍然是以程朱的超越时代的心传理论为依据。

王守仁直接把圣人相传授受之学称之为心学，把"十六字传心诀"视之为"心学之源"。提出"致良知之外无学矣"，以"致良知"说取代程朱道统论，从而把圣人相传的道统说改造为心学，完成了道统心学化的过程。这为现代新儒学之新心学一系所继承，并被作为"源头活水"。

第三节 文献类型的变迁、文献管理与中华文化精神的传承

随着社会的发展，文献类型不断得到发展，我国的文献载体形式经历了甲骨、钟鼎、石鼓、缣帛、纸等形式。文献类型的变迁不仅仅为传播文献带来了便利，同时建构了中华传统文化的体系，为传统文化的传递和流通创造了物质条件。

麦克卢汉认为"媒介即讯息"——媒介本身即是讯息，媒介不仅仅是信息传递的技术载体，同时它还决定着信息传递的方式和清晰度，影响着人们的思维方式和生产生活。从这个角度可以看出，我国文献的每一次变迁，从先秦时期的简牍制度到纸的发明再到唐五代雕版印刷术，无不推动着文献传

播事业的发展，从而促进了古代文化事业的纵向发展和传统文化的横向流通。沙莲香在《传播学——以人为主体的图像世界之谜》中指出："文化与传播之间有着重要的联系。文化离不开传播，而传播本身就蕴含了文化的传播。""中国的图书典籍和文献资料如汗牛充栋，浩如烟海……这是中华民族的优秀传统，也是传播学上值得一提的现象"。[①] 周庆山在《文献传播学》一书中认为：文献实质上是人类文化的、精神的符号交流系统，是人类凭借组织编码的有序语义信息的文本，传播人类信息的重要传播媒介。[②] 于翠玲认为，中国典籍是古代文化的书面载体，通过各种复制技术和阐释方式，一代一代流传下来，积淀了中国数千年的文化遗产，形成了博大精深的中国文化传统。[③] 因此，探讨不同载体形式的文献，对我国传统的知识结构体系、传播现象以及传统文化的传承具有重大的意义。

一、印刷前文献

在印刷术发明之前，我国的文献载体形式主要有甲骨、钟鼎、石鼓、玉版、缣帛等。由于制作粗糙，携带笨重、占地空间大、不便于储藏的局限，古代文献传播范围有限，但它们确实发挥过传递文化和传播文化的重要作用。

（一）原始书籍形式与古代史官文化

甲骨文和青铜文都不能算作是中国最早的书籍，它们只具备了书籍的形式，只能被看作中国古代原始的书籍。钱存训指出："无论是雕铸或印盖在坚固材料上的文字记录，都不能称为'书籍'。中国书籍始自竹简的应用，继以帛书和木牍。"[④]

现存中国最早的文字，大都是书写或锲刻在兽骨和龟甲上的刻辞。这些甲骨刻辞都是商代后期的文字记录，也是3000年前王室档案的一部分。殷人使用甲骨制作器皿和装饰，特别是用来作占卜、祭祀和书写材料，这些乃是上古中国文化独具的特色。甲骨文多为卜辞，卜辞的内容通常为天文历法，如日食、月食、晴、雨、风、雪等；有定期的预测，如卜旬、卜夕等；有预

---

① 沙莲香：《传播学——以人为主体的图像世界之谜》，中国人民大学出版社1990年，第85页。

② 周庆山：《文献传播学》，书目文献出版社1997年，第3页。

③ 于翠玲：《传统媒介与典籍文化》，中国传媒大学出版社2006年，第6页。

④ 钱存训：《印刷发明前的中国书和文字记录》，印刷工业出版社1988年，第128页。

测将要发生的事故，如旅行、渔猎和战争等；有生、死、病、梦等；以及对祖先、神灵的祭祀。甲骨文的卜辞顺序，大多是自上而下，犹如后来文字的排列一样。

除殷商甲骨文外，还有殷商后期和周代的铜器铭文。青铜器铭文主要记载了一些重要的政府文件和其他被当时的贵族统治者认为是具有纪念意义的事情。因此，同甲骨文一样，它们也具有文献档案和书籍的双重性质。但是，甲骨和青铜器都不是专用的书写材料，而且当时在这些材料上记载一定的内容只是为了防止遗忘，以备查考，其目的不在传播。所以，殷商甲骨文和青铜器铭文不能算作真正意义上的书籍，而只是书籍的原始形式。

殷商和西周的文献典籍都是由史官负责收藏保管的，只是西周在文献管理方面开始出现了较为明确的分工。当时管理文献的史官有五史：太史、小史、内史、外史、御史。殷商重巫和西周重史，使中国古代形成了史官文化。这种史官文化具有三个特点：一是学在王宫，平民百姓没有文化；二是职在史官，史官之外的官吏无权纪录；三是包罗万象，记载涉及国家大事的方方面面，几乎囊括精神文化的全部内容。① 文献载体的笨重、粗糙的制作手段以及这种史官文化的限制，使得古代文献典籍流通范围受到限制。

（二）初级书籍形态与卷轴制度

中国最早的严格意义上的书籍是春秋战国时期以竹木为专用材料的简牍，即简策和木牍。简主要是经过处理的单根竹片，单根简能容纳的字有限，要写一篇文章，必须把许多简编起来，这就是"策"或"册"。版牍是加工成一定规格的木板。空白的木板叫"版"，写上字的版叫"牍"。简策和版牍是有分工的，版牍主要用于写一般文书，而著作都是写在简策上。

简策和版牍是中国古代初级的书籍形态，在中国传统文化上简牍制度具有极其重要的影响。不仅中国文字的直行书写和自右向左的排列顺序渊源于此，即在纸张和印刷术发明以后，中国书籍的单位、术语，以及版面上的所谓"行格"形式，也是根源于简牍制度。简书在中华民族文化的保存、传递和奠基诸方面都曾起过重要的作用。它从周秦以来一直到魏晋时期都是主要的图书形制。但是由于简书制作过程繁复，携带传播笨重，收藏占用面积较

---

① 罗德荣，胡如光：《春秋战国文化传播的历史进步》，《天津大学学报（社会科学版）》，2003 年第 4 期。

大，编连容易烂脱遗失，制约了文化传播的速度和广度。

春秋战国时代与简牍一起使用的书籍形式还有帛书，帛是汉代以前对丝织物的总称。帛书和简策的并行使用可以从诸子著作中看到，如《墨子》中有"书之于竹帛"，《韩非子》中有"先王寄理于竹帛"。竹简常用作草稿，而缣帛则用于最后的定本，这是因为缣帛造价较贵。西汉以来，由于帛携带方便自如，继续与竹简并行使用。东汉时，简策和帛书仍是图书的主要形制。但由于帛书造价昂贵，所以它始终不能代替竹简，而逐渐被作为贵重文房用品看待，如书法、绘画的载体，而不是图书的载体。缣帛可以用作祭祀祖先及神灵使用，也可用来记载功臣大将的非常功业。

简牍和帛书的地位，随着时代的发展逐渐被纸所代替，但是它们保存和传递中华传统文化的作用仍是不可置疑的。它们本身以及所承载的历史文化都反映了古人的聪明智慧，证实了我国历史文化的悠久。蒋伯潜指出："古以竹简丝编成册，故称曰经……所谓经者，本书籍之通称；后世尊经，乃特成一专门部类之名称也。"[①] 在官方图书目录中经孔子整理而一脉相承的儒家经典被列为首位"经部"，诸子的著述则被列为"子部"，佛教图书和道家图书也附录在"子部"。从古代书目的分类标准和收录数量可以看出：以儒家典籍为主题，以史、子、集等部书籍配经而行，以释、道典籍为辅助，是中国传统文化的知识结构体系，这对建构和维护中国文化传统起到了重要作用。

二、印刷文献与册页制度

纸在三国时代已逐步被上层社会用于书写材料，到东晋末年，纸全面取代了简帛，我国古代图书进入了纸写本时期。唐代以后，雕版印刷术的发明大大提升了书籍生产的速度。从宋代起，我国图书事业进入了印本书时期。这样，我国的书籍制度由简策式、卷轴式，经过旋风装和经折装的过渡阶段而发展为册页式，逐步向现代书籍形式转变。此后，古代书籍便进入了册页制度。

纸的发明使抄书业得到快速的发展。据文献统计，西汉初年就有抄书活动。汉成帝时，著名学者刘向进行了一次大规模的图书整理活动，他的儿子在此基础上整理编著了中国第一部综合目录《别录》，这也是抄写的简书。当时在社会上兴起了一种专门以抄书为业的佣书行业。有不少人在抄书过程中，

---

① 蒋伯潜：《十三经概论》，上海古籍出版社1993年，第2页。

因有机会读到很多书而最终成为学者。

随着纸的普遍使用，人们对知识的渴求，除了受人雇佣抄书得酬外，也出现了一些以抄书，甚至抄大部头书求售的书贩。隋朝开始注意到文化建设，在初期便派学者整理朝廷图书。唐以后出现雕版印刷，除《永乐大典》和《四库全书》属于较大规模的抄书活动，其余都是零星活动。

唐以后，新的印刷工艺出现，加速了传统文化的传递和传播，唐的雕版、宋的活字和明的套印，是中国文化传递中印刷工艺发展的三个重要里程碑。纸书和印刷术的发明和发展，使文献数量和种类大增，如医学、农学、科技类的图书不断出现，佛教类的书籍也陆续流入到外国，加速了中外文化交流和沟通。

明清之际，外国传教士进入中国，西方图书也被翻译成中文，为中国人认识世界文化、反思中国传统文化打开了大门。西方传教士利玛窦等人的多种著作甚至被吸收到《四库全书总目》，这些西学的文献逐渐改变着中国传统文化典籍的知识体系。鸦片战争以后，近代学者大量翻译西方科学技术、政治制度以及文化心理等方面的书籍，这使得中国传统典籍受到强烈的冲击。随着科举制度的废除、新式学堂的建立，西方的学科分类体系逐渐取代了中国传统的知识分类体系，新式教科书的出版动摇了儒家经典的独尊地位，这促使中国学者的知识结构发生了变化。因此，近代图书种类和比例的变化，对中国传统文化的转型和新文化体系的建构都起到了重要的作用。

三、历代文献管理制度及其影响

对于图书的限制与管理，见于历代统治者的禁书记载。书籍禁毁，是一种政治文化行为，国家通过行政法令禁止某一书籍的刊印、流传、阅读，销毁或抽毁已刊印的违禁书籍，是官方意识形态及其政治斗争的具体体现，也是统治阶级文化政策的表现方式之一。①

中国早在战国初期就开始了禁书的历史。秦孝公时期，著名的商鞅变法，其变法内容之一就是焚书。《韩非子·和氏》篇记载此事："商君教秦孝公以连什伍，设告坐之过，燔《诗》《书》而明法令，塞私门之请而遂公家之劳，禁游宦之民而显耕战之士。孝公行之……""燔《诗》《书》而明法令"即指禁

---

① 赵维国：《书籍禁毁：一种文化现象的观照——兼论俗文学范畴的戏曲小说禁毁》，《中国文学研究》2003 年第 4 期。

图书、严法令等措施，其目的是为了防范上层文化人物非议变法，以保证变法的顺利实施。但是他对文化典籍极端仇视的态度，发展为后世以禁毁图书为形式的禁书传统，开中国历代封建王朝禁毁图书之先河。

公元前213年，秦始皇统一六国后听取宰相李斯建议，进行了一次旷世浩劫的焚书事件。具体措施有：一、"史官非秦记皆烧之。"即是说除了秦国的史书，其他六国的史书都要烧毁。二、"非博士官所职，天下敢有藏《诗》、《书》百家语者，悉诣守尉杂烧之。"官方可以保留《诗》《书》之类的儒家典籍，但寻常百姓绝对不允许收藏这些图书。三、"有敢偶语《诗》《书》者弃市，以古非今者族。吏见知不举者与同罪。"这是对国人采取严酷的法律限制。四、"所不去者，医药、卜筮、种树之书。若欲有学，以吏为师。"由此可见，医药、卜筮、种树等实用性图书并未遭到禁毁，其目的是为了保证舆论与知识的传播完全掌握在官方手中。禁书不但造成了先秦历史的模糊和经今古文之争，而且严重影响了中国文化多元化的发展，导致了士大夫形成消极的心态。

汉初，萧何主持制定的一系列律令之中，虽然已经割除了秦代所定的许多严酷刑律，却依然保留了文化政策中的"挟书"律。这对于汉代文化的发展来说，无疑是一个重要的契机，同时对中国图书的发展也有着积极的意义。汉代学术呈现了全面繁荣的局面，尤其是儒学学说，在渗入法家道家理论后形成了一种经久不衰的统治学说。

西晋泰始三年，统治者颁布了一道禁书令：禁星气、谶纬之学。"星气"，是一种比谶纬历史久远、与古代天文学有关联的学术，它主要是通过观星象望云气之类的活动来预告人间的灾祥。所谓"谶"，即是被认作是上帝的预言；"纬"与经相对，指假托神意解释经典的书。泰始禁谶纬客观上起到了清理准宗教的神秘文化的作用。但是泰始四年颁布的《泰始律》规定，凡私自收藏天文、图谶之书的，均判有期徒刑两年。它把当初禁书令只涉及星气之书一项，扩大为对所有的天文书籍实行禁锢。这也造成了西晋以后的历代王朝禁毁天文图书的现象时有发生：公元336年后赵建武二年石虎发布了一道严厉的禁令，禁止郡国中人私自学习星气、谶纬之学，敢有违反者一律处死；公元375年，苻坚下令禁毁两部中国先秦诸子著作——《老子》与《庄子》，企图消灭玄学，实现以儒学作为统一中国的统治思想的目的。

公元446年，北魏国太武帝颁布了一则禁毁佛教典籍的律令："自今以后，敢有事胡神及造形像泥人、铜人者门诛。……有司宣告征镇诸军、刺史：诸有浮图形像及胡经，皆击破焚烧；沙门无少长，悉坑之。"北魏灭佛的文化控制措施实际上是封建皇权、儒家政治与外来宗教间的一场大较量。公元574年，北周建德三年周武帝再次禁佛道。这次不但焚了佛经，也烧了道书。太和九年孝文帝一手操办了禁毁谶纬案："图谶之书，起于三季。既非经国之典，徒为妖邪所凭。"孝文帝禁毁谶纬，不仅仅是因为怕谶纬，而且还因为谶纬不像儒家经典那样可以作为治国的指南。此后，北魏又分别于宣武帝和孝明帝时颁布了两道禁止天文图书的诏令。

隋代禁谶纬的事件始于开皇十三年。公元593年，隋文帝杨坚下令："私家不得藏纬侯、图谶。"到了杨广登上皇位后，又派遣了大批使者四处搜访，一见到与谶纬有关的图书，立即点火烧掉。谶纬的禁毁客观上清理了神秘文化的作用，但是后来对天文图书肆意的焚毁，造成我国古代科学技术发展的时断时续。

唐颁布《唐律》和《唐律疏议》禁毁《三皇经》以及阴阳术数："诸阴阳术数，自非婚丧卜择，皆禁之。"也就是说除了婚丧嫁娶之类的阴阳术数的书允许继续存在之外，其他的阴阳术数书都被禁止。到了公元953年，即后周广顺三年，周太祖颁布了一道禁书令：第一，"今后所有玄象器物、天文、图书、谶书，私家不得有及衷私传习；如有者，并须焚毁"。第二，"其司天监、翰林院人员不得将前件图书等于外边令人看览"。第三，"其诸阴阳、卜筮、占算之书，不在禁限"。第四，"所有每年历日，候朝廷颁行后，方许私雕印传写，所司不得预前流布于外"。这些处罚的条例后来写进了《大周刑统》，被以后的朝代引用。

宋代宝元二年颁布了禁书令，它是宋代第一次实施禁止兵书。到了开宝五年，宋太祖颁布了一项禁令："禁玄象器物、天文、图谶等，不得藏于私家，有者并送官。"这项禁令撤消了对兵书的禁令，增加了阴阳八卦书的禁令。元丰二年爆发了文字狱——乌台诗案，崇宁、宣和年间两次禁毁苏、黄文集案，是中国历史上第一次以著名人物的著作为主要对象的禁书事件，历时47年之久。这次禁书使北宋文人饱尝了人间的坎坷磨难，同时也体现出统治者为了达到统治之目的，控制与统治利益异样的政见，企图使学术在政治上与朝廷保持高度的一致。嘉泰二年，秦桧提倡禁野史。绍兴二十四年禁毁《论语讲解》更体现出了统治者对各种言论赶尽杀绝的政治目的。宋代是一个高度集权的封建王朝，这种专制体制表现在文化上，则通过中央政府加强干预，以及不断地在科举考试中向士子们灌输一套已经改头换面的、专为封建皇权唱赞歌的儒学观念等方式，力图统一思想。但是，也造成了宋代知识界长期受正统思想熏陶，失去了正常人应有的心灵和良知。

元朝的禁书事件大致有十余次，大多集中在元世祖期间，除了焚毁"伪道经"，就是禁天文图谶阴阳伪书。到了明朝，禁书的方式较之前朝有所创造发明，禁书的手段更加严厉。主要依据《大明律》的规定："凡私家收藏玄象器物、天文图缄、应禁之书及历代帝王图像、金玉符玺等物者，杖一百。"何为"应禁之书"则未加明确规定，统治者常用以清除异端思想著作，如1602年（明神宗万历三十年），著名思想家、文学家李贽，就因激烈抨击当时被统治者奉为"圣学"的程朱理学，反映了市民百姓阶层的思想观点，触怒了统治者，其著作《焚书》《续焚书》《藏书》《续藏书》《卓言大德》均被列为禁书，直到清朝末年方才被解禁。连他评点过的《水浒传》也未能幸免而被查禁。李贽本人也落得老年下狱、割喉自杀的悲惨下场。

清朝前期，康熙、雍正、乾隆年间都曾出现过文字狱。如康熙初年查禁庄廷珑增补朱国祯的《明史稿》案，残杀其家族作序、校、印、买卖书者及地方官七十余人。乾隆时期，大型丛书《四库全书》的编制，对古今图书进行广泛收罗，对"异端"文化进行全面清扫，焚书二十四次，全毁书目达二千四百五十三种，抽毁书目达四百零二种（陈乃乾《禁书总目》），连带的文字狱多达四十余起，历次禁书法令均载于《四库全书总目》之首，禁书规模之浩大，达到了封建社会的最高峰。这一大规模禁书活动显然是为了维护清朝的封建专制统治，阻碍了思想文化的传播与发展。清穆宗同治年间，山东巡抚丁日昌以助长百姓"犯上作乱"，和使青少年"轻薄"为由，奏请查禁小说《水浒传》《隋唐演义》和《龙图公案》（明朝安逢时编撰，共十卷，记载宋朝包拯审案断狱的故事，塑造了为民除害的包青天形象），导致同治下诏查禁全部小说，共禁毁乾隆嘉庆年间以来流传的小说261种。清朝末年最后被查禁的一批书，是光绪年间"戊戌变法"失败后查禁维新派康有为、梁启超、谭嗣同等人宣传维新变法思想的著作。稍后还查禁了革命派邹容的《革命军》、陈天华的《猛回头》、章炳麟的《苏报》等，算是为中国封建王朝的禁书史划了个休止符。

（李霞　谢清果）

第十章 传经明灯：华夏文明传播的独特模式

　　华夏文化作为世界文化的一部分，在其传播过程中形成了其特有的文化传播模式——六经注我与我注六经的文化传播模式。六经注我与我注六经的文化传播模式保证了华夏文化的经久不衰、历久弥新，是华夏传播内在机制体制的枢纽和关键，是研究华夏文化传播内在机制体制的切入点。华夏文化传播研究离不开对六经注我与我注六经文化传播模式的审视和分析，它有助于我们深化和了解华夏文化传播结构的同时，揭示华夏文化系统内部各要素之间的相互关系，从而实现对华夏文化传播活动宏观的把握和全面的提升。

　　任何文明的发展，始终是与文化传播活动联系在一起的。文化传播是人类特有的各种文化要素的传递扩散和迁移继承现象，是各种文化资源和文化信息在时间和空间的流变、共享、互动和重组[①]，全世界各种文化均是各个地域的人们在不同自然、社会、历史条件下的产物，因此都有不同的特色。在文化传播过程中，由于各种文化深受该文化自身文化传统、文化心理的影响和制约，都形成了自己独特的内在的文化传播模式与规律。这些内在的文化传播模式与规律促进了各类文化的继承与传播，在一定程度上确保了世界文化的多元化。

　　华夏文化作为世界文化的一部分，在其传播中也有着自己独特的传播模式与规律。中华民族屹立于世界的东方五千余年，作为中华民族智慧结晶的中华文明是世界六大古代文明中唯一没有中断过、连续五千年发展至今的文

---

　　① 庄晓东主编：《文化传播：历史、理论与现实》，人民出版社 2003 年，第 2 页。

明。[①]华夏民族能在如此广袤的土地上，在如此众多的人口中，通过礼、乐、诗、书为主流的传播形式，使华夏文化传递延续了数千载，[②]足见其内在的独特的文化传播模式与规律之强大。当今，我们正处于全球化的趋势中，文化传播力作为一种软实力在国家竞争中起到越来越大的作用，探寻华夏文化传播特有的规律模式，对于我们当前的文化传播实践有着重要借鉴意义。

然而华夏文化博大精深，外延甚广，若想宏观地把握其传播规律很容易陷入泛泛空谈，不得要领。要想准确归纳出华夏传播所独有的模式与规律，只能从细微之处着手，从具体的传播活动中提炼。在华夏文化的传播过程中，文字创造起到了巨大的作用，华夏传播以文字为传播载体，在一定程度上打破了时空的界限，使前辈人的经验可以传给后人，使少数人的思维结果可供全社会共享。[③]正是有了文字的产生，才有了华夏文化的生生不息。也正是因此，具有较高文化水平掌握文字的封建士阶层掌握了华夏思想文化传播的主动权与话语权，他们通过解读经典、刊印文献、办学授徒、著书立说等多种方式实现了对华夏文化思想的传播。可以说，封建士阶层文化思想传播是华夏传播中最为活跃、特点最鲜明、也最能体现华夏传播内在传播规律的传播活动，是整个华夏文化传播的核心部分。

华夏文化在封建士阶层传播形成了其特有内在的机制体制：由于汉文字的创立，华夏民族保留了大量的文化典籍，华夏文化通过这些典籍的刊印实现了文化的代代传承，而在华夏文化典籍的传承过程中，由于汉字的不断演变，很多经典典籍必须经过封建士阶层注解才能为当代的人所接受，这也就形成了华夏文化所特有的经学著述模式——"六经注我，我注六经"模式。这种模式逐渐为封建士阶层所接受，并成为华夏文化传播的主要模式。在这种模式形成之后，统治者为了加强文化统治，往往将士阶层所注释的经典作为科举考试的内容，从而推进了士阶层对经典典籍的重视，这便成为华夏文化传播的内在动力。官方民间的文献刊印传播、六经注我与我注六经的文化传播模式、科举制度的传播动力三个方面构成了士阶层传播华夏文化所特有的机制体制。三者相辅相成，共同促进了华夏文化的传播。

六经注我与我注六经的文化传播模式是华夏传播内在机制体制的枢纽和

---

① 许全兴：《中国哲学精神简论》，《第十二届国际中国哲学大会论文集》，商务印书馆2003年，第6页。

② 黄星民：《华夏传播研究刍议》，《新闻与传播学研究》2002年第4期。

③ 孙旭培：《华夏传播论：中国传统文化中的传播》，人民出版社1997年，第72页。

关键。一方面，它解读了华夏文化保留的经典文化典籍，继承和发扬了其中的精髓，为官方民间的文献刊印提供了翔实的材料；另一方面这种模式对经典的解读也为科举制度提供了考察的内容，历代的科举制度基本上都是对华夏文化经典内容的考察。因此，从某种程度上说，六经注我与我注六经的文化传播模式保证了华夏文化的经久不衰、历久弥新，是研究华夏文化传播内在机制体制的切入点。华夏文化传播研究离不开对六经注我与我注六经文化传播模式的审视和分析，它有助于我们深化和了解华夏文化传播结构的同时，揭示华夏文化系统内部各要素之间的相互关系，从中获得对华夏文化传播活动宏观的把握和全面的提升。

第一节　锻造传统：华夏文化注经传播模式的历史溯源

任何一种文化传播模式的形成都是在文化积淀中承继，文化创新中延续。作为中国文化传播主要模式的"六经注我"与"我注六经"也有其深刻的渊源与流变历程。

一、"六经注我与我注六经"模式的来源及其内涵

"六经注我，我注六经"的说法最早是由宋代大儒陆九渊提出的，在《陆九渊集》卷三十四中有"或问先生：何不著书，对曰：六经注我，我注六经"[①]的说法，而且在这一卷中还出现了与该句中"六经注我"有相同意义的说法："学苟为本，六经皆我注脚。"[②]对于这句话的理解，章太炎先生认为："象山主先立乎其大者，不以解经为重，谓六经注我，我注六经。"[③]就是说陆九渊这话的意思是指所有的儒家经典不外是我本心固有良知的阐发，因而不提倡过多地研习经典，更没必要拘泥于对经典的积累性和技术性的阅读与研究。这种解释能够与陆九渊的学术思想契合，应该是陆九渊的本意。但是伴随着时代的发展，六经注我与我注六经内涵逐步地发生改变，特别是近代以来，其本意逐渐为人们所忽视，学者们开始普遍将其用于说明著书方法和治学的趋向，将六经注我与我注六经模式看作是对经典的两种阐释的方法，并

---

①　陆九渊：《陆九渊集》，中国书局 1980 年版，第 399 页。
②　陆九渊：《陆九渊集》，中国书局 1980 年版，第 395 页。
③　章太炎：《诸子略说》，载《国学略说》，香港：香港环球文化服务社 1963 年，第 148 页。

且在解读中跳出了传统儒家的范畴，在这里，"六经"不再单指儒家的诗、书、礼、易、乐、春秋，而是指华夏文化各种思想的权威性著作。在这种新的解释中，六经注我与我注六经成为我国历史上两种最为基本的文本诠释范式的形象概括。两种范式分别坚持各自的文化观念与心理，拥有各自的理论形式，侧重于不同的文本阐释方法。具体来说，崇尚"我注六经"者，把历史文本看作史料，认为文本产生于特定的时代，反映着特定时代和特定作者的思维成果，他们阐释文本的旨趣在于修复历史，恢复文本的本来面目，运用校雠、训诂、音韵、考据等手段把握文本的本义，作出符合文本作者原意的解释；[①] 而崇尚"六经注我"者阐释经典的目的是为了现实和未来，他们总是以主体自我为中心，借助经典文本来阐发自我的思想，经典文本可以根据主体阐发个人观点和思想的需要进行演绎和发挥，为经典赋予时代的意义。虽然这种解释只是六经注我与我注六经的一种"活用"或者"误用"，但是它逐渐为大众和学者们所接受，获得了普遍而频繁的使用，其本意反而为人们所淡忘，"六经注我与我注六经"也便名正言顺地成为著述和治学的两种取向。在华夏文化传播的研究中，我们同样采用它的这种被延伸了的内涵。

　　既然"六经注我与我注六经"是封建士阶层诠释解读各种思想经典著作的方法，那它又何以成为华夏文化传播的基本模式呢？其实，经典之为经典，不仅仅因为它们是以书写的形式体现出来的前人思想，更是因为它们是华夏文化之源，而士阶层通过对这些经典的不断诠释便构成了中国蔚为壮观的文化之流。以经典为依托来进行思考，成为华夏文化的显著特征。这就是说，经典在中国古代士人们的心目中具有重要的地位，它们不仅仅承载着古人们的思想以及中华民族的文化传统，而且还开启着进一步创造性地继承这种文化传统的可能性。每一个时代，封建士阶层都一次次地回溯到我们的文化之源去注释解读这些渗透着华夏文化精髓的经典典籍。[②] 虽然，他们对于经典的选择和理解各有不同，但是他们对于经典的解读方法却有着相同的范式——六经注我与我注六经模式。一方面，他们通过我注六经模式忠实地注解经典，使华夏文化打破了时空的限制，得到了广泛的传播。另一方面他们通过六经注我的模式，使华夏文化不断地发展创新，与时俱进。也正因此，封建士阶层阐释解读经典的六经注我与我注六经的模式，成为华夏文化继承与发展的

---

　　① 王勋敏：《知识理性与价值理性——中国古代文本阐释的双轨与多维》，《湖北大学学报（哲学社会科学版）》1996 年第 2 期。

　　② 臧要科：《三玄与诠释——魏晋诠释思想研究》，华东师范大学博士论文，2007 年。

主要形式。

二、"六经注我与我注六经"文化传播模式的根源——华夏文化的经学传统

六经注我与我注六经虽然是由宋代的陆九渊提出的，但是这种模式却早已活跃于宋代以前的华夏文化史中，它的出现与华夏文化的经学传统具有密切的关系，是华夏文化学术传统的一种必然产物。

经，在中国传统文化中有广义和狭义之分，狭义的经是指以孔子为代表的儒家学派编著的书籍，在此意义上的经学是中国主流文化的代表，广义的经是泛指古代流传下来的重要经籍著作，是整个华夏文化的代表。[①] 因为本文研究的是整个华夏文化传播，所以这里采用的是其广义的经。所谓经学，包括传经之学和注经之学，其实就是围绕经典文本阅读和理解而形成的注释与解读。[②] 经书毕竟是历史的产物，与现世已有了时间距离，其语言文字、典章制度、历史事实，都与后来的读者拉开了距离，不理解的东西当然无法奉行。但鉴于经书的权威地位，人们又不得不引经据典作为行动的指南。因此，必须对经典加以解释和梳理，才能使人们理解它、接受它，经学因此应运而生。经学以其特有的稳定性、因袭性、包容性、自足性，对中国古代学术文化形态产生了重大而深刻的影响，并由此形成了一种以解读注释经典为主要著述方式的经学形式。由于经学形式是从战国末期到清代的主要著作形式，因而中国传统思维方式以至整个的中国传统文化模式都是以经学形式为主要特征，几乎所有的著作都来自于对经典著作的诠释解读，其基本的著述形式包括章句、笺注、义疏、传、说、记等等。这些著述形式在秦代以后的历史上获得了最普遍的使用，即便是最有反抗性和创造性的人物也不例外。[③]

这种华夏文化所特有的经学传统使中国的士大夫、知识分子在著述时重视对经典的阐释，强调言之有据，凡用典必做考证，凡立论必有渊源。可以说中国古代思想基本上是建筑在经典解释的基础上，是对古圣先贤遗留下的经典文本的诠释为基本方式展开的。无论儒家、道家、佛家莫不如此，他们都将自己的学说思想归于先贤。儒家明确表示自己的学说来自于三代时期的

---

① 刘婉华:《解释学与中国传统文化》,《华南理工大学学报（社会科学版）》2000 年第 1 期。

② 周裕锴:《中国古代阐释学研究》,上海人民出版社 2003 年,第 65 页。

③ 王葆玹:《经学的形成与中国文化重构的问题》,《诠释与创造》,台北:联合报系文化基金会出版,2005 年,第 19 页。

圣王，自己只是"述而不作"，墨家也声明自己的学说是"祖述尧舜禹之道"，至于十分有超脱精神的道家也将自己的学说归之于神农、黄帝。特别是儒家学说，更是依靠这种经学传统才得以代代相传，发扬光大。一部儒学发展史，在一定意义上可以说是对经典不断进行诠释的历史，从孔子开始，大儒"述而不作，信而好古"以传授整理编纂原古文化典册为己任，对六经系统的固定化完善化起到了至关重要的作用，战国之后，六经成为儒家根本圣典，历代儒者"焚膏油以继晷，恒兀兀以穷年"，大多将毕生的精力投入到经典诠释的事业中，在两千多年的岁月中，儒家经典可谓汗牛充栋，但翻来拣去，绝大多数是注解之作。即使是能开一代风气的儒宗巨匠，他们的著作也大多是围绕经典的解释而展开的。① 其实，不仅是儒家思想，经学形式在中国文化中是普遍存在的。西汉道家典籍已有经、传、说的区分，《汉书·艺文志》注录《老子邻氏经传》、《老子傅氏经传》及《徐氏经说》，《道藏》《佛藏》都有经、论、注、疏。而后世佛、道二教的经论、经疏与儒家的经学形式并无本质的区别。② 可见经学传统对整个华夏文化产生了巨大的影响，成为华夏文化所特有的文化模式。

华夏文化所特有的经学传统重视对经典的诠释，而历代士大夫知识分子诠释经典的基本方法六经注我与我注六经也便成为华夏文化独特的传播模式。一方面，一部分士大夫在诠释经典的时候往往因对经典的信仰，产生一种精神的皈依，因此在他们的诠释中往往力求达到经典文本的原始意义，不允许偏离和附会，致力于训诂字义名物、诠释典章制度，即不违背"注不违经，疏不破注"，这也便形成了我注六经的模式。我注六经模式是为华夏文化精髓历经五千年传承至今做出了巨大的贡献。而另一方面，因为经籍是已经成文的、相对固定的东西，它不能随着时代的发展而变化，更不可能完全契合时代的需要，但是因为它的绝对权威性，封建士大夫只能采取重新阐释经典的方法宣传自己的思想，建构自己的体系，这便形成了六经注我的模式。六经注我模式逐渐成为历代思想家阐述个人思想体系、创新思想的主要方式，这也成为中国文化发展史与西方文化不同的一个重要特点。

华夏文化便是在六经注我与我注六经两种模式的交替中实现继承与创新

① 　景海峰：《儒家阐释学的三个时代》，《第十二届国际中国哲学大会论文集》，商务印书馆 2003 年，第 284 页。

② 　王葆玹：《经学的形成与中国文化重构的问题》，《诠释与创造》，台北：联合报系文化基金会出版 2005 年，第 19 页。

的，华夏文化的经学传统催生了六经注我与我注六经的文化传播模式，而六经注我与我注六经的文化传播模式又成为华夏文化传承与发展的基本形式。

第二节　共识阐扬：华夏文化注经传播模式的神奇功能

在华夏文化经学模式的催生下，六经注我与我注六经的模式成为历代士大夫、知识分子注释经典、阐发思想的主要方式，在此基础上出现了大量解读经典的著述，实现了华夏文化的文本传播。文本的传播，包含着文化意义和文化功能两个方面。其中与意义传递同步的还有意义创新的过程。因为文化的传播在某种意义上讲就是文化"再创造"。这不仅能够实现自己定位，还能繁衍出新的文化意义。因此经典的文本一方面在我注六经的模式之下继承发扬了华夏文化，另一方面则在六经注我的模式之下采用自觉性"误读"的方法，根据时代的发展创新了华夏文化。前者倾力于历史的客观考证，以确认文本的本义；后者注重于解读者的主观领悟，以引申出文本的现时代意蕴。两种模式相辅相成共同促进了华夏文化的发展与传播。

一、六经注我与我注六经模式的华夏体制内部解读

（一）自觉性误读与创造性转化——六经注我的文化传播模式

六经注我的文化传播模式是华夏文化在传播中自我发展、自我更新的一种模式，在这种文化传播模式中，封建士阶层在虽然依然采用了经、传、注等形式诠释古代的经典，但是却没有受到原有经典的束缚，在经典诠释中往往融入新的观点采用一种自觉性误读方法建构一种新的理论体系，并借经典典籍的权威性传播出去。他们所做的注释解说，看上去也都是以经书的内容为指归，根据经书的思想建言立说的，而实际上都是以经书的内容为出发点而尽情发挥自己的思想，或者利用经书里的内容来印证自己的观点，以表明自己言之有据，持之有故。所以，在六经注我的文化传播模式中注经、说经只是形式，是载体，思想创造才是内容，是实质。这种文化传播模式一方面可能造成对原有经典本意的曲解和歪曲，但是另一方面也给原有的经典赋予了新的生命和时代性，为新的思想理论的诞生和传播提供了有利的条件。根据在华夏文化传播中的目的和作用区分，六经注我的文化传播模式主要有以下几种形式：

1. 移花接木 —— 非官方主流文化传播中的六经注我模式

自汉武帝罢黜百家、独尊儒术之后，儒家思想成为华夏文化的官方主流思想，处于文化传播的强势地位，而其他文化则处于相对弱势的地位。为了实现自我思想的传播，儒学以外的学派往往采用于六经注我模式在解读儒家经典的时候融入本学派的思想，而在解读本学派的经典中附会儒学，借助儒学思想的强势地位传播本学派思想。其中以道家和佛教思想最为显著。

魏晋玄学的兴起便是道家思想借助对儒家经典六经注我式诠释实现其自我传播的范例。魏晋的玄学大师推崇道家思想，他们对儒家经典文本的阐释不同于两汉的经学大师，玄学大师是以自觉的破坏性阐释颠覆儒家经典文本的原初意义，使儒家经典文本的能指与所指分离，进而采用道家的思想去解读儒家的经典，借助儒家经典传播道家的思想。比如魏晋时期注经的集大成者王弼便打通儒道界限，以老释儒，将孔子所说"志于道"之道解释为："道者，无之称也，无不通也，无不由也。"明确把道解释为无。此外，王弼还把他对老子哲学的理解渗透于对周易的注释。魏晋玄学正是这种六经注我模式的产物，它通过对经典的解读实现了道家思想与儒家思想的融合，既促进了两种思想的创新发展同时也带动了这种道家思想的传播。

佛教思想同样采取了六经注我式的文化传播方式实现了自我的传播。两汉时期，外来的印度佛教传入中国，当时人们只把它作为神仙方术的一种，佛教为了求得自身的生存与发展，不能不向当时占有支配地位的儒家靠拢，并在哲学思想上依附于老庄思想和玄学。例如高僧慧远在讲经时"引庄子义为连类"，东晋高僧支道林为庄子《庄子·逍遥游》注疏，并作《逍遥论》。同时，佛教学者对佛经中有关人际关系的经教，根据儒家纲常加以调整，更积极地译出或制造颇为丰富的与孝有关的经典。[①] 我国最早编译的佛经《四十二章经》中就已掺入了很多儒、道思想内容，该经宣传小乘佛教的无我、无常和四谛、八正道，同时也杂有"行道守真"之类的道家思想，以及"以礼从人"等儒家道德行为规范。[②] 这种对佛教经典进行六经注我式的诠释，在诠释过程中附会儒家和道家思想的方式大大减少了佛教在中国传播的阻力，促进了佛教思想的传播。

道家、佛教等非官方主流文化在传播过程中采用六经注我式的模式解读

① 孙旭培：《华夏传播论：中国传统文化中的传播》，人民出版社1997年，第212页。
② 黄心川：《"三教合一"在我国发展过程、特点及其对周边国家的影响》，载《诠释与建构》，北京大学出版社2001年，第63页。

经典，在解读的过程中积极地融入儒家思想，这在一定程度上促进了华夏文化的多元化发展，加强了各种思想间的融合，同时也减少了非官方主流文化的传播阻力，促进了其思想的创新与传播。

2. 借文阐意——文化创新与个人思想传播中的六经注我文化传播模式

华夏文化注重经典的传统一方面为文化的传承提供了便利的条件，但是另一方面也阻碍了文化的发展与创新。由于很多经典产生的时代都比较久远，缺乏现实性，于是一些比较开通的士阶层试图去发展其中的思想。但是法定经典在人们心中具有至高无上的地位，已经成了人们生活中约定俗成的行为规范，一旦离开经典去阐述自己的新观点就会被戴上"离经叛道"的大帽子。他们采取了更为灵活的方式，并没有直接向经典提出公开挑战，而是打着维护圣道的旗帜，以六经注我的模式重新阐释经典宣传自己的思想，创新发展华夏的文化思想。

以儒家宋明理学的集大成者朱熹为例。宋代以前的传统儒家思想哲学思辨性欠缺，这是一个客观的事实。儒家思想学说主要以伦理政治思想为主，而儒家经学则停留在以训诂考释为主的阶段。儒家政治伦理学说缺乏本体论的哲学依据，难以与建立在本体论哲学基础上、并以之为依据的佛、道思想相抗衡。朱熹充分认识到了儒家思想的这一缺陷，在对儒家经典作深入研究的过程中，充分采用六经注我的模式阐释经典，既训诂考释，探讨经文之本义，又发明义理，探索圣人作经之寓意，并进行哲学理论的创造和发挥，从而建立起以天理论为核心，贯通道本论、性本论的本体论哲学体系，大大增强了儒家思想的哲理性，为儒家思想的发展和传播作出了巨大的贡献。朱熹认为，《论语》所载，蕴涵着天理，但须十分详尽透彻地考察，才能发明出来。在《〈论语〉集注》里，朱熹阐发义理处甚多。如通过对《公冶长》篇"夫子之言性与天道"的解说，阐发其关于性、天道、天理均为同一层次的本体范畴的思想。朱熹说："性者，人所受之天理；天道者，天理自然之本体，其实一理也。"①其中性与天道是《论语》本有的，而天理则是宋代理学尤其是朱熹哲学的最基本范畴。朱熹分别将天理与性及天道相沟通，并将三者视为"一理"，均为本体论的哲学范畴，赋予其理学本体论之时代精神。②朱熹通过对经典的诠释，并融合三教，借鉴吸取佛、道精致的思辨哲学，把儒家

① （宋）朱熹撰：《四书集注》，中华书局 1983 年版，第 79 页。
② 蔡方鹿：《注经与哲学——朱熹经学对传统哲学的发展》，《哲学研究》2003 年第 3 期。

思想哲理化，大大提高了中国儒学的哲学思辨水平，从而也以六经注我的形式发展了中国传统经学，促进了华夏思想的创新与传播。

既然朱熹这种大儒都要通过六经注我的模式阐释经典以达到阐述个人观点、建构其思想体系、实现思想创新的目的，那么其他的封建士阶层就可想而知。也正因此，六经注我的文化传播模式成为历代的士阶层传播个人思想、创新思想体系的主要模式。

3. 托古议政——中国古代政治传播中的六经注我文化传播模式

由于华夏文化学术传统对于经典的重视，经典在封建士阶层心目中具有至高无上的地位，特别是在汉武帝罢黜百家独尊儒术之后，儒家的经典更是被抹上了浓厚的政治色彩。对经典的阐释也便有了其特有的政治意义，而六经注我的模式也便成为封建士阶层传播其政治思想，达到政治诉求的一种方式，成为中国古代政治传播中的一种特有模式。

汉代今文经学的产生便是六经注我模式在政治传播中发挥作用的典型例证。今文经学以经世致用为目的，引经据典为现实政治服务。但他们所引用的经典原本是孔子删定整理的历史文献，历史记载的经验往往与现实政治的需求不相合拍，经师们为了达到"经世"的目的，只能在"微言大义"的幌子下穿凿附会，又多言阴阳灾异，宣传天人感应的迷信思想，把儒学神化，为巩固现实政治服务。今文经学在阐释经典的时候更多考虑的是政治的需求，为了达到政治目的他们不惜歪曲经典的原意。晚清康有为在进行维新变法的时候也采取了六经注我的模式，在注释经典的基础上写出了《新学伪经考》及《孔子改制考》，宣称东汉以来统治者独尊为儒学正宗的古文经，实际上是刘歆为王莽篡汉而伪造的新学，这些伪造的新学，湮没了孔子学说的"微言大义"，并尊奉孔子伟大的改革家，以此作为变法的理论依据。

六经注我的文化传播模式在政治中的运用虽然在一定程度上歪曲了经典文本的原初意义，但是却促进了中国政治的发展与改革，在中国古代的政治传播中起到了巨大的作用。

六经注我的文化传播模式在中国古代非官方主流思想传播、文化的创新与个人思想传播以及政治传播中都起到了巨大的作用。在以上的论述中，我们不难发现，六经注我的文化传播模式一直是以一种改革面孔出现在历史中的，虽然它也继承了华夏文化的经典思想，但只是把它作为一种工具、一种手段，来宣传他们自己的思想，阐述他们所关注的社会实际问题而已。也正因为如此，变革时代的知识分子往往对这种六经注我的文化传播模式更为青昧。比如魏晋时期玄学的兴起，两宋时期理学的崛起，晚清的变革等都较多地采用了六经注我的模式。作为一种创新与改革的文化传播模式，六经注我在华夏文化传播史中扮演了重要的角色，它使得两千多年来经书的注释工作不断发展进步、推陈出新，在每个时代都有足以代表这个时代特点的经学著作问世，经典注本的数目已经大大超过了经典本身的数目。中国的传统文化正是反映在历代浩繁的经籍及其注本中，并通过不断的解经而传承和发展下去。①

（二）继承与发扬——我注六经的文化传播模式解读

我注六经的文化传播模式尊重经典，力求追寻经书的原始意义，讲究"无证不言，孤证不立"，意在强调言必有出处，不可望文生义，牵强穿凿。这种模式使得华夏文化中各类经典的原意得以保留与继承，促进了华夏文化传统的继承与维护。而在这种模式的影响下，中国士阶层形成了特殊的思维方式，这种思维方式追求对不同质的事物之间的联系、影响、渗透和整合，明显地有别于西方那种分析的、割裂的、局部的、以形式逻辑见长的思维方式。因此在阐释经典的过程中，士阶层综合运用训诂、音韵、文字、考据等等方法力图还原经典的原意，这些方法的运用一方面促进了华夏文化要素——汉语言文字的成熟与传播，而另一方面则促进了华夏文化的多元化发展与传播。

1. 华夏文化多元化传播发展中的我注六经文化传播模式

华夏文化源远流长，博大精深，包含内容广泛，除非有传播力很强的传播模式，否则难以全面地继承华夏多元文化，而我注六经文化传播模式则从各个方面全面地恢复文化经典的内容与意义，对整个华夏文化的多元化继承与发展做出了巨大的贡献，具体表现在两个方面：

一方面，我注六经的文化传播模式阐释诸子百家的文化经典，最大程度地诠释了各种思想的经典文献，特别是儒、墨、道、法、佛等几家的思想经典更是被历朝历代的士人多次诠释，一方面使这些经典思想的原意得以继承保留下来，而另一方面，则在一定程度上扩大了各类经典的影响力，促进了这些思想的传播。

另一方面，我注六经的文化传播模式在解读各类经典的过程中，为了达

---

① 刘婉华：《解释学与中国传统文化》，《华南理工大学学报（社会科学版）》2000年第1期。

到最大限度地还原原始文本，探求文本的原始意义的目的，往往要研究作者当时的情境意义，因此特别提倡"实事求是"的考证精神，具体表现为知识的考古，举凡一切有助于经典阅读的古代知识，均在探讨的范围。也正是我注六经这种实事求是的考证精神，促进了对华夏文化各类知识的探讨与研究。比如清代金石学的兴起即与此有关，金石是古代书籍以外的另一种文献载体，在保存文本原始状态方面具有书籍所不能取代的特殊价值。具体来说，金石上刻有"国邑大夫之名，有可补经传之所未备者，偏旁篆籀之字，有可补《说文》所未及者"。[①]典章制度研究兴起也是如此。其动机也是为了准确地诠释经典文章的原意。同样的道理，地理之学也是阅读经典所必备的知识。中国数千年来改朝换代，总是伴随着地名的改动，因此地名沿革也是时间间距带来的理解障碍之一。同时要返回作者创作时的原初状态，了解文本创作的背景，也需要有地理知识的帮助。显然清代地理学知识兴盛正是源于读古书的需要。[②]其他诸如华夏服饰、家具、地理、典章制度等华夏知识的研究与传播也都是为了更好地达到探求经典原意的目的。因此，我们可以说我注六经的文化传播模式大大促进了华夏文化中各类知识的研究与传播。华夏文化博大精深的内容正是通过这种模式获得了全面的传播。

2. 华夏文化传统继承与维护中的我注六经文化传播模式

任何经典都存在着诠释的问题，但是华夏文化经典诠释特别对经典进行我注六经式的诠释由于其特定的社会作用，及其在语言文化上的重要作用，在中国文化传统的继承和维护产生了独特的深远的影响。

华夏文化经典是对华夏文化传统的总结和抽象，特别是儒家的六经更是对华夏古典文化的系统总结，其实六经并不是儒家创作的，而是夏商周三代遗产的结晶，它凝聚了华夏文明的本源性信息，正是在对六经的不断诠释中，华夏文化传统不断地得到了维护和发扬。我注六经模式对经典原意的诠释从思想方面说维护的是传统，是雅文化，从语言上说维护的是雅言，它决定了语言、文学、写作等各个方面的发展。雅言和雅文化是共存在一起，雅言之所以为雅言，除了用词和句法的不同处，更重要的是雅言维护和表述的是文化的传统和基本精神，是对传统价值观念的和道德理想的维护和宣扬。而雅文化的内容在上古三代就是指儒家所坚持的礼乐文明，也就是我们今天经常

①　《擘经室三集》卷三《积古斋钟鼎彝器款识序》。

②　周裕锴：《中国古代阐释学研究》，上海人民出版社2003年，第365页。

提到的传统民族精神和文化传统的起源，其核心就是上古三代文化中有关价值、理想、道德等方面的基本观念。① 正是由于我注六经模式的存在，华夏文化的这些基本文化传统才被传播到现在，并且一直受到人们的推崇。

3. 华夏文化要素——汉语言文字继承与发展中的我注六经文化传播模式

华夏文化的经典文本多为先秦古籍，在历史的发展过程中，语言和文字都有了很大的发展演变。就语言而言，由于时代的变迁，地域相隔、语音语义发生了变化，有了古音和今音的不同，方言和雅语的区别，要读懂先秦古籍，必须借助于音义的训释。就文字而言，最早的甲骨文且不说，仅从西周到汉初这段许多经传典籍的写成期，就经历了籀文、古文、小篆、隶书四种形体的变化。② 我注六经的诠释模式要求士阶层以一种历史主义的态度对待经籍中的文字语言，力图解决经籍中因时间上的古今异言、空间上的各方殊语造成的阅读困难，从而接近经籍的元典意义。在此基础上也便产生了研究古今字形之变的文字学，研究古今字音之变的声韵学，研究古今字义之变的训诂学。这些方法的运用打通了古音、今音，连接了方言、雅语，统一了今古文字，大大促进了汉语言文字的传播。也正是在我注六经阐释经典的过程，汉语言文字得到定型和极大的发展。汉语最早的字典和辞书《尔雅》与《说文解字》都是为了解读经典而出现的，大量的对汉字的运用和解释，也都保存在对经典的诠释中。我注六经的文化传播模式在汉语言文字的继承与发展中发挥了不可缺少的作用，而汉语言文字又是华夏文化传播的基础。我注六经模式带来的汉语言文字的定型与成熟使得华夏传播进入了一个新的快速发展的时期。

我注六经文化传播模式具有极其独特的方式和魅力，是世界上任何一个国家和民族所无法比拟和复制的。我注六经的文化传播模式重视传统，尊重经典，力图恢复经典的原意，促进了汉语言文字的发展与成熟，使得华夏文化传统得以继承与维护，同时也保证了华夏文化的多元化发展，有力地推进了华夏文化的继承与发扬，但是由于这种模式对待文化的态度比较保守，也在一定程度上阻碍了文化的创新与变革，但是这种文化态度上的保守恰恰有利于统治者加强对整个社会的统治，因此这种文化传播模式往往在太平盛世得到广泛的采用，特别是在文化的大一统时代，比如两汉古文经学的兴起与

① 严正：《论训诂在儒家经典诠释中的意义和作用》，《第十二届国际中国哲学大会论文集》，商务印书馆 2003 年，第 312 页。

② 周裕锴：《中国古代阐释学研究》，上海人民出版社 2003 年，第 98 页。

隋唐时代对各类经典的修订。总之，我注六经的文化传播模式对于整个华夏文化的继承与发展起到了积极的作用。

二、六经注我与我注六经文化传播模式的传播学角度解读

六经注我与我注六经作为文化传播模式，虽然是华夏文化传播中所独有的，但是也具有一切传播活动的共性。我们已经从华夏文化体制内部对我注六经与六经注我的文化传播模式进行了分析，下面我们将从传播学角度对这种独特的文化传播模式作进一步的解读：

（一）解码—编码理论解读六经注我与我注六经文化传播模式

任何一种文化传播活动都是传者编码和受众解码的互相阐释的过程，华夏文化传播活动也不例外，因此我们可以通过英国著名传播学家霍尔的编码—解码理论对华夏文化的独特传播模式六经注我与我注六经模式进行解读。

霍尔的编码—解码理论是在其代表作《电视话语的编码与解码》中提出的，他认为电视话语"意义"的产生可以划分为三个阶段：第一阶段，是电视专业工作者对原材料进行加工，对电视话语"意义"的生产，这一阶段也成为"编码阶段"。在这一阶段起主导作用的是加工者的世界观、知识结构以及技术条件等因素。第二阶段为"成品阶段"。电视作品一旦完成，意义被注入电视话语之后，占主导地位的便是赋予电视作品意义的语言和话语规则。此时，电视作品变成一个开放的、多义的话语系统。第三个阶段为"解码阶段"，这个阶段解码者的世界观、知识背景和生活阅历起着主要作用。[①]

华夏文化传播中的我注六经与六经注我模式虽然是对经典文本的解读，但是却与霍尔的编码—解码理论有着异曲同工之处。我注六经与六经注我的文化传播模式在意义产生的过程也可以分为三个阶段：由于华夏传播主要是通过文本进行的，在第一阶段的"编码"过程中，文本传播活动受经典编著者的驱动，将这一主体设定的意义文本投向另一极的阐释者，在编码的过程中，编著者所处的时代、世界观、知识结构对经典文本的意义起到了主导作用，这也便形成了经典文本的原初意义。在第二阶段的"成品阶段"经典文本则带着全部活动的符号系统，作为脱离主体的独立环节，游离于主体间的

---

① 庄晓东主编：《文化传播：历史、理论与现实》，人民出版社 2003 年，第 114 页。

传播场中，① 文本一旦离开作者的语境，其语言所蕴含的意义就摆脱了语境的限制，重新活跃起来，并且不断从社会历史变化中汲取某些新生意义，扩大理解空间，向任一时代的任一个读者开放，具有无限开放的可能性。在这里活跃的是经典文本的字面意义。在第三阶段的"解码"阶段，阐释者与经典文本接触，他们面对的不是客观世界的原材料，而是经过"编著者"加工过的文本，文本是由编码构成的，因此阐释者必须去解码，而在解码的过程中，阐释者的意图、生活背景、世界观等等都会加入到阐释的意义中，因此我们不能要求不同时代、不同地域的阐释者作出完全相同的理解，甚至同一阐释者在不同时期、不同心境下做出的理解也会出现差异，因此也便形成了六经注我与我注六经两种截然不同的文化传播模式，这两种文化传播模式在"编码"和"成品"阶段是完全相同的，存在差异的只是在解码时出现了两种然不同的态度。

霍尔认为阐释者在解码过程并不是完全被动的，阐释者对文本讯息可以做出多种多样的理解，具体来说具有三种解读形态，也就是人们所熟知的著名的"霍尔模式"，一是同向解读或者优先式解读，即按照文本赋予的意义来理解讯息，二是妥协式解读，即部分基于文本提供的意义，部分基于自己的社会背景来理解讯息，三是反向解读或者对抗式的解读，即对文本提示的讯息意义做出完全相反的意义的理解。其实早在几百年前的中国，六经注我与我注六经模式已经准确地提出了阐释者对文本的几种解读形态。我注六经的模式对应霍尔所提出的同向解读，也即在解读的过程中，尊重文本的原始意义，采取各种各样的方法力图恢复原始文本，将作者的本意解读出来。而六经注我的模式则对应了霍尔所提出的妥协式解读与对抗式解读两种解读形态，即在解读经典文本进行文化传播的过程中，并不是完全遵照原文的意思进行解读，而是根据时代的发展，环境的变化，加入阐释者本人的思想，创新甚至是颠覆经典文本的原意。

不论是六经注我还是我注六经模式都在解码的同时传播了其中经典文本中保存的华夏文化的精髓，而且在前一轮解码的基础上进行了新一轮的编码，为后代士人解码提供了内容，华夏文化也正是在一代又一代的士阶层的编码与解码的过程中得以不断地继承与发展。

---

① 　庄晓东主编：《文化传播：历史、理论与现实》，人民出版社 2003 年，第 63 页。

（二）媒介与内容角度解读六经注我与我注六经文化传播模式

文化的生产、消费与发展都离不开传播，而文化的传播是通过媒介来进行的，它不仅影响到文化传播的范围、内容与速度，成为文化传播的强大推动力，而且，媒介在推进文化传播的过程中已经进入文化的深层结构，使文化表现出媒介化的特征，在这方面六经注我与我注六经的文化传播模式表现得非常突出。

在华夏文化传播的过程中，文化传播的媒介发挥着重要的作用，而且华夏文化自身也表现出了媒介化的特征。在六经注我与我注六经模式中充当传播媒介的恰恰是已经媒介化的华夏文化本身。在六经注我的模式中，经典的阐释者并没有将经典文本作为其传播的主要内容，而是将阐释者本人的思想作为传播的主体，而华夏文化代表的经典文本则成为传播所需要的媒介。由于经典文本或者其作者在人们的心中往往具有至高无上的地位，因此在传播的过程中大大减少了传播的阻力，实现了文化的创新与个人思想阐发传播。而在我注六经的文化传播模式中则恰恰相反，阐释者想要传播的是华夏文化经典内容，但是这些经典产生的时间往往比较久远，由于历史的发展、语言文字的变迁，经典文本在传播中遇到了重重阻力，于是中国古代的士人便将对经典文本的阐释作为一种媒介，把华夏文化经典原意传播出去。这种对经典原文的阐释大大拉近了今人与经典之间的距离，促进了华夏文化经典的继承与传播。

六经注我与我注六经的文化传播模式在传播的内容方面都是华夏文化，只不过一个是创新的、伴随时代发展的华夏文化而另一个则是华夏文化的经典原意，其在传播中借助的载体也都是已经媒介化了的华夏文化。在这种媒介与内容的更替中，华夏文化实现了自我的继承与创新。

第三节　述作协奏：华夏文化注经传播模式的内涵发展

博大精深的华夏传统文化孕育了中华民族五千年的文明史，在上千年的嬗递演变过程中，华夏传统文化基本上形成了以儒家文化为主导，佛、道文化为补充的有中心、有层次的多元互动的良性文化格局。正如南怀瑾先生所言："中国文化，儒道二家之学为二大主流，如黄河长江，灌溉全国，久已根深蒂固。佛法在后汉、两晋、南北朝期间，陆续输入。初期翻译教典经文，多引老庄或儒书。"① 后来纳入大量中国文化，在中国发扬光大，成为华夏文化重要的思想之一。儒、佛、道三种思想文化作为华夏文化的核心内容，对中国社会精英阶层的思想品格和民间习俗文化以及各种亚宗教文化和各民族小传统，都有普遍的深刻的影响。在华夏传统思想中，无论是儒家思想传统还是道家思想传统抑或者是佛家的思想，其传承都是以经典为依托，在对三种文化经典解读的过程中，其思想传统与精髓得到了继承与发展。儒、道、佛三家在传播的过程中都采用了六经注我与我注六经的文化传播模式，但是却各自表现出了不同的特点，下面我们将从华夏文化的三种核心思想出发，具体阐述六经注我与我注六经的文化传播模式在文化传播中所起到的作用。

一、儒家文化的六经注我与我注六经式传播

作为一种观念体系，一种生活方式，儒学是华夏传统思想和文化的主体部分；而儒学的发生发展并影响深远，首先又是依凭着儒学阐释学的发生发展。在中国历史进程中，儒学的各种重要思想理论，大都是在文化经典阐释的过程中产生，以文化经典阐释的方式提出，以文化经典阐释的名义发挥作用。对经典的训诂诠释成为古代儒者表达和阐发自己思想的基本模式，传统儒学的基本精神内涵就蕴藏在经典的诠释之中。儒学的整个文化系统蕴含在经典诠释中，它包括宗教、哲学、道德、文学、历史、社会政治制度等各个方面的内容，这些思想构成了一个有机的整体，就保存在经典的诠释之中。回顾传统社会儒学的发展，从汉代的今文经学到古文经学，从汉学到宋学，再到清代的朴学，无不是对经典的诠释，而诠释经典的基本方法六经注我与我注六经的文化传播模式也便成为儒家思想传播对策基本模式。

六经注我与我注六经的文化传播模式在儒学继承发展的过程中表现出了不同的形式，孔子在诠释六经的过程中首创了"以述代作"的诠释理念及方法，其后，孟子提出了"以意逆志"的文本诠释方法。汉代古文经学家在诠释六经等儒家经典时发明了一整套的诠释方法，其中既有训诂，又有考据；既有语言诠释，又有心理诠释；"训诂""音韵""文字""考据"等还逐渐形成了专门的学科。② 发展到清代，朴学家们更是形成了一套完备的诠释理论与方法。它不再以"通经致用"为主要目的，而提倡对古经做客观研究，寻求

---

① 《南怀瑾著作珍藏本》第五卷"禅海蠡测"，复旦大学出版社，2000 年版。
② 汤一介：《论创建中国诠释学问题》，《社会科学战线》2001 年第 1 期。

客观知识。[1] 强调以"解蔽""闻道"为诠释目的，以"取证经书""实事求是"为基本原则发展出一整套以语音、文字、训诂、典制、逻辑诸学科为途径的经典诠释方法。

（一）先秦儒学的传播：述而不作，以意逆志

早在先秦时期，孔子就形成了儒学独特的治学方法"述而不作，微言大义"，孟子也提出了"以意逆志"的基本诠释方法，这也成为儒学基本的传播模式，是六经注我与我注六经文化传播模式的雏形。

"述而不作"作为原始儒家的传播思想的基本方法出自《论语·述而第七》："述而不作，信而好古，窃比于我老彭。"许慎在《说文》中对"述"与"作"是这样给予释义的："述，循也"，"作，起也"。[2] 朱熹在《四书集注》中写道："述，传旧而已。作，则创始也。"[3] 刘宝楠《论语正义》也写有："述是循旧，作是创始。"[4] 我们可以明显地看出这里"述"即遵循、模仿、引用；"作"乃创新、变革、诞生。孔子的信古和好古，使他对"述"有着一贯的偏爱与执着。孔子治"六经"都是在已有的元典基础之上进行的修订，以语录形式出现的《论语》里，大量"子曰"多为孔子对先代典籍的直接或间接援引，孔子的这种治学模式影响了后代的儒家学者，这种述而不作的治学方法后来逐步演变为我注六经的模式，在这种模式的影响下，大量的儒家经典得以在历史的发展中不断继承，对儒家思想的传播起到重要作用。但是孔子在虽然坚持述而不作，但是他在解读的经典的时候他往往加入个人的见解，也就是人们常说的诠释经典中的"微言大义"。"微言大义"并非是出自孔子之口的现成表述，而是后学之人对发端于孔子笔削《春秋》时体现出的一种阐述原则的高度概括。因为古代的经文言简意赅，给后世的诠释者以极大的想象空间和阐释的余地，这就形成了后世学者六经注我的文化传播模式，这种模式往往是对经文的创新与发挥，大大促进了儒学的发展。

孔子虽然是现在已知的中国儒家经典阐释学的开启者和伟大的实践者，但是明确提出阐释经典的方法而且影响深远的应首推孟子。《孟子·万章

---

① 劳思光：《新编中国哲学史（三卷下）》，广西师范大学出版社 2005 年，第 601 页。
② （东汉）许慎撰：《说文解字》，中华书局 1963 年版，第 39 页。
③ （宋）朱熹撰：《四书集注》，中华书局 1983 年版，第 93 页。
④ （清）刘宝楠撰：《论语正义》，中华书局 1990 年版，第 251 页。

（上）》记载："故说诗者不以文害辞，不以辞害志；以意逆志，是为得之。"①
孟子的意识是要正确地阐释经典，不能执着于一个一个的文字以至于损害了
对言辞文句意义的理解，也不能执着于言辞文句的表面意思妨碍了对作者志
意的理解，只有设身处地地从作者的立场上去加以推测才能真正理解经典文
本的原意。孟子认为一切理解和解释活动都是复原作者意思的活动。孟子还
有"知人论世"说，可以作为"以意逆志"说的补充，为了复原作者的本来
意思，不能仅仅从文本出发，还得充分了解作者个人情况以及他所处时代的
状况。②孟子的这种"以意逆志""知人论世"的阐释学方法对于我注六经的
模式影响很大，对于经典文本本意的阐发与传播起到了非常积极的作用。

（二）两汉经学我注六经与六经注我式传播：古文经学与今文经学之辩

汉武帝罢黜百家，独尊儒术，设置"五经博士"，使儒家经典处于官方学
术的主流地位。经学便成为中国的主流学术，其形式充分体现了通过解释经
典来发挥思想的传统学术特色。学者们治经只能通过诠释经典阐发经意，或
出于政治目的，或表述个人思想，阐释经典成为传播儒学的基本模式。这一
时期，由于解经目的不同，先后发展出两种类型的解经学，即今文经学和古
文经学。今文经学以经世致用为目的，引经据典为现实政治服务。但他们所
引用的经典原本是孔子删定整理的历史文献，历史记载的经验往往与现实政
治的需求不相合拍，经师们为了达到"经世"的目的，只能在"微言大义"
的幌子下穿凿附会，又多言阴阳灾异，宣传天人感应的迷信思想，把儒学神
化，为巩固现实政治服务。今文经学的阐释方式完全采用的是六经注我的模
式，并没有严格按照经文的本意进行阐释，而是根据个人的主观目的进行发
挥，这一方面促进了儒学的发展创新，但是另一方面却造成了经典解释的泛
滥。西汉末年，古文经学发展壮大，由于其一开始便是与今文经学对立的学
术流派，因此它倾向于历史主义，讲文字训诂，明典章制度，力图说明经典
的原始意义，建立了一种"我注六经"的诠释模式，真正奉经书为权威，通
过训诂章句之学阐明经义发扬"五经之道"。

---

① 《诸子集成》（第一册），中华书局 1954 年，第 377 页。
② 黄应全：《略论中国传统解释学的方法论性质》，胡军，孙尚扬：《诠释与建构》，北京
大学出版社 2001 年，第 353 页。

（三）唐代儒学的我注六经式传播：依注作疏，疏不破注

唐代儒学基本上继承了汉代古文经学的方法，采用的是我注六经的诠释模式。唐朝初年，经学依然延续着南北朝以来的师承关系，大体上北学基本继承汉代章句之学，南学则承袭魏晋以来以玄解儒的学风。经学家们各有所师，各有所本，千人千面。经学的分歧既不利于大一统国家政治、思想上的统一，也令科考士子无所依归。为了进一步统一思想，更牢固地树立儒学的地位，巩固封建统治，同时也出于笼络人才，适应科举考试的目的，唐太宗本人以重要组织者的身份，参与了唐初经籍的整理与注疏工作。他采取了两个步骤：一是校刊统一的《五经定本》颁行天下，二是令孔颖达撰定《五经正义》，"令天下传习"。《五经正义》的出现，标志着儒家经典在文字内容上的统一和儒家正统地位在唐朝的确立。[①]《五经正义》以"依注作疏，疏不破注"为原则，不仅以"疑经"为背道，而且以"破注"为非法，这种注经阐释经典的方法完全继承了我注六经的模式而且将其发挥至极致，并且将其作为开科取士的标准，这大大促进了正统儒学的发展，但是由于其过于尊重经典，严重桎梏、束缚了学术界的思想，使以经学为载体的儒学陷入烦琐和僵化。[②]

（四）宋明理学的六经注我式传播：不信注疏，信古疑经

汉唐以来的学者对经典的诠释一直沿袭着两汉以来的以训诂考释为宗的形态，使当时的学术思想僵化，缺失了文化传承上的创新精神，从而使儒学陷入了困境。儒家思想如果想要传承下去，就必须为其注入新的内容，必须要超越汉唐以来的解释方法，在回归元典的基础上探求其本真的意义和圣人之意，因此，抛弃汉学那种僵化、烦琐的学术桎梏的变革便不可避免地会发生，宋明理学便在此背景之下产生了。宋儒为了开发儒学新的生命智慧，催进儒学的发展与传播，一方面超越了汉唐以来对儒家经典文本的种种错综复杂的解释，直接回归元典，还元典以本来的面目以及其本真意义和原作者（圣人）本来旨意。如朱熹以《周易》为卜筮之书，《诗经》讲男女之事，《尚书》为历史文献记录等，荡涤了《五经》为圣人之言的种种神圣的光环和权威，解除了宋儒研究经学中的种种禁区——"师法"和"家法"，比较客观地

---

① 孙雪萍：《论孔颖达对魏晋南北朝〈诗经〉学的整合》，《齐鲁学刊》2008 年第 3 期。
② 张立文：《论理学的核心话题和解释文本的转换》，《社会科学战线》2005 年第 4 期。

面对经典文本，与经典文本对话，改变了在与经典文本对话中的被动状态，不仅能平等互动，而且使主体性得以彰显，即以"我注六经"转变为"六经注我"。另一方面超越汉唐以来儒家经典文本的传统解释方法。传统的注疏训诂之学的解释方法，已不能开发出儒家经学的生命智慧，其教条式的僵死化，只能使儒学经典生命的智慧之光逐渐熄灭。不少宋儒自觉地意识到这一点，他们自强不息，奋起与时偕行，改变传统解释经典文本的方法，即以义理之学的解释方法取代注疏之学的解释方法，在阐释经典的时候，不再着意于文字训诂，而是逐步脱离文本，借经典的诠释建构新的理论体系，从而带来了儒学新的大发展。宋代对经典的阐释的主要方法是六经注我，这种模式的采用创新了儒学，使得宋明理学得以建立，为儒家学说注入了新的内容，使儒学在儒、道、佛三家学说竞争中处于优势地位，从而使儒学进一步发扬光大。

（五）清朝朴学的我注六经式传播：无征不信，实事求是

宋明理学的根本方法是"六经注我"，即用古代的经典来解释自己创造的新哲学，尤以陆九渊、王守仁的心学一派为胜，然而，当这种强项发展到极端之时，对阐释学的危害便暴露无遗。它不仅完全颠倒了经典文本与阐释活动的关系，而且进一步忽视甚至遗忘了经典文本本身，从而导致阐释活动本身事实的消亡。① 清代的学者们又将六经注我的模式转变为我注六经的模式，恢复汉唐儒家学术传统，重新确立了六经的至尊地位和词义训释的正宗地位。清代儒家学术的特点，梁启超在其《清代学术概论》中多次说到，比如自序中说："有清学者，以实事求是为学鹄，饶有科学的精神，而更辅以分业的组织。"又说："其全盛运动之代表人物，则惠栋、戴震、段玉裁、王念孙、王引之也，吾名曰正统派。……其治学根本方法，在'实事求是'、'无征不信'。其研究范围，以经学为中心，而衍及小学、音韵、史学、天算、水地、典章制度、金石、校勘、辑逸等等，而引证材料、多极于两汉，故亦有'汉学'之目。"② 总之清代儒士为矫宋明空谈之弊，大多凡例谨严、进退有据。他们采用文字、音韵、训诂等方法诠释经典，不仅从语言层面划定了意义阐释的有效界限，而且最大限度地恢复了原始文本。尤其是"实事求是"考证精神

---

① 周裕锴：《中国古代阐释学研究》，上海人民出版社 2003 年，第 337 页。
② 梁启超：《清代学术概论》，上海古籍出版社 1998 年，第 2 页，第 5 页。

的提倡，近乎所谓的"知识考古学"，其任务是恢复绝对原始的话语，使解释能够无限接近于和相似于真实。[①]清代儒士的这种追求极致的我注六经模式，使得大量的经典文本得以复原，而且由于考据学的兴起，带动了华夏文化各类知识的研究，但是这种诠释方法也导致大量的士人埋首故纸堆，脱离现实。

二、道家文化的六经注我与我注六经式传播

道家思想是中国传统思想文化的重要组成部分，在中国古代文化发展史上，道家思想以其对宇宙、社会和人生的独特领悟，在中国传统哲学史上独树一帜，并在传统思想文化的发展形成进程中起了相当重要的作用。道家思想作为华夏文化的重要组成部分，在其传播发展的过程中同样是采用了六经注我与我注六经的文化传播模式。

春秋时期《老子》一书的问世标志着道家思想的产生，此后的《庄子》《列子》《管子》《淮南子》等著作进一步继承和阐发了道家的思想。此后又经历了秦汉之时的黄老、魏晋时期的玄学等不同的阶段。魏晋玄学以后，从道家学派史的角度看，道家学派似乎已经不复存在，但其思想理论在与儒家和佛家的相互借鉴、融合与渗透中，主要通过道教学者对道家著作的注疏和对道教思想的发挥，而继续不断地得到新的发展，并始终在中国思想文化中占有重要的地位，发生着持久而深远的影响。而儒、佛两家对道家思想的借鉴、吸收和发挥（例如宋明理学和禅宗），特别是在阐释经典的过程中引入道家的思想，带动了道家学说的传播。[②]从以上道家学说发展，我们可以看出，道家思想从魏晋以后基本上都是以经典诠释和道教两种方式进行传播的，而对经典的六经注我与我注六经式传播，更是道家思想传播的主流。

（一）儒、道、佛思想融合中道家思想的六经注我与我注六经式传播

道家思想虽然是华夏文化的重要组成部分，但是由于道家思想注重"无为"，不利于封建专制统治的进行，并没有受到统治者过多的重视与提倡，在华夏文化传播史上一直处在相对边缘的地位，而非官方主流思想。因此道家经典的阐释与传播大多是建立在与其他思想融合的基础上，多采用的是六经注我的文化传播模式，在继承中发展和创新出新的思想体系。主要表现在两

---

① 周裕锴:《中国古代阐释学研究》，上海人民出版社 2003 年，第 337 页。
② 洪修平:《论道家思想的曲折发展及其现代意义》，《宗教学研究》2007 年第 1 期。

个方面，一方面在解读道家的经典的时候融入儒家和佛家的思想，这种阐释方法为道家思想注入了新的血液，带来了道家思想的革新。另一方面则是在解读儒、佛经典的时候融入道家思想。这种诠释方式在潜移默化中传播了道家思想，提高了道家思想的影响力。

汉初，黄老道家思想曾盛极一时，但在汉武帝"罢黜百家，独尊儒术"后，道家便去了原有的优势和地位，不过并没有从历史舞台上消失，而是作为一股暗流，始终在汉代社会里涌动，并且随着社会的发展而不断演变着。到了汉末，随着大一统王朝的衰微，中央集权对人们思想的控制与影响也日渐衰微。社会变迁在意识形态和文化心理上表现为占据统治地位的两汉经学的崩溃，及至曹魏时期，以老庄为代表的道家思想经过长久潜伏、积蓄，终于在这一时期里复兴、勃发，并渗透到社会生活之中，并逐步成为魏晋时期的主流思想。这一时期大量的道家经典文本如《老子》《庄子》等被士人诠释，并且获得了广泛的传播。《老子》之有注，实始于马融，直接注解《老子》的还有王弼、钟会、何晏。向秀、郭象注《庄子》，张湛注《列子》。这些对于道家经典学说的诠释使道家思想的流传更加广泛，影响更加深远，而注解之人更是深受影响，从而使黄老思想成为自己的世界观。自此而后，六朝谈士，莫不奉《易》《老》《庄》三书为玄典。他们并不是简单地注解道家思想，而是采取六经注我的方式，在解读道家经典时，融入儒家思想并且加入个人的观点，对道家思想进行了自我需要的发展，从而形成崭新的宇宙观与人生观，带动了整个道家思想的创新与发展。王弼与张衡对黄老的注解皆各不相同可为明证，王弼注《老子》是"以道证玄"，探讨"有"与"无"，而且王弼又把老庄思想和儒家思想结合起来，而张衡则把"玄"扩大为一种宇宙论。东晋时代的著名僧人慧远就以佛教徒的身份解释黄老，把释道儒融合在一起，而陶渊明却是儒道合一。而郭象注《庄子》更是有"识者云却是庄子注郭象"[①]的说法。魏晋时代道家思想就在这种六经注我的文化传播模式中获得了巨大的发展与传播，在士人中间成为了主流思想。

作为道家思想自先秦道家和魏晋玄学之后的第三期发展，昌隆于隋唐时期的重玄学无疑代表了这一时期道家哲学的主流。继魏晋玄学将《道德经》中的"道"由本源说抽象为本体说后，隋唐重玄学将魏晋玄学的这一抽象本体进一步推展。在这一推进的过程中，隋唐重玄学不但借鉴了佛教中的双遣

① 普济：《五灯会元》卷 20，中华书局 1984 年，第 1348 页。

法将其"道"的无可规制性进一步推进，而且径直将"道"等同于"理"。成玄英可谓隋唐重玄学家中言"理"最为频繁的一位。在他的著作中，道即是理，是"无为之妙理""自然之正理""玄理""真理"等的表述随处可见。①在这里其实道家学说已经开始逐步宗教化，而且其经典在开始逐步依靠宗教进行传播。

隋唐以后，虽然仍有大量的学者从各自不同的思想角度对道家的经典和思想进行了众多的注解和探讨，但是一个能够接续老庄思想的传承的道家学派却不复存在了。道家再也没有出现强大的学术流派，而是融入别家思想中，北宋儒学家借助于道家本体思维模式对传统儒学进行新的诠释，创立了理学这一儒学新形态；南宋朱熹继续借助道家本体思维对原始儒学和北宋新儒学进行综合提升，集理学之大成；明初儒学家在程朱理学渐趋僵化之际，适时地吸收了道家思想以改造理学，使理学过渡为心学；明中叶王阳明对儒佛道思想进行融会贯通，集心学之大成；而佛教禅宗的确立也与道家学说有着莫大的关系。隋唐之后，道家思想成为解读其他各类思想经典的工具，并且借助这些对其他学派经典的解读，道家思想获得了另一种方式的传播。

（二）道教学者对道家思想的六经注我与我注六经式传播

道家思想是道教的哲学基础，道教的道术实践思想是根据道家的哲学衍生出来的。道教创立的时候，奉老子为教主，以老子《道德经》为主要经典。道教信仰老子之"道"，认为道教徒如能真心修持其"道"便可长生久视，万古常存而成为神仙。魏晋之后，道家思想逐步走向幕后，而道教成为道家思想的重要传播形式，为了更好地宣传其教义，道教形成了大量的经典文献以供信教者学习。道教文献的产生方式主要是以神仙方术来阐释道家的经典著作，比如张鲁的《老子想尔注》、成玄英的《庄子疏》（《南华真经注疏》）等等。道家的经典如《道德真经》《黄帝阴符经》《南华真经》《冲虚至德真经》《文始真经》《清静经》等都成为道教进行诠释的经典文本。道教中人如魏晋时期的葛洪，南北朝时期的寇谦之、陆修静、陶弘景，隋唐时期的成玄英、李荣，宋元时期的陈抟、张伯端、王重阳、白玉蟾、李道纯，明清时期的张三丰、张宇初、王常月、陆西星，都对此类基础性的经典做出种种解释，从

---

① 刘雪梅：《本源——本体论的建构》，《西南民族大学学报（人文社会科学版）》2004年第1期。

而建立了颇具特色的教理教义。在诠释的过程中，道教中人采用六经注我的方式，加入了道教的思想构建了新的理论体系，道家思想在道教的外衣下获得了大规模的传播，也受到了历代士人的重视。

道教在对道家经典思想的诠释中建构了道教的理论体系，同时也传播了道家的经典理论。道家思想借助道教进行了广泛的传播，进一步扩大了其在华夏民族中的影响力，成为华夏文化的重要组成部分。

三、佛教文化的六经注我与我注六经式传播

佛教作为异质文化而融入中国传统文化的广泛领域，成为古代儒、道、佛三大文化系统之一，并在中国古代社会生活中发挥着巨大的作用。作为一种外来文化，佛教在中国的传播与儒道有着一定的区别，却也遵循了六经注我与我注六经的基本模式。佛教在中国的传播遇到了比儒道更多的障碍，首先是语言障碍，佛经的载体是梵文，其语法、词汇、语音、文字都与汉文相去甚远，如何流畅地翻译佛经、介绍佛经原典，是传教者首先遇到的麻烦。其次是文化隔阂，佛教原始教义多为中国儒家道家传统文化之所无，其宗教精神难以为汉民族所理解和接受，如何通达地解释教义对传经者又是一个考验。再次是思想的冲突，佛教的清规戒律和生死观等，与中国统治者所依据的伦理纲常多有格格不入之处，如何圆融地调和矛盾也是传教者难以回避的任务。[①] 为了解决这些障碍，历代高僧在译经、阐经中六经注我与我注六经两种模式结合运用，共同推动了佛学的发展与传播。

（一）译经中的我注六经文化传播模式

印度佛典的主要载体是梵语或梵文，语音、语法固然与汉语迥异，文字及书写习惯也与汉文全然不同。因此，最初的佛典汉译，几乎都是由天竺或西域诸国"通习华言"的僧人与汉僧人的合作来完成。这些汉译佛典，一般由梵僧或胡僧"口译"（口头翻译），由汉僧人"笔受"（笔头记录他人的口授）有时甚至经三道工序。这三道工序至少包括两次转换，一次是不同语言之间的转换，转梵为汉（或是转梵为胡，再转胡为汉），一次是不同媒介之间的转换，转语为书，或转口为笔，有声语言转为有形文字。口头翻译者必须把他所理解的意义置入听者所生活的语境中。笔头翻译者则必须把他所听到

---

① 周裕锴：《中国古代阐释学研究》，上海人民出版社 2003 年，第 145 页。

的口头语言转化为读者所熟悉的书面文体。即使翻译者力求忠实地传达原文的意思，经过这两次转换都难免会损失掉不少信息。

伴随着时代的发展，逐渐出现通晓两种文字的高僧，译经的水平也得到了新的提高，但是由于梵言和汉语分属两种完全不同的语言系统，承载着完全不同的文化内容，因而语词的意义并非完全对等，对于汉人来说，佛经里有的术语极难找到现成的汉语词汇与之对应。在梵、汉两种语言接触之初，没有约定俗成的翻译规则可供参考，很多译法只得新创生造。于是便有了两种翻译的模式，即"文"和"质"，依中国古代翻译学的概念，"文"乃修饰之意，译经时修辞力求与汉文接近，类似于意译方式。最常用的方法是讲佛经中的原文比附与儒道思想。"质"乃朴质之意，即采用直译方式力求忠实于原文。而这两种模式都有着一定的缺陷，"文"的译经方式，虽然使佛经易懂，但是却忽视了佛教的原始意义。"质"的译经方式虽然忠实于原文但是晦涩难懂不利于佛经的传播。于是这两种方式都受到了人们的怀疑。最终在魏晋隋唐时期，佛教得到了大的发展，佛经的翻译终于摆脱了对中国原有文化的依附，成为独立的宗教，在译经方面也达到了成熟，特别是以鸠摩罗什、玄奘大师为代表的高僧的出现，更是大大促进了译经的发展。两位高僧博学多通，既有广博的佛理知识又广泛涉猎经史子集，因此他们翻译的佛经不仅忠于佛经的原文，而且辞章流丽。他们在译经时讲究我注六经模式的译经方法，也就是在译经的时候注重"文"与"质"的有机结合，但是首先要遵循的原则就是要尊重佛经的原典，只有在此基础上再去追求语言的流畅。特别是玄奘大师，非常强调译文的准确性，尽可能保留梵文经典的原始风貌，这种译经方法深深影响了后代的高僧。

佛经汉译经历了近千年的实践过程，完成了对印度佛教的引进。在佛经汉译的过程中，历代高僧积极探索，最终形成了我注六经的翻译模式，在翻译佛经的过程中力求尊重佛经的原意，翻译者只是佛经的传递者，没有任何理由增加或删减原文的信息。佛经汉译中的这种我注六经模式保持了佛经的独立性，为华夏文化注入了新鲜的血液，但是也为佛经的传播带来了阻力，于是也便出现了阐释佛经中的六经注我模式。

（二）阐经中的六经注我文化传播模式

佛经的大量翻译带来了佛教的传播，但是大部分的佛经都保持了印度佛经的原意，因此造成了佛经的艰涩难解，这给佛教的传播带来了障碍，于是对佛经的阐释也便应运而生了。在阐经的过程中，高僧们为了更好地传播佛教，采取了六经注我的文化传播模式，将佛教经典与中国传统文化相融合，使佛教逐渐中国化，成为华夏文化的一部分。

自释迦牟尼创立印度佛教以来，就不断有弟子和后学阐释佛教教义，释迦牟尼所说为经，诸弟子后学阐释佛经的著作为"论"。而中国本土阐释佛教教义的撰述则主要是"疏"和"注"。"疏"是一种注释佛典原文的体裁，它所阐释的对象既有佛经，如《法华经疏》《仁王经疏》之类，又有菩萨论，如《十地经论疏》《三论疏》之类。"论"的形式，类似于魏晋玄学的专论。作为阐释佛教教义的文体，它不受原经文本的限制，较"疏"更能发挥个人的观点。正是这些"论""疏"的存在大大促进了佛教教义的传播。中国历代高僧在采用"疏""论"诠释佛经的时候最常用的方法是"格义"，即将儒道的思想引入佛教，把佛书中的名相同中国儒道典籍内的概念进行比较，或是把内典外书的学说思想进行比附。比如，魏晋时代高僧多以玄学名相、老庄思想来诠释佛教般若思想。同时，由于"论""疏"融合了华夏思想，在佛经的诠释中超越印度佛教哲学而自成中国文化思想的佛教各宗，如天台、华严、净土、禅宗等纷纷创立。特别是禅宗的确立代表了佛学中国化的成熟。这种六经注我式的阐释佛经模式，将佛学思想中国化，大大促进了佛教文化的发展与传播。

综上所言，我们可以发现整个华夏文化的发展传播史，就是一部对经典诠释的历史。六经注我与我注六经作为华夏文化传播的特有模式，从华夏文化的自身特点出发，在华夏文化的继承与发展中发挥了巨大的传播力。正是在我注六经与六经注我这两种文化传播模式反复交替、双向同构的过程中，华夏文化的精髓得以代代传播并且不断注入时代精神，最终实现了华夏文化的经久不衰，历久弥新。在构建社会主义和谐社会的过程中，我们应该积极地借鉴六经注我与我注六经的文化传播模式，一方面继承华夏文化中的精髓，并不断地发扬光大，另一方面，在继承的同时，我们必须不断地创新，将时代精神融入华夏文化中，实现文化发展的与时俱进。

（樊庆磊　谢清果）

第十一章　科举取士：华夏文明传播的动力机制

华夏优秀的民族文化和文明得以在全球广泛传播，是华夏民族所有人共同努力的结果，更是其接受的五千年历史洗礼的结果。华夏文明的所有传播动力中，政治传播的作用不容忽视。其中科举制度对于华夏文明的传播更是大有裨益。本章从政治传播和教育传播的角度出发，就科举制度对于华夏文明传播的作用作出阐释。就政治传播层面而言，从两汉选官的察举制到科举制度的演变表明了华夏文明政治传播范式的形成，就教育传播层面而言，科举取士在一定程度上促进了教育传播范式的完善。另外，对于在中国漫长的历史长河中和科举制度"同甘共苦"的书院在文明传承中的作用和影响也进行了一定的研究和说明。

自1978年传播学正式被引进中国，传播学一直是学界关注的重点学科。20世纪90年代后，传播学本土化的呼声日渐高涨，对于中华民族传统和经典的传播学研究也在逐步展开。不少学者希望用我们"自己的研究方法和研究理论"来研究我们自己的文化。其中，对于华夏文明传播的研究，当属传播学本土化研究中的重要部分。

众所周知，"华夏"一词是古代居住于中原地区的汉民族的自称，后来发展成为中国的代称。不同文化是由各个民族本体依据各自不同的生存环境和生活经历所创造的，体现着民族自身的本质和特点。华夏文明，亦称为中华文明，是在中华大地经过华夏先人祖祖辈辈、世世代代坚忍不拔、顽强不屈的探索、创造和积累而形成的一种文明形态，是世界文明百花园中的一朵奇葩。

华夏文明源远流长，是世界上最古老的文明之一，也是世界上持续时间最长且从未中断过的文明。华夏文明博大精深，华夏文明的思想核心是神道设教、礼乐教化，严华夷之辨，推崇仁义礼智信，形成了内容博大深厚、范围丰富广阔的中华文化体系。华夏文明之所以能够生生不息且源远流长，除了因为华夏文明自身包容、开放，在发展过程中不断吐故纳新、自我修正，以其巨大的包容性和宽广的胸怀构筑了强大的生命根基，传播也是中华文化持续发展的一大重要动力。

中华民族的生存、发展和繁衍，都离不开文明的传播。华夏文明的传播是以文化形式的扩散与延续，也是以政治经济等方式的发展与繁衍。华夏文明的传播是历代统治者与生俱来的职责，也是世代中华儿女不可推卸的责任。

第一节　从举孝廉到科举取士：华夏政治传播范式的形成

目前，对于政治传播学的研究存在从政治学和传播学两种视角出发的研究观点。从政治学角度来看，政治传播是一种政治现象与政治行为。从传播学角度来看，政治传播则是强调传播在政治过程中所扮演的重要角色。这些"政治学本位"和"传播学本位"的政治传播研究都存在一定的"学科偏狭"。[①]我国学界也有不少学者已经对政治传播展开了研究，如邵培仁就著有《政治传播学》，孙旭培的《华夏传播论》里面就单独有"政治传播"一章，吴予敏的《无形的网络》一书中就专门设有"政治领域的传播"一章，还有白文刚、荆学民、陈谦等人也著有大量有关政治传播研究的文章。

中国政治制度史的研究领域，和传播有关的问题学者已经有所涉及。在白纲主编的《中国政治制度史》一书的导论中，作者就写道："中国政治制度史的研究对象，应当包括三方面内容：一是国家机构（国家的组织形式与结构形式）；二是政策法令；三是机构的运行和政策法令的执行情况。"[②]有关建构中国古代政治传播体系的研究框架已经有了一定的依据。

政治传播在中国古代政治中扮演着十分重要的角色，是中国古代政治文明的重要组成部分。白文刚认为，政治传播在中国古代政治中具有重要的作用，一是中国古代王朝的合法性建构离不开政治传播，二是王朝的政治文化

---

① 荆学民，施惠玲：《政治与传播的视角融合：政治传播研究五个基本理论问题辨析》，《现代传播》2009 年第 4 期。

② 白纲：《中国政治制度史》，中国社会科学出版社 2007 年。

传承离不开政治传播，三是王朝的政治运转离不开政治传播，四是王朝的天朝形象与地位建构离不开政治传播，最后王朝的更迭也离不开政治传播。①

那么究竟何为政治传播？邵培仁在《政治传播学》中给"政治传播"下了初步的定义："所谓政治传播，是指政治传播者通过多通道、多媒体、多符号传播政治信息，以推动政治过程、影响受传者的态度与行为的一种对策。"②陈谦将"政治传播"定义为："在国家的政治制度体系内，统治者作为信息的中枢，利用信息输出、传递、扩散、存储及输入、反馈等方式，完成社会控制、监督、整合及存续，以保持政治稳定、延续的手段与活动。"③政治传播是政治信息在政治体系内外的流通过程，潘祥辉认为它可以表现为政治沟通、政治宣传、政治社会化，也可以表现为政治合法性的符号化建构。④荆学民和苏颖认为，政治传播是指政治共同体的政治信息的扩散、接受、认同、内化等有机系统的运行过程，是政治共同体内与政治共同体间的政治信息的流动过程。⑤

从众多学者对政治传播所下的定义中不难看出，政治信息的传播是政治传播的核心。而政治信息的传播又和政治制度、社会结构及价值体系之间密切相关。英国的学者芬纳在《统治史》一书中曾感叹："它（中国）的政治制度、社会结构与主流的社会价值体系相辅相成，这是自从早期的美索不达米亚和埃及政府以后从来没有过的，特别在西方更不曾出现过。"⑥中国古代的统治者早就已经深刻地认识到了政治信息对于政治运转的重要性。因此在制度建设方面，中国历朝历代的统治者都倾注了大部分精力。

为了提高政治信息的传播效率与加强信息的掌控，中国古代在制度建设方面卓有成效。在中国历史上，身居庙堂之上的君主统御国家，从来都是依靠一大批从中央到地方的官吏来对具体政务进行管理。所谓"普天之下，莫

① 白文刚：《政治传播在中国古代政治中的地位与作用》，《哈尔滨工业大学学报》2013年第2期。

② 邵培仁：《政治传播学》，江苏人民出版社1991年。

③ 陈谦：《传播、政治传播与中国古代政治传播制度体系》，《广西社会科学》2006年第1期。

④ 潘祥辉：《传播史上的青铜时代：殷周青铜器的文化与政治传播功能考》，《新闻与传播研究》，2015年第2期。

⑤ 荆学民，苏颖：《中国政治传播研究的学术路径与现实维度》，《中国社会科学》2014年第2期。

⑥ [英]芬纳：《古代的王权和帝国——从苏美尔到罗马》，马百亮，王震译，《统治史》卷一，东方出版社2007年，第26页。

非王土，率土之滨，莫非王臣"。臣者，官吏也。① 官吏作为政治精英群体和公共管理主体，以国家意志或者国民利益的名义行使国家公权力。官吏的综合素养、专业能力等，历来是关乎国家兴衰、民族强弱、社会安定的基本要素之一。而吏治的关键在人，因此铨选德才兼备的官吏是中国古代历朝历代统治者政治制度建设的核心任务。

统治者将创置的各种机构作为执行决策、政策、法令的必要手段，而这些机构就是政治传播的重要渠道，因此，官吏选拔制度在一定程度上也是政治传播的重要途径和手段。分官设职的目的，是有效控制政治信息的决策、流通以及反馈，是君主维护君权的基本手段。因此，就政治制度建设层面而言，从举孝廉的察举制到科举取士的官吏选拔机制的演变，在一定程度上促进了中国政治传播范式的逐步形成。

（一）从举孝廉到科举取士的演变过程

1. 举孝廉：以德举人，以能试用

"举孝廉"是我国古代发现和培养官吏预备人选的一种方式，属于察举制度的科目之一。这种人才选拔方式萌芽于上古，出现于春秋战国时代，其制度正式确立于汉代。

中国的选官用人制度，从开始形成到现在经历了一个十分漫长的过程。春秋以前，世卿世禄制度是选拔人才的主导。在汉朝初年，二千石以上的大官僚可以选子弟到京师为郎，称作"任子"，拥有资产十万钱而又非商人的人，也可以候选为郎，叫作"赀选"。这种以官僚家庭成分为背景或者以财产为条件的选官方式，并不能适应日益加强的专制王朝的需要。因此到汉惠帝以后，朝廷又在各郡县推选"孝弟力田"，让他们"导率"乡人。② 到汉武帝即位之后，主张加强中央集权，受儒家思想影响的用人制度也就相应建立起来。在汉武帝之初，董仲舒就提出了"使诸列侯郡守二千石，各择其吏民之贤者，岁贡各二人，以给宿卫"的主张。"荐举"式的人才选拔方式逐渐发展起来，而举孝廉也开始随之出现。《管子·小匡》记载："每年正月之朝，君主令乡长举居处为义、好学、聪明、质仁、慈孝于父母。"

公元前 134 年，汉武帝"初令郡国举孝廉各一人"（《汉书·武帝纪》），

---

① 程敏：《中国古代的用人之道：举孝廉》，《文史杂志》2014 年第 2 期。

② 程敏：《中国古代的用人之道：举孝廉》，《文史杂志》2014 年第 2 期。

西汉正式推行举孝廉这种人才选拔制度，这也就是察举制度的开始。孝廉岁举是汉代官吏选举中的常制。各郡国每年都要选举出在当地享有孝顺名声和行为清廉之士，推举到中央以备担任官职。在举孝廉制度初行的前几年，许多郡国执行不力，有的甚至一人都没有举荐。针对此，汉武帝又规定"不举孝，不奉诏，当以不敬论；不察廉，不胜任也，当免"（《汉书·武帝纪》），用来督促举孝廉制度的施行。① 自此，举孝廉这种察举制度的选官方式开始稳定下来，成为中国古代重要的选官制度之一。

孝廉，即孝子廉吏。"举孝廉"包括"孝廉"和"察廉"两个不同的察举科目。从被举孝廉者的身份来看，有官吏，也有百姓。因此，举孝廉其实既选吏，又选民，最看重的是被举者的品德。在一定程度来说，这种吏民一起选拔的人才选拔方式是有利于选举出更多人才的良性选官方式。

首先，举孝廉的选官制度加强了封建统治的中央集权。察举孝廉，为岁举，即郡国每一年都要向中央推荐人才。这种选拔任命官吏的方式，一定程度上加强了中央对各郡国的控制，强化了封建统治者的中央集权。其次，孔子在《论语》中说过"弟子入则孝，出则悌"，"孝悌也者，其为仁之本也"（《论语·学而》）。举孝廉的核心是以"孝廉"定人，可见举孝廉从根本上来说是儒家思想的重要反映，在儒家传统文化体系中占有十分重要的位置。汉武帝推行"罢黜百家，独尊儒术"以统一思想，而举孝廉正是汉武帝完成统一思想、强化封建统治目的的重要杠杆。② 再次，举孝廉打破了过去由大官僚子嗣和大富豪垄断官位的局面，为国家储备了更多的干部和人才，统治者可以按照自己的意愿选人任官，这对于加强专制皇权具有重要作用。然后，举孝廉重视的是被举之人的内在品德修养和才干，突破了过去以家庭和出身定前途的固定模式，是人才选拔制度的一大进步，在一定程度上具有反腐败的作用，有利于国家的管理和政权的巩固。最后，孝廉岁举讲求的是孝行和廉洁，许多想要入仕的吏、民都开始重视自身的品德修养和才干的培养，这种对品德和才干的重视也开始逐渐扩展到社会风气中，客观上促进了注重名节的社会风气的逐步形成。

尽管举孝廉这种预选官吏的重要途径在当时发挥了相当大的作用，但是举孝廉这种用人制度发展到东汉后期也出现了许多弊端。一是容易弄虚作假。

---

① 程敏：《中国古代的用人之道：举孝廉》，《文史杂志》2014 年第 2 期。
② 张俊：《从"举孝廉"看官吏选举》，《人民论坛》2010 年第 6 期。

在举孝廉的过程中，弄虚作假沽名钓誉之事时有发生，一些人为了被推荐，不惜"饰伪以邀誉，钓奇以惊俗"。因此在当时才有了"举秀才，不知书；举孝廉，父别居；寒素清白浊如泥，高第良将怯如鸡"的民谣来讽刺举孝廉过程中的弄虚作假。二是容易拉帮结派，被举荐的人成为荐主的故吏、门生，政治上产生了君臣般的关系，这种关系后来逐渐发展成为门阀士族。举孝廉几乎全部被这些私人集团所垄断，一般的平民出身的人入仕之望微乎其微。①

2. 九品中正制：设置中正，品第人物

东汉末年，社会动荡不安，统治秩序混乱。曹操为了加强中央集权，在用人策略上采取"唯才是举"与"九品官人法"。《三国·魏志》卷二二《陈群传》载，沈约以为"汉末丧乱，魏武始基，军中仓卒，权立九品"②，由此不难看出在曹操时，九品中正制已见雏形，而九品中正制的创意是曹操时的大臣陈群提出来的。《晋阳秋》中说："陈群为吏部尚书，制九格登用，皆由于中正。"③《傅子》也有言："魏司空陈群，始立九品之制，郡置中正……州置都而总其议。"④后来魏文帝曹丕为了拉拢士族，于黄初元年（220 年）制定了九品中正制。因此，九品中正制正式建立的时间则是在曹丕还未篡汉之时。

九品中正制至西晋渐趋完备，到南北朝时又有所变化。它上承两汉察举制，下启隋唐之科举制，在中国古代政治制度史上占有十分重要的地位，乃中国封建社会三大选官制度之一，从曹魏始至隋唐科举的确立，这期间约存在了四百年之久。这种选官制度，实际是两汉察举制度的一种延续和发展，或者说是察举制的另一种表现形式。

九品中正制的运作机制中，最关键的环节就是各级中正体制的设置和运行。《魏略·清介·吉茂传》云："先时国家始制九品，各使诸郡选置中正。"九品中正制的各级制度是逐步完善的，先从最基层郡起设立，后扩大到州。初立中正时，郡中正由各郡长官推选。所谓中正，就是掌管对某一地区人物进行品评的负责人，也就是中正官。中正官又有大小之分，州设大中正官，掌管州中数郡人物之品评，各郡则另设小中正官。中正官的主要职责是品评人物，以备政府用人之资。中正品评人物主要有三个方面的内容：一是家世，

---

① 吴俊蓉著：《"举孝廉"始末及其当代解析》，《新乡学院学报》2011 年第 2 期。

② 《三国·魏志》卷二二《陈群传》。

③ 《太平御览》卷二六五。

④ 《魏志》卷二三。

二是状，即行状，三是品，定品即品级。① 中正品第人物三年调整一次。《石季龙载记》云："魏始建九品之制，三年一清定之……遵用无改。"

九品中正制建立之初，确实有一段时间发挥了积极的作用。首先，九品中正制起到了选拔人才的作用，在九品中正制的选官条件下，选拔人才的标准是家世、品德和才能并重，这对于东汉末年显露弊端的察举制来说，无疑是一大进步。其次，九品中正制的推行也剥夺了州郡长官自辟僚属的权力，将官吏的任免权收归中央，有利于加强中央集权。基于魏晋南北朝时期特殊的社会环境，九品中正制在很长一段时间内对于统治者加强中央集权起到了很大的作用。然后，九品中正制加速了东汉以来的世族地主向门阀士族地主的转化，是门阀士族形成的重要标志之一。九品中正制是加速实现中国历史上这一历史性转变的重要杠杆和催化剂。② 最后，九品中正制在当时对士人的德行起到了约束作用，比察举制更加严格地维护了儒家的伦理规范。③ 正如顾炎武所说："降及魏晋，而九品中正之设，虽多失实，遗意未亡，凡被纠弹付清议者，即废弃终身，同之禁锢。"④

然而，当九品中正制最终蜕变为世家大族的政治工具之后，它也不可避免地抛弃了先前注重德行的优点，而沾染上封建政治制度中十分浓厚的门阀色彩。因此，入晋以后，九品中正制开始显露各种弊端，并日趋腐败。它的弊病，可以概括为以下三点。第一，中正的选举只看重家世，不看重才能，致使寒门才俊备受压抑，仕途艰难，严重堵塞了朝廷选贤任能的道路。清代史家赵翼曾说"真所谓上品无寒门，下品无世族。高门华阀，有世及之荣，庶姓寒人，无存进之路。选举之弊，至此而极"。⑤ 第二，中正官定品失实，徇私舞弊，以权谋私。第三，中正官权力膨胀，趋炎附势，贪纳贿赂，威福自专，对当时的国家政治和社会风气造成了不良的影响。

3. 科举取士：设科考试，选才任官

到了隋朝，九品中正制的弊病已经对当时的社会造成了极其不利的影响，为了改变这种弊端，隋文帝开始用分科考试来选举人才。隋炀帝大业元年（605年）正式设置进士科，考核参选者对时事的看法，按考试成绩选拔人才。

① 石欣民：《浅析九品中正制》，《黑龙江史志》2010第15期。
② 张旭华：《试论西晋九品中正制的弊病及其作用》，《郑州大学学报》1999年第6期。
③ 郝虹：《德与才的较量：从"唯才是举"到九品中正制》，《孔子研究》2015年第1期。
④ 顾炎武著，黄汝成集释：《日知录集释（中册）》，上海古籍出版社2006年，第764页。
⑤ 《廿二史札记》卷八"九品中正条"。

我国科举制度自此正式诞生。

　　唐代以后，科举制逐渐发展壮大。到中晚唐时期，绝大部分年份都开科取士。晚唐 80 年间，只有 4 年停举，除非万不得已，科场年年照开。在"置君犹易吏，变国若传舍"的五代十国时期，烽火连天，政局动荡不安，短短52 年经历了 5 次改朝换代，即便是这样，除了后梁有 3 年是因为"举子学业未精"原因，后晋有 2 年因"原阙少而选人多"而停举外，其他年份一如既往地开科取士。① 宋代以后，科举制已经成为"帝制时代中国最为重要的一项政治及社会制度"，宋代科举，在形式和内容上都发生了重大的改变。经历过元代的曲折发展，后因故中断，元仁宗延祐二年（1315 年）才再次开办。到明朝时期，科举制度发展到鼎盛。明代对科举高度重视，科举制度进入成熟稳定阶段。清朝科举制进入稳固连续发展阶段，开科成为习惯。及至 19 世纪末 20 世纪初，中国的政治、经济和文化环境剧变，科举制陷入了空前的危机，终于在 1905 年 9 月走到了生命的尽头，在中国历史上延续了 1300 多年的科举制度最终被废除。

　　科举制度非常复杂，它在中国历史上经历了漫长的发展，也产生了诸多的变化。关于科举考试的考察法则和考试内容，从隋朝开始，各朝科举考试的科目都在不断变化。隋文帝时仅有策问，隋炀帝开考十科。唐朝考试的科目很多，常设的科目主要有明经（经义）、进士、明法（法律）、明字（文字）、明算（算学）。到明朝时只设进士一科。清袭明制，但也开过特制，如博学鸿词科、翻译科等等。诚然，从最开始的隋朝进士科设科考试，到唐朝考经学和文学的明经科和进士科及选拔数学和法律人才的明算科和明法科，再到明清时期以八股文为主要考试内容的考试制度，科举制的发展经历了许多的变化，但有一点始终不变，那就是考试是科举制的核心和精髓，是科举制的本质特征，或者说科举制的实质就是一种开放报名、公平竞争、择优录取的考试制度，没有考试，科举的意义就不复存在。②

　　目前对于科举制的评价有许多说法，其中科举制在中国历史上所产生的积极作用是不容忽视的。首先，科举制度采取分科考试的方法来选人用官，很大程度上改善了朝廷的用人制度，扩大了统治阶级的基础。其次，科举时代，国家、制度和人三者之间相互依存，相互制约，举子为了平步青云的仕

---

　　① 刘海峰：《科举制度应当如何评价》，《招生考试科研论文集》，2005 年。
　　② 刘海峰：《科举停废与文明冲突》，《厦门大学学报（哲学社会科学版）》2006 年第 4 期。

途，理所应当地拥护科举制度，这在一定程度上维系了社会的稳定和国家的长治久安。再次，美国学者吉尔伯特·罗兹曼在其主编的《中国现代化》一书中曾指出："科举制在中国传统社会结构中居于中心的地位，是维系儒家意识形态和儒家价值体系的正统地位的根本手段。"然后，科举制度的考试原则倡导的是"公开竞争，平等择优"，这在很大程度上保障了官员的文化素养，提高了官员的整体素质，对澄清吏治、稳定社会起过重要作用，使得封建统治体系的运转效率得到了提高。最后，科举制承载着选拔治国人才的重任，在促进民间教育、维护社会公平和维系社会秩序方面发挥了巨大的作用。

　　总而言之，科举制采用分科考试的方法，打破了血缘世袭关系和世族对政治的垄断，吸收了不少寒士进入政权，这在当时来说是有益于扩大和巩固封建统治的政治基础的。广大学子通过科举取士入仕做官，给封建政权注入了生机与活力，也形成了自上而下的较为完备的政治传播体系，为封建主义中央集权的集中和巩固做出了极大的贡献。另外，科举考试的兴盛也在一定程度上促进了文学的繁荣，比如在中国历史上留下深远影响的唐诗，就是唐代以诗赋取士推动了唐诗的繁荣。而读书、考试与做官三者的结合，就是权、位与学识的结合，这种结合营造了中华民族尊师重教的传统和刻苦勤奋的学术氛围。

　　尽管科举制在其后期出现了许多弊端，最终被废除，可是"没有最完美的制度，只有最合适的制度"。1905 年废科举之后一些人感到欢欣鼓舞，认为中国从此将走向振兴。然而，曾经在公车上书和戊戌变法时激烈批判过科举的梁启超却在 1910 年感叹道："夫科举，非恶制也。所恶夫畴昔之科举者，徒以其所试之科不足致用耳。昔美国用选举官吏之制，不胜其弊，及一八九三年，始改用此种实验，美人颂为政治上一新纪元。而德国、日本行之大效，抑更章章也。世界万国中，行此法最早者莫如我，此法实我先民千年前一大发明也。自此法行，我国贵族寒门之阶级永消灭，自此法行，我国民不待劝而竞于学，此法之造于我国也大矣，人方拾吾之唾余以自夸耀，我乃惩末流之弊，因噎以废食，其不智抑甚矣，吾故悍然曰：复科举便！"① 即便是被人深恶痛绝的八股文，客观上来讲也曾发挥过积极作用。也有不少西方学者认为科举制度是中国对世界文明进程的一大贡献。

---

① 梁启超：《饮冰室文集》之 23《官制与官规》，中华书局 1981 年，第 70 页。

（二）政治传播范式逐步形成

传播学者曾指出："一个人的生活方式，也就是他的传播方式，也可以说，一个人的传播方式，也就是一个人的生活方式。"①陈谦也曾说过："一个政治组织的存在方式，也就是它的传播方式。中国古代王朝的政治思想、观念、制度形式、运行方式，决定其传播思想、观念和实践。"②早在上古时代，政治组织初步形成之时，政治观念及相应的政治传播思想就已经初步形成了。

中国的传播思想源远流长，其中属于政治传播的范畴同样有着悠久的历史。就中国古代政治而言，官僚政治逐渐形成，大一统的中央集权政治制度逐步确立，因而制度内的传播问题就开始日益重要起来。从传播范围来看，政治传播是政治体系内的活动，艾森斯塔得将政治活动分为"立法性决策"或"最高统治"活动、行政活动、"党派政治"活动及司法活动几个方面。③对于统治者而言，政治传播活动就是一种政治控制的手段。从传播手段来看，中国古代的政治传播手段主要包括信息监控、信息调控和信息规范控制三种手段。从传播内容来看，艾森斯塔得指出，在中央集权的历史帝国中，统治者政治目标的发展总是为政治体系的衍生提供原动力。他们总是积极"创置或扶植用以动员资源和贯彻政策的各种机构"，统治者将创置的各种机构作为执行决策、政策、法令的必要手段，而这些机构就是政治传播的重要通道，"对君主来说，有效控制政治信息通道，是分官设职的目的所在，也是维护并强化君权的基本手段"。④

陈谦在《中国古代政治传播思想研究——以监察、谏议与教化为中心》一书中，以传播学视角，创造性地构建了中国古代政治传播制度体系，即：（1）信息中枢的政治决策制度；（2）政治信息传递渠道（包括媒介）制度；（3）政治信息收集与反馈制度；（4）政治秩序的信息监控与政治传播权力调节制度；（5）政治文化传统的信息存续与维护制度。⑤这五个方面相互关联，但又具有各自的功能，形成完整的政治传播制度体系。

从汉代开始的察举制度到隋朝建立的科举制度，这种选官制度的逐步完

---

① 王政挺：《传播：文化与理解》，人民出版社1998年，第1页。

② 陈谦：《中国古代政治传播思想及制度概说》，《广西社会科学》2013年第1期。

③ ［以］艾森斯塔得：《帝国的政治体系》，阎步克译，贵州人民出版社1992年。

④ 陈谦：《传播、政治传播与中国古代政治传播制度体系》，《广西社会科学》2006年第1期。

⑤ 陈谦：《中国古代政治传播思想研究——以监察、谏议与教化为中心》，中国社会科学出版社2009年。

善，实际上也是从政治决策到政治执行和信息反馈这种政治传播体系的逐步完善。中国的封建官制在选官制度的变化过程中也在不断适应调整。

就政治决策而言，古代王朝官僚政治活动中，决策活动受到高度重视。从传播学角度来看，决策权力是最为重要的传播权力，它的变化，直接或间接地影响到政府对社会的控制与管理。① 从察举制到科举制，君王始终是政治决策的最高首脑，这是封建主义中央集权的本质特点。另外，决策机构的构成还包括御前会议、宰辅会议、百官会议、内侍参与等等。

就政治信息的传递渠道而言，中国古代形成了从中央到地方的完整信息传播体系。政治信息的传递，是以制度化的传递程序和媒介为保障的。唐代设立的知匦使、进奏院，宋代的通进银台司、登闻鼓院、检院，明代的通政司等，就是负责上情下达和下情上报的信息枢纽。

就政治信息的收集与反馈而言，古代很早就实行了上计制度，将各地的财政、民政等信息层层上报，以便于统治者掌握施政情况。中国古代很早就建立了官吏政绩的考察述职制度，掌握吏治情况，作为奖惩依据。

就政治信息传播的监控而言，中国古代政治制度是依靠官僚制度的层层设置而运行的。中国古代的监察，大部分都是自上而下的信息监控，如汉代设州，属监察区，中央派官员巡视，称刺史。隋唐时的道，也是监察区，中央派官员巡视，称黜陟使。明朝时期比较典型的"厂卫"等等，都是君主的"耳目"。

从以上政治传播体系的四个方面来看，中国古代政治传播体系是依靠从中央到地方的官制和环环相扣的官员体系而形成的，其中官员作为传播者在政治信息传播的过程中发挥了十分重要的作用。而官员的选拔和选官制度息息相关，因此，选官制度对于政治传播体系的形成与运作具有非常重要的影响。

最后，就政治文化传统的信息存续与维护制度而言，从察举制到科举制等选官制度的发展，除了选拔官吏之外，还发挥着一定的教育教化社会的作用。封建王朝教育教化百姓，维护政治统治的合法性，传递政治统治和统一思想等方面，都离不开科举制等教育教化制度的重要影响。

作为世界上最成熟的古代政治文明之一，中国古代的政治传播实践也达到了古代官僚制帝国的先进水平。这种成就的取得，依赖于中国历代王朝依

---

① 陈谦：《传播、政治传播与中国古代政治传播制度体系》，《广西社会科学》2006 年第 1 期。

托官僚体系建立起来的相对完备的信息传播体系，以及不断改进的传播技术和不断完善的传播制度。因此，从制度层面上来看，从举孝廉到科举取士选官制度的完善，在一定程度上促进了中国古代以皇权为中心、自上而下的封建主义中央集权的政治传播范式逐步形成。

第二节　科举取士：华夏教育传播范式的完善

从传播学的角度来看，教育是一个传播系统，这个系统由教育者、受教育者、教育媒体和教育信息四个基本要素构成。这四个基本要素所形成的不同组合方式，构成了不同的教育传播系统结构。不同的教育传播系统结构，具有不同的功能。[①]

教育传播学认为，任何教育传播活动都具有属于它自身的要素与系统，这是通过对教育传播现象本身结构所作技术性分析而得出的基本见解。依据这一见解，张雪红认为：第一，任何教育传播活动的发生、教育传播系统的运转同时也是社会内部运行模式下的文化传播过程。从这个意义上说，教育传播教育传播系统具有社会化功能的本质与特征，但这一特征需要通过教育传播活动个体的集约化及其社会化过程来体现；并不是所有的教育传播活动都能形成社会模式意义上的系统，一些零星分散的单纯教育传播活动个体，从行为上难以包容和透示其背后深刻蕴涵的社会功能特征，也难以形成社会模式意义上的传播系统。第二，教育传播系统同时又具有时代个性特征。教育传播社会功能的强弱、系统模式的隐匿或呈现，必然取决于教育传播活动个体集约化的规模及其要素集合的社会化整合程度。教育传播是一个复杂的动态系统和过程。不同历史阶段形态各异的社会化环境因素使教育传播形成了具有时代个性特征的传播系统。[②]

中国古代建立起统一的封建专制主义中央集权的国家，为了保障封建专制统治和实现"大一统"的思想，中国古代的君主对社会教育和教化方面也十分重视。因此，科举取士的发展和完善，在一定程度上也促进了中国古代教育传播范式的完善。

---

① 汪基德：《论教育传播模式的建构与分类》，《河南大学学报（社会科学版）》2007年第1期。

② 张雪红：《南宋教育重心的下移与民间学校教育传播系统的新特征》，《河南大学学报（社会科学版）》2008年第4期。

（一）科举教育的积极作用

科举时代的教育亦可称之为科举教育，科举教育是指以科举为重心的教育，即以考促学、以考促教的教育，也可以说是重视考试的教育。科举制度尽管到后期有压抑求异思维、导致书院官学化、学校科举化等消极作用，[①] 但是，作为绵延中国历史 1300 多年的选才任官制度，科举制度在教育方面的积极作用也不容忽视。

第一，形成了重视教育的社会风气和中华民族努力向学、重视教育的传统。科举取士讲究才学本位和能力本位的原则，科举考试以才选人，才学和能力是朝廷选拔官吏的重要标准，能否及第主要取决于举子的才学。正如《唐摭言》卷三后论所说："有其才者，縻捐于瓮牖绳枢；无其才者，讵系于王公子孙？"就算出身富贵之家，他们依然要像其他人一样刻苦，才有可能通过科举考试。而平民子弟要想入仕平步青云，也得认真向学。因而士人用功读书的风气盛行，形成了重视教育的社会风气和中华民族努力向学、重视教育的传统。

第二，科举取士促进了教育的普及，也促进了教育机会的扩大和下移，在一定程度上促进了社会的流动。科举考试是秉承及第争先的原则，鼓励士人考试及第争先。考试取士的方式在很大程度上促进了教育的普及，为寒门庶族参政议政提供了机会。从考生的来源来看，科举制理论上是向大多数人开放。这对于中国古代最初的"学在官府"的贵族教育而言，是一大突破和进步。科举制度的发展是导致官学衰弱、促使教育机会下移的重要因素。因此，即便是对科举痛加批判的黄炎培，也认为科举是贵族教育移到平民教育"过渡的舟子"。[②] 尽管科举考试竞争十分激烈，但不得不承认科举取士给了许多寒门学子实现梦想的机会。因而会有如"将相本无种，男儿当自强"等劝导人们积极进取的诗歌。

第三，科举取士倡导公平竞争，这在等级森严的中国传统社会中是十分难能可贵的。科举考试经过长时间的实践形成了在考试成绩面前人人平等的公平竞争观念。唐宪宗元和三年，白居易在主持制科考试的复试时便说自己"唯秉至公，以为取舍"。[③] 不管科举是否真正做到"至公"，至少成熟时期的科举考试从制度上说是提倡公平竞争的。欧阳修也曾感叹道"无情如造化，

---

① 刘海峰：《科举学的教育视角》，《理论月刊》2009 年第 5 期。
② 黄炎培：《中国教育史要》，商务印书馆 1931 年。
③ 刘海峰：《科举学的教育视角》，《理论月刊》2009 年第 5 期。

至公若权衡"。

（二）科举教育的消极影响

从隋唐时代到明清时期，科举既是教育的手段，也是教育的目的。作为整个教育的重心，科举的影响几乎是无所不在。可是这种以科举为目的的教育也在一定程度上产生了许多消极影响。

一方面，科举考试和科举教育的长期实行，养成了士人读书至上的观念，而且刺激了应试教育的发展。使得人们信奉"万般皆下品，唯有读书高"的人生信条。为了通过科举考试，许多人甚至奉行举业至上，与科举考试无关的学问置之不顾。许多士人只看重文科考试，忽视了体能锻炼。而在文科考试方面，士人皆注重考试科目的学习，比如经学文章、八股制义等等，对于考试之外的学问，通通弃之不顾。在当时形成了"考什么，学什么"的社会风气，刺激了片面应试教育的发展，士人都在一条狭窄的成才之路上发展。

另一方面，科举取士真正把"学而优则仕"落到了实处，但同时也使得升学主义和读书做官的风气盛行。许多举子读书只为了做官，养成了对做官的向往和迷恋。使得学而优则仕的传统观念深入人心，无数士人争相成为"治人"的劳心者而不愿意成为"治于人"的劳力者。这种根深蒂固的观念，对近现代中国人的思维和心理也有极大的影响。[①]

（三）教育传播范式日趋完善

在我国古代教育传播史上，科举制的作用可谓举足轻重。诚如上文中所提到的，从传播学的角度而言，教育这个传播系统是由教育者、受教育者、教育媒体和教育信息四个基本要素构成。因此，从教育者、受教育者、教育媒体和教育信息四个方面来说，科举制都促进了中国古代教育传播范式的日趋完善。

在教育者方面，科举取士一方面扩大了师资力量，另一方面大大提高了教育者的质量。教育传播是人类传播历史和传播活动中一种特殊的传播现象和传播活动。在教育传播的过程中，教育者也就是教师，是最主要的传播者和教育信息的发送者，同时也是教育信息传播链条上选择、加工以及对信息过滤和通过的把关者，传播什么样的教育信息内容，教师起着决定性的作

---

① 刘海峰：《科举学的教育视角》，《理论月刊》2009 年第 5 期。

用。① 宋人袁采在《袁氏世范》中指出："士大夫之子弟，苟无世禄可守，无常产可依，而欲为仰事俯育之资，莫如为儒。其才质之美能习进士业者，上可以取科第、致富贵，次可以开门教授，以受束修之奉。其不能习进士业者，上可以事笔札、代笺简之役，次可以习点读，为童蒙之师。如不能为儒，则巫医、僧道、农圃、商贾、技术，凡可以养生而不至于辱先者，皆可为也。"② 由此不难看出，宋代儒者的出路一是入仕途做官；二是开办学馆，教授生徒；三是进衙门为职业吏人；四是做童蒙之师。这一现象透露出的信息表明，随着科举制度的发展，举子和学子们有了更多的出路，而且许多教育传播者自己所受的教育有了极大的提升，从而也提高了教育者整体的质量。

在教育信息的传播方面，科举取士通过开科考试的方式，使教育传播信息的开发变得丰富多样，而且大大加速了知识和信息的生产、创新和复制的传播速度。教育传播的根本目的在于将人类社会有意义、有价值的信息，通过广泛有效的途径进行传递、接受、反馈，以促进社会结构的稳定、实现社会环境的和谐与人类文明的不断进步。教育信息是教育传播过程中传播者向被传者传递认识现实、改造现实的基本知识技能工具和从事该项活动的重要依据。教育信息的开发与利用程度，标示着教育影响社会发展进程的能力。③ 科举制度下的教育信息实际上就是科举考试的基本内容。从隋唐到明清，科举考试的内容随着朝代的更迭也在不断做出适应时代的变化。从隋朝科举制度正式确立开始，《诗》《书》《周礼》《礼记》《易》《春秋》《孟子》《论语》《大学》及《中庸》等儒家经典历来都是科举考试的内容。比如，宋代民间学校的教育传播信息内容包括了识字及书、画、医、算、工、商、武、讼等多个学科门类的丰富内容。这些科举考试的基本内容都是教育传播信息的重要来源。除此之外，优秀的科举考试教材，在中国古代民间教育传播中受众面十分广泛，因此也广为流传，成为教育传播信息的重要内容。

在教育传播媒体方面，随着科举制度的稳定和发展而不断进步的传播技术以及为了科举考试而大量复制的书籍教材等，都是中国古代教育传播信息的主要载体和强有力的传播媒介。先秦时期的教育传播媒介主要是口语和体

①　张雪红：《南宋教育重心的下移与民间学校教育传播系统的新特征》，《河南大学学报（社会科学版）》2008 年第 4 期。
②　袁采：《袁氏世范》，《四库全书》第 9 册，上海古籍出版社。
③　张雪红：《南宋教育重心的下移与民间学校教育传播系统的新特征》，《河南大学学报（社会科学版）》2008 年第 4 期。

态语言，秦汉魏晋时期，虽然教育传播的媒介仍然为口语和文字，但教育传播的载体和技术已经随着制墨技术和造纸技术的发展有了很大的进步。及至隋唐时期，科举取士产生，社会上读书风气大盛。尤其是唐代，从中央到地方建立了完备的学制体系，选材和育才有了一致的标准，极大地促进了教育的发展，当然也刺激了教育传播技术的推广应用与发展。社会对书籍需求量的迅速增长，不仅使得手写纸质书籍的传播达到鼎盛，而且使得印刷技术也应运而生。① 雕版印刷技术到了宋代有了突飞猛进的发展，印书范围大大增加，除了儒家经典之外，史书、子书、医学、算学和诗文、道教、佛教经典等内容都大量刻印并广泛传播。书院因其自身的优势和特点，拥有十分丰富的藏书。明清时期，印刷技术发展到顶峰。此时科举制度的发展也日趋稳定和完善，印书的种类和数量都相当可观。我国古代教育传播媒介就是由逐渐进步的传播技术和大量复制传承的书籍所构成。

在受教育者方面，科举制度打破了之前官僚贵胄垄断教育的局面，放宽了受教育者的资格限制，受教育者的范围延伸至寒门学子，促进了教育的普及化与公平性。在教育传播过程中，受传者是基本主体，既是传播信息的终极接受者、储存者、加工者，也是信息反馈者。一切传播活动都是围绕着受传者这一基本主体来进行的。丰富的媒体资源和大众化的传播主题规模是教育传播系统充分运行的必要条件。② 一方面，科举取士的发展和普及，在很大程度上促进了教育的普及，也促进了教育机会的扩大和下移，使得中国古代社会从最初的贵族教育到平民教育的转移，为许多寒门庶族的学子提供了受教育的可能。另一方面，科举制度的发展推动了民间学校教育传播系统的形成，而这种大众化的传播载体和传播方式也促进了中国古代教育传播中受教育者的大众化程度。

此外，对于整个社会而言，教育传播会带来社会舆论的兴起，并在一定程度上促进社会的相对民主。在中国封建社会，封建统治者都迫切需要强化对被统治者的思想统治，因此，不论是"建国君民"还是"化民成俗"，统治者对教育都十分重视。中国古代的教育机构——书院，是历朝历代的学子和士人较为集中的场所，具有活跃的思想氛围，因此，许许多多的学子和士人

---

① 牛梦琪：《中国古代教育传播媒介与传播技术述论》，《河南大学学报（社会科学版）》2006 年第 5 期。

② 张雪红：《南宋教育重心的下移与民间学校教育系统的新特征》，《河南大学学报（社会科学版）》2008 年第 4 期。

在努力吸纳知识、探求真理的同时，也在激烈的思想碰撞中形成一种社会舆论力量。这种通过教育形成的舆论和思潮对社会政治也会产生十分重要的影响。另外，这种教育传播过程中士族学子们之间的思想交流与碰撞，科举取士过程中以才学和考试成绩选拔官吏的方式，也在一定程度上促进了社会的相对民主。

第三节 书院：华夏文明传承与创新的基地

在中国文化史和教育史上，书院的兴起，经历了漫长而曲折的历史过程。书院，可以说是和科举同甘共苦。有的学者称之为"姐妹花"，刘海峰认为到后来书院和科举变成了一对难兄难弟。[①] 书院和科举一样，都是在隋唐时期诞生，经过长期的发展和演变，书院和科举都在 20 世纪初被彻底废除。

关于书院和科举的关系，我国有许多的学者已经进行了研究。胡青认为，科举与书院共生、共存、共兴、共衰，科举制是书院发展的重要原因，科举取士满足了大多数士子的心理需求，刺激了士子求学的积极性，从而刺激了书院的发展。科举考试的政治性、权威性、统一性导致了书院的官学化，而官学化又促进了书院的发展，而且，书院科举化还有其积极的社会意义。[②] 李兵发表了一系列的专著，其中《书院与科举关系研究》对书院与科举的关系也作了系统的探讨，注重实证研究，列有大量的关于书院的统计图表，书中的最后一章对书院与科举的关系的相关性分析也表明各个历史时期的书院数量与科举考试的重要指标——进士数、举人数成正相关。[③]

民国时期的教育史学家陈青之先生所著《中国教育史》在叙述书院起源时谈到："书院的建设，萌芽于唐朝后期，推行于五代，至宋朝而大盛。当五代时，战乱相寻，学校差不多完全停废，地方一二有道德的知识分子——贤士大夫——乃选择名声地方，盖起房屋，招集青年学子，相与讲习于其中，取名书院，此书院制之所由起。"[④] 由此可见，书院开始于唐代。到了宋代，书院的发展进入兴盛时期，河南的嵩阳书院、应天府书院，江西白鹿洞书院

---

① 刘海峰：《科举学的教育视角》，《理论月刊》2009 年第 5 期。
② 胡青：《科举制是古代书院发展的基础和动力》，刘海峰主编：《科举制的终结与科举学的兴起》，华中师范大学出版社，2006 年。
③ 李兵：《书院与科举关系研究》，华中师范大学出版社，2005 年。
④ 陈青之：《中国教育史》，东方出版社 2008 年，第 190 页。

和湖南岳麓书院并称全国四大书院。宋代初期，书院多为私立，在发展过程中私立书院逐渐超过了州县学，后来逐步由政府控制。南宋时期由于官学管理不善，而私人兴办的书院则管理有方，教学质量逐渐提高，于是逐渐繁荣兴旺了起来。到了元代和明代，书院有了进一步发展，全国范围内的书院数量都在增加，但是元朝政府在积极提倡兴办书院的同时，也不断加强对书院的控制。及至清朝，书院开始进入普及阶段，湖南省、河南省等地的书院都十分兴盛。① 到了清末，书院的数目超过了以往任何朝代。在中国历史上，和科举相辅相成共同发展的书院，从政治、文化、教育和社会等方面来说，对于中华文明的传承和发展也发挥了很大的作用。

从教育功能而言，书院是中国古代讲学、习礼的重要场所。书院教学不拘泥于一家之言，允许不同学派之间进行广泛的辩鸣。升堂讲学的教学方法，是书院教学文化的一大创新，开辟了书院教学的新途径。教育史学家认为，书院是自唐朝中晚期以后，在中国社会逐步兴起的一种教育组织形式。在唐朝中晚期，书院特指两种场所，一是由政府或个人设立的主要用于收藏、校勘和整理图书史料的机构场所，二是由民间设立的主要用于人们读书治学的场所，这类书院具备了一般学校的教学和研究功能。无论是官学还是私立书院，在当时都发挥了重要的教育讲学功能。另外，书院所教授的课程大都用礼和乐对学子进行熏陶，对于当时的社会而言，书院也是一个习礼的重要场所。

从文化功能而言，书院是儒教文化传承的重要载体。作为科举考试中最重要的内容，儒教文化向来是举子和学子们学习的重点内容，而书院，是儒教的教育机构。在儒者看来，书院教育是以接续圣道、扶植纲常为办学宗旨，其教育目标在于培养既有圣贤人格，又有经世济民之才能的理想人才，书院课程的设置及教学内容也服从和服务于这一培养目标。如朱熹将"父子有亲，君臣有义，夫妇有别，长幼有序，朋友有信"列为"五教"之目，他认为书院应该以这些儒教基本的伦常与规范来教授生徒，"学者学此而已"。② 除此之外，书院教育所确立的办学宗旨、培养学生的原则、师资的配备情况、学习的内容等都能够说明书院是儒教的教育机构。因此，作为儒教的教育机构，

---

① 胡朝阳：《儒教视角下河南书院研究与华夏历史文明传承创新区建设》，《郑州航空工业管理学院学报》2015 年第 1 期。

② 胡朝阳：《儒教视角下河南书院研究与华夏历史文明传承创新区建设》，《郑州航空工业管理学院学报》2015 年第 1 期。

书院在传承、发展、繁荣儒教文化和传统方面发挥了不容忽视的重要作用。

从政治功能而言，书院是人才培养和科举求学的重要基地，在参政议政方面担负着十分重要的责任。书院除了教育讲学等基本功能之外，在参政议政上也发挥着十分重要的作用。作为科举制度下举子求学的重要场所，书院一方面为朝廷培养了人才，为官员的选拔提供了来源，也在一定程度上提高了官员的文化素养，另一方面，许多政令、政策的下达，书院也是十分重要的媒介，并且在一定程度上为学子提供了参政议政的空间和场所。

从社会功能而言，一方面，书院的藏书传统为后世保存了大量的文化遗产，书院作为古代高层次的教育机构，所拥有的藏书数量和质量都十分可观，而且许多有价值的珍贵书籍都在中国古代的书院中得以保存。中国古代书院的藏书还有效地传播了民族社会科学文化，培养了一批有用之才。另外，历代书院向来聚集了大批的文人和学者，书院的藏书也直接推动了古代学术研究的发展。另一方面，书院也发挥了重要的社会教化功能，是历代思想争鸣和激荡的重要源泉和媒介。书院作为科举考试和儒教文化传播的重要场所，在儒学等方面的知识向社会传播、渗透的过程中，塑造了社会全体成员的价值观念，并且影响了整个社会的生活习俗和社会风气。

从舆论功能而言，书院作为民间舆论场，在中国古代社会中发挥了十分重要的舆论功能。比如在中国古代颇负盛名的江苏无锡东林书院，在引导社会舆论方面就曾发挥过重要作用。东林书院是明末影响最大的书院，北宋学者杨时晚年致仕后隐居无锡东南隅龟山，著书讲学，在其住处创立东林书院。中国历史上著名的对联"风声雨声读书声声声入耳，家事国事天下事事事关心"就是对东林书院的描述。在顾宪成、高攀龙主持下的东林书院，一改之前读书人"两耳不闻窗外事，一心只读圣贤书"的陋习，读书不忘救国，心怀天下之事，指陈时弊，锐意图新。东林学者认为"圣贤"的学问，不过是集"众人"学问之大成，主张天下事应当由天下人"众议""众为""众治"。而参与讲会的东林学者们，大都思想活跃、各抒己见，在讲学之余常常"讽议朝政，裁量人物"，把学术交流和抨击时政相结合。因此，书院作为科举考试的举子和天下学子读书聚集的场所，是当时民间十分重要的舆论场所，是政治信息传播的重要环节，也是思想交流和碰撞的重要场所。弥漫了自由讲学风气的书院，往往都成为社会舆论的中心，针砭时事，评议政治。在中国古代历史上，书院发挥了不容忽视的社会舆论形成和舆论引导的作用。

总而言之，中国传统的书院曾以多种形态在中国漫长的历史上呈现。作为和科举相辅相成的存在，书院在中国历史上也曾留下过浓墨重彩的一笔。书院最初创办的目的是培育士子，移风易俗，教化乡里，敦睦社会。后来发展成讲学、社会教化和参政议政的重要场所，发挥了传播知识、普及文化和开发民智的重要作用，这是历史的选择。尽管在当下，书院已经消失于人们的视野，但传统书院对现今社会的学校教育依然具有许多启示意义。厚重的书院文化，是华夏历史文明传承与创新的重要组成部分。中华民族的历史文化传统从未中断，从书院的功能和历史意义来看，把书院看作华夏文明传承与创新的基地，毫不为过。

（杨茜　谢清果）

第十二章　名实之辨：华夏传播符号的意义网络

　　符号是理解传播的关键，因此欲理解华夏传播符号，就是要把握在华夏的语义系统上符号与传播如何发生关联。考察语言符号系统，不难发现，中国古人很早就开始了创造符号的活动，他们尤其注重语言符号的社会性质，一方面，通过对名学的考察，强调必须要有一个与社会相适应的语言符号系统才能够促进社会以及交往的发展。另一方面，中国古人亦擅长使用非语言符号，通过它们为人们提供了共通的传播理念，进而使得人们在一定交往背景下进行传播成为可能，同时也为传播活动提供了共识的规范。此外，华夏传播符号也具有协同继承的功能，周易卦爻辞的协同继承说明符号所继承不仅仅是中国符号原有的意义，同时也是对原有生活世界的阐扬。

　　符号，汉语里又称记号、指号、符码等。符号学源于 19 世纪末 20 世纪初的语言学转向。依据符号学创始人皮尔士的观点，他认为："一个符号，或者说象征是某人用来从某一方面或关系上代表某物的某种东西。"[1] 霍克斯将它概括为："任何事物只要它独立存在，并和另一种事物有所联系，而可以被'解释'，那么它的功能就是符号。"[2] 卡西尔说："我们应当把人定义为符号的动物，来取代把人定义为理性的动物。只有这样，我们才能指明人的独特之处，也才能理解对人开放的新路——通向文化之路。"[3] 符号作为人们认

---

　　① 皮尔士：《皮尔士文集》，第 2 卷，转引自袁澍涓主编：《现代西方著名哲学家评传》下卷，四川人民出版社，1983 年，第 485 页。

　　② 特伦斯·霍克斯：《结构主义和符号学》，瞿铁鹏译，上海译文出版社 1987 年，第 132 页。

　　③ 卡西尔：《人论》，甘阳译，上海译文出版社 2004 年，第 37 页。

识自我、社会和文化的工具，日益受到了人们的重视。美国符号学家莫里斯说："对语言和其他指号的理解和有效应用，今天已成为我们的一个迫切的任务。"① 因此，厘清在传播之中符号的作用也是我们理解传播的关键。

要理解华夏传播符号，首先要理解传播符号的意义。正如国内传播学者李彬所说，我们不妨以《老子》的名言来理解传播符号的总体意义："玄之又玄，众妙之门。"② 传播符号研究的是在传播过程中符号的构成、符号的内涵及其意义层面，以及对符号理解的解释。罗兰·巴尔特曾给时装的社会经济符号学定义为："在时装的那一个语义系统层次上，经济学与社会学和符号发生了关联。"③ 那么我们参照此定义，给华夏传播符号学的定义是：在华夏的语义系统上，传播学与符号发生了关联。至于如何关联，则正是本章节的主题。

中国的符号学概念，由李幼蒸在他的《从符号学看中国传统文化》中率先提出，李幼蒸认为中国古代文化之中有许多符号学的资源，可以通过对中国符号学的研究，来搭建中国与西方交流的桥梁，进而促进中国与西方的交流。④ 在这之后，各路学者积极地从中国古代的思想资源中汲取营养，发展了中国的符号学理论，如陈道德在《论〈易经〉的符号系统》以形式化的方法分析了《易经》的符号系统及其规律。⑤ 吴兆雄、吴惠勤则从公孙龙的名学理论出发，认为他是第一个将符号思想用于逻辑学的人。⑥ 而在传播符号学方面，周军的《传播学的前"结构"——符号活动的根源和社会基础》⑦ 是中国大陆第一篇关于传播符号学的论文，而陈道德的《传播学与符号学散论》⑧ 则提出了传播学和符号学相互借鉴和学习的可能。但总的来说，将中国的符号学与传播学的研究相结合起来的研究则相对较少，这也是本章所要研究的主题。

---

① 莫里斯：《指号、语言和行为》，罗兰等译，上海人民出版社 1989 年，第 1 页。
② 李彬：《传播符号论》，清华大学出版社 2012 年，引言第 1 页。
③ 罗兰·巴尔特：《符号学原理》，李幼蒸译，中国人民大学出版社 2008 年，第 74 页。
④ 李幼蒸：《从符号学看中国传统文化》，《史学理论研究》，1995 年第 3 期。
⑤ 陈道德：《论〈易经〉的符号系统》，《第一届、第二届东亚符号学国际会议论文集》，1998 年。
⑥ 吴兆雄、吴惠勤：《公孙龙是第一个把符号用于逻辑学的人》，《齐鲁学刊》，1986 年第 5 期。
⑦ 周军：《传播学的前"结构"——符号活动的根源和社会基础》，《现代传播》，1994 年第 1 期。
⑧ 陈道德：《传播学与符号学散论》，《湖北大学学报》（哲学社科版），1997 年第 2 期。

接下来，本章将分成三节来展开对华夏传播符号学的叙述，它们分别是：（1）语言符号的言意之辨。（2）非语言符号的心领神会。（3）周易卦爻辞的协同传承。

第一节　语言符号的言意之辨

提及符号研究，我们首先想到的必然是语言符号。罗兰·巴尔特认为：语言结构是分解作用领域，而意义首先即相当于切分作用。于是符号学的未来任务与其说是建立关于事物的词汇学，不如说是去发现人类实际经验的分解方式。[①] 因此语言作为一种符号系统，它是人类用于分别人们生活经验的参照物，人们将事物与语言联系起来，使用语言这一符号来表达事物，即索绪尔所说的"能指"与"所指"。语言符号系统作为一个自洽的系统，它所揭示的不仅是语言与事物的关系，它也与人们的生活经验深深联系了起来。人们在交流时必然会使用到语言符号，舒茨说：当我在周遭世界经验"你"时，"我"把先前所有关于一般的你以及眼前这个特殊的你的知识，全都用上。这些原先储存的关于"你"的经验也包括了有关"你"的诠释基模与诠释习惯，所使用之语言符号系统、被视为理所当然的你。[②] 通过语言符号，我们在交流时就能够了解每个人的方方面面，进而形成与人交往的习惯、规则与方式。这也是语言符号在传播交流中的作用。

实际上，在古代中国，人们很早就意识到了语言符号系统在交流中的作用。早在距今 8000 多年前的石器时代，我们的祖先就开始了创造符号的活动，用来记录时间，表达含义。大汶口文化的灰陶尊，半坡彩陶上的刻画符，这都说明了中国在很久早就有了符号交流的行动。并且在先秦时期，就有人开始对符号以及它的意义展开了论述。苟志效等人认为先秦真正有史可考的符号学家只有公孙龙、惠施、荀子等人。其中保存完整的只有公孙龙的六篇以及荀子的《正名论》。[③] 下面我们将着重叙述先秦时期名学中的语言符号交流观点。

名学肇始于先秦时代，自夏商以来建立的一套以"礼"为核心的统治制度随着春秋战国时代的社会变革，形成了所谓"礼崩乐坏"的社会局面。这

---

① 罗兰·巴尔特：《符号学原理》，李幼蒸译，中国人民大学出版社 2008 年，第 41 页。
② 阿尔弗雷德·舒茨：《社会世界的意义构成》，商务印书馆 2012 年，第 24 页。
③ 苟志效、沈永有、袁铎：《中国古代符号思想史纲要》，三秦出版社 1995 年，第 2 页。

在客观上造成了"名存实亡""名实散乱"的社会现象。以往"天有十日，人有十等"的奴隶制度不复存在，越礼僭分、君臣相杀的局面时有出现。另一方面，随着封建制度的出现，新兴的社会制度与社会秩序尚未完全建立和完善。这样原有的"名"与新的"实"并不相符，而新的"名"与新的"实"也并未制定。因此人们迫切需要一种相对应的交往制度或者说是"名实"制度来规定人们的语言与交往。《论语》所说"名不正，则言不顺；言不顺，则事不成；事不成，则礼乐不兴；礼乐不兴，则刑罚不中；刑罚不中，则民无所措手足"，[①] 正是对当时社会的交往制度的抨击，可以说当时的人们已经注意到了语言符号在人类社会交往中的实质，它是人们社会交往的重要媒介，如果没有一个与社会相对应的语言符号系统，那么整个社会的交往就会分崩离析。

既然社会需要一个相应的社会交往机制，那么我们通过什么来形成这样的交往机制呢？按照儒家的方法来看，首先需要的就是"正名"，也就是上文所说的"名正言顺"。曾祥云、刘志生认为："所谓'正名'，是指通过调整名实关系，使名与其所指对象具有一种确定的关系，使不同的名与其所指称的不同的实，彼此区别而不引起混乱。简而言之，'正名'就是使名实关系规范化。"[②] 儒家认为如果事物命名没有区别就会发生混乱，进而造成所谓"君不君，臣不臣，父不父，子不子"的局面，因此"名"与"实"的一致，即符号与其所指称对象的对应性，才是人们在交流传播中的关键，如果"名实不一"，就很有可能引发社会动乱。

如果说"正名"的观点强调了语言符号在人们社会传播中的作用，那么公孙龙的名学观点则研究了符号在人们交流中的具体运用。公孙龙（约公元前320年—公元前250年），据说为赵国人。现存有其著作《公孙龙子》一书，该书也是我们研究公孙龙符号思想的关键。

在《指物论》一文中，公孙龙首次明确提出了"物""指""非指"和"非非指"四个重要的概念。他认为"天地之所产者，物也"，[③] 也就是说，物就是天地自然之万物，同时"物，所指也"，[④] 它也是指作为"所指"之物，即符号意义的对象性内容。而指则通过"非指""非非指"的概念揭示出来，他

---

① 《论语·子路》
② 曾祥云、刘志生：《中国名学》，海风出版社2000年，第89页。
③ 《公孙龙子·名实论》
④ 《公孙龙子·指物论》

认为："物莫非指，而指非指。天下无指，物无可以谓物。非指者，天下无物，可谓指乎？指也者，天下之所无也。物也者，天下之所有也。以天下之所有，为天下之所无，未可。"①这一句话的意思是事物是符号的对象，如果没有了符号，就没有办法表达，因此"非指"指的是这种万物摆脱不了符号的状态，而"非非指"则对应"指也者，天下之所无也。物也者，天下之所有也。以天下之所有，为天下之所无，未可"。它指的是所有的"指"都是源于万物，如果没有了万物，那指又从何而来。因此公孙龙明白符号与事物相互依存的关系，如果没有了物，符号无从存在，同时如果没有了符号，人们也不能够用它来表示物，因此人们的交流就是在这种相互依存的符号与事物的关系中产生的。在此之上，公孙龙进一步指出："天下无指者，生于物之各有'名'不为指也。不为指而谓之指，是兼不为指。以有不为指之无不为指，未可。"②它认为所谓的指，实际上都应源于事物的"名"，即事物的本来状态，符号只是对于事物整体属性的一种概括，而那些对于事物具体属性的概括，就不是符号。例如他在《白马论》中著名的"白马非马"理论就是这一论证的最好体现。白马仅仅只是马的一种，它不能代表所有的马的性质。因此如果以白马这一符号来代替所有的马，这显然是一件不合适的事情。因此公孙龙提醒了我们在交流时，符号所代表的是一种对周边事物的理解，但外物并不会因此而发生任何改变，因此符号本身应该是对事物一种正确的概括，如果符号在表达过程中出现混乱，出现以名为实、以名非名的情况，那么人们的交流将很难进行。

在名学的意义方面，公孙龙与儒家的看法是基本一致的。他在名实论中提出"夫名，实谓也。知此之非此也，知此之不在此也，则不谓也；知彼非彼也，知彼之不在彼也，则不谓也"。③他认为所有的名都有它对应的属性，因此如果知道事物是什么不是什么，就会有它相对应的称呼，故他也提出了一个与"正名"相类似的观点，他说："以其所正，正其所不正。不以其所不正，疑其所正。"④我们可以看到在春秋战国的大时代背景下，人们对于"正名"有着迫切的需求，不管是儒家也好，名家也罢，他们对于"正名"都有着一种向往，从传播学的角度来看，重建一种新的传播秩序也正是他们所需

---

① 《公孙龙子·指物论》
② 《公孙龙子·指物论》
③ 《公孙龙子·名实论》
④ 《公孙龙子·名实论》

要的。

当然，在中国古代，并不是所有的人都认为对于语言符号，都需要一种"正名"，即每个符号都需要有一个与之相对应的事物。如后来由印度传入中国，而后经历数年高度中国化的禅宗佛教。对其而言，语言可能也是认知"真理"的障碍，正如《坛经》所说："心生，种种法生；心灭，种种法灭；一心不生，万法无咎。"① 佛教认为通过语言去把握一种真理的性质只会让人"妄生分别"，"颠倒黑白"。因此"不立文字，直指人心"才是禅宗的核心思想。因此我们会看到，对于相同的事物，不同的人会使用不同的符号进行表达，如著名的禅宗公案"佛祖西来意"，不同的僧侣就会有不同的回答。石头希迁的答案是"问取露柱"，② 赵州从谂的答案是"庭前柏子树"，③ 沩山灵佑的回答则是"与我将子床来。"④ 在这些公案背后，实际上我们看到了符号本身的随机性以及多变性，因此形成一种固定的符号交流对于我们而言是完全不可能做到的，而能够做到的就是像这些人一样，对于具体语境下的具体问题，给出相对应的答案。这正是语言符号在人们交流时的作用。

由此，我们可以发现，实际上早在中国古代，我们的祖先很早就对语言符号有了研究，同时他们更关注的是语言符号在交流时的社会性质，对于他们来说，只有与社会相对应的语言符号才能实现交流。同时当时的人们也注意到了使用语言符号进行交流的随机性以及多变性，日后禅宗的到来使得人们对这一现实更加理解。

第二节　非语言符号的心领神会

除了语言符号，在传播符号中我们还需要关注的另外一面就是非语言符号的传播。施拉姆认为非言语传播是"除口头语言、书面语言以外的一切信息传播的行为和方式"。⑤ 因此非语言符号指的就应该是除了口头语言以及书面语言以外的用来进行传播的符号。这种非语言的符号在我们的日常生活中是经常运用的，如舞蹈、交通指示牌等。这些非语言符号不需要语言符号的

---

① 《坛经·般若品》
② 《五灯会元·卷五》
③ 《五灯会元·卷四》
④ 《五灯会元·卷九》
⑤ 威尔伯·施拉姆、威廉·波特：《传播学概论》，李启、周立方译，新华出版社 1984 年，第 38 页。

运用就能达到很好的效果，甚至在某些情况下其传播速度远远超过了语言传播。因此对于非语言符号的运用，我们需要有足够的重视。

在古代，当时的传播技术还没有像现在这么发达，依靠的都是像木牍竹简这样的媒介来进行传播，并且当时的文化水平普遍低下，人们的识字水平也很有限，因此要想通过像文字这样的语言符号进行传播交流的话，是很困难的。这时舞蹈、仪式等非语言符号就承担起了向大众传播文化的功能。这些舞蹈、仪式都是经过特殊加工而后形成的手势或者是体语，一般都是程式化的体语和形式化的口语，因此它们便于记忆，这也使得它们成为当时大规模复制信息的最佳方法，同时也是最行之有效的方法。

一、作为一种仪式传播的礼乐文化

在古代中国，礼乐传播就是一种常见的非语言传播方式。所谓礼乐传播，指的是中国儒家自觉地用礼乐这一传播形式向全社会广泛地传播自己的思想观念的传播活动。[①] 黄星民认为礼乐传播的"礼"，主要指的是在各种场合下举行的各种礼仪；礼乐传播的"乐"，不仅是音乐，还包括诗歌、舞蹈等艺术形式。礼的举行离不开乐，乐是礼的重要部分，因此合称"礼乐"。[②] 礼乐制度在中国早已承袭了数千年，这种非语言符号的传播实际上已经深深影响了中国古代的交往规则，下面我们将着重叙述这一非语言符号的传播形式。

（一）礼乐传播的意义传达

早期礼乐的传播者自然就是礼乐的制作者。"周公摄政六年，制礼作乐。"[③] 而后春秋时期"礼崩乐坏"，孔子周游列国，力图对礼乐进行大规模的整理，试图"克己复礼为仁"。《礼记》一书就是孔子及其门徒对当时各类礼仪的记录。儒家的礼分为吉礼、凶礼、宾礼、军礼、嘉礼五大类。这五大类礼基本上包含了人们社会生活的方方面面，这些礼的每个仪式，从举行到参与仪式的人员组成，再到参与人员的服装、仪容、举止、使用的器具都有详尽的规定。例如在《乡饮酒礼》一篇中，就规定："主人就先生而谋宾、介。主人戒宾，宾拜辱；主人答拜，乃请宾。宾礼辞，许。主人再拜，宾答拜。主人退，

---

① 黄星民：《礼乐传播初探》，《新闻与传播研究》，2000年第1期。
② 黄星民：《礼乐传播初探》，《新闻与传播研究》，2000年第1期。
③ 《礼记·明堂》。

宾拜辱。介亦如之。"我们可以看到当时在交往时，除了语言符号，非语言符号实际上已经在改变着交流与传播。"主人就先生而谋宾、介。"说明主人在行嘉礼时，必须得先去邀请宾与介。"宾礼辞，许。"而宾则应该是先推辞一番，再答应。这一方面是为了给主人一点面子，另一方面也是为了显示自己作为宾客的礼仪。而在迎接宾客时"主人一相迎于门外，再拜宾，宾答拜；拜介，介答拜"。也就是说，主人在迎接宾时需要行礼拜两次，而对介只需要实行一次。对待不同的客人，主人用不同的礼节来对待，实际上这也为接下来的交往指明了方向，不同社会等级的人使用不同的礼仪来接待，这也意味着不同阶层的人他们的交往规格是不一样的。《荀子》中所说"乐合同，礼别异"，① 指的就是这个道理。因此在古代中国，人们在交往时的礼仪已经规定了人们之间交往的规范，这就是非语言符号的作用。

如果说"礼别异"指的是非语言符号规范交往的作用，指出了人们之间的差异的话，那么"乐合同"则是在寻求在差异之中的合作。乐之所以能够寻求合作，是因为乐具有中和的"乐德"，《礼记·乐记》说"先王耻其乱，故制雅颂之声以道之"，进而"使亲疏、贵贱、长幼、男女之理，皆形见于乐"。我们可以看到乐是不分长幼尊卑的，任何阶层的人都可以在乐中找到他相应的位置，它是中和的，因为人人都可以拥有它，通过乐，人人都可以进行交流与沟通。除此以外，"乐"还具有教化的作用，不同的声音对人们的影响是不同的，"姚冶之容，郑卫之音，使人之心淫；绅、端、章甫，舞《韶》歌《武》，使人心之中庄"，② 讲的就是这个道理。好的声音可以使人"乐行而志清，礼修而行成，耳目聪明，血气和平，移风易俗，天下皆宁，美善相乐"，③ 乐所带来的教化作用可以陶冶性情、修养德性。通过修养性情人们有了共同的交流空间，可以更好地交流，进而"乐至则无怨，礼至则不争，揖让而理天下者，礼乐之谓也"。④ 礼乐的最高理想在于使天下无怨无争，进而形成一个完美的大同社会。《乐府总序》说"礼非乐不行"，指的就是必须先用"乐"将人们相互联结起来，之后才能够使用"礼"来进行教化，让人们在共同的交往规范之下进行交往。因此"乐"所带来的作用与詹姆斯·凯瑞

---

① 《荀子·乐论》
② 《荀子·乐论》
③ 《荀子·乐论》
④ 《礼记·乐记》

所说的传播的"仪式观"相类似。① 通过"乐"这一仪式，人们有了共同的传播媒介而紧紧联系在了一起，并且通过"乐"，人们共享了一定的传播理念，这样人们才有了相互交流传播的基础。

（二）礼仪在华夏社会生活中的传播功能

礼仪即礼节与仪式。礼仪是一种社会约定的行为符号。它除了本身行为外，还表示人与人之间的社会关系，更多地表现为非语言符号的交流。在原始社会中，礼仪就是拜天祭地，祈求神的保佑，感谢神的赐予。在奴隶社会里，它的外延迅速扩展，然而也不外乎拜神祭祖，会盟誓师。只有到封建社会，礼仪才真正扩展到上层建筑和社会生活的各个领域，开始进入寻常的百姓之间，影响并丰富他们的社会交际活动。②

1. 礼仪作为华夏文明的先导

礼仪的出现很早很早，它应该是人类文明的先导。当原始人类中的某一位母亲抱着她刚生下的婴儿怀着欣喜而恐惧的心情虔诚地礼拜上苍，感谢神的赐予并祈求神的保护，礼仪就悄悄产生了。它的产生不仅在文字出现以前，而且完全应该在人类成型的语言出现以前。中国素有礼仪之邦的美誉，礼仪制度源远流长，至少从夏朝开始就已经有一套明确的礼仪制度。繁文缛礼，大礼三百，小礼三千，关于礼仪，中国古代有"五礼"之说。

吉礼：中国古代祭礼，历史悠久，内容宏富，颇具特色。其程序之复杂，仪节之细致，规矩之严格，场面之宏大，也堪称一绝。它位居"五礼"之首，是古代礼仪法的重要组成部分，受到历代统治者的高度重视。其秉承"神道设教"的宗旨，蕴含"天人合一"的观念，有浓厚的人文色彩和世俗化倾向，对中国传统文化产生了深刻影响。

宾礼：在"礼不下庶人"的西周时期，宾礼主要用于诸侯、大夫朝觐天子，以申明君臣大义。君臣关系首要在于维护双方秩序的稳定，君安君职，臣安臣职。君臣之间等级森严，贵贱分明，臣处处以"尊君"为指向，所谓"君为臣纲"。君臣等级体现在社会的各个方面，如人际称谓，衣、食、住、行等日常礼仪，觐见礼仪、座次尊卑等。

军礼：主要指关于军事活动的典礼。包括校阅、献捷、田猎、筑城等动

---

① 詹姆斯·凯瑞：《作为文化的传播》，丁未译，华夏出版社 2005 年，第 7 页。
② 谢瑞芳：《中国古代礼仪探源》，《湖南社会科学》1997 年第 4 期。

用军队的活动。

凶礼：一般理解为丧葬之礼，也包括对天灾人祸的哀悼等。

嘉礼：融合人际关系、沟通联络感情的生活礼仪。郑玄注："嘉礼之别有六，即饮食、昏冠、宾射、飨燕、服脤、贺庆等礼。" 传统礼俗中的许多内容与形式大都由嘉礼传递而来，成了最富民族特征的礼仪形式。

礼仪可分为政治与生活两大类。政治类包括祭天、祭地、宗庙之祭，祭先师先圣、尊师乡饮酒礼、相见礼、军礼等。生活类礼仪，按荀子的说法有"三本"，即"天地生之本""先祖者类之本""君师者治之本"。民俗界认为礼仪包括生、冠、婚、丧四种人生礼仪 [①]。

2. 礼仪作为政治、伦理秩序的符号

《论语》中"非礼勿视，非礼勿听，非礼勿言，非礼勿动"可以看作是关于传播原则的经典表达。这里的"礼"是等级秩序，是人们参与社会传播活动所应遵循的行为和道德规范。历代统治者重视礼，原因就在于礼仪规定使每一种伦理关系都确定在一个等级秩序中，各安其分，正是依靠这种等级尊卑之礼，统治者才得以稳定统治秩序。在礼仪等级构造模式中，不同等级名分及其不同待遇，规定得非常具体详细，不同等级定位不仅决定了相应的权利和义务，而且也决定了衣食住行的不同规格。如"衣"，如前所述，服饰亦有等级意识，黄色就只为皇帝专用，绫罗绸缎只为有地位之人穿用，平民百姓只许穿布衣。如"行"，仪仗阵势大小也有等级之分，如天子"大驾"的侍从车队要达"九九"八十一乘，稍小规模的法驾，也有三十六乘。下层官吏遇见上层官吏出行仪仗，必须先让，至于百姓，必须回避。

如上提及的吉礼、宾礼、军礼都是重要的政治礼仪，它们从物质形态和仪式形态上都体现出一定的等级性。如车马使用、服饰、饮食、宫室宗庙、陵墓棺椁、青铜礼器、常用器物等方面，都是有严格的等级考究的，管仲曾说过："度爵而制服；量禄而用财。饮食有量，衣服有制，宫室有度，六畜人徒有数，舟车陈器有禁。修生则轩冕、服位、谷禄、田宅之分；死则有棺椁、绞衾、圹垄之度。虽有贤身贵体，毋其爵不敢服其服；虽有富家多资，毋其禄不敢用其财。"（《管子·立政第四·服制》）可见等级观念深入人心。

3. 礼仪作为民风、民俗传播的符号

民间礼仪中，最重要的就是嘉礼：融合人际关系、沟通联络感情的生活

---

① 葛晨虹:《中国礼仪文化》，经济科学出版社，2001 年，第 36 页。

礼仪。生活礼仪中处处显现着血亲宗法人伦的特点。"亲亲，尊尊，长长，男女之有别，人道之大者也。"注重尊卑有别，长幼有序。传统礼俗中的许多内容与形式大都由嘉礼传递而来，成了最富民族特征的礼仪形式。这些礼仪形式，构成民俗传播的符号，传承保留了下来。

民俗传播是民间世代相传的文化传播，民俗文化符号是民俗文化赖以世代传承的主要载体，它通过语言或某种物象、图像、事物等作为符号，来表达特定意义，传递特定信息。民俗中的仪式是伴随着人类历史反映人们的岁时节令、人生礼仪、趋吉避凶、祭祖祀典等习俗礼仪的一种文化现象。各种仪式融文学、音乐、舞蹈、宗教等为一体。

民俗传播中的仪式是由许多神秘符号（包括行为符号、物象符号和语言符号）所组成。一个符号犹如语言中的一个词，仪式中的许多符号按一定方式组成，这就是符号的编码，犹如语言中的语法，一次仪式活动就像一篇文章，总是围绕一个中心来叙述的。民俗传播中，常将人生礼仪中的符号仪式，作为每个人在一生中必须经历的几个生活阶段，人的社会属性是通过这些重要阶段而不断确立的。进入各个阶段时，总有一些特定的仪式作为标志，以便获得社会的承认和评价①。如冠礼，中国古代男子的成年礼。以"冠礼"来作为男子成人的仪式，将其列为民间"六礼"之首，是因为"冠而后服备，服备而后容体正，颜色齐，辞令顺"。因而"冠者，礼之始也"。再如婚姻礼仪，是作为古代社会生活中的大事来进行的。其礼节规定也是格外详尽周密。从服饰、神态、器皿，到规格、程序、方位，都有整套严格的具体规定。世界上恐怕没有哪个民族的婚礼，能够比中国古代的婚姻礼仪来得烦琐，这同中国传统文化和婚姻本身的社会功能是分不开的。具体仪式，在浩瀚的中国古代典籍中随处可见，此不赘述。

4. 礼仪作为非语言大众传播的形式②

非语言符号在人类大众传播史上占有重要地位，黄星民在《从礼乐传播看非语言大众传播形式的演化》一文中，廓清了人类传播史上的原始礼仪、古代礼仪、戏剧、电影、电视与计算机网络等非语言大众传播形式的演化过程。原始礼仪和古代礼仪是口语传播时期和文字传播时期的非语言大众传播，是古代大众传播的初级形态。

① 仲富兰：《民俗传播学》，上海文化出版社 2007 年，第 206 页。
② 黄星民：《从礼乐传播看非语言大众传播形式的演化》，《新闻与传播研究》2000 年第 3 期。

中国的礼乐起源于原始礼仪。原始人把体语程式化成为礼节，把口语曲调化成为歌曲。礼节与歌曲，再加上礼器，这就是原始社会普遍存在的各种原始礼仪。包括巫术礼仪、原始宗教礼仪等。程式化的礼节容易重复，曲调化的歌曲便于记忆，信息也就得到了相对准确的复制。在当时的传播技术条件下，这无疑是大规模复制信息的最佳方法。大众传播最重要特点之一便是大规模的生产复制信息。原始礼仪依靠它批量复制信息的特点，在一定程度上解决大众传播需求与传播媒介落后之间的矛盾。

随着原始社会的解体，人类进入了文明时期，原始礼仪发展成古代礼仪。早期的古代礼仪主要是宗教礼仪。这些宗教礼仪在不同的自然环境和社会环境中，朝不同的方向发展。在世界大多数的地区，继续朝着以"神"为中心的方向发展，演化成以世界三大宗教为主的宗教礼仪体系。而在我国，却转向以"人"为中心的方向发展，形成世界文化史上独特的礼乐制度。比起原始礼仪来，礼乐传播已经是更成熟的大众传播，更加规范化、规模化，能够更准确地复制与传播信息，是古代大众传播的初级形态。

二、服饰、建筑等非语言符号运用的意义共享

非语言符号主要包括表情语、手势语、体态语、空间语及相貌服饰语等等。作为传播符号中重要组成部分的非语言符号，在传播信息时所起的作用并不亚于语言符号，甚至大于语言符号。传播学者研究认为：在人际传播活动中，人们所得到的信息总量，只有35%是语言符号传播的，而其余65%的信息是由诸如服饰外貌、表情行为、语气语调等非语言符号传播的。这里以禅悟、服饰、建筑等生活中的非语言符号运用为例，来阐发非语言符号是如何分享共通意义的。

（一）禅悟中的非语言符号运用

除了共享传播观念与构建传播规范，非语言符号的另外一个作用就是用来打破语言符号的桎梏，为实现多形式的传播提供了可能。前文我们提到禅宗认为通过语言符号去把握真理是不可能的事情，因而"教外别传，不立文字，明心见性，直指人心"是禅宗使用符号交流的宗旨。当语言符号不能够满足人们交流的需要时，就只能用非语言符号来表达。自禅宗创立之初，它就有使用非语言符号交流的先例："师尊在灵山会上，拈花示众，是时众皆默

然，唯迦叶尊者破颜微笑。"① 虽然这只是禅宗史上编撰的故事，但这足以说明自禅宗创立之初，他们就已经认识到了非语言符号交流的作用。而后禅宗将这一传统发扬光大，临济义玄在教导僧众时喜欢用喝与棒来教导僧众，② 他认为语言符号在传授佛法时已经起不了作用，当人们欲与他使用语言来争辩何为佛法时，他只能用怒喝与棒打来阐释自己的佛理。而此时，"当头棒喝"也成为一种交流的语言，它所要表达的就是蕴藏在语言之下所不能表达的真理，只有心领神会、拈花一笑才能够理解。同样的道理，南泉斩猫，赵州脱履安头上而出的故事③ 也是为了说明得道并不一定需要用言语说出来，有时候，非言语的行为才能征得道理，这也难怪南泉普愿会在之后说出"子若在，即救得猫儿"④ 这样的话了。由此可见，有些事物是不能够使用语言符号来进行表达与交流的，而非语言符号的心领神会则恰恰是交流与传播取得成功的关键。

（二）服饰与华夏文明传播

人类服饰从御寒、遮羞等简单功能逐步发展为身份、等级的象征，不同时代的服饰变迁，叙述着人类文明的历史进程，体现了服饰的时代性、阶级性、文化性。服饰除了基本的实用功能外，还衍生出一定的符号意义，成为传播个人和社会信息的载体，与"传播""交往"建立了密切的关系。⑤

1.服饰作为华夏文化传播的载体

麦克卢汉曾经指出，媒介即人的延伸。任何媒介都是人的所有器官及其机能的延伸（如车轮是腿的延伸，电话是口和耳的延伸，电视是耳朵和眼睛的延伸，电脑是人脑的延伸）。"衣服作为皮肤的延伸，既可以被视为一种热量控制机制，又可以被看作是社会生活中自我界定的手段。"⑥ 可见，服装出现之后很快就成为一种交往媒介——在人的社会生活中担当贮存信息、传达信息的功能。服饰媒介是物质实体、符号、信息三层面要素合一的媒介，是华夏文化传播的重要载体之一。

"黄帝尧舜垂衣裳而天下治"（《易经·系辞下》），奴隶主自称天子，建

① 《五灯会元·卷一》。
② 《五灯会元·卷十一》。
③ 《五灯会元·卷三》。
④ 《五灯会元·卷三》。
⑤ 李姗姗：《中国历代服饰的演变》，《鲁行经院学报》2003 年第 3 期。
⑥ 麦克卢汉：《理解媒介——论人的延伸》，商务印书馆，2003 年，第 159 页。

立严格的等级制度，并以"礼"的形式固定下来，将服饰作为"礼"的内容确立冠服及服章制度，后世代传承，形成了中国服饰独特的媒介特征和传播属性。①

服装作为一种媒介，以最直观的符码形态传达着关于一个人的时代、民族、性别、社会地位、阶级差别等"讯息"，是华夏文化传播的重要载体。而从更深的层面来讲，服饰是统治工具，是限定个人的社会语言，是政治伦理规范的表征。因此，服饰还是政治伦理秩序的重要符号，是中国古代社会中人们不得不戴的面具，面具下的人，不过是社会系统内的角色扮演，驱动情节发展的不过是阶级意志。

2. 服饰作为政治、伦理秩序的符号

在中国漫长的奴隶制度、封建制度下，服饰与等级制度是紧密相关的，统治阶级与被统治阶级在服饰方面有着严格的区分。古代服饰为人们地位、等级、名分的标志和象征。旧时有句俗语"只认衣衫不认人"，反映的就是基于这种社会现象的势利观念。所谓"非其人不得服其服"（《后汉书·舆服志》），"贵贱有级，服位有等，……天下见其服而知贵贱"（贾谊《新书·服疑》）。不仅龙袍凤冠成为帝后的专用服饰，群臣百姓也用服饰来区别上下等级。

服饰成为人际传播中自我表达的重要载体，特别在地位、身份的自我表达中，服饰的等级意识尤为明显。所谓自我表达是指传播者"将自己的心情、意志、感情、意见、态度、考虑以及地位、身份等向他人加以表达的活动"。②因此，服饰着装是否准确，表达方式是否合适，直接影响到个人地位身份等的自我表达的效果，进而影响人际传播效果。

从舜时开始，衣裳就有"十二章"之制。十二章就是十二种图案，天子之服十二种图案都全，诸侯之服用龙以下八种图案等。不仅图案，就是颜色和质料，对不同身份的人规定也不同。唐代以品定色，天子服正黄，三品以上服紫，五品以上服绯，七品以上服绿，九品以上服青，流外九品服绛。而百姓则规定穿麻制白袍，所以当时庶民以及未进仕途的读书人只能着白袍，被人戏称为"白丁"。至宋、元、明、清，区别官服的服色基本沿用隋唐的体制，大同小异，面料、颜色、花纹都有严格的区别。"十二章"古制后来逐渐

① 李娜：《中国古代服饰的媒介特征及传播属性》，《青年记者》2006 年第 16 期。
② 郭庆光：《传播学教程》，中国人民大学出版社，2001 年，第 85 页。

改革。如明代官员的常服上缀补子，不同的图案表示不同身份等级。文官绣禽，以示文明，武官绣兽，以示威武。除此之外，冠饰、束带、佩戴物等，都以不同的形制划分等级。如清朝的顶戴花翎，在等级森严的清王朝，也是一种"辨等威、昭品秩"的标志，它是清代居某种地位的王公贵族特有的冠饰，不是一般官员所能佩用的。

体现着鲜明等级观念的中国古代服饰，是维护社会统治秩序的有效工具。服饰以外化的形式明示贵贱、区别等级、服务于社会伦理关系。在中国古代服饰制度中，贯穿其中的本质特征是天人合一的思想。这种思想观念，不仅表明了人与自然的密切关系，更深刻地表现着社会政治统治和伦理道德观念的井然有序。

3.服饰作为各民族文化的标识

人类服饰从御寒、遮羞等简单功能逐步发展为身份和等级的象征，叙述着人类文明的历史进程，体现了服饰的时代性、文化性。中国古代服饰总是与当时的生产方式和发展水平、文化礼仪及道德规范等社会因素密切相关。它的发展、演变过程从一个侧面反映了中华民族五千年的文明史。中国服饰的发展是中华民族文化艺术的重要组成部分。中国服饰的演变，随着社会进步和人类文明的发展分为几个重要阶段：

先秦服饰：是中国服饰历史的奠基阶段，中国服装的基本形制均在此期间逐步走向成熟。据史书记载，"黄帝尧舜垂衣裳而天下治"，黄帝尧舜时期已出现了衣裳，结束了史前的围披状态；人们按照这种衣裳式样穿着，有秩序地拜祖先，祭天地，从而实现天下治。

隋唐服饰：唐朝对各品官员服饰颜色与佩饰都有明确的规定，文职官员袍服上绣有各种真实动物的纹饰。这一举措直到明清时期还风行。

明清服饰：明代服饰，材料更加丰富。明代官服制，皇帝着龙袍，大臣依等级穿着绣有蟒、斗牛、飞鱼等纹饰的宽大袍服，袍上胸背缀有象征等级不同而纹饰各异的补子，头蓄发结髻戴乌纱帽，腰有玉带。读书人、小商贩、市民用"四方平定巾"和"六合统一帽"。清代男子剃发梳辫，着长衫。初为营兵之服的马褂，康熙以后亦普遍化。[①]

4.服饰体现出的跨文化传播

服饰是人类文化的表征，是时代发展的镜子。作为物质文化的服饰，有

---

①　李姗姗：《中国历代服饰的演变》，《鲁行经院学报》2003 年第 3 期。

着一套与之相匹配的精神文化，它包含经济、政治、社会思潮、宗教、伦理、审美、风俗等诸多制度、观念和价值体系。所谓跨文化传播指的是来自不同文化背景的个体、群体或组织之间进行的交流活动。当民族传统文化受到外来文化的冲击时，往往会出现传统文化的解构与新文化观念的诞生。民族服饰渗透着深厚的民族文化底蕴，是民族文化的组成部分，历史上出现的民族服饰演变无不与政治、经济、军事以及宗教信仰、民俗等文化交流有着密切的联系。纵观人类服饰发展史，正是不同民族间服饰文化相互融合，相互取长补短，才形成了人类服饰文化的繁荣与进步。通过服饰演变，变迁文化观念，实现跨文化传播。在南北朝时代，先后发生了两大服饰改制事件，"胡服骑射"和"孝文改制"，它们不只在中国服饰史上，而且在中国历史上，都有重要地位和重大影响。

（1）胡服骑射

"胡服骑射"的军事改革发生在赵武灵王十九年（前307年）。在此之前，赵国在军事上连连失利，国势大减。在这种情况下，赵武灵王准备在全国推行"胡服骑射"。所谓胡服，就是北方游牧和半游牧民族的服饰。这种服饰上褶下绔，有貂、蝉为饰的武冠，金钩为饰的具带，足上穿靴。这种装束较之当时中原诸国的长袍大褂、宽领肥腰、大下摆的服饰来，要轻便得多，而且更适宜于骑兵战法。赵武灵王要求臣民着胡服，其目的在于学习、引进北方少数民族的骑射战术以强化军事力量。这样，胡服骑射就不简单是个服饰着装的问题了。由于胡服令的迅速推行，一支强大而机动灵活的骑兵部队建立起来了，壮大了赵国的军事力量，使赵国一跃而成为战国时北方强国之一。公元前306年，即实行胡服骑射的第二年，赵国军队大举进攻胡地，辟地千里。赵武灵王以其赫赫的战功有力地向改革的怀疑派和反对派们显示了"胡服骑射"这一新生事物的强大生命力和巨大优越性，实践了自己"为己者不待人，制今者不法古"的豪迈誓言，同时也开创了其后以骑兵为主的作战方法。

"胡服骑射"能在战国时代普及于中原地区，其最大推动力是各诸侯政权认识到这类服饰在军事技术中的重要性。借鉴胡服实质上是汉民族文化与西域游牧民族文化的融合，实现了不同民族间的文化借鉴，服饰跨文化的传播。最初导致胡服骑射的深刻矛盾，是重伦理主义的华夏服饰地位受到挑战，但争疆夺土的战争提出了服饰与骑射的彼此适应问题，只有不断输入异域的新鲜文化成果，激活自身的优势与活力，才能发展壮大，在激烈的竞争中立于不败之地。[①]

(2) 孝文改制

孝文改制，是继"胡服骑射"之后，又一次以和平的方式在服饰上跨文化传播的成功事例。

太和十八年魏孝文帝迁都洛阳，全面推行汉化政策，着意改革鲜卑旧俗，服饰是其中重要一环。为了长治久安，北魏统治者借汉魏衣冠来改造本民族相对落后的着装习惯，制定了冠服制度，按照汉族统治传统，使服饰成为严格区分和表明政治身份的标志。鉴于冠服制度建立的艰难与迟缓，也鉴于服饰所寄存的民族自尊心与虚荣心会影响服制的贯彻落实，魏孝文帝便决意服饰全盘汉化，以期在全社会营造亲近汉装的思想氛围和文化土壤。

"胡服骑射"是华夏族国君想穿胡服，通过服装的改变，骑射技术的习得，培养尚武的精神；孝文改制是鲜卑族国君想服饰汉化，通过全面汉化，实现长治久安。二者虽然形式上换了个位置，但改制的性质都是一样的，如此大规模的服饰改制背后，都有着深厚的文化动因。作为服饰的跨文化传播，以和平宽容的模式来运作，赵武灵王和魏孝文帝都是成功的，是中国服饰文化实践中的大步飞跃。服饰是不需翻译的人类共通的艺术语言。[②]

(三) 建筑与华夏文化传播

"建筑是石头的史书"，"建筑是凝固的音乐"，建筑是各种复杂信息的载体，是传播的渠道和媒介。建筑除了给人们提供生存与活动的空间和视觉愉悦以外，还是社会中人与人之间关系的重要联系纽带。通过建筑，社会中的一些人可以向另一些人传播生活方式、审美方式以及各种文化特征，甚至还可以传播包含具体事件的信息，它在一定程度上，也能起到统一社会思想、建立社会关系的作用。可见，建筑既是可以直接作用于人的一种实体，又是一种存在于一些人与另一些人之间的媒介，建筑本身也是信息的载体。

中国古代建筑像一部没有文字的史书，用它特有的语言把中国五千年悠远灿烂的文明向我们娓娓道来。流光溢彩的宫殿建筑代表了封建社会森严的等级制度；中轴线上对称分布的民居建筑格局体现了儒家思想的中庸之道；曲径通幽的中国园林不经意间流露出中国虚虚实实的含蓄之美。

---

① 张志春：《中国服饰文化》，中国纺织出版社，2001年，第293页。
② 张志春：《中国服饰文化》，中国纺织出版社，2001年，第304页。

1. 建筑作为政治、伦理秩序符号

与服章制度一样，中国古代建筑亦能体现等级差别、伦理秩序。人们必须按照自己在社会生活、政治生活和氏族血缘家族家庭生活中的地位，确定适合于自己栖居的宫室庐舍的形式、规模和级别。[①]

（1）宫殿——等级秩序的符号

两千二百多年前的一天，刘邦率领大军，浩浩荡荡回到都城长安。看见刚刚建成的未央宫壮丽非凡，有点不大高兴，就把主持这件事的丞相萧何找来，责问说："天下还在打仗，能不能最后取胜都还难说，为什么要这么奢费？"萧何回答说："天子以四海为家，非壮丽无以重威。"听了这话，刘邦才明白了萧何的用心。可见早在 2000 多年以前甚至更早，人们就意识到宫殿建筑艺术对于烘托皇权的重要作用了。

宫殿是中国发展最为成熟、成就最高、规模也最大的建筑，鲜明地反映了中国传统文化注重稳定社会政治秩序的特色。宫殿是帝王朝会和居住的地方，除了满足帝王的物质生活要求外，更主要的还要以其巍峨壮丽的气势、宏大的规模和严谨整饬的空间格局，给人以强烈的精神感染，凸显帝王的权威。[②]

以孔子的儒家哲学为代表，利用建筑艺术来烘托王权的观念更上升到理论的高度。《礼记》对利用建筑来区别尊卑还提出了具体的办法：如可以以数量来区别，天子的宗庙应该拥有七座殿堂，诸侯可以有五座，大夫只能三座，士一座；也可以以规模的大小来区别，建筑的数量与体量、器皿的大小、坟堆的规模甚至棺材板的厚度等等，都应视享用者的地位不同而等差有序；还可以以高度来区别，如天子的殿堂台基可以高九尺，诸侯只能高七尺，大夫五尺，士三尺；天子和诸侯的宫城可以建造上有城楼的"台门"等。《礼记》还第一次从理论上高度概括了建筑群的中轴对称布局对于烘托尊贵地位的重要，提出"中正无邪，礼之质也"的看法，主要殿堂当然就应建在中轴线上接近中心的最重要的位置。这一观念，又叫作择中论。荀子更具体说：君王应该住在天下的中心，才符合礼仪；《吕氏春秋》也说：应该选择天下的中心建立国都，选择国都的中心建造宫殿。

明清北京宫殿称"紫禁城"，又称"故宫"，是世界上现存规模最大最完

①　刘森林：《中国古代民居建筑的等级制度》，《上海大学学报》（社会科学版）2003 年第 1 期。

②　萧默：《世界建筑艺术》，华中科技大学出版社，2009 年，第 8 页。

整的古代木结构建筑群，也是中国现存最大最完整的古建筑群。始建于明永乐四年（1406），完成于永乐十八年（1420），共有 24 位皇帝先后在此登基。历代都城建设都有一定规制，尤其尊崇礼法。"王者必居天下之中，礼也"，"中"成为最尊贵的方位，因而都城及其中的宫城的选址都突出择中思想："择天下之中而立国，择国之中而立宫。"故宫位于北京城的中心，正是遵循这一思想的结果。

（2）民居——伦理秩序的符号

民居，又称住屋、民宅等，与其他建筑相比，民居是出现最早也是最基本的一种建筑类型，数量最多，分布最广。住宅建造的直接目的主要在于满足人们日常生活起居的实际需要，是"家"的所在。在特别重视血缘亲情的中国，"家"是一个特别富于感情色彩的地方，所以，人们在向民居提出物质性要求的同时，也并没有忘记向它提出适当的精神性要求，即普遍的审美性和情感性，甚至还可能上升到表达某种思想倾向的高度，如体现尊卑之礼、长幼之序、男女之别、内外之分等宗法伦理思想。在古代民居建筑符号中，四合院最能体现人伦观念。

四合院的建筑形式的形成深受儒家思想的影响，其建筑立意就充分体现了中国的宗法制度和伦理教化，以空间的等级区分出人群的等级，以建筑的秩序展示了伦理的秩序，整个四合院格局成了尊卑有等、贵贱有分、男女有别、长幼有序的礼的物化形式。四合院的四角通常用走廊、围墙等将四座建筑连接起来，成为封闭性较强的整体。这种布局方式适合中国古代社会的宗法和礼教制度，便于安排家庭成员的住所，使尊卑、长幼、男女、主仆之间有明显的区别。四合院秉承"居中为尊"的传统观念，极具中国特色的传统建筑美学风格，强调秩序井然的中轴对称布局。它通常有一条贯穿全院的中轴线，坐北朝南，左右对称。

尊卑有别：北京四合院内外宅的划分体现了尊卑有别的等级观念，充分肯定家族中的族权、父权、夫权的神圣。安排住房一定要按照中为上、侧为下、后为上、前为下、左为上、右为下的次序，距中轴线或正厅近者为尊，远者为卑。四合院的这种"北屋为尊，两厢次之，倒座为宾，杂屋为附"的位置序列安排，完全是父慈子孝、夫唱妇随、事兄以悌、朋交以义的人生道德伦理观念的现实转化。

礼制观念：儒家的社会根基是家族制度，要维持一个庞大的家族需要极强的秩序感，这种秩序感形成制度就叫"礼制"，反映在建筑上就是极为强调一个建筑群必须按照严格的规制围绕中轴线来安排具体的位置。礼制观念是儒家的基本思想，讲求秩序观念，包括家庭亦要长幼有序，内外有别，男女有避，合族而居，贯穿于四合院总体布局中①。

封建伦理把建立尊卑有序的社会等级看成是立国兴邦的人伦之本。它往往将社会伦理关系中的双方，划分出阴阳、尊卑、主从，然后依据阳主阴从的所谓神圣化规律规定双方各自的道德权利与义务。在君臣关系中，君为阳，是尊贵的、主导的方面，臣为阴，是从属的、被动的方面；在父子关系中，父为阳，子为阴；在夫妻关系中，夫为阳，妻为阴。在人际关系的很多方面，都可依次类推。为了维护尊卑不乱的秩序，封建伦理道德确立了一整套宗法伦理关系图式，从"君君、臣臣、父父、子子"到"君为臣纲、父为子纲、夫为妻纲"，都无不依附和屈从于等级关系。这种维护皇权至上和封建等级制度的人伦关系的道德观念，实际上就是"礼"的要求。②

2. 园林作为秩序解构的传播媒介

园林，作为一个承载了各种复杂信息的载体，其实就是一种我们并未完全清晰地意识到的传播媒介。园林给人提供活动、旅游、娱乐、休憩和视觉愉悦的场所，是人际关系交往的纽带，是人际传播的媒介。在园林中的传播现象比比皆是，其中的传播过程完全能够反映出传播学的各种特征，它具备了传播过程的各个基本要素，是符合传统的传播模式的。

（1）传播者

凡是能够直接或者间接决定园林形式的个人或者团体都是传播者。

中国历代封建王朝，在取得政权以后，总要大兴土木营建都城宫殿，以象征封建皇权和用来临朝听政，同时构筑离宫别馆，兴造园林，供帝王出宫时居留享乐。历史上把这些处所称作苑、宫苑、御苑、上林等，这些都是今天所说的皇家园林。③自魏、晋、南北朝时期出现文人园林以来，一直是中国传统园林的重要组成部分。中国古代园林，在相当长的时期内，不是由建筑家来修建，而是由一些文人画家来设计，甚至亲自建成的。因此直接参与园林设计和建造活动的封建统治者和古代文人当然是最主要和最直接的传播者。

（2）传播内容

传播者所要表达的意图的总和即是传播内容。一般而言，园林的创造者

① 谢占宇，郝鸥：《北京四合院的哲学思想》，《建筑与规划设计》2006年第4期。
② 萧默：《世界建筑艺术》，华中科技大学出版社，2009年，第63页。
③ 耿刘同：《中国古代园林》，中国国际广播出版社，2009年，第11页。

总是要通过园林表达自己对一种适宜的生活方式的理解和自己对美的感受。园林的信息内容宏观而抽象，它传播得更多的应该是一种思想、观念或者认识。皇家园林是封建社会最高统治者骄奢淫逸生活的历史见证，富丽华彩的风格，渲染出一片皇家气象；文人园林就代表了文人所特有的一种恬静淡雅的趣味、浪漫飘逸的风度与质朴无华的气质，它的传播内容就是一种文化，一种中国古代士大夫阶层的文化精神、审美情趣、精神品格和生活方式。

（3）传播媒介

传播媒介当然就是经过设计的园林本身。加拿大传播学家马歇尔·麦克卢汉认为住宅与人的衣服一样，是人体功能的延伸，"其所以是传播媒介，首先是表现在以下的意义上：它们塑造并重新安排人的组合模式和社区模式"。那么，类推之，园林同样可以是直接作用于人的一种实体，又可以是一种存在于一些人和另一些人之间的媒介，园林本身也是信息载体。

园林除了给人们提供生存与活动的空间和视觉愉悦以外，还是社会中人与人之间关系的重要联系纽带。通过园林，社会中的一些人可以向另一些人传播生活方式、审美方式以及各种文化特征，甚至还可以传播包含具体事件的信息。园林既是可以直接作用于人的一种实体，又是一种存在于一些人和另一些人之间的媒介。它在一定程度上，也能起到统一社会思想、建立社会关系的作用。

（4）受传者

在园林建成以后以各种方式接受园林所传达的信息的人都是受传者。园林的使用者是最直接的受传者，他们与园林的关系密切，能够有机会去体会设计者的各种意图，皇家园林的统治者，文人园林的士大夫，既是传播者也是使用者。

中国古代园林，作为一种再现的媒介系统，对华夏传统文化的传播，起到重要纽带作用，表现在其与古典文学、绘画书法、戏曲音乐等传统文化千丝万缕的联系中，它们相得益彰，互为载体，同时，中国古代园林艺术的卓越成就，是离不开博大深厚的民族文化基础而孤立产生发展的 [1]。

综上所述，在中国古代，非语言符号作为一种传播媒介，将人们相互联系了起来，给当时的人提供了共通的传播理念，进而使得人们的传播成为可

---

[1] 秦性英，刘晓娟，杨秋生：《从传播学角度看中国园林景观的特点与发展趋势》，《农业科技与信息》2008 年第 3 期。

能，同时也规范了传播，使得人们可以在一定交往背景下进行传播。最后，它弥补了言语传播的不足，打破了语言符号的桎梏，为人们提供了更多种的传播形式。

如上我们分析了古代服饰、礼仪、建筑这些非语言符号在华夏文化传播中承载的文化规范。它们都在一定程度上，从其具有的御寒遮羞、礼节仪式、栖息居住等简单功能逐步发展为明别身份、标识等级的象征，体现了鲜明的阶级性。不同时代的服饰、礼仪、建筑的变迁，还叙述着人类文明的历史进程，体现了时代性、文化性，并且衍生出一定的符号意义，成为传播个人和社会信息的载体，与"传播""交往"建立了密切的关系，是华夏文明传承的重要载体。

第三节　周易卦爻的协同继承

除了语言符号与非语言符号，在古代中国还有各种各样的符号系统，《周易》的卦爻辞就是这众多符号系统中的一种。与其他符号系统不同的是，《周易》的卦爻辞系统对中国古代的各个方面产生了深远的影响，许多符号系统都受到了《周易》的影响而产生，本节主要用来讨论《周易》的卦爻辞符号系统的协同继承。

《周易》是先秦时期的一部典籍，被称作是"众经之首""大道之源"。关于《周易》的起源，《汉书·艺文志》记载"人更三圣，世历三古"，也就是说《周易》是由伏羲、周文王、孔子三个圣人，历经了三个时代完成的。早在上古的伏羲通过观察天文、地理等现象，画出了由三个卦爻组成、代表八种事物的符号，即八卦，《周易·系辞下》概括为"仰则观象于天，俯则观法于地，观鸟兽之文与地之宜，近取诸身，远取诸物，于是始做八卦"。而后周文王将两个三爻卦上下重演，创造由六个卦爻组成的六十四卦，并作了卦辞与爻辞，这样就完成了《周易》的古经。春秋时期的孔子则撰写了《易传》，对《周易》古经进行了全方面的解释。至此，《周易》古经加上《易传》就形成了现在人们熟知的《周易》。可以说，周易是中华人民自我创造的第一个符号系统，它凝聚了中华民族古代祖先的智慧，是中国独有的符号系统。

由此我们可以看到，《周易》整个符号系统的形成，其本身就是一个相互协同继承的过程，从伏羲到周文王再到孔子，这期间经历了数千年的过程，这部典籍历经数千年的形成过程，在世界文化史上是绝无仅有的。它的继承过程说明符号本身确实是具有联通社会的功能，如果《周易》的符号不能够在每个朝代都在社会中产生共通含义的话，它又如何能够延续数千年的传承而成书。另一方面，如果没有对《周易》不断的开发与创新，《周易》也就不会是现在这个版本的《周易》了，因此，《周易》本身的形成过程就是一个符号协同继承的过程，但碍于史实方面的缺失，我们只能做出这样的推测。

回到《周易》上来，我们知道，《周易》基本的卦象"—"以及"--"是卦爻最基本的符号。一个长线符号"—"为阳性，而"--"则为阴性。关于这两个符号的来源历来都有不同的说法，概括起来有以下几种：一是以郭沫若为代表的男根女阴说，二是以高亨为代表的一节之竹、二节之竹说，三是以乌恩溥为代表的日象月象说，四是以刘钰为代表的土圭测影说，五是以屈万里为代表的龟卜说，六是以陈道生为代表的绳结说。[①] 而陈道德不同意以上几种学说，他认为卦爻起源于原始社会时期的刻画符号[②]，张晓雨则认为卦爻源于古时候人们对太阳的崇拜和观察。[③] 由此可见，《易经》的象首先是源于人们的生活实践。

而《易经》的象，王弼的解释为："夫象者，出意者也。"[④] 作为视觉符号的象在此时，所代表的则是一种表征或是再生产。由此我们发现，《易经》中的象其本身就是一种符号，它与索绪尔所说的"能指"与"所指"一样，同是具有表意功能的符号。由此"象"的观念表明了一种符号的指意功能，即一种指向关系。王夫之对此论述道："乃盈天下而皆象矣。诗之比兴，书之政事，春秋之名分，礼之仪，乐之律，莫非象也。而易统会其理。"[⑤] 也就是说，在王夫之的眼里，象（符号）是世间万物的基础，以往的《诗经》《礼记》等史书之中所展现的道理，实际上都是象（符号）的一种，而《易经》则是一门领会象（符号）的学说，领悟了象（符号），就是领悟了这些道理，由此可见，在中国古代的生活之中，作为符号系统的象（符号）早已蕴含在了人们生活之中，而《易经》就是中国独有的符号系统。

关于《易经》的象，鲁晓鹏认为《易经》的符号是由"符号工具"与"意义"的关系来决定，因此《易经》的符号可以用习俗符号以及自然符号来区

① 陈道德：《论卦爻符号的起源及〈周易〉的意义层面》，《哲学研究》1992 年第 11 期。
② 陈道德：《论卦爻符号的起源及〈周易〉的意义层面》，《哲学研究》1992 年第 11 期。
③ 张晓雨：《〈周易〉卦爻起源新解》，《周易研究》，2010 年第 3 期。
④ 王弼：《王弼集校释》，中华书局 1980 年，第 609 页。
⑤ 王夫之：《周易外传》，中华书局 1977 年，第 213 页。

分。① 所谓自然符号，即是自然界原本就已有的事物所产生的符号，如鸟、兽、树、木等。而习俗符号则是人类经过学习自然符号之后，自己创造出来的符号。孔颖达说："先儒所云，此等象辞，或有实象，或有假象。实象者，若'地上有水'，比也；'地中生木'，升也；皆非虚，故言实也。假象者，若'天在山中'、'风自火出'，如此之类，实无此象，假而为义，故谓之假也，虽有实象假象，皆以义示人，总谓之象也。"② 他所说的实象、假象正是我们所说自然符号与习俗符号之分。章学诚也说过"有天地自然之象，有人心营构之象"，③ 说的也正是这种道理。

从传播学的角度来讲，我们可以发现不管是哪种起源的学说，或是对《周易》做出怎样的符号学分析，《周易》都是人们对于生活经验的继承与总结。当时的人将他们的生活经验化作为《周易》的符号而记录在《周易》之中，可以说，《周易》是当时通行的大众媒介，将这些生活经验转化为符号之后既可以共享这些生活上的经验，同时卦爻作为一种传播符号也将当时的人们紧紧地联系在了一起。通过《周易》进行的占卜或是预测活动，使人们可以知道接下来需要做的是什么，并朝着同一个方向努力，因此《周易》在当时也扮演着社会的"黏合剂"的作用。所以《周易》作为一个符号系统，它本身就是对生活世界的协同继承，同时也反过来促进了人们在传播交往上的发展。

在《周易》形成之后，它不是停止不前的，而是不断变化的，在易学史上，易学家们排列了各式各样、五花八门的卦序。这同样也说明易学对于生活世界的继承，因此对它的解释才会不断变化。早期的卦序解释出现在《易经·卦序》中，它认为六十四卦从乾坤到既未济，乃是存在着因果序列的系列，后卦因前卦而有，或相因，或相反，形成了一个环环相扣的因果链条。④ 孔颖达在这之上则做了相应的修改，他在《周易正义》中认为六十四卦的排列是"两两相偶"，即两卦为一对，相互配合。郑万耕认为这实际上是隐藏着一种二元对立的思维，通过事物的对立面来说明事物发展变化实际上就萌发于此。⑤

观察以上两种对卦序的解释，我们发现这样的解释实际上也是对生活世

① 鲁晓鹏：《易经与中国符号学的起源》，《文化与诗学》2011 年第 2 期。
② 孔颖达：《周易正义》，中华书局 1966 年。
③ 章学诚：《文学大纲》，三友书社 1939 年，第 6 页，
④ 郑万耕：《卦爻符号系统的演变及其意义》，《中国哲学史》2002 年第 4 期。
⑤ 郑万耕：《卦爻符号系统的演变及其意义》，《中国哲学史》2002 年第 4 期。

界的协同继承，孔子著《易经》的年代正是礼崩乐坏、秩序混乱的春秋战国时期，因此天理循环、因果相应的解释正好可以用来解释当时混乱的政治局面。而到了孔颖达的时代，历经南北朝时期道家、道学的兴盛，阴阳思想实际上早已深入了孔颖达的内心深处，因此通过二元对立的思想观念来解释《易经》也在情理之中，同样，他们在使用这一方法去注释《易经》的时候，实际上也加强了当时人们对于此类观点的认同。因此《周易》的卦爻辞作为一种符号，在作为大众媒介被人们使用着的同时反过来也会加强人们对当时某种观念的理解或是赞同。这些思想都被作为《周易》的思想继承或是保存了下来，由此我们可以看到，一部《周易》不仅仅是一门符号系统，更是对每个时代不同思想观念的继承与保留。

　　以上我们看到的多是从儒家角度对于《周易》的继承，但《周易》的影响面不仅止于此，《周易参同契》的出现就说明《周易》已经对道家产生了影响。作为一本讲述道家修行的书籍，《周易参同契》借《周易》来论述丹药的炼制方法，同时以卦爻象数作符号，配合日月运行的规律来说明外丹修炼的方法，同时又隐含阴阳交合男女双修的内丹术，张其成认为《周易参同契》一书兼论内丹和外丹，通过外丹讲内丹，贯通清修丹法和阴阳双修丹法，是对秦汉以来神仙家、炼养家各种长生之道、炼养方术的总结与提升。① 在这部书中，《周易》的许多符号都被用来表示修炼的方法，如"乾坤"被用来比作修炼外丹的鼎或是炼内丹的上下丹田。坎离则被用来比作铅汞药物或是内丹的元气。而八卦则被用来指示修炼外丹的火候或是修炼内丹的意念或是呼吸。通过《周易》的指导，道家在修炼内外丹时有了一个可控制的量的指导，而指导他们的正是《周易》的卦爻。这是《周易参同契》所要论述的道理。

　　由此我们看到作为一种符号系统的卦爻辞，当它作为一种独立存在的时候，反过来也会对外部世界产生影响，《周易参同契》的出现正说明当《周易》被传承下来的时候，它本身也会影响到周边世界的情况，道家正是受到了《周易》的影响而产生了《周易参同契》这类书籍。因此作为符号系统的《周易》卦爻辞，它在继承的同时也对周遭世界产生了影响，正如哈罗德·伊尼斯所说："传播媒介对知识在时间和空间中的传播产生重要影响，因此有必要研究传播的特征，目的是评估传播在文化背景中的影响。"② 当道家开始使

---

① 张其成：《周易参同契卦爻涵义再探》，《周易研究》2006 年第 1 期。
② 哈罗德·伊尼斯：《传播的偏向》，何道宽译，中国人民大学出版社 2003 年，第 27 页。

用卦爻辞这样的媒介时，就必然会对它的知识结构本身产生影响，与此同时，作为符号系统的周易也影响了道家的修行。我们发现，《周易》卦爻辞的协同继承应该是一个事物的两个方面，它既是卦爻辞对生活世界的继承，同时也是卦爻辞对世界的影响。

（杜恺健　何丽芳　谢清果）

第十三章 "夷夏之辨"：华夏文明传播的安全意识

传统的中国"不同于近代的民族国家，它是一个以文化而非种族为华夷区别的独立发展的政治文化体"。① 从这样的文化环境与基础上发展出来的"夷夏之辨"是儒家"春秋大一统"的理论支柱之一。在夷夏之辨的影响下，中国特色民族主义是一种文化民族主义，与现代西方构建的民族国家的思想源头，以及一些激进的民族主义思想有着根本的不同：中国的夷夏之分并非根据其血缘种族或所居之地域，而是以其文明的程度为准则。这一思想最开始出现的时候其实是一种较为狭隘的文化族群观念，但它在封建统治时期的中国是有着巨大而积极的政治意义的：是在民族相亲的基础上凸显了华夏族的"文化优越感"，使文明相对发达的中原地区核心族群得以凝聚，使周边发展水平较低的少数民族能在情感上接受华夏文明，认同其文化价值观念，自觉规划，从而使中华民族的凝聚力不断强化，民族大家庭不断扩大，最终形成了"多元一体"的大中华民族格局。

我国思想界、传播学和社会学研究界对于"夷夏之辨"向来是有着研究的兴趣和传统的，其研究主要分几类：一种是"夷夏之辨"的断代史研究，针对"夷夏之辨"在某一历史时期，对当时的社会人文、民族风俗的影响和作用，以历史学的记述角度为主，代表的研究有齐春风的《少数民族统治者与"华夷之辨"观》② 和汪高鑫的《汉代民族关系与夷夏之辨》③。一种是从思

---

① 金耀基：《中国政治与文化》，香港：牛津大学出版社，1997年。
② 齐春风：《少数民族统治者与"华夷之辨"观》，《内蒙古大学学报（人文社会科学版）》2006年第6期。
③ 汪高鑫：《汉代民族关系与夷夏之辨》，《人文杂志》2011年第2期。

想史的角度切入分析，比如罗志田的《夷夏之辨的开放与封闭》[①] 和张刚的《先秦儒家民族思想研究——夷夏之辨》[②]。而还有一种，则是从"夷夏之辨"的思想中吸收养分，反哺今天的传播学和社会学研究，比如许纪霖的《天下主义 / 夷夏之辨及其在近代的变异》[③]、张双志的《文化的自身认同——传统华夷之辨的文化解读》[④]、张鸿雁和傅兆君的《论传统夷夏观的演变及其对近代社会民族观的影响》[⑤]，以及李帆的《西方近代民族观念和"华夷之辨"的交汇》[⑥]，而本文也是从这样以史鉴今的目的出发，从传播学和文化安全观的角度对"夷夏之辨"进行考察的。

第一节　从民族中心到民族自觉的华夏传播本位观

文化认同具有巨大、深远的影响，渗透到社会的各个方面，形成了集体的、社会的力量，并不以任何个人的力量为转移。古老中国地大物博，民族众多，春秋时期的大思想家们发现想要把各自相对独立的民族团结在一起，构建一个统一的中华王国，就必须从思想上入手，树立起华夏民族的文化认同和身份认同。而这种认同的建立就是要从世界观和认识上确立出"他者"，有了"他人"的区别才会有"我们"的存在。而同时，对这一个"他者"的认识，一定是含有贬低性质的。

这一个被从思想上界定出来的他者就是"四夷"，《礼记·王制篇》曰："中国夷狄，五方之民，皆有性也，不可推移。东方曰夷，被发文身，有不火食者矣；南方曰蛮，雕题交趾，有不火食者矣；西方曰戎，被发衣皮，有不粒食者矣；北方曰狄，衣羽毛穴居，有不粒食者矣。"描述蛮夷戎狄"四夷"的生活习俗是被发、纹身、衣皮毛、穴居、吃生食，代表了渔猎、游牧生产生活方式的特性，以区别于农耕作业。与美华服、尚礼仪的诸夏人相区别。虽然从本质上讲，华夏文化、"四夷"文化是没有先进与落后之分的，两种文

① 罗志田：《夷夏之辨的开放与封闭》，《中国文化》1996 第 2 期。
② 张刚：《先秦儒家民族思想研究——夷夏之辨》，《玉溪师范学院学报》，2010 年第 10 期。
③ 许纪霖：《天下主义 / 夷夏之辨及其在近代的变异》，《华东师范大学学报：哲学社会科学版》，2012 年第 6 期。
④ 张双志：《文化的自身认同——传统华夷之辨的文化解读》，《天府新论》，2007 年第 2 期。
⑤ 张鸿雁、傅兆君：《论传统夷夏观的演变及其对近代社会民族观的影响》，《民族研究》，1993 年第 2 期。
⑥ 李帆：《西方近代民族观念和"华夷之辨"的交汇》，《北京师范大学学报：社会科学版》2008 年第 2 期。

化之间不存在价值的可比性，没有必然的理由可以论证谁更好，但是，在建立自身认同时，就必须论证它是更好的。文化本身是无高下之分的，但人类有利益、有冲突，那么就需要一种身份界定，通过文化表现出来，并赋予文化差异性不同的含义，来强化它体现出来的人们的价值观念。夷夏之辨就是中国文化中心主义思想的表征。

文化是人自身身份、精神的表现形式，本质上说，文化认同是自私认同，即以本族文化的价值观念为标准来衡量和评价他族的文化时，认为只有自己本族的文化和文明体系才是最自然的、正常的和优秀的，自己本族的文化及所处之文明高于其他一切文化的思想和观念，所以华夏民族的人们在界定身份的时候，自然地会偏向于论证自身文化的优越性，以华夏民族为本位来维护自身的利益和权力，而不会为他者辩护。所以，人们在界定身份时，就不一定是合理的，讲道理的，甚至是歪曲和丑化的。比如战国时期的赵国公子成，他在劝赵武灵王放弃改革戎狄的胡服骑射时所讲的一句话，就代表了那一个时期诸夏人的看法："中国者，聪明睿智之所居也，万物财用之所聚也，贤圣之所教也，仁义之所施也，诗书礼乐之所用也，异敏技艺之所试也，远方之所观赴也，蛮夷之所义行也。今王释此，而袭远方之服，变古之教，易古之道，逆人之心，叛学者，离中国，臣愿大王图之。"（《战国策·赵策二》）另一个例子是《左传·定公十年》，曰："裔不谋夏，夷不乱华。"孔颖达疏解："中国有礼仪之大，故称夏；有服章之美，故谓之华。"其中的偏见、赞美与丑化都丝毫不加掩饰。

民族中心主义来源于民族自豪感，来源于中华国力的强盛、文化的优越。那么相对应的，当中华国力弱势的时期，受到外来民族、势力的入侵时，"夷夏之辨"又会从民族中心主义的思想转化为一种文化上的民族自觉观念。文化和思想一词在中国传统语境中有一个大致能对应的词——道统，韩愈在《原道》一文中说：尧舜禹汤传的是道统，诗书礼乐讲的是道统，道统就是中华民族的精气神，就是华夏文明所衍生的厚重文化。明末著名思想家王夫之曾说"政统可断，道统不可断"，就是这样一种民族自觉，在受到外族侵略、政权交替、民族危难之时，也要坚守道统、坚守中华文化。近代中国人救亡图存的奋斗过程中也秉承"崇国学以救亡启蒙"的思想，区分夷夏、区分西学和国学，以一种文化的自觉来传播国学思想和传统文化，意图唤起中华民族的民族自觉。换句话说就是开始树立全新的传播本位观，明白在救亡图存时、在复兴中国时，思想和文化的传播是为了什么、是为了谁，要时刻以中国为本位，以华夏民族为本位，时刻以中华民族的根本利益为出发点地进行传播。

第二节 夷夏之防与改土归流的华夏跨文化传播策略

在古老中国的土地上多民族多族群聚居，而华夏文明就诞生于这样的多文化碰撞与跨文化传播之中。毫无疑问，独特的民族文化属于上层建筑，扎根于经济与国力基础，在汉民族刚刚于中原建立起政权时，面对周围虎视眈眈的外族即"四夷"，从生存安全和文化安全上，都要求他们要小心翼翼地树立起"夷夏之防"的围墙，保护好初生的汉文明；而到了中原政权实力强大的时期，对土地和人口的渴望，对"书同文、车同轨"，从肉体到思想"万世一统"的渴望就会用战争、外交和专政的途径将汉文化大大扩张开来。

一、直指文化安全的"夷夏之防"

最早彻底贬低"四夷"，树立起夷夏之防的是管仲，他率先提出"尊王攘夷"的口号，标志性语言是："戎狄财狼，不可厌也；诸夏亲昵，不可弃也。"依据文化，将天下分为夏、夷两大政治敌对集团，团结诸夏，抵御戎狄，获得诸夏的认同。此后又有"狄，豺狼之德也"（《国语·周语》），"非我族类，其心必异"（《左传·成公四年》）。孔子赞管仲"九合诸侯，不以兵车"，"一匡天下，民到于今受其赐"，可配称为"仁"。并说："微管仲，吾其被发左衽矣！"（《论语·宪问》）高度肯定其维护礼仪秩序，挽救华夏文明的功绩。

"尊王攘夷"是一种文化上的自我防卫，而"用夏变夷"则是与之相辅相成的积极的文化政策。夏和夷，虽然在文化上划出了明确的界线，但在现实生活中，两种文化是必然会有交锋和融合的。而融合是否合法的标准是"用夏变夷"，"吾闻用夏变夷者，未闻变于夷者也"（《孟子·滕文公》）。只有用夏文化改造夷，绝不可能用夷变夏，这是一条文化上的原则，也是一项政治原则。

而在文化上严格"夷夏之辨"的同时，古代政治家、思想家又极力消弭"夏"与"夷"的种族血缘差别，倡导"夷夏共祖"的思想，淡化种族、国家界限，认为"夷夏一体"，天下人共出一祖，目标直指中华文化的大一统，即"用夏变夷"。如司马迁在《史记》中所记载的："蜀王，黄帝后世也。""匈奴，其先祖夏后氏之苗裔也。""夷夏之辨"与"夷夏共祖"两种思想看似矛盾，实则相辅相成，把"夷"与"夏"主要作为一个文化、礼仪上的分野而不是种族、血缘上的界限，并不含民族排他性。孔子曰："居处恭，执事敬，与人忠，虽之夷狄，不可弃也。"古人早就注重以德治教化使"四夷咸宾"(《尚书·旅獒》)，"柔远能迩，惇德允元"，使"蛮夷率服"(《尚书·舜典》)。孔子认为"有教无类"，主张对蛮夷进行教化，"修文德"而"来远人"。

二、汉文明强力扩展的"改土归流"

在明清之前，朝廷的治理和统辖基本上是可以分为内外两层的，内的一层包括长城以内的广大中原地区，由朝廷派遣官员、设置行署、驻扎军队进行直接的统治，辖下的老百姓缴纳赋税，响应徭役。而对于长城之外以及南疆少数民族聚居的边远地区，则实行"因俗而治"的传统政策，由朝廷任命当地少数族群的酋长、首领作为官员，代理当地事务。这种管理方式，宋代及以前称为"羁縻州"制度，而元代至清初时则为"土司"制度。这些土司长官们一般都采取世袭制度，在自己的辖地内拥有包括武装力量在内的一切权力。在刚刚将这些边远的少数族群聚居地纳入中原朝廷统治之时，羁縻州与土司制度是能够很好地发挥稳定民心、抑制反抗力量、促进生产的作用的。但经过长时间的政权稳固之后，土司统治和中央朝廷之间的松散关系已经大大影响到了朝廷的威望和政令的通行。一劳永逸的应对之法就是后来施行的"改土归流"制度。

"改土归流"是指明清两代，朝廷在少数民族地区废除世袭土司的统治，转而施行派遣流官来治理少数民族的一种政治措施，它不仅仅是一种统治制度的改革，从更深层的意义上来说就是一种"用夏变夷"的跨文化策略，是明清两代统治者意图以汉文化、儒家思想来改造西南少数民族的国家观念、伦理观念、义利观念等意识形态，达到"以夏变夷"的目的。原有的土司制度不过是中央政权还不稳固之时的一种"以夷治夷"的权宜之策，而当中原中央政权发展稳定了之后，是一定会谋求对全国各民族的文化和思想统治的，如雍正帝所言"化其顽梗，期其善良"[1]，就是用一种外部的强制力量打破了土司制度下民族与地区间的壁垒，增强了各民族人民之间的经济、文化交流，对国家的统一发展意义重大[2]。史书记载：自清雍正七年（1729 年）改土归流，"初时或尚有野性未驯、致有煽惑蠢动之事"，"教化至今五十余年，夷人多有

---

① 《清世宗实录》卷一四七，雍正十二年九月甲申，见《清实录》第 8 册，中华书局 1985 年，第 147 页。

② 李世愉：《试论清雍正朝改土归流的原因和目的》，《北京大学学报》1984 年第 3 期。

剃发衣冠、读书入泮者"，"其语言、服食，与内地人民无异"，且改变从前专以射猎打牲为事的习俗，男子尽皆务农①。记载了改土归流、以夏变夷的文化传播效果。

"改土归流"实质上是一次汉文明向西南少数民族地区的扩展和传播，主要是通过文化的传播来进行的。两个不同的文化体系或文明一旦发生接触，久而久之便会发生涵化的现象和过程。涵化，指的是两个完全不同的文化相互接触后，经过久长的时间，两者间相互采借、适应，彼此都发生了变化且文化间的相同性日益增加的过程和结果②。美国社会学家赫克托认为绝大多数现代国家在初期都是由多个文化不同的群体所组成，而国家的发展则可以视作不同文化群体被逐步超越了它们之间区别的一个国家文化所取代，核心及边缘地区的文化都必须完全融入一个兼容并包的文化系统，所有的社会成员都对这一文化系统有着根本的认同与忠诚③。"改土归流"就是这样一种国家发展的过程，是一种多民族国家内部的文明、文化传播运动：汉文明与西南少数民族文明都属于古代中华文明体系，但汉文明是由在生产方式和生活方式方面较先进的中原民族所掌握，它在国家政治、经济和文化生活中居于主导地位，于是有了这一场自上而下、自中心而边缘的政治大革命、文明大扩散、文化大传播，其目的是文明的同化，是"以夏变夷"，是用以儒家思想为核心的家国认同、华夏文化系统来统合全体社会成员。

第三节 和亲与朝贡的华夏战略传播

身处四夷包围之中的华夏文明为自己创建了和亲制度与朝贡制度这样的针对外部文明的传播战略，不仅在弱小的时候很好地保护、维持了自身文明和文化的延续，更在强大的时候扩大了儒家文化的国际影响力，在东亚范围中建立起一套行之有效的国际秩序。

---

① "云贵总督富纲为敬遵圣训、恭折复奏奏事（乾隆五十二年正月初六日）"，宫中档乾隆朝奏折（第 62 辑），台北：故宫博物馆，1982 年。

② 芮逸夫主编：《云五社会科学大辞典·人类学》，台北：台湾商务印书馆 1971 年，第 214—217 页。

③ 马戎编：《西方民族社会学的理论与方法》，天津人民出版社 1997 年，第 81 页。

一、实力羸弱时力图自保的和亲政策

出现于汉朝初年的和亲政策,其背后有着重要的决定因素,那就是初生的华夏汉帝国与匈奴帝国的战争实力相比较,实际上是处于下风的,和亲政策是当时"防御型外交"的需要,是对匈奴帝国发起反攻前的"韬光养晦"式的需要。当时的统治者心知肚明作为弱者要想保存自己,保存文明与文化的存续,就必须拥有和平,哪怕这和平是通过和亲这样一种屈辱的形式。《史记·匈奴列传》记载:"汉议击与和亲孰便。公皆曰:'单于新破月氏,乘胜,不可击。且得匈奴地,泽卤,非可居也。和亲甚便。'"[①]

王桐龄先生在 1929 年的《汉唐之和亲政策》中曾这样描述和亲政策:"和亲政策者,汉族皇帝以本国公主嫁与外国君主,与其讲求婚媾之谓……首先实行者为汉高帝,创议者为刘敬。白登败后,高帝无力退敌,乃用敬之议,欲遣公主嫁匈奴冒顿单于,吕后不可,乃以家人子为长公主,代往。[②]"讲和亲政策就是与敌议和、结为姻亲,是带有一定政治目的的联姻。翦伯赞先生也曾在 1961 年的《从西汉的和亲政策说到昭君出塞》中说:"和亲政策,在今天看来已经是一种陈旧过时的民族政策,但在古代封建社会时期却是维持民族友好关系的一种最好的办法。在当时的历史条件下,要维持民族友好关系,主要地是通过两个办法,或者是质之以盟誓,或者是申之以婚姻,后者就是和亲。西汉王朝对匈奴的政策主要地是和亲政策。[③]"

华夏文明史上的中原历代王朝并非是一帆风顺的,总是处于四夷这样外部文明的威胁之中,但自公元前 100 多年的汉朝初年起,一直到 12 世纪初至 13 世纪后期女真族金帝国和成吉思汗蒙古帝国先后向南大举征战为止,华夏民族再未遭受来自中华国度以外的游牧民族强权的致命威胁[④],华夏民族的国家、文明和文化得以保持和延续,不得不说是受益于"和亲"这一独特的外交政策的。

和亲政策中议和是目的,联姻是手段,但在其中真正发挥了和平作用的是由联姻为引的经济互市、文化互通,是四夷与华夏文化的交融和理解,让对立的夷夏之间停止战争、摒弃仇怨,转而建立和平、友好、亲睦的关系。

---

① 司马迁:《史记》,商务印书馆 2013 年,第 428 页。
② 王桐龄:《汉唐之和亲政策》,《史学年报》1929 年创刊号。
③ 翦伯赞:《从西汉的和亲政策说到昭君出塞》,《光明日报》,1961 年 2 月 5 日。
④ 时殷弘:《武装的中国:千年战略传统及其外交意蕴》,《世界经济与政治》,2011 年第 6 期。

史书中记载了和亲政策的跨文化传播效果，《史记·匈奴列传》："今帝即位，明和亲约束，厚遇，通关市，饶给之。匈奴自单于以下皆亲汉，往来长城下。"《汉书·西域传》："东师王得近汉田官，与匈奴绝，亦安乐亲汉。"

二、实力强大时谋求国际秩序的朝贡制度

当发祥于中原腹地的华夏文明逐渐发展壮大之后，在经济、国力蒸蒸日上之后，在对外邦交时，已不再需要小心翼翼地树立起"夷夏之防"，以委曲求全的姿态通过"和亲"来保护华夏文化的独特性。这时，深受儒家文化影响的中国统治阶级反而开始怀揣着一种达者兼济天下的雄心壮志，意图在其意识中的"天下"的范围内推广、传播其优秀的华夏文化，朝贡制度就是这样一种中心主义思维下的产物。

朝贡制度是古代中国与周边国家的外交关系体系，是中国传统的儒家思想和封建宗法观念在对外关系上的表现。朝贡制度的设置带有浓厚的中国中心主义和华夏文化自身优越感色彩，制度内部充满了等级制和不平等，并在中国势力影响下的东亚范围内形成了一种以中国为中心的，"夏夷""中外"式的国际秩序网络。美国学者费正清教授认为，朝贡制度依辐射范围大致可以分为三个圈：一是汉字圈，由几个最邻近而文化相同的属国组成，即朝鲜、越南，它们的一部分古时就曾受中国的统治；琉球群岛和日本在某一时期内也属于此圈。第二是亚洲内陆圈，由亚洲内陆游牧或半游牧民族等属国和从属部落所构成，它们不仅在种族和文化上异于中国，而且处于中国文化区以外或边缘。第三是外圈，一般有关山阻绝、远隔重洋的"外夷"组成，包括最后在贸易时应该进贡的国家和地区，如日本、东南亚和南亚其他国家，以及欧洲。[①] 朝贡制度起源于先秦的分封制，及至明朝时期达到了发展顶峰，其制度达到了缜密的地步。日本学者滨下武志认为，朝贡制度是一种以中国为核心的与亚洲全境密切联系的朝贡关系，以及在此基础上形成的朝贡贸易关系，是亚洲而且只有亚洲才具有的唯一的历史体系。是中国统治者将中央与地方的统治关系扩大到周围和四边，按中央—各省—藩部（土司、土官）—朝贡诸国—互市诸国的顺序排列，并依其邻接的中心—周边关系之同心圆方

---

① 费正清：《费正清集》，陶文钊编，林海、符致兴等译，天津人民出版社，1991 年，第 54 页。

式交错产生出的一种体系，在 16—17 世纪逐渐成熟。[①] 这一长期存在于东亚的传统华夷秩序，最终在晚晴时期毁于西方殖民者的侵略。

朝贡制度既像一个处理贸易、外交关系的机构在起作用，又像一种断言儒教秩序之普遍性的宗教仪式在起作用。这个制度的最成功之处在于它与中华帝国的各种制度和社会生活融为一体，同时表明了它的既稳定又脆弱。[②]

三、厚往薄来的朝贡政策建立起跨文化传播的动力

中国的强大和繁荣稳定是朝贡制度建立的前提条件。在历史的绝大部分时期中，中国都处于统一的中央封建王朝统治下，其强大的国力和巨大的国际影响力在东亚地区是独一无二的，这是确保东亚国际秩序稳定的基石。在这样的情况下，建立和发展与中国中央王朝的联系，即朝贡关系，成为周边国家追求的目标。但真正使周边国家趋之若鹜的是中国厚往薄来的朝贡政策以及互市之利益。

深受儒家文化影响的中国士族阶级拥有一种跨越国界的天下观，记载于《礼记·中庸》的"送往迎来，嘉善而矜不能，所以柔远人也……厚往而薄来，所以怀诸侯也"，很好地反映了封建中国的统治者是如何看待朝贡体系下的"外国"，头一句"柔远人"反映封建中国是站在一个天然居高临下的立场来看待和接济周边邻国的，后一句"怀诸侯"更是表现了"溥天之下，莫非王土；率土之滨，莫非王臣"的天下观是将朝贡各国定位成"诸侯国"的，那么作为以仁义礼治天下的中央皇朝天子，自然是不会让朝贡国在朝贡与互市的过程中吃亏的。

及至明清时代，面对近代国际贸易的不断发展，封建中国的统治者仍然坚持把巨额的各国贸易往来归入朝贡体系，"凡贡使至，必厚待其人；私货来，皆倍偿其价"（严从简《殊域周咨录》），这种在正常的贸易往来中完全无法想见的优待吸引各国纷纷朝贡，导致中国"岁时颁赐，库藏为虚"（《明史·西域传四·坤城》）。正如南宋马端临《文献通考》所称，"岛夷朝贡，不过利于互市赐予"，朝贡各国出于逐利的目的，开始频繁往来朝贡。明清朝廷已是不堪重负，转而将朝贡制度作为垄断海外贸易的手段和一种用于让利的外交工具。明人王圻在《续文献通考》中写道："凡外夷贡者，我朝皆设市舶

---

① 朱荫贵：《朝贡贸易体系与亚洲经济圈——评滨下武志教授的〈近代中国的国际契机〉》，《历史研究》1999 年第 2 期。

② 保罗·埃文斯：《费正清看中国》，陈同等译，上海人民出版社 1995 年，第 195 页。

司以领之……许带方物，官设牙行与民贸易，谓之互市。是有贡舶即有互市，非入贡即不许互市。"据《明会典》记载，明一朝一共只向15个国家或地方政权颁发了朝贡勘合。

正如当今社会众所周知的，所谓弱国无外交，不仅仅指军事实力弱小的国家没有国际话语权，还指经济弱小的国家没有实力去经营、搞好外交工作。大国外交讲究的是利益的交换，古老中国能位居亚洲文化宗主国，靠的是厚往薄来的朝贡制度中真金白银换来的万邦来朝。文化传播想要跨越地域的阻隔，跨过不同文明不同民族的差异，就要靠外因和内因同时起作用，就要让被传播的文化主体自觉自愿地接受甚至主动接触华夏文化。朝贡制度所激发的跨文化传播动力，充分展现了古老中国的外交智慧，也为现今国家和民族间的跨文化传播实践提供了绝好的范本——动之以情不如诱之以利。

四、作为跨文化传播平台的朝贡政策

之所以在厚往薄来的"吃亏"形势下依旧矢志不渝地推行朝贡制度，是因为它首要表现的是一种儒家的"礼治"文化，香港学者黄枝连教授曾提出"天朝礼治体系"的概念，认为朝贡制度是以中国封建王朝为中心而以礼仪、礼义、礼治及礼治主义为其运作形式；对中国和它的周边国家（地区）之间、周边国家之间的双边和多边关系，起着维系与稳定的作用。[①]

朝贡政策就是一种向海外各国推广中华传统封建礼治的媒介和载体，是以儒家思想为指导的封建礼制在外交政策中的一种表现和延伸。通过外夷进贡和中朝赐封的形式，让蛮夷之国接受中国的传统文化熏陶，从心理上达到使蛮夷归化、尊崇中国为天朝上国的目的。并用儒家的纲常伦理道德来约束蛮夷的言行，从而彻底消除蛮夷对中国的安全威胁。

朝贡讲求严谨的仪式感，对朝贡的仪式和礼仪非常重视，是着眼于视觉传播与仪式传播的角度进行华夏文化的对外传播。正是由于以礼为先而不是以利为先，朝贡制度遂成为能够涵盖"中国同朝鲜、安南、日本、琉球、暹罗以及更广泛的亚太区域的关系"乃至"陆上丝绸之路和海上丝绸之路"的一种国际关系形态。朝贡体系继承了中华文明中庸、持柔的文化因子，对比于西方的条约体系来说，缺乏政治、军事方面的合作，在经济交往上也表现

---

① 黄枝连：《天朝礼治体系研究》（上卷），《亚洲的华夏秩序——中国与亚洲国家关系形态论》，中国人民大学出版社1992年，第2页。

不佳，但在文化交往尤其是思想的传播方面有着独特的优势，才能够在如此长远的历史跨度上维系起了东亚区域内国家间的和平与国际秩序的稳定。如今，我国正试图重构与丝绸之路经济带国家间的经济合作，也当以礼为先、以文化推广为先，吸取历史的经验教训，期待中华文化在世界范围的复兴。

美国历史学家卡尔·A.魏特夫在其名著《东方专制主义》中曾把古代东方社会称为"治水社会"，其下又分为"治水的核心地区""边缘地区"和"次边缘地区"①。美国著名社会学家沃勒斯坦在研究世界资本主义体系时，也是以中心、边缘区、半边缘区来划分资本主义世界经济体系的形成和发展的②。说明在世界范围来说，都存在着中心和边缘的差异，这样的差异是客观存在的，由历史发展中各种各样的因素所造成的。不仅仅是政治和经济的角度是这样，从文明的扩展和文化的传播角度来说更是如此。有西学学者"言必称希腊"的说法，讲的就是西方文化发源于希腊，西方人也从不讳言自己科学、民主和自由的思想源头是来自希腊；在东方也是一样，华夏文明与儒家文化影响了多少国家和人民才让中国有了文化宗主国的美誉。所以，不同的文化本身是没有高低贵贱之分的，但每一种文化所归属的国家和民族有强盛和弱小的区分，于是不同文化间有了中心和边缘的区分。古老中国通过治水和农耕文化创造了灿烂的文明，组建了强盛的帝国，所以周边游牧民族的部落文化滑落边缘，不由自主地向中心靠拢，开始仰慕并学习中原文化。

而近代西方率先实现工业革命以来，标榜自由民主的西方文化成了世界文化中心，将东方文化映衬得黯淡无光，百余年来中国莘莘学子锲而不舍地追逐着民主与科学的脚步，将西方文化丝毫不加辨别地接纳与吸收。直到当代社会，现代媒介技术和教育普及之后，世界才警醒思想和文化多元的必要性，东方文化之于西方的重要性。中国的经济崛起备受世界关注，中国的文化安全与文化复兴更应当引起重视。历史上，通过"夷夏之辨"，中国人确立了自身的文化身份认同，虽数度四分五裂，各自为国，但通过文化认同的纽带，中国人终究能连在一起，牢不可破，具有比政治、经济更深刻的影响力。夷、夏两大集团不断地斗争、融合，从秦到清，彼此交相呼应，深刻影响了

---

① 卡尔·A.魏特夫：《东方专制主义》，徐式谷、奚瑞森、邹如山等译，中国社会科学出版社1989年，第163—208页。

② 伊曼纽尔·沃勒斯坦：《现代世界体系》第一卷，尤来寅等译，罗荣渠校，高等教育出版社1998年，第194页。

古代中国的走向。在当今社会，"夷夏之辨"还将继续警醒中国人：在学习和传播实践中，认清文化上的"他者"，关注华夏文明的文化主权，在避免盲目民族中心主义的基础上也要民族自觉，立足中国传播中国，树立中国本位观。不可"用夷变夏"，而应"各美其美，夷夏与共，天下大同"！

（赵晟　谢清果）

参考文献

[1] 刘穿石：《人情与人心——中国传统情欲心理学思想研究》，山东教育出版社，2012 年。

[2] 蒙培元：《中国哲学主体思维》，人民出版社，1997 年。

[3] 赵凯：《同人心，贵人和——中国传统人际关系心理学思想研究》，山东教育出版社，2012 年。

[4] 罗安宪：《道家心性论》，中国人民大学博士学位论文，2002 年。

[5] 谢清果：《内向传播的视阈下老子的自我观探析》，《国际新闻界》，2011 年第 6 期。

[6] 霍韬晦：《绝对与圆融》，东大图书公司，1989 年。

[7] 朱义禄：《儒家理想人格与中国文化》，上海复旦大学出版社，2006 年。

[8] [美] 余英时：《现代儒学的回顾与展望》，上海三联书店，2004 年。

[9] 杨伯峻：《论语译注》，中华书局，2009 年。

[10] 杨国荣：《善的历程——儒家价值体系研究》，上海人民出版社，2006 年。

[11] 葛荣晋：《儒学经蕴新释》，齐鲁书社，2002 年。

[12] 杨伯峻：《荀子译注》，中华书局，2009 年。

[13] 孙旭培：《华夏传播论》，人民出版社，1997 年。

[14] 赵晶晶编译：《和实生物——当代国际论坛中的华夏传播理念》，浙江大学出版社，2010 年。

[15] 张玉法：《先秦的传播活动及其影响》，台湾商务印书馆，1993 年。

[16] 郭庆光：《传播学教程》，中国人民大学出版社，1999 年。

[17] 哈贝马斯：《交往行为理论》（第一卷），洪佩郁，蔺青译，重庆出版

社，1994 年。

[18] 吴予敏：《无形的网络——从传播学角度看中国传统文化》，国际文化出版公司，1988 年。

[19] 李敬一：《中国传播史》（先秦两汉卷），武汉大学出版社，1996 年。

[20] 李敬一：《中国传播史论》，武汉大学出版社，2003 年。

[21] 郑学檬、黄鸣奋、刘国正：《华夏传播研究丛书》（三卷），文化艺术出版社，2001 年版。

[22] 金冠军、戴元光等：《中国传播思想史》，上海交通大学出版社，2005 年。

[23] 张立文：《和合学——21 世纪文化战略的构想》，中国人民大学出版社，2006 年。

[24] 胡守钧：《社会共生论》，复旦大学出版社，2006 年。

[25] 赵汀阳：《天下体系——世界制度哲学导论》，江苏教育出版社，2005 年。

[26] 方晓红：《中国新闻史》，南京师范大学出版社，2004 年。

[27] 邵飘萍：《实际应用新闻学》，中国新闻出版社，1994 年。

[28] 宋昭勋：《非言语传播学（新版)》，复旦大学出版社，2008 年。

[29] 刘士林：《中国诗性文化》，海南出版社，2006 年。

[30] 侯敏：《意象论》，北京大学出版社，2006 年。

[31] 森茂芳：《美学传播学》，云南民族出版社，2001 年。

[32] 蔡方鹿：《中华道统思想发展史》，四川人民出版社，2003 年。

[33] 陈正宏、谈蓓芳：《中国禁书简史》，学林出版社，2004 年。

[34] 姚汉荣：《中国古代文化制度简史》，学林出版社，1992 年。

[35] 来新夏：《书文化的传承》，山西古籍出版社，2006 年。

[36] 周庆山：《文献传播学》，书目文献出版社，1997 年。

[37] 于翠玲：《传统媒介与典籍文化》，中国传媒大学出版社，2006 年。

[38] 钱存训：《印刷发明前的中国书和文字记录》，印刷工业出版社，1988 年。

[39] 邵培仁：《政治传播学》，江苏人民出版社，1991 年。

[40] 王政挺：《传播：文化与理解》，人民出版社，1998 年。

[41] 李兵：《书院与科举关系研究》，华中师范大学出版社，2005 年。

[42] 陈青之：《中国教育史》，东方出版社，2008 年。

[43] 黄星民：《华夏传播研究刍议》，《新闻与传播研究》，2002 年第 4 期。

[44] 黄星民：《礼乐传播初探》，《新闻与传播研究》，2000 年第 1 期。

[45] 谢清果：《老子的组织传播思想纲领初探》，《今传媒》，2011 年第 3 期。

[46] 谢清果、曹艳辉：《架构"交流的无奈"通向"人际的和谐"桥梁——论老子人际沟通的逆向思维》，《周口师范学院学报》，2012 年第 1 期。

[47] 邵培仁、姚锦云：《寻根主义：华人本土传播理论的构建》，《新疆师范大学学报》（哲学社会科学版），2013 年第 4 期。

[48] 邵培仁、姚锦云：《传播模式论：〈论语〉的核心传播模式与儒家传播思维》，《浙江大学学报（人文社会科学版)》，2014 年第 4 期。

[49] 邵培仁、姚锦云：《传播受体论——庄子、慧能与王阳明的接受主体性》，《新闻与传播研究》，2014 年第 10 期。

后　记

　　华夏传播研究作为传播学本土化方向的一个研究领域，从传播学引入中国的那一刻开始便已启动。传播学作为一门诞生于西方的具有人文情怀的社会科学，从诞生她的文化社会情境转向中国社会文化情境，自然地激发了学者从本土文化回应传播学冲击的思考。从余也鲁、徐佳士到吴予敏、孙旭培、尹韵公、李彬、黄星民、关绍箕、陈国明、贾文山、邵培仁等一批海内外华人学者都曾致力于探究中华文化中的传播智慧，从而产生了《无形的网络》《华夏传播论》《中华传播理论与原则》《唐代文明与新闻传播》《明代新闻传播史》《中国传播理论》《中国传播思想史》等诸多鸿篇巨制，成为中国传播学中一道美丽的风景线。甚至，可以成为一门独特的学问——华夏传播学，亦即"是在对中国传统社会中的传播活动和传播观念进行发掘、整理、研究和扬弃的基础上，建构起来的能够阐释和推进中华文明可持续发展的传播机制、机理和思想方法的学说"①。

　　可喜的是华夏传播研究领域近四十年来，不断有新的成果问世，尤其是作为华夏传播研究的重镇，创立于 1993 年并以华夏传播研究为中心的厦门大学传播研究所在 2013 年创办了《中华文化与传播研究》年刊，2015 年推出以"中国文化遗产传播：理论、方法与实践"为主题的第三期。传播所还先后开设"华夏传播概论""中国传播理论研究"的本、硕、博课程，出版"中华文化与传播研究丛书"，开设"中华文化与传播大讲坛"，再次高扬华夏传播研究的旗帜，为推动创立传播学的"华夏学派"而不懈努力。

---

　　①　谢清果：《华夏传播学勃兴的东方视维、问题意识与方法自觉》，《中华文化与传播研究》2014 年卷（总第二期），第 35 页。

而要发扬"华夏传播研究"作为传播学本土化研究的一个进路的话语权，就应当整合研究资源，创立研究平台，形成一批有标志性的成果，以提高研究领域的显示度。在此过程中，做好"华夏传播研究年度报告"便是一种值得尝试的方法。为此，我们从刚刚过去的 2015 年度做起，然后再逐一回溯，以期形成类于"华夏传播研究史"的成果奉献给学界。此外，我们还正在编著《华夏传播研究读本》，出版《华夏文明传播研究文库》，力争继续发扬传统，开拓创新，谱写华夏传播研究新的篇章。

本书的提纲早在我受国家留学基金全额资助赴美国北卡罗来纳大学的夏洛特分校访学的一年期间（2014—2015）便已开始酝酿。所以如此，乃是因为当时我正在校对另一本著作《华夏传播学引论》（厦门大学出版社，2016）的清样，该书的责任编辑王鹭鹏先生认为这个领域应当继续推进，力争出一套丛书，以扩大影响。受他的启发，我当时立即着手构思了《华夏文明与传播学本土化研究》的大致提纲。

回国后，正值 2015—2016 年度的秋季学期，我给博硕士开设《史论精解》必修课程时，就顺势以"华夏文明与传播学本土化研究"为专题，与同学们共同研讨。主要过程是，我首先把这个专题章节的基本思路告诉同学们，然后每位修课的同学认领其中的一章，接下来，每位同学就以其认领的某一章为研究方向，经准备后做课堂演讲，再由老师与同学们参与讨论，提出章节撰写思路的修改意见。最后要求每位同学撰写成课程论文。论文完成初稿后，由老师审稿并提出进一步的修改意见，相关的同学都做了两三遍的修改后定稿。再由老师进行最终的统稿工作。

需要说明的是，本书还吸收了 2013 年度《中国传播理论》课程的部分成果，当年我以"华夏传播学的理论建构"为专题，也建构了一本书的提纲，其中有些同学的研究成果如风草论、文献传播、文明传承等章就吸纳到本书中来。当然，我在构思《华夏文明与传播学本土化研究》时，早已预留了相关章节，从而保证了本书自身体系的相对完整与自洽。

坦率地讲，由于是集体创作，并不是每一章节都达到预期的目的，不过，同学们都尽了他们的努力，特此致谢。现在呈现在读者面前的，就是我们精诚合作的结晶。虽然作为阶段性成果，本书还有待完善的地方，但是，本书的许多章节立论角度还算比较新颖，相信该书的出版能够有力地推动华夏传播研究。我们盼望得到同行的指点，并力争在后续的研究中，不断推出新的成果，不断去弥补某些缺憾。当然，我们更希望有越来越多有志于从事华夏传播研究的学者共同参与到这一伟大事业中来，努力尽早打造出传播学研究的"华夏学派"。

最后，感谢福建省教育厅资助本书的研究工作；感谢厦门大学新闻学院党政领导的关怀；感谢厦门大学实施繁荣哲学社会科学（2011—2021）计划营造出的学术研究氛围。

谢清果

于厦门若水居

2016 年 8 月 12 日

附录 华夏传播研究核心论著编目

1. ［美］陈国明主编:《中华传播理论与原则》[M]，台北:五南图书出版股份有限公司 2004 年版。

2. ［美］赵晶晶编译:《国际跨文化传播精华文选》[C]，浙江大学出版社 2007 年版。

3. ［美］赵晶晶编译:《传播理论的亚洲视维》[C]，浙江大学出版社 2008 年版。

4. ［美］赵晶晶编译:《欧美传播与非欧美传播中心的建立》[C]，浙江大学出版社 2009 年版。

5. ［美］赵晶晶编译:《"和实生物"——当前国际论坛中的华夏传播理念》[C]，浙江大学出版社 2010 年版。

8. 楼祖诒:《中国邮驿发达史》[M]，中华书局 1940 年版。

9. 刘广生主编:《中国古代邮驿史》[M]，人民邮电出版社 1986 年版。

10. 臧荣:《中国古代驿站与邮传》[M]，天津教育出版社 1991 年版。

11. 陈鸿彝:《中国交通史话》[M]，中华书局 1992 年版。

12. ［美］卡特:《中国印刷术的发明和它的西传》[M]，商务印书馆 1957 年版。

13. 张秀民:《中国印刷术的发明及其影响》[M]，人民出版社 1958 年版。

14. 史梅岑:《中国印刷发展史》[M]，商务印书馆 1966 年版。

15. 钱存训:《中国纸和印刷文化史》[M]，广西师范大学出版社 2004 年版。

16. ［美］孔飞力:《叫魂——1768 年中国妖术大恐慌》[M]，上海三联书店 1991 年版。

17. 李敬一:《中国传播史论》[M]，武汉大学出版社 2003 年版。

18. 綦彦臣：《中国古代言论史》[M]，航空工业出版社 2005 年版。

19. 贾玉英：《中国古代监察制度发展史》[M]，人民出版社 2004 年版。

20. 吴怡红、胡翼青主编：《传播学 30 年》[M]，中国大百科全书出版社 2010 年版。

21. 尹韵公：《明代新闻传播史》[M]，重庆出版社 1990 年版。

22. 尹韵公：《"喉舌"追考——〈文心雕龙〉之传播思想探讨》[J]，《新闻与传播研究》2003 年第 3 期。

23. 郭志坤：《先秦诸子宣传思想论稿》[M]，福建人民出版社 1983 年版。

24. 朱传誉：《宋代新闻史》[M]，台北：中国学术著作奖助委员会 1967 年版。

25. 朱传誉：《先秦传播事业概要》[M]，台湾商务印书馆 1973 年版。

26. 朱传誉：《中国民意与新闻自由发展史》[M]，台北：正中书局 1974 年版。

27. 朱传誉：《先秦唐宋明清传播事业论集》[M]，台北：商务印书馆 1988 年版。

28. 孙旭培主编：《华夏传播论：中国文化中的传播》[M]，人民出版社 1997 年版。

29. 王洪钧主编：《新闻理论的中国历史观》[M]，台北：远流出版公司 1998 年版。

30. 余也鲁、郑学檬主编：《从零开始——首届海峡两岸中国传统文化中传的探索座谈会论文集》[C]，厦门大学出版社 1994 年版，

31. 徐培汀：《中国新闻传播学说史》[M]，重庆出版社 2006 年版。

32. 李敬一：《中国传播史：先秦两汉卷》[M]，武汉大学出版社 1996 年版。

33. 李彬：《唐代文明与新闻传播》[M]，新华出版社 1999 年版。

34. 柯庆良：《先秦诸子传播思想研究》[D]，中国人民大学博士学位论文 1993 年。

35. 关绍箕：《中国传播理论》[M]，台北：正中书局 1994 年版。

36. 戴元光主编：《中国传播思想史》（四卷本）[M]，上海交通大学出版社 2005 年版。

37. 吕行：《口语沟通学概论》[M]，清华大学出版社 2009 年版。

38. [美] 张惠晶：《伶俐、创意与谦虚：华人的语言行为》（英文）[M]，

上海外语教育出版社 2010 年版。

39. 张立伟：《心有灵犀——儒学传播谋略与现代沟通》[M]，西南财经大学出版社 1998 年版。

40. 崔炼农：《孔子思想的传播学诠释》[M]，湖南大学出版社 2007 年版。

41. 孔健：《阳光下的孔子——孔子与大众传播学》[M]，中国民主法制出版社 2009 年版。

42. 谢清果：《和老子学传播——老子的沟通智慧》[M]，宗教文化出版社 2010 年版。

43. 魏超：《老庄思想散论》[M]，中国轻工业出版社 2010 年版。

44. 仝冠军：《先秦诸子传播思想研究》[D]，北京大学博士学位论文 2005 年。

45. 吴景星、姜飞：《"传—受"博弈过程的本土化诠释——中国道家"可传而不可受"思想对传播研究的启示》[J]，《新闻与传播研究》2009 年第 4 期。

46. 谢清果：《内向传播的视阈下老子的自我观探析》[J]，《国际新闻界》2011 年第 6 期。

47. 谢清果、于宁：《老子思想中的媒介拟态环境批判意识及其治理之道》[J]，《现代传播（中国传媒大学学报）》2011 年第 9 期。

48. 高海波：《被遗忘的中国早期传播研究——评朱希祖的〈道家与法家对于交通机关相反之意见〉》[J]，《国际新闻界》2011 年第 1 期。

49. 周月亮：《中国古代文化传播史》[M]，北京广播学院出版社 2000 年版。

50. 赵振祥：《唐前新闻传播史论》[M]，中国文联出版社 2002 年版。

51. 孙顺华：《中华文化与传播》[M]，新华出版社 2003 年版。

52. 王醒：《中国古代传播史》[M]，山西人民出版社 2004 年版。

53. 郝朴宁、陈路、李丽芳、罗文：《中国传播史论》[M]，云南大学出版社 2005 年版。

54. 宸晓红主编：《中国古代文化传播概要》[M]，中国社会出版社 2006 年版。

55. 黄镇伟：《中国古代的文化传播》[M]，南方出版社 2008 年版。

56. 施建业：《中国文学在世界的传播与影响》[M]，黄河出版社 1993 年版。

57. 黄鸣奋：《英语世界中国古典文学之传播》[M]，学林出版社 1997 年版。

58. 陆锡兴：《汉字传播史》[M]，语文出版社 2002 年版。

59. 聂付生：《晚明文人的文化传播研究》[M]，中国戏剧出版社 2008 年版。

60. 柯卓英：《唐代的文学传播研究》[M]，中国社会科学出版社 2009 年版。

61. 王金寿：《中国古代文学传播概论》[M]，甘肃教育出版社 2009 年版。

62. 马银琴：《周秦时代〈诗〉的传播史》[M]，社会科学文献出版社 2011 年版。

63. 王兆鹏：《宋代文学传播探原》[M]，武汉大学出版社 2013 年版。

64. 王平主编：《明清小说传播研究》[M]，山东大学出版社 2006 年版。

65. 钱锡生：《唐宋词传播方式研究》[M]，复旦大学出版社 2009 年版。

66. 江岚：《唐诗西传史论——以唐诗在英美的传播为中心》[M]，学苑出版社 2009 年版。

67. 陶涛：《唐诗传播方式研究》[M]，安徽大学出版社 2010 年版。

68. 赵春宁：《〈西厢记〉的传播研究》[M]，厦门大学出版社 2005 年版。

69. 党芳莉：《八仙信仰与文学研究——文化传播的视角》[M]，黑龙江人民出版社 2006 年版。

70. 李永平：《包公文学及其传播》[M]，中国社会科学出版社 2007 年版。

71. 牛景丽：《〈太平广记〉的传播与影响》[M]，南开大学出版社 2008 年版。

72. 闾小波：《中国早期现代化中的传播媒介》[M]，上海三联书店 1995 年版。

73. 于翠玲：《传媒媒介与典籍文化》[M]，中国传媒大学出版社 2006 年版。

74. 孙藜：《晚清电报及其传播观念（1860—1911）》[M]，上海世纪出版集团 2007 年版。

75. 宋迎平：《宋代刻书产业与文学》[M]，上海古籍出版社 2008 年版。

76. 路善全：《在盛衰的背后——明代建阳书坊传播生态研究》[M]，中国传媒大学出版社 2009 年版。

77. 杨焕英编著：《孔子思想在国外的传播与影响》，教育科学出版社 1987 年版。

78. 武斌：《中华文化在海外的传播》[M]，辽宁教育出版社 1993 年版。

79. 杨代春：《〈万国公报〉与晚清中西文化交流》[M]，湖南人民出版社 2002 年版。

80. 夏增民：《儒学传播与汉晋南朝文化变迁》[M]，华中科技大学出版社 2009 年版。

81. 辛红娟：《道德经在英语世界：文本行旅与世界想像》[M]，上海译文出版社 2008 年版。

82. 李艳：《20 世纪〈老子〉的英语译介及其在美国文学中的接受变异研究》[M]，湖北人民出版社 2009 年版。

83. 宋嗣廉、黄毓文：《中国古代演说史》[M]，东北师范大学出版社 1991 年版。

84. 宋嗣廉：《中国上古演讲史》[M]，演讲与口才杂志社 1987 年版。

85. 龚文庠：《说服学——攻心的学问》[M]，东方出版社 1994 年版。

86. 贾奎林：《论辩传播述评——游说·社会·人生》[M]，知识产权出版社 2008 年版。

87. 李亚宏：《中国古典说服艺术》[M]，云南出版集团公司 2011 年版。

88. 马兰州：《中国古典说服传播范式及隐喻叙事研究》[M]，天津古籍出版社 2011 年版。

89. 方鹏程：《鬼谷子：说服谈判的艺术》[M]，安徽人民出版社 2012 年版。

90. 陈禹安：《巧辩不如攻心——三国的说服智慧》[M]，华文出版社 2010 年版。

91. 殷莉：《清末民初新闻出版立法研究》[M]，新华出版社 2007 年版。

92. 史媛媛：《清代前中期新闻传播史》[M]，福建人民出版社 2008 年版。

93. 李漫：《元代传播考——概貌、问题及限度》[M]，北京大学出版社 2013 年版。

94. 毛峰：《文明传播的秩序——中国人的智慧》[M]，中国传媒大学出版社 2005 年版。

95. 杨瑞明、张丹、季燕京、毛峰主编：《文明传播的哲学视野》[M]，中国社会科学出版社 2012 年版。

96. 仲富兰：《民俗传播学》[M]，上海文化出版社 2007 年版。

97. 杨立川：《传播习俗学论纲》[M]，陕西人民出版社 2009 年版。

98. 郝朴宁、李丽芳、杨南鸥、郝乐：《民族文化传播理论描述》[M]，云南大学出版社 2007 年版。

99. 沙莲香：《中国民族性（三）：中国民族性三十年变迁》[M]，中国人民大学出版社 2012 年版。

100. [美] 史蒂夫·莫滕森编选，关世杰等译：《跨文化传播学：东方的视角》，中国社会科学出版社 1999 年版。

101. 谢清果、郭汉文：《和老子学管理——老子的组织传播智慧》[M]，宗教文化出版社 2011 年版。

102. 郭汉文、谢清果：《和老子学养生——老子的健康传播智慧》[M]，宗教文化出版社 2010 年版。

103. 胡淳艳：《西游记传播研究》[M]，中国文史出版社 2013 年版。

104. 程郁儒：《民族文化传媒化》[M]，中国社会科学出版社 2012 年版。

105. 刘建华、Cindy Gong：《民族文化传媒化》[M]，云南大学出版社 2011 年版。

106. 蔡树培：《中国的人际互动原理》[M]，台北：汉忠文化事业股份有限公司 1996 年版。

107. 张晓芒：《中国古代论辩艺术》[M]，山西人民出版社 2001 年版。

108. 杨钢元：《具象传播论——形名学之形学》[M]，人民文学出版社 2008 年版。

109. 徐忠明、杜金：《传播与阅读——明清法律知识史》[M]，北京大学出版社 2012 年版。

110. 潘玉田、陈永刚：《中西文献交流史》[M]，北京图书馆出版社 1999 年版。

111. 杨美惠：《礼物、关系学与国家——中国人际关系与主体性建构》[M]，赵旭东、孙珉合译，张跃宏译校，江苏人民出版社 2009 年版。

112. [日] 富谷至：《木简竹简述说的古代中国》[M]，刘恒武译，黄留珠校，人民出版社 2007 年版。

113. 刘天振：《明清江南城市商业出版与文化传播》[M]，中国社会科学出版社 2011 年版。

114. 叶树声、余敏辉：《明清江南私人刻书史略》[M]，安徽大学出版社 2002 年版。

115. 高卫华：《墨家的文化传播》[M]，中国社会科学出版社 2011 年版。

116. 孙秋云：《核心与边缘：18 世纪汉苗文明的传播与碰撞》[M]，人民出版社 2007 年版。

117. 缪雨：《史记与新闻学》[M]，新华出版社 2000 年版。

118. 王政挺：《传播文化与理解》[M]，人民出版社 2004 年版。

119. 深圳大学中国文化与传播系主编：《文化与传播》（第二辑）[C]，上海人民出版社 1994 年版。

120. 曾维加：《道教的社会传播研究——以公元 6 世纪前巴蜀及中国北方为中心》[D]，四川大学博士学位论文 2004 年。

121. 刘晓英：《佛教道教传播与中国文化》[M]，学苑出版社 2012 年版。

122. 吴东权：《中国传播媒介发源史》[M]，台北：中视文化事业股份有限公司 1988 年版。

123. 吴东权：《先秦的口语传播》[M]，台北："行政院文化建设委员会" 1991 年版。

124. 关绍箕：《沟通 100：中国古代传播故事》[M]，台北：正中书局 1989 年版。

125. 陈禹安：《向子贡学说服》[M]，东方出版社 2012 年版。

126. 关绍箕：《中国传播思想史》[M]，台北：正中书局 2000 年版。

127. 关绍箕：《宗教传播学》[M]，台北：辅仁大学文学院新闻传播系 2007 年版。

128. 关绍箕：《实用修辞学》[M]，台北：远流出版事业股份有限公司 2001 年版。

129. 郑学檬：《传在史中——中国传播社会传播史料选辑》[M]，文化艺术出版社 2001 年版。

130. 黄鸣奋：《说服君王——中国古代的讽谏传播》[M]，文化艺术出版社 2001 年版。

131. 李国正：《汉字解析与信息传播》[M]，文化艺术出版社 2001 年版。

132. 方鹏程：《孙子：谈判说服的策略》[M]，台湾商务印书馆 2005 年版。

133. 徐培汀：《20 世纪中国新闻学与传播学·新闻史学史卷》[M]，复旦大学出版社 2001 年版。

134. 谢清果：《华夏传播学勃兴的东方视维、问题意识与方法自觉》[J]，《中华文化与传播研究》2014 年（总第二期）。

135. 邵培仁：《建构中华传播学研究的新景观》[J]，《东南传播》，2014

年第 3 期。

136. 邵培仁、姚锦云：《和而不同，交而遂通：中华优势传统文化的当代价值》[J]，《新疆师范大学学报》（哲学社会科学版），2015 年第 6 期。

137. 谢清果、陈昱成：《"风草论"：建构中国本土化传播理论的尝试》[J]，《现代传播》，2015 年第 9 期。

138. 徐瑶、樊传果：《论孔子的传播思想》[J]，《中国传媒报告》，2015 年第 3 期。

139. 巫称喜：《殷商文化传播史稿》[M]，暨南大学出版社，2015 年版。

140. 郝雨：《中国媒介批评学》[M]，上海大学出版社，2015 年版。

141. 李彬：《重思中国传播学》[J]，《现代传播》，2015 年第 4 期。

142. 沙垚：《重构中国传播学——传播政治经济学者赵月枝教授专访》[J]，《新闻记者》，2015 年第 1 期。

143. 史冬冬：《传播学中国化：在地经验与全球视野》[J]，《社会科学研究》，2015 年第 5 期。

144. 李金铨：《无形的"多闻学府"与传播的问题意识》[J]，《新闻记者》，2015 年第 7 期。

145. 晏青：《神话：理解中国传统文化的媒介化生存——基于对电视传播的考察》[M]，中国社会科学出版社，2015 年版，前言第 7 页。

146. 潘祥辉：《传播史上的青铜时代：殷周青铜器的文化与政治传播功能考》[J]，《新闻与传播研究》2015 年第 2 期。

147. 白文刚：《从中国古代实践看制约政治传播效果的政治因素》[J]，《青海社会科学》2015 年第 4 期。

148. 赵立敏：《政治传播学视域下中国政治隐语的多维向度和现代转变》[J]，《新闻大学》2015 年第 5 期。

149. 周德波：《晚清自由观念的跨文化传播进路》[J]，《国际新闻界》2015 年第 4 期。

150. 杨威、关恒：《当代中国文化"走出去"路径探究——基于唐宋文化对外传播方式的考察》[J]，《学术论坛》2015 年第 10 期。

151. 李冰洁：《全球化现代化背景下传统文化符号在中国影视作品中的运用研究》[D]，华南理工大学硕士学位论文，2015 年。

152. 彭步伟：《海外华文报纸的本土化与传播全球化》，中山大学出版社，2015 年版。

153. 胡河宁：《微笑传播与文化创新》[M]，人民出版社 2015 年版。

154. 龚伟亮、张志华：《植根乡土中国对话城乡关系：开启"跨学科理论与实践相融合的新型学术模式"——首届河阳论坛暨"乡村、文化与传播"学术周综述》[J]，《新闻大学》，2015 年第 6 期。

155. 张献忠：《从精英文化到大众传播——明代商业出版研究》[M]，广西师范大学出版社，2015 年版。

156. 姚锦云：《〈周易〉作为华莱坞电影分析的新框架：以"经"解"影"之〈一代宗师〉》[J]，《中国传媒报告》，2015 年第 1 期。

157. 谢清果、杨芳：《人际欺骗理论与〈红楼梦〉"茗玉雪下抽柴"故事》[J]，《阅江学刊》2016 年第 4 期。

158. 谢清果、王昀：《华夏公共传播的概念、历史及其模式考索》[J]，《华侨大学学报（哲学社会科学版）》，2016 年第 1 期。

159. 谢清果、王昀：《华夏舆论传播的概念、历史、形态及特征探析》[J]，《现代传播（中国传媒大学学报）》2016 年第 3 期。

160. 谢清果、曹艳辉：《华夏媒介批评的概念、思想流变及其价值取向》[J]，《南昌大学学报（人文社会科学版）》，2016 年第 2 期。

161. 谢清果、杨芳：《交流的无奈：老子与彼得斯的不谋而合》[J]，《阜阳师范学院学报（社会科学版）》，2016 年第 3 期。

162. 谢清果、季程：《内向传播视域中的佛教心性论》[J]，《扬州大学学报（人文社会科学版）》2016 年第 4 期。

163. 邵培仁、姚锦云：《从思想到理论：论本土传播理论建构的可能性路径》[J]，《浙江社会科学》2016 年第 1 期。

164. 邵培仁、姚锦云：《传播理论的胚胎：华夏传播十大观念》[J]，《浙江学刊》2016 年第 1 期。

165. 邵培仁、姚锦云：《为历史辩护：华夏传播研究的知识逻辑》[J]，《社会科学战线》2016 年第 3 期。

166. 邵培仁、姚锦云：《返本开新：从 20 世纪中西学术交流看传播学本土化》[J]，《广州大学学报（社会科学版）》2016 年第 5 期。

167. 邵培仁、姚锦云：《天地交而万物通：〈周易〉对人类传播图景的描绘》[J]，《浙江社会科学》2016 年第 8 期。